プリント形式のリアル過去問で本番の臨場感！

千葉県

県立

千葉・東葛飾中学校

2025年春受験用

解答集

本書は，実物をなるべくそのままに，プリント形式で年度ごとに収録しています。
問題用紙を教科別に分けて使うことができるので，本番さながらの演習ができます。

■ 収録内容

・解答集（この冊子です）

書籍ＩＤ番号，この問題集の使い方，最新年度実物データ，リアル過去問の活用，
解答例と解説，ご使用にあたってのお願い・ご注意，お問い合わせ

・2024（令和６）年度 ～ 2019（平成31）年度　学力検査問題

・リスニング問題音声《オンラインで聴く》　詳しくは次のページをご覧ください。

○は収録あり　年度	'24	'23	'22	'21	'20	'19
■ 問題（適性検査 1次・2次）	○	○	○	○	○	○
■ 解答用紙	○	○	○	○	○	○
■ 配点	○	○	○	○	○	○

全分野に解説があります

注）放送問題の音声・原稿は全年度収録しています
注）問題文等非掲載：2024年度適性検査2-2の三，2023年度適性検査2-2の二，2021年度適性検査2-2の二，2019年度適性検査2-2の三

問題文の非掲載につきまして

著作権上の都合により，本書に収録している過去入試問題の本文の一部を掲載しておりません。ご不便をおかけし，誠に申し訳ございません。

JN132510

教英出版

■ 書籍ＩＤ番号

リスニング問題の音声は，教英出版ウェブサイトの「ご購入者様のページ」画面で，書籍ＩＤ番号を入力してご利用ください。

入試に役立つダウンロード付録や学校情報なども随時更新して掲載しています。

書籍ＩＤ番号　101212

（有効期限：2025年9月30日まで）

【入試に役立つダウンロード付録】

「要点のまとめ(国語／算数)」

「課題作文演習」ほか

【リスニング問題音声】

オンラインで問題の音声を聴くことができます。

有効期限までは無料で何度でも聴くことができます。

■ この問題集の使い方

年度ごとにプリント形式で収録しています。針を外して教科ごとに分けて使用します。①片側，②中央のどちらかでとじてありますので，下図を参考に，問題用紙と解答用紙に分けて準備をしましょう（解答用紙がない場合もあります)。

針を外すときは，けがをしないように十分注意してください。また，針を外すと紛失しやすくなりますので気をつけましょう。

① 片側でとじてあるもの

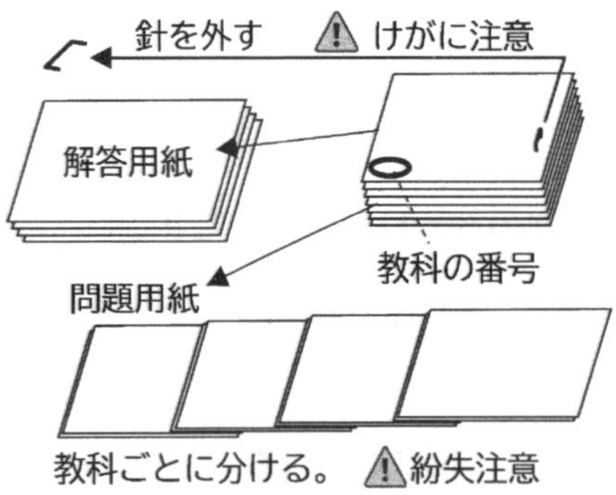

② 中央でとじてあるもの

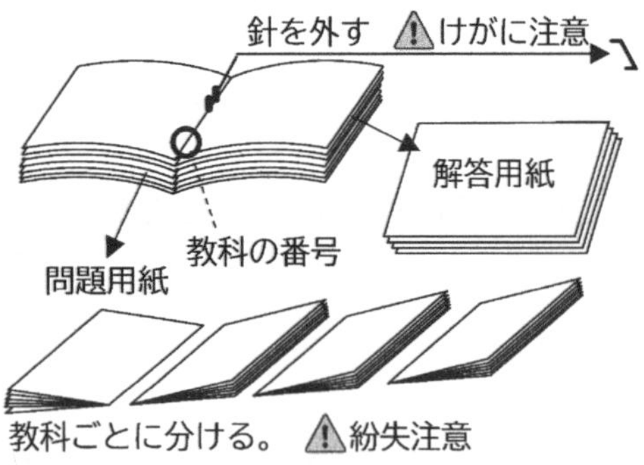

※教科数が上図と異なる場合があります。
解答用紙がない場合や，問題と一体になっている場合があります。
教科の番号は，教科ごとに分けるときの参考にしてください。

■ 最新年度 実物データ

実物をなるべくそのままに編集していますが，収録の都合上，実際の試験問題とは異なる場合があります。実物のサイズ，様式は右表で確認してください。

問題用紙	Ａ４冊子(二つ折り)
解答用紙	Ａ３片面プリント(問題表紙裏)

リアル過去問の活用

～リアル過去問なら入試本番で力を発揮することができる～

本番を体験しよう！

問題用紙の形式（縦向き / 横向き），問題の配置や余白など，実物に近い紙面構成なので本番の臨場感が味わえます。まずはパラパラとめくって眺めてみてください。「これが志望校の入試問題なんだ！」と思えば入試に向けて気持ちが高まることでしょう。

入試を知ろう！

同じ教科の過去数年分の問題紙面を並べて，見比べてみましょう。

① 問題の量

毎年同じ大問数か，年によって違うのか，また全体の問題量はどのくらいか知っておきましょう。どのくらいのスピードで解けば時間内に終わるのか，大問ひとつにかけられる時間を計算してみましょう。

② 出題分野

よく出題されている分野とそうでない分野を見つけましょう。同じような問題が過去にも出題されていることに気がつくはずです。

③ 出題順序

得意な分野が毎年同じ大問番号で出題されていると分かれば，本番で取りこぼさないように先回りして解答することができるでしょう。

④ 解答方法

記述式か選択式か（マークシートか），見ておきましょう。記述式なら，単位まで書く必要があるかどうか，文字数はどのくらいかなど，細かいところまでチェックしておきましょう。計算過程を書く必要があるかどうかも重要です。

⑤ 問題の難易度

必ず正解したい基本問題，条件や指示の読み間違いといったケアレスミスに気をつけたい問題，後回しにしたほうがいい問題などをチェックしておきましょう。

問題を解こう！

志望校の入試傾向をつかんだら，問題を何度も解いていきましょう。ほかにも問題文の独特な言いまわしや，その学校独自の答え方を発見できることもあるでしょう。オリンピックや環境問題など，話題になった出来事を毎年出題する学校だと分かれば，日頃のニュースの見かたも変わってきます。

こうして志望校の入試傾向を知り対策を立てることこそが，過去問を解く最大の理由なのです。

実力を知ろう！

過去問を解くにあたって，得点はそれほど重要ではありません。大切なのは，志望校の過去問演習を通して，苦手な教科，苦手な分野を知ることです。苦手な教科，分野が分かったら，教科書や参考書に戻って重点的に学習する時間をつくりましょう。今の自分の実力を知れば，入試本番までの勉強の道すじが見えてきます。

試験に慣れよう！

入試では時間配分も重要です。本番で時間が足りなくなってあわてないように，リアル過去問で実戦演習をして，時間配分や出題パターンに慣れておきましょう。教科ごとに気持ちを切り替える練習もしておきましょう。

心を整えよう！

入試は誰でも緊張するものです。入試前日になったら，演習をやり尽くしたリアル過去問の表紙を眺めてみましょう。問題の内容を見る必要はもうありません。どんな形式だったかな？受験番号や氏名はどこに書くのかな？…ほんの少し見ておくだけでも，志望校の入試に向けて心の準備が整うことでしょう。

そして入試本番では，見慣れた問題紙面が緊張した心を落ち着かせてくれるはずです。

※まれに入試形式を変更する学校もありますが，条件はほかの受験生も同じです。心を整えてあせらずに問題に取りかかりましょう。

《解答例》

1　(1)ウ　(2)い．51.2　う．25.5　(3)エ　(4)大量　(5)はい出された二酸化炭素量を合計　(6)つくる／つかう　(7)食べるトウモロコシ等の生産　(8)外国の水　(9)①地いき　②さ．E，G　し．A，C，D，H　(10)資料10中の，Cのグラフのように1つのマイバッグを多く使うことで，常にレジぶくろを使用するDのグラフの場合に比べて，二酸化炭素のさく減につながる。しかし，AやBのグラフのような使い方では，二酸化炭素のさく減にはつながらない。ゆうさんのマイバッグの使い方は，Aのグラフよりも買いかえるまでの買い物回数が少ないため，二酸化炭素のさく減につながらない。

2　(1)あ．かかる運ちんが安い　い．動物園に早く着く　(2)ア　(3)ア．○　イ．△　ウ．×　エ．△　(4)自分で自動車を運転　(5)か．決められた　き．予約された　(6)ウ，オ　(7)け．早くとう着　こ．交通量　(8)①A地区　②グリーンスローモビリティを導入する／道のはばがせまい駅周辺でも，観光客を乗せて走行する　③駅前以外の観光名所にも観光客がおとずれる

《解　説》

1　(1)　手放す服，着用されない服などは，服の必要性に関わる。

(2)い　事業所から廃棄された衣服の量は，3.6×0.39＝1.404(万トン)，家庭から廃棄された衣服の量は，75.1×0.66＝49.566(万トン)だから，廃棄された衣服の合計の量は，0.2＋1.404＋49.566＝51.17(万トン)であり，小数第2位を四捨五入すると，51.2万トンになる。

う　家庭から手放した衣服のうち，廃棄されずに活用されている衣服の割合は，20＋14＝34(％)になるから，その量は，75.1×0.34＝25.534(万トン)であり，小数第2位を四捨五入すると，25.5万トンになる。

(3)　資料3を見ると，衣服の国内供給量は増加し，市場規模は縮小していることが読み取れる。資料4を見ると，衣服1枚あたりの価格が下がっていることが読み取れる。衣服業界では，安い労働力を大量に確保できる海外に製造拠点が移されており，ファストファッションを中心に衣服1枚あたりの価格は下がっている。

(4)　計画的に生産せず，余剰分が出ることを認識したうえで生産すると，大量廃棄につながる。

(5)　それぞれの過程で排出された二酸化炭素(CO_2)を足していくと，結果として1つの製品を生産する際にどれくらいの二酸化炭素を排出しているかがはっきり数値化される。二酸化炭素は，地球温暖化の原因となる温室効果ガスの1つである。

(6)　資料5では，「材料を集める」～「運ぶ」がつくる立場，「使用・保存する」「ごみを廃棄する」が使う立場といえる。

(7)　資料7を見ると，1kgの牛肉を生産するのにかかるトウモロコシ等のえさの量は11kgである。会話文の中で先生の発言に「トウモロコシはジャガイモよりも，さらにバーチャルウォーター量が多い」とある。

(8)　農林水産省のホームページには，外国から輸入している食品を口にすることは，「その食品を生産した国の水と土を買っている」ことになると書かれている。

(9)①　具体的な取り組み例の「被災地」「伝統的な料理」「伝統工芸品」「地産地消」，関係する課題の「過そ化」「経済の活性化」「復興支援」などに共通する語句を考える。　②　さ には，障がいがある人に対する取り組

みのE，発展途上国の貧困に対する取り組みのGがあてはまる。 し には，生物多様性の減少に関連するAやC，地球温暖化に関連するDやHがあてはまる。

(10) マイバッグ１つを生産する際に発生させる二酸化炭素の量は，レジ袋１枚を生産する際に発生させる二酸化炭素の量より多い。そこで，マイバッグを何回使えば，毎回レジ袋を購入するより二酸化炭素排出量が少なくなるかを調べる問題である。資料10を見ると，グラフDより常に上側にあるAの使い方では，常にレジ袋を使用する場合より，二酸化炭素の排出量は増えている。グラフCの使い方をして初めて，常にレジ袋を使用する場合より，二酸化炭素の排出量が少なくなっていることを読み取る。

2 (1) けんさんが「時間と運賃を比べると」と言っているので，それぞれ比かくする。かかる時間はどちらも20分だが，出発時間が路線バスの方が５分早いので，路線バスの方が５分早く着く。運賃は電車と徒歩の方が30円安い。

(2) ９人のメンバーの区分は，「大人」が大学生と中学生の３人，「小児」が小学生の３人，「幼児」が幼稚園児の３人である。「大人」３人で「幼児」６人まで無料で同伴できるので，「幼児」３人は無料である。

「大人」は１人230円，「小児」は１人，230÷２＝115→120円だから，９人の路線バスの運賃の合計は，230×３＋120×３＝1050(円)なので，アが正しい。

(3) ア．平日も休日も三大都市圏の自動車を利用する割合より，地方都市圏の自動車を利用する割合の方が高い。イ．資料４には2015年と2021年の資料しかないので，毎年のバスの利用割合はわからない。ウ．三大都市圏も地方都市圏も，休日より平日の方が自動車を利用する割合は低い。エ．資料４には利用率が示されているだけで，利用者数は示されていないので，読み取れない。

(4) 子どもや免許を返納した高齢者などは，移動手段を持たない交通弱者である。

(5) 路線バスは，バス停(＝決められた場所)を，定刻(＝決められた時間)に通過し，どれくらいの利用者がいるかわからないので，活用するバスは大型バスになる。場所と時間を指定(＝予約)するデマンド交通は，利用者数がわかるので，必要最小限の大きさのバスや運行方法を選択することができる。

(6) ア．電動車は排気ガスの排出がほとんどない。イ．充電１回で走れる距離は，ガソリン車の１回の給油で走れる距離の５分の１以下である。ウ．車両の大きさは，「他の自動車に比べて，約８割くらいの大きさ」とある。

エ．「高れい者でも安心して運転することができる」と書いてあるが「高れい者だけが運転することができる」とは書いていない。オ．「窓ガラスやドアはないので，開放感があり，外の風やにおいを感じられる」とある。

(7) 移動時間がかかることに着目する。また，車両だから車道を通ることになるので，交通量の多い道路をグリーンスローモビリティが走行すると，後ろに車が並んで渋滞を起こす危険性がある。

(8) C地区を選んだ場合，デマンド交通が有効と考えられる。C地区には「公共交通を都合のよい時間に利用したい高れい者が多い」とあり，「自宅から路線バスのバス停までが遠く，高れい者にとって１人で出かけることは，大きな負担」とあることから，C地区内にバス停をつくり，病院や商店街まで行くデマンド交通を導入すれば，高れい者の利用者が増え，商店街の活性化にもつながる。

《解答例》

1 (1)①ア．D　イ．C　ウ．A　エ．E　オ．B　②上から一番目の層…10.5　上から二番目の層…10.7　③3362
(2)①高く　②1.3　③い　④体積の変化が一定ではない　(3)①しずむ　②水で満たしたコップの重さを電子てんびんではかる。水で満たしたコップの中に小ビンをしずめる。コップから小ビンを取り出し，コップの重さをはかる。コップからあふれ出た分の水の重さを計算して求める。コップに入っている水の温度を温度計ではかる。コップからあふれ出た分の水の重さと水の温度から図6を使って小ビンの体積を計算して求める。　③必要なビーズの重さ…3.98　合計が最も少ない個数になるとき…F．6　G．1　H．3　④21℃のときに，必要なビーズの重さは3.97gであり，用意したビーズでは，3.97gの重さの組合せを作ることができないため。

2 (1)①う　②イ．36　ウ．120　エ．72　オ．40　カ．112　(2)①キ．$\frac{1}{2}$　ク．$\frac{1}{10}$　ケ．$\frac{1}{12}$　コ．$\frac{1}{60}$　サ．5　シ．$\frac{1}{5}$　ス．10　セ．9　ソ．$\frac{1}{45}$　タ．9　②まず，2まいの紙をそれぞれ6等分すると，$\frac{1}{6}$の紙が12まいできます。次に，それを1まいずつに分けます。そして，このうち3まいをさらにそれぞれ3等分すると，$\frac{1}{18}$の紙が9まいできます。このことから，わたしは$\frac{2}{9}=\frac{1}{6}+\frac{1}{18}$と単位分数の和で表しました。
(3)ツ．29　テ．15　ト．6　ナ．21　ニ．20

《解　説》

1 (1)①　表1より，A→E，D→Aの順にそれぞれ入れたときは層ができ，C→D，B→E，A→Cの順にそれぞれ入れたときは層ができない。層ができるかどうかは，同じ体積の食塩水にとけている食塩の量が関係しているから，層ができなかった組み合わせも，順番を入れかえれば層ができる。つまり，D→C，E→B，C→Aの順にそれぞれ入れると層ができる。また，会話文より，A→Bの順に入れたときも層ができるとわかる。層ができたときの順番から，D→C→A→E→Bの順に入れると，食塩水の5つの層を作ることができる。なお，同じ体積の食塩水を比べたときのとけている食塩の量は，D＞C＞A＞E＞Bである。　②　下線部カより，同じ体積の食塩水の重さを比べたとき，下の層ほど重いことがわかる。また，食塩水の重さは体積に比例するから，食塩水の体積67mL，食塩水の重さ73gの食塩水10mLの重さは$73\times\frac{10}{67}=10.89\cdots$→10.9gとなる。同じように求め，まとめると右表のようになる。よって，食塩水の10mLあたりの重さは，上から一番目の層は一番軽い10.5g，二番目の層は二番目に軽い10.7gである。

食塩水の体積(mL)	67	85	72	120	94
食塩水の重さ(g)	73	91	80	126	106
食塩水10mLの重さ(g)	10.9	10.7	11.1	10.5	11.3

③　食塩水の体積と重さの数の比が100：101になればよい。表2の食塩水をすべてまとめると，体積は67＋85＋72＋120＋94＝438(mL)，重さは73＋91＋80＋126＋106＝476(g)である。この体積と重さの数の差の476－438＝38が，100：101の比の数の差の1に等しいから，水でうすめた後の食塩水全体の体積が$38\times\frac{100}{1}$＝3800(mL)になればよい。よって，うすめるのに必要な水は3800－438＝3362(mL)である。

(2)②　水面の位置0cm～4.8cmに入っている水の体積分，ペットボトルの中の空気と水を合わせた体積が大きくなっている。ストローの半径は3mm→0.3cmだから，底面積が0.3×0.3×3＝0.27(cm²)である。高さは4.8cmだから，0.27×4.8＝1.296→1.3cm³体積が大きくなったとわかる。　③　ペットボトルの中の水の量は変えていないから，温度の変化によって変化する水の体積の大きさは変わらない。体積が同じ円柱では，底面積が小さいほど高さが大きくなるように，ストローの直径を小さくすると，水面の位置の変化が大きくなる。　④　表5より，温度が高いときの方が，体積の変化が大きいことがわかる。

(3)① 図６より，水の温度を 18℃から３℃高くして，21℃にすると，水１㎤あたりの重さは小さくなるとわかるから，小ビン１㎤あたりの重さは水より大きくなる。よって，小ビンはしずむ。 ② 水を満たしたコップに小ビンを入れたときにあふれる水の体積と，小ビンの体積が等しいことを利用する。 ③ 図６より，18℃に対応する小ビン１㎤あたりの重さは 0.9986 g である。小ビンの体積が 16 ㎤だから，ビーズを入れた小ビンの重さが 0.9986×16＝15.9776（g）になればよく，入れるビーズの重さは，15.9776－12＝3.9776→3.98 g である。入れるビーズの個数をできるだけ少なくするから，最も重いビーズをできるだけ多く入れるようにする。3.98÷0.52＝７余り 0.34 となり，GやHを使って 0.34 g となる組合せはない。次に，Fを６個（0.52×６＝3.12（g））にして，GとHを入れて 3.98－3.12＝0.86（g）にすることを考える。0.86÷0.32＝２余り 0.22 より，Gが２個のときは 0.86 g にできない。Gが１個のとき，0.86－0.32＝0.54（g），0.54÷0.18＝３より，Hを３個入れればよい。よって，Fを６個，Gを１個，Hを３個入れればよい。 ④ 21℃に対応する小ビンを作るのに必要なビーズの重さは，0.9980×16－12＝3.968→3.97 g であり，小数第２位が奇数（きすう）である。F～Hのビーズの重さの小数第２位はすべて偶数（ぐうすう）であることから，3.87 g の重さとなる組合せを作ることはできない。

2 (1)① 図１の命令Ⅱを「左に 60 度回転する」とすると，１つの外角が 60 度の正多角形がえがかれる。よって，右図のように「う 正六角形」がえがかれる。

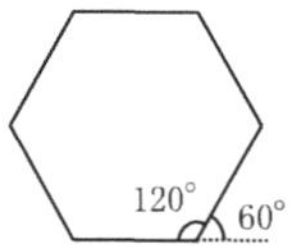

② どのような多角形でも外角の和は 360 度になり，正多角形はすべての外角が等しい。したがって，正十角形の１つの外角は 360÷10＝36（度）だから，図１の命令Ⅱを「左に 36 度回転する」としたら，正十角形がえがかれる。

図ｉ

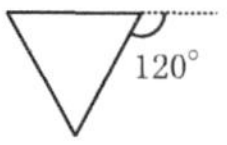

図１の命令Ⅱを「右に 120 度回転する」としたら，図ｉの正三角形がえがかれる。

正十角形を 10 個の合同な二等辺三角形に分けると，図ⅱのようになる。

図ⅱ

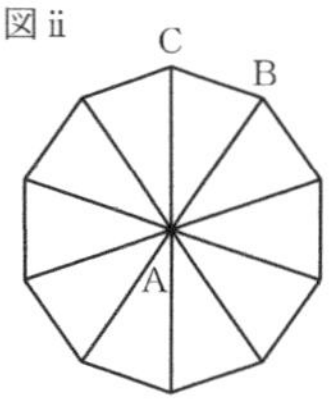

角ＢＡＣ＝360÷10＝36（度）だから，角ＡＢＣ＝（180－36）÷２＝72（度）なので，

三角形ＡＢＣは等しい２つの角のそれぞれの大きさが 72 度の二等辺三角形である。

図３の星形について，図ⅲのように作図する。

図４の命令Ⅱは，「左に 180－140＝40（度）回転する」とすればよい。

図ⅲ

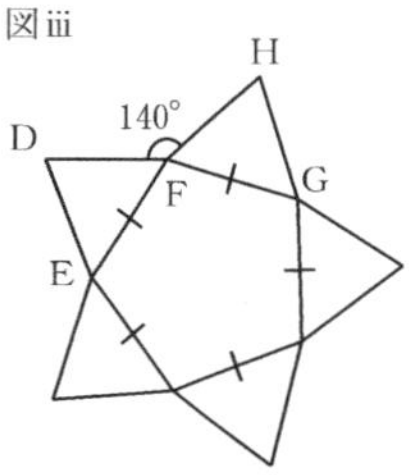

図形の対称性から真ん中に正五角形ができ，正五角形の１つの内角は，

180×（５－２）÷５＝108（度）だから，角ＤＦＥ＝角ＨＦＧ＝（360－140－108）÷２＝56（度）

三角形ＨＦＧは二等辺三角形だから，角ＦＨＧ＝180－56×２＝68（度）

したがって，図４の命令Ⅳは，「右に 180－68＝112（度）回転する」とすればよい。

(2)① 図６の最後で３枚の紙を５等分したうちの１つは，$\frac{1}{2}+\frac{1}{10}$だから，$\frac{3}{5}=\frac{1}{2}+\frac{1}{10}$と表せる。

もしはじめに３枚の紙をそれぞれ３等分すると，$\frac{1}{3}$の紙が３×３＝９（枚）できる。

９枚のうち９－５＝４（枚）をそれぞれ２等分すると，$\frac{1}{3}\times\frac{1}{2}=\frac{1}{6}$の紙が４×２＝８（枚）できる。

８枚のうち８－５＝３（枚）をそれぞれ２等分すると，$\frac{1}{6}\times\frac{1}{2}=\frac{1}{12}$の紙が３×２＝６（枚）できる。

６枚のうち６－５＝１（枚）を５等分すると，$\frac{1}{12}\times\frac{1}{5}=\frac{1}{60}$の紙が５枚できる。

よって，$\frac{3}{5}=\frac{1}{3}+\frac{1}{6}+\frac{1}{12}+\frac{1}{60}$と表せる。

【ひろさんの考え】では，まず結論に注目すると，$\frac{2}{9}$を$\frac{1}{5}$と$\frac{1}{45}$に分けている。したがって，最初に２枚の紙をそれぞれ５等分すると，$\frac{1}{5}$の紙が２×５＝10（枚）できる。このうちの 10－９＝１（枚）をさらに９等分すると，$\frac{1}{5}\times\frac{1}{9}=\frac{1}{45}$の紙が９枚できる。よって，$\frac{2}{9}=\frac{1}{5}+\frac{1}{45}$と表せる。

② 解答例以外にも，はじめの紙をそれぞれ７等分すると，$\frac{2}{9}=\frac{1}{7}+\frac{1}{14}+\frac{1}{126}$と表せたり，はじめの紙をそれぞれ８等分すると，$\frac{2}{9}=\frac{1}{8}+\frac{1}{16}+\frac{1}{32}+\frac{1}{288}$と表せたりする。

(3) 表と図７から，右表のように整理できる。ゆきさんと同じ順番で考える。

冊数のはんい(冊)	0～4	5～9	10～14	15～19	20～24	25～29
具体的な冊数(冊)	4	6，8，9，E	10，11，11	15，19，D	20，21，22，23，24，C，B	26，A

ヒント③から，最も多かった冊数は４＋25＝29(冊)だから，A＝29

ヒント④とヒント⑤，また，20 冊以上の日が７＋２＝９(日)あることから，15～19 冊のうち 19 冊以外の日は 16 冊未満とわかる。したがって，D＝15

ヒント④から冊数の合計は 16×20＝320(冊)であり，これとヒント⑥を合わせると，冊数が少なかった 10 日分の冊数の合計は，(320－130)÷２＝95(冊)とわかる。

したがって，E＝95－(４＋６＋８＋９＋10＋11＋11＋15＋15)＝６

冊数が多かった 10 日分の冊数の合計は，95＋130＝225(冊)だから，BとCの合計は，

225－(19＋20＋21＋22＋23＋24＋26＋29)＝41(冊)である。BとCは 20～24 冊のはんいに入り，合計が 41 冊なので，一方が 20 冊，もう一方が 21 冊である。したがって，B＝21，C＝20

《解答例》

1　⑴①ア．30　イ．225　ウ．3
エ．39
②オ．3＋36×(x－1)
カ．15＋24×(y－1)
③キ．39　ク．111
⑵①ケ．140　コ．65　サ．135
②右図　⑶右図
⑷①セ．2　ソ．1.25　タ．12.5
②鏡えが移動した長さ…2　直線ASの長さ…3

2　⑴①右図　②0.5　③右図
⑵①56　②オ．2875　カ．8　キ．36　③15050
⑶下図

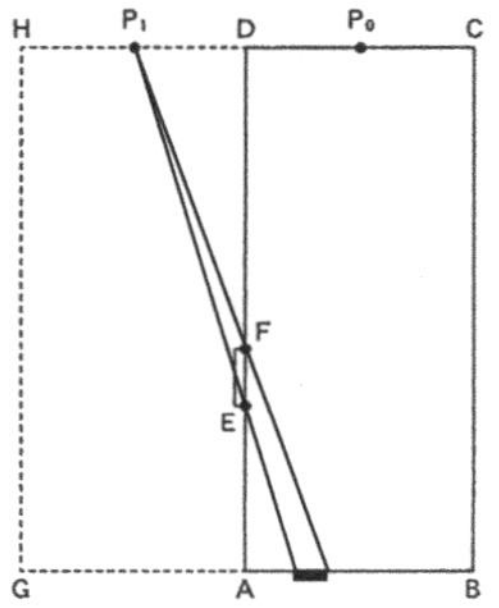

1⑵②の図

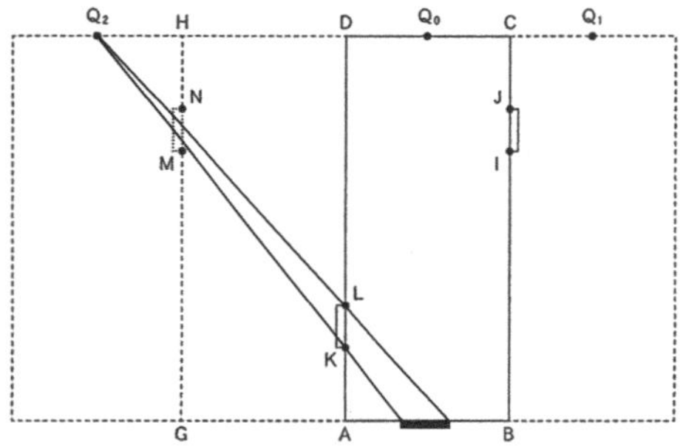

1⑶の図

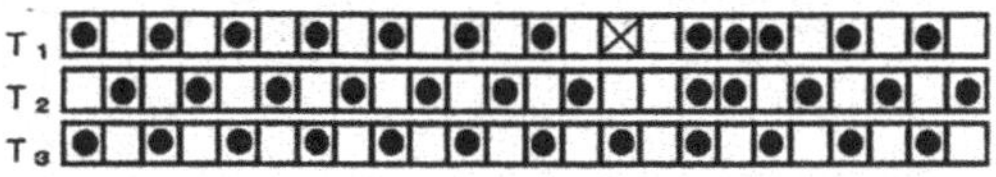

2⑴①の図

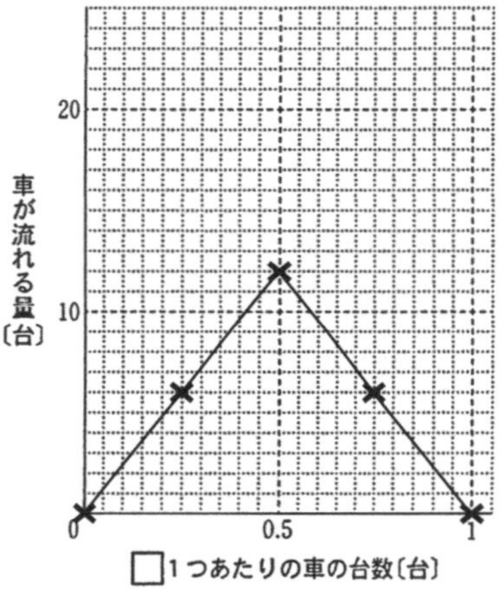

2⑴③の図

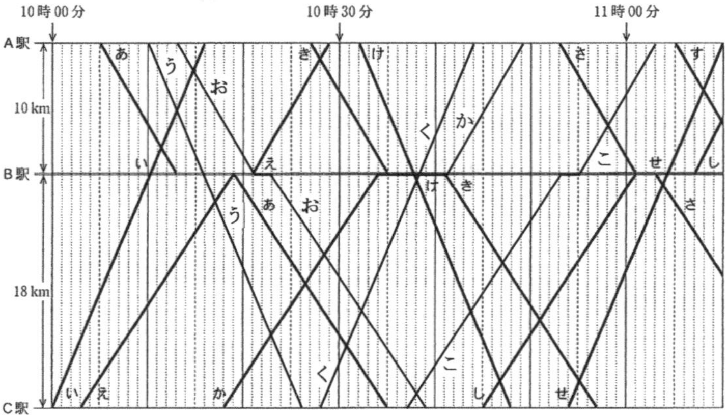

2⑶の図

《解　説》

1　⑴①　図3に右図のように記号をおく。光は鏡に当たると，当たる角度と同じ角度で反射するから，角ナ＝角ニ＋角ヌ＝(180－60)÷2＝60(度)
角ア＋角ナ＝90度だから，角ア＝90－60＝30(度)
角ニ＝180－30－60－60＝30(度)で，平行線の錯角は等しいから，
角ネ＝角ニ＝30度
角ヒ＝角ネ＋角ノ＝(180－30)÷2＝75(度)だから，角ノ＝75－30＝45(度)
対頂角は等しいから，角ハ＝角ノ＝45度なので，角イ＝180＋45＝225(度)
鏡あは30度回転するのに，30÷10＝3(秒)かかり，360度回転するのに

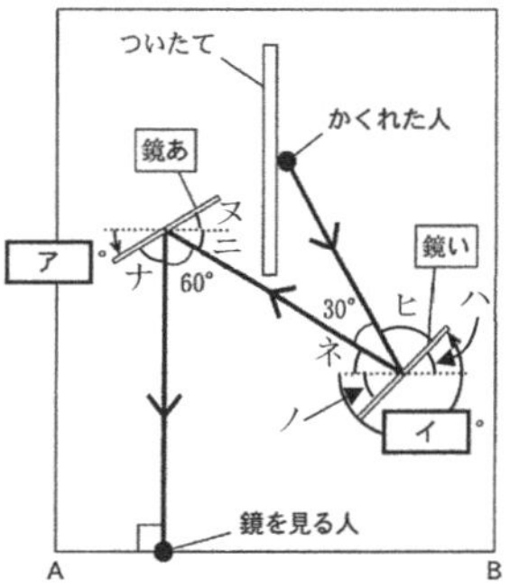

※ ………… は，はじめの状態の鏡の位置を表している。

360÷10＝36(秒)かかる。したがって，鏡**あ**が最初に状態Ⅰになるのは

３秒後，２回目に状態Ⅰになるのは３＋36＝39(秒後)である。

② ①より，鏡**あ**が状態Ⅰになるのは，最初は３秒後で，それ以降は36秒ごとだから，x回目は，

３＋36×(x－１)(秒後)である。

鏡**い**が状態Ⅱになるのは，最初は225÷15＝15(秒後)で，それ以降は360÷15＝24(秒)ごとだから，y回目は，

15＋24×(y－１)(秒後)である。

③ 鏡**あ**が状態Ⅰになるのは，３秒後，39秒後，75秒後，…で，鏡**い**が状態Ⅱになるのは，15秒後，39秒後，63秒後，…だから，最初に図３の状態になるのは39秒後である。

36と24の最小公倍数は72だから，39秒後以降は72秒ごとに図３の状態になるので，次に図３の状態になるのは，39＋72＝111(秒後)である。

(2)① 図７に右図のように記号をおく。

ｉｊはｆｈと線対称だから，ｉｊ＝ｆｈ＝140 cm

三角形ｇｈｊと三角形ℓｍｊは同じ形で，対応する辺の比がｈｊ：ｍｊ＝２：１だから，ｇｊ：ℓｊ＝２：１，ｇｈ：ℓｍ＝２：１

したがって，ℓｍ＝ｇｈ×$\frac{1}{2}$＝130×$\frac{1}{2}$＝65(cm)

三角形ｇｋℓと三角形ｇｉｊは同じ形で，対応する辺の比が

ｇℓ：ｇｊ＝(２－１)：２＝１：２だから，ｋℓ：ｉｊ＝１：２

したがって，ｋℓ＝ｉｊ×$\frac{1}{2}$＝140×$\frac{1}{2}$＝70(cm)

よって，ｋｍ＝70＋65＝135(cm)

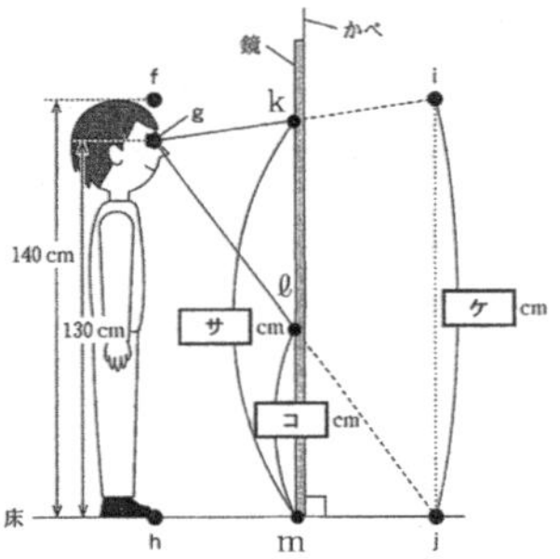

② P_1が鏡の上のＦの位置に見えるときに見た人がいる位置は，直線P_1ＦをＦの方向に延長してＡＢと交わった点である。P_1が鏡の上のＥの位置に見えるときに見た人がいる位置は，直線P_1ＥをＥの方向に延長してＡＢと交わった点である。

(3) Q_1とＬを結ぶみかけの光の道すじと直線ＡＤについて線対称な直線は，直線Q_2Ｌである。直線Q_2ＬがMN上を通ることも確認できる。したがって，直線Q_2ＬをＬの方向に延長してＡＢと交わった点の位置にいると，棒の像がＬの位置に見える。同様に，直線Q_2ＫをＫの方向に延長してＡＢと交わった点の位置にいると，棒の像がＫの位置に見える。直線Q_2ＫがMN上を通ることも確認できる。

(4)① 鏡**う**と鏡**え**は同じ速さで同時に出発したので，常にＣＩ＝HM＝ＡＬとなる。したがって，三角形ＡＬＲと三角形HMQ_2は合同だから，

ＡＲ＝ＨQ_2＝２ｍ

図13に右図のように点Ｔをおくと，三角形ＡＬＲと三角形ＴQ_2Ｒは同じ形であり，対応する辺の比がAR：TR＝２：(２＋４＋２)＝１：４だから，ＡＬ＝ＴQ_2×$\frac{1}{4}$＝$\frac{9}{4}$(m)

したがって，鏡**え**が移動した長さは，ＡＫ＝$\frac{9}{4}$－１＝$\frac{5}{4}$＝1.25(m)

1.25m＝125 cmだから，このときは，125÷10＝12.5(秒後)

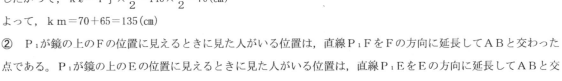

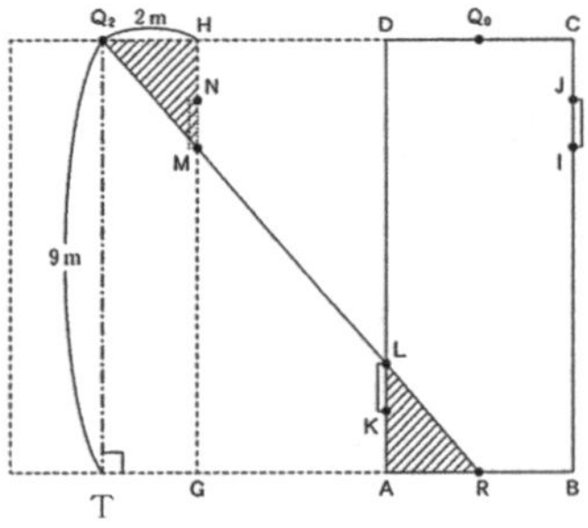

② Ｓの位置は右図のようになる(三角形ＡＬＲと三角形HMQ_2は合同のままである)。ＨＮ＝①とする。

三角形HNQ_2と三角形DLQ_2は同じ形であり，対応する辺の比が$Q_2H : Q_2D$＝２：(２＋４)＝１：３だから，ＤＬ＝ＨＮ×３＝③

ＡＫ＝ＨＮ＝①だから，ＡＤの長さについて，①＋１＋③＝９

④＝８　①＝８÷４＝２(m)　したがって，鏡**え**が移動した長さも２mである。三角形HNQ_2は直角二等辺三角形だから，

三角形ＡＬＳも同様なので，ＡＳ＝ＡＬ＝２＋１＝３(m)

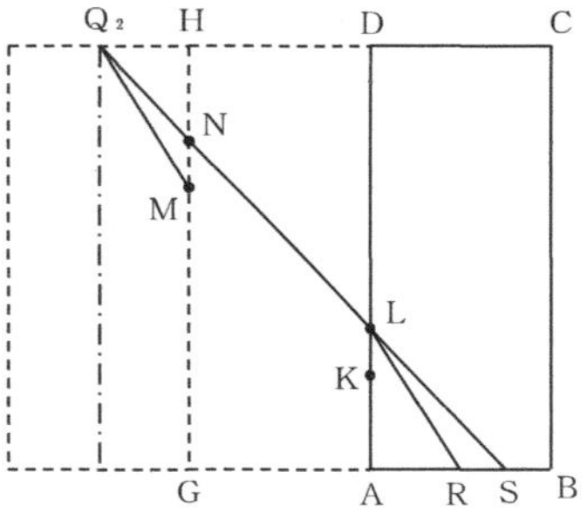

2 (1)① T_1～T_6を見ると，後ろから渋滞に入った車がしばらく進めなかった後で渋滞を抜け出していく様子が確認できる。したがって，渋滞の後ろにいる車のどれかを減らせばよい。T_1で渋滞のすぐ後ろにいる車を減らすと，解答例のようにT_3で渋滞が解消できる。

② 図２で，車がいる□と車がいない□の数は同じなので，車の台数とすべての□の数の比は１：２である。

よって，□１つあたりの車の台数は，１÷２＝0.5(台)

③ 解答らんの図に×でとる点を，(横の目盛りの値(あたい)，縦の目盛りの値)で表すこととする。

まず，図２の状態から，点(0.5，12)がとれる。

解答らんの図の縦の１目盛りは１台，横の１目盛りは，0.5÷10＝0.05(台)である。

図２の□は全部で24あるから，横が１目盛り増減するのは，車の台数が24×0.05＝1.2(台)変化したときである。

車の台数の変化は整数になるので，1.2×５＝６(台)単位で変化させればよい。つまり，車を６台増減するごとに横に５目盛り変化する。したがって，図２から車の台数を６台減らして12－６＝６(台)とすると，渋滞は発生しないので，車が流れる量は６台となり，□１つあたりの台数は0.05×５＝0.25(台)減って，0.25台となる。このことから，点(0.25，６)がとれる。車の台数をさらに６台減らすと，点(０，０)がとれる。

また，図２から車の台数を６台増やして12＋６＝18(台)とすると，新たに増やした●はすぐに動けず，新たに増やした●のすぐ後ろの６台の●もすぐに動けないので，車が流れる量は６台減って12－６＝６(台)となる。□１つあたりの台数は0.5＋0.25＝0.75(台)となるから，このことから，点(0.75，６)がとれる。車の台数をさらに６台増やすと，点(１，０)がとれる。

(2)① Ａ駅からＣ駅までについて，(道のりの合計)÷(かかる時間の合計)で求める。道のりの合計は，10＋18＝28(km)，かかる時間の合計は，$\frac{10}{40}+\frac{18}{72}=\frac{1}{2}$(時間)だから，求める速さは，$28\div\frac{1}{2}=56$より，時速56kmである。

② 電車**う**は，Ａ駅からＣ駅までの28km＝28000mを10時22分－10時06分＝16分で走るから，電車**う**の速さは，28000÷16＝1750より，分速1750mである。電車**え**は，Ｃ駅からＢ駅までの18km＝18000mを16分で走るから，電車**え**の速さは，18000÷16＝1125より，分速1125mである。したがって，２台の電車の速さの和は，1750＋1125＝2875より，分速2875mである。

電車**え**がＣ駅を出発してから電車**う**がＡ駅を出発するまでの３分間で，電車**え**は1125×３＝3375(m)進むから，電車**う**がＡ駅を出発するとき，２台の電車は28000－3375＝24625(m)はなれている。

したがって，２台の電車がすれ違うのは，電車**う**が出発してから，24625÷2875＝8.56…→8.6(分後)＝８分(0.6×60)秒後＝８分36秒後である。

③ 電車**う**は8.6分で，1750×8.6＝15050(m)進む。よって，Ｐの場所はＡ駅から15050mの場所である。

(3) 電車**う**をできるだけ早く出発させたいので，電車**あ**がＢ駅に到着する時刻とルールⓔについて考える。

電車**あ**がＢ駅に到着するのは10時13分だから，電車**う**がＢ駅を通過するのは10時15分以降でなければならない。電車**う**がＡ駅からＢ駅までにかかる時間は，10000÷1750＝5.7…より，約5.7分である。したがって，電車**う**がＡ駅を出発する時刻を，10時15分－５分＝10時10分以降にしなければならないので，10時10分とする。

電車**お**は電車**う**が出発した２分後に出発させたいが，それだとＢ駅に10時20分に到着してしまい，10時19分にＢ駅を出発する電車**あ**がいることでルールⓔに合わなくなってしまう。したがって，電車**お**の出発を１分おそくして，10時13分発とする。電車**お**のＢ駅での停車時間は最短の２分としても問題ないので，そのようにすると，電車**お**は10時39分にＣ駅に到着する。

電車**く**は，電車**う**がＣ駅に到着した２分後の10時28分に折り返して電車**く**として出発すれば，何も問題がない。

電車**こ**は，電車**あ**がＣ駅に到着した２分後の10時37分に折り返して電車**こ**として出発し，Ｂ駅での停車時間を２分とすれば，何も問題がない。

電車**か**は，電車**く**がＢ駅を通過した２分後以降にＢ駅を出発しなければならない。電車**く**がＣ駅からＢ駅までにかかる時間は，18000÷1750＝10.2…より，約10.2分である。したがって，電車**く**は10時38分の少し後にＢ駅を通過するので，電車**か**は10時41分以降にＢ駅を出発しなければならない。よって，電車**か**は10時41分にＢ駅を出発させればよい。

《解答例》

一　⑴①意見がちがう人　②イ　③ウ　⑵共有できる考えを見つけて、それを広げて意見を出し合い、話し合いを進めていく。

二　⑴①ゴールにたどり着く　②通った道すじを教えられない　③答え　④解き方がわかっている　⑵①目印を確にんする　②周辺の地理　⑶テーマ…ア／わたしは、カレーライスを自分で作ってみて、食べたときにはわからなかった材料を使うことで、おいしく作れることを知りました。にんにくやヨーグルトなどをかくし味として入れたら、おいしくできました。

三　⑴①イ　②オ（①と②は順不同）　③ア　④エ　⑤育てていく　⑵①心の中にある　②何度も他の言葉で言いかえた　③他者の中に　⑶関わり　⑷（１字あける）わたしは、チームのメンバーに、歌しに取り入れる内容について、全ての学年から意見を集めることを提案します。そのために、高学年には、クラスの代表に話し合いに参加してもらいます。低学年は、話し合いの場では、きん張してしまうと思うので、チームで手分けして、直接、クラスに聞きに行き、インタビューしようと思います。この取り組みによって、実際に生の声を聞くことができるので、みんなの考えをより深く理解できます。だから、なぜその歌しにしたのかを質問されたときに、説明ができます。（改行）歌しを作っていると中で、中庭にある大きな木のすばらしさや、花だんの美しさをどのように伝えるのか、苦労すると思います。実際に中庭を見た人にしか伝わらないと思うからです。対さくとして、チーム以外の友達に、協力をお願いします。その友達に作成中の歌しを見せて、歌しでは伝わりきらない中庭の様子やその他にも伝わりきらないと思う点を挙げてもらいます。その部分を、学校のタブレットを使って、写真にとって来てもらいます。それを「学校の歌」を発表するときに、スクリーンにうつしてもらえないか、先生にたのみます。そうすれば、歌しで伝わりにくいところが、伝わりやすくなるはずです。

《解　説》

一　⑴①　りくさんとの関係が気まずくなったことで、はるさんがどう思ったのかを聞き取る。はるさんは、「りくさんとの関係も気まずくなっちゃってね」と言った後、続けて「意見が違(ちが)う相手とわかりあうのは無理なんだと思ったよ」と言っている。　②〔本の内容〕に「すぐには」「初めからは」とあるので、イの「最初からは」が適する。　③　まきさんは、本の内容をふまえて、「わかりあえない人同士でも何とかして、共有できる部分を見つけて、少しずつそれを広げていくことならできるかもしれないよ」と言っている。つまり、人は最初からわかりあえるものではなく、少しずつ共有できる部分を広げながら、関係をつくりあげていくものだと言いたいのである。よって、ウが適する。

⑵　まきさんが言った、「わかりあえない人同士でも何とかして、共有できる部分を見つけて、少しずつそれを広げていくことならできるかもしれないよ」というアドバイスをいかして話し合いを行う。

二　⑴①　文章中に「その人の目的は、ただゴールにたどり着くことだけ」とある。　②「ただゴールにたどり着くことだけ」を求める人は、「いくらゴールにたどり着いても、途中(とちゅう)の道筋(みちすじ)がまったくわからない」ため、「人に地図を書いて、自分の通った道筋を教えることができない」。　③・④「ただゴールにたどり着くことだけ」を求める人は、「わかった」の数ばかり集めるとある。この「わかった」は「ゴール」であり、ぎ問に思ったことの答えにあたる。しかし、答えは手に入れられても、「途中の道筋がまったくわかっていない」、つまり解き方はわかっていないので、理解が不十分だと言える。

(2)①・②　地図を見て「設定した道順通りにたどるには、途中（とちゅう）で目印となるランドマークを見つけなければならない」とあり、運転するときには「ランドマークを確認しながら現在位置を把握（はあく）している」とある。つまり、地図を使うと目印となるランドマークを確認することになるので、その周辺の地理にもくわしくなるのである。

三　著作権上の都合により文章を掲載（けいさい）しておりませんので、解説も掲載しておりません。ご不便をおかけし、誠に申し訳ございません。

《解答例》

1 ⑴あ．4，12　い．4，12　⑵ウ　⑶う．①　え．急速　⑷レトルト食品とかんづめそれぞれの，2010年と2020年の総生産量　⑸資料8から，かんそうわかめは，かさみつ度が0.2だから，小さじ1ぱいが1gとなる。みそしるに入れる小さじ2はい分は2gで，資料7から，もどし率が12倍なので完成したみそしるの中のわかめは，水分をふくんで24gとなる。資料6は4人分の作り方なので，1人分は，24gを4でわって6gとなる。
⑹それぞれの食品に適した方法　⑺く．賞味期限の古いものから使う　け．使った分だけ買い足す
⑻物置や勝手口のすみではなくキッチンなどで保ぞんするため，食品を管理しやすくなる

2 ⑴うみさんが取り入れる4つ目の原則…強調する／場所を表す文字を大きくする　⑵い．うさぎの周りだけを明るくする　う．うさぎに矢印の先を向ける　⑶伝えたい　⑷お．ア　か．ウ　⑸形を変えていく
⑹く．要望　け．総合　こ．なっ得　⑺申しこみ／紙での作業　⑻し．解答用紙を集めた後の作業
す．時間内で効率よく作業　せ．解答用紙を電子データにし，参加者がタブレットを使用／解答用紙や説明を事前に送信し，解答用紙の整理や集計を自動化できる

《解　説》

1 ⑴　あ．賞味期限を年月日で表示したときの，その日が，月の最後の日である場合には，その日が含(ふく)まれる月と同じ月で表示することが可能だから，令和4年12月の最後の日である31日の場合は令和4年12月と表示する。
い．月の最後の日である場合以外は，その日が含まれる月の前の月で表示するので，令和5年1月の前の月である令和4年12月と表示する。

⑵　ア．×…食品はすべて，未開ふうのときに，賞味期限内であればおいしさが保証されている。　イ．×…賞味期限が月の最後の日の場合は，年月表示にすると同じ月が賞味期限になるので，短くならない。　エ．×…消費期限が3か月をこえる食品については，年月表示にしてもよいし，しなくてもよい。

⑶　う．最大氷結晶生成温度帯(さいだいこおりけっしょうせいせいおんどたい)にとどまる時間が短いのは①の方である。　え．①の方が温度を下げるのにかかる時間が短いことがわかる。

⑷　もととなる値(あたい)が異なる場合，割合だけでは比べられない。資料4と資料5の割合のもととなる値は総生産量なので，レトルト食品とかんづめそれぞれについて，総生産量を示す資料が必要である。

⑸　乾燥わかめのかさ密度は，かさ密度が1のものの0.2倍なのだから，乾燥わかめの小さじ1ぱいぶんの重さは，5×0.2＝1(g)である。小さじ2はい入れると1×2＝2(g)となり，これが水分を吸収すると，2×12＝24(g)になる。4人分が24gだから，1人分は，24÷4＝6(g)

⑹　資料9より，食品が傷まないようにするための保存方法は食品によって違うことがわかる。できるだけ食品を長持ちさせるためには，それぞれの食品の箱やふくろに書かれた保存方法を守るとよい。

⑺　近年，家庭において普段の食生活を工夫しながら無理なく災害時に備える方法として，ローリングストック法が注目されている。ローリングストック法は，普段から少し多めに食べ物や日用品を購入(こうにゅう)し，古い物から順に消費しながら買い足し，常に新しいものが少し多めにある状態を保っておく，という方法である。

⑻　はるさんたちは，非常食を物置や勝手口のすみなどに置いていて，日ごろあまり確認しないので，賞味期限が切れても気づきにくいと話している。これらの課題は，ローリングストック法によって食品をキッチンなどに置き，

普段から目にするようになるので改善することができる。

2 ⑴ ②の修正後のポスターをみると，そうじ用具が場所ごとにまとめられており，それぞれ同じようにきれいに並んで示されている。そうじ用具はどれも同じような大きさで並んでいて，強調はされていないので，４つ目は「強調する」であると判断する。②のポスターでは場所を表す「教室」「トイレ」「体育館」と，そうじ用具を表す「ほうき」「ちりとり」などが同じ大きさで書かれているので，デザインの４原則の図にならって，場所を表す文字を大きくすると考えればよい。

⑶ 会話中の「わかりやすく」「見る人のことを考えて，工夫」とあることから，「伝えたい」であると判断する。

⑷ お.「手をよごさずに書き<u>たい</u>」「こなごなの黒えんも使い<u>たい</u>」とあるので，解決したいことをとらえている。か.「持つところを<u>作ればよい</u>」「こなごなの黒えんを<u>固めればよい</u>」とあるので，改善の方向性を決めている。

⑸ 黒えんのかたまりから現在のえん筆へと形を変えたこと，使い方に合わせて六角形，三角形，丸形などの形があることから判断する。

⑹ 資料５より，各段階での過程を表す言葉に着目し，一言で表す言葉を考えるとよい。く．困っていることへの人々の意見＝要望　け．全体を見通し＝総合的に考える　こ．実際の場面での評価○＝なっ得

⑺ 資料６より，これまでの仕組みでは住民はそれぞれの課に行って何度も申し込みをし，自治体は紙の形での情報のやりとりをしているが，新しい仕組みでは，住民は専用サイトでの申し込み１回のみになり，自治体は電子データの形で情報の共有をしている。

⑻ し.「ねらいや実現のための考え」を想像して，「解答用紙を集めた後の作業」や，「クイズが終わった後作業」などの着眼点が挙げられる。す．解答用紙の配布やルール説明に時間がかからないようにするための，課題解決の方向性を書く。せ．解答用紙の配布やルール説明の時間が少なくなり，解答用紙を回収したあとの整理・集計がしやすくなるように電子データやデジタル機器を使った方法などが考えられる。

《解答例》

1　⑴①反時計　②イ．う　ウ．い　③はるか遠くにある

⑵①442　②360　③キ．8　理由…回転している台が1周まわる間に，ふり子が4往復しているためです。

④ふり子が1往復したことによってえがかれたもようの数が，減ります。　⑤回転している台上でふり子を観察すると，ふり子のふれる方向が回転しているように見えることが[実験Ⅰ]でわかったため，地球上でも同じように，ふり子のふれる方向が回転しているように見えれば，地球が自転していることの証ことなります。

⑶①3600　②地点Aと地点Bのい度の差は35度38分48.20秒－35度38分45.69秒＝2.51秒

地点Aと地点Bの間のきょり□は　20歩：120歩＝13m：□m　□＝78m

地点Aと地点Bの間のい度の差ときょりと，地球の周りの長さ△との関係は

(360度×3600秒)：2.51秒＝△m：78m　△＝40274103m＝40274.1km

地球の周りの長さは，およそ40274kmです。

2　⑴①ア．12　イ．2　ウ．6　エ．7　オ．3　②$3\times x+5\times y=36$

③(3，2，7)，(2，4，6)，(1，6，5)，(0，8，4)

⑵①ク．6　ケ．8　コ．3　サ．1　シ．9　ス．6

②「A→F→I→B」「A→F→L→B」「A→I→L→B」のルートの数には，それぞれ「A→F→I→L→B」のルートの数がふくまれています。けんさんは，「A→F→I→L→B」のルートの数を重複して数えてしまっているため，考え方があやまっています。「A→F→I→B」「A→F→L→B」「A→I→L→B」のルートの数から，それぞれ「A→F→I→L→B」のルートの数を引くと，9－6＝3，36－6＝30，30－6＝24となります。だから，正しいルートの数は3＋30＋24＋6＝63(通り)となります。

⑶①ソ．14　タ．59　チ．64　ツ．78　②2人の乗車回数と，スタートしてから乗車し終えたときまでの経過時間を表にまとめると次のようになります。

乗り物の乗車回数(回)	1	2	3	4	5	6	7	8	9	…
たえさんの経過時間(分)	24	43	62	81	100	119	138	157	176	…
けんさんの経過時間(分)	25	39	64	78	103	117	142	156	181	…

それぞれの乗り物から集合場所までの移動時間を考えると，乗車回数と，スタートしてから集合場所にもどってきたときまでの経過時間は次のようになります。

たえさん　8回乗車すると162分　9回乗車すると181分

けんさん　8回乗車すると160分　9回乗車すると183分

自由行動は3時間なので，180分以内に集合場所にもどらなければなりません。したがって，たえさんもけんさんも，それぞれ8回まで乗車することができます。このことから，自由行動の時間内に乗り物に乗車できる回数は，2人とも同じです。

《解　説》

1　(1)①　地球から見て，北極星を中心に他の星が反時計回りに動いて見えるということは，北極星から地球を見ると反時計回りに動いて見えるということである。　② 図３より，緯(い)度が大きくなるほど北極星を見上げる角度(北極星の高度)は大きくなることがわかる。実際には，北極星の高度はその地点の緯度と等しくなり，赤道では０度，北極では90度である。　③ 図４－１より，地球から最も近いところにある■に比べて，○の方が地球が回転する軸(じく)に平行な方向に近づいていることがわかる。★(北極星)ははるか遠くにあるので，地球が回転する軸に平行な方向に見える。また，図４－２より，地球が平らな面であった場合，地球から最も近いところにある■に比べて，○の方が平らな面に垂直な方向に近づいていることがわかる。★(北極星)ははるか遠くにあるので，地球が平らな面だとＡとＢで同じ角度に見えることになる。

(2)①　半径 6370 kmの地球の赤道上の周の長さは 6370×２×３＝38220 km→38220000m，24 時間→1440 分→86400秒より，38220000÷86400＝442.3…→秒速 442mとなる。　② 台は回転しても振(ふ)り子の振れる方向は変わらないので，台が１回転する間に振り子の振れる方向は 360 度回転する。　③ 図７では台が１回転する間に振り子が４往復しているので，条件１で振り子が１往復するのにかかる時間が２秒のとき，条件２で回転している台が１周まわるのにかかる時間は２×４＝８(秒)である。　④ 振り子が１往復する時間は糸の長さによって決まり，糸の長さが長いほど，振り子が１往復するのにかかる時間は長くなる。よって，回転している台が１周まわる間に振り子が１往復する回数が減るので，振り子がえがくもようの数が減る。

(3)①　60×60＝3600(秒)　② ＡとＢの緯度の差は 48.20－45.69＝2.51(秒)，ＡとＢの間の距離(きょり)は $13.0\times\frac{120}{20}=$ 78(m)→0.078 kmである。地球を１周すると緯度は360 度変化するので，地球の周りの長さは $0.078\times\frac{360\times3600}{2.51}=$ 40274.1…→40274 kmとなる。

2　(1)①　５年生と６年生は合わせて 16＋20＝36(人)いる。したがって，３人班だけに分けると，36÷３＝12(班)に分けることができる。班の数を最も少なくするためには５人班をなるべく多くすればよい。36÷５＝７余り１だから，36 人は５人班７班と余り１人に分けられる。５人班を１班減らして６班にすると，余りが１＋５＝６(人)となり３の倍数になるから，３人班を６÷３＝２(班)作ることができる。

したがって，班の数が最も少ないとき，３人班は２班，５人班は６班である。３と５の最小公倍数は 15 だから，５人班を 15÷５＝３(班)減らして３人班を 15÷３＝５(班)増やしても合計人数は変わらない。

よって，３人班を２＋５＝７(班)，５人班を６－３＝３(班)にしても合計人数は36 人である。

②　３人班の合計人数は３× x (人)，５人班の合計人数は５× y (人)，全部で 36 人だから，３× x ＋５× y ＝36

③　人数の合計が変わらないように，(ａ，ｂ，ｃ)＝(４，０，８)の各値(あたい)を変化させる。５年生が入るのはｂとｃだけだから，まずｂとｃについて考える。

ｃを１減らすと５年生が２人余るので，ｂを２増やせるかもしれない。ｃを１減らしｂを２増やすと，６年生は２×２－１＝３(人)足りなくなる。したがって，ａを３÷３＝１減らせば余る人がなくちょうど班に分けられる。このとき，(ａ，ｂ，ｃ)＝(３，２，７)となる。

これと同様の操作，つまり，ａを１減らし，ｂを２増やし，ｃを１減らす操作を繰り返すことで，条件に合う組み合わせを見つけられる。よって，他の組み合わせは，(ａ，ｂ，ｃ)＝(２，４，６)(１，６，５)(０，８，４)

(2)①　最も多く施設を見学するとき，見学する施設は，「H→F→G→J→N→L」か「H→K→G→J→N→L」の６施設である。

1施設も見学しないルートを数えるために，施設の前を通らない道だけ太線にすると，右の図iのようになる。したがって，PからQまでのルートの数を求めればよい。

図i

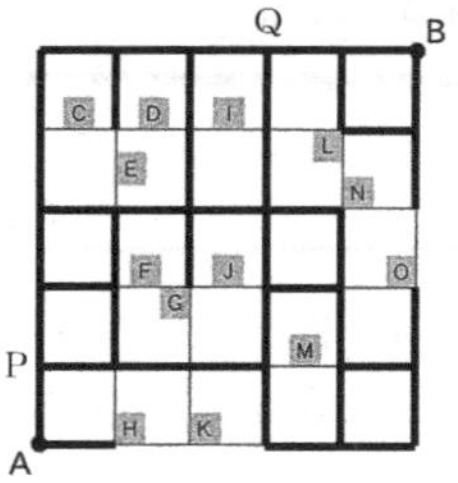

図ii

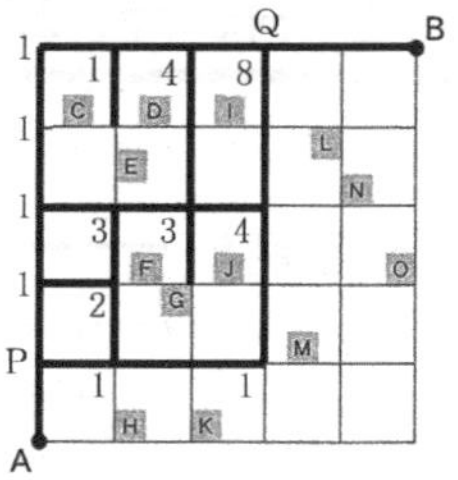

ある交差点へのルートの数は，その点の左側の点までのルートの数と，その点の下側の点までのルートの数の和に等しくなる。したがって，それぞれの点へのルートの数は図iiのようになるから，PからQまでのルートの数は8通りある。よって，1施設も見学しないルートは8通りある。

「A→F」のルートの数は，右の図iiiの左下にある太線部分のルートの数だから，3通りである。「F→I」のルートの数は，図iiiの太い点線のルートの数だから，1通りである。「A→F」が3通り，「F→I」が1通り，「I→B」が3通りだから，「A→F→I→B」のルートの数は，3×1×3＝9(通り)である。

図iii

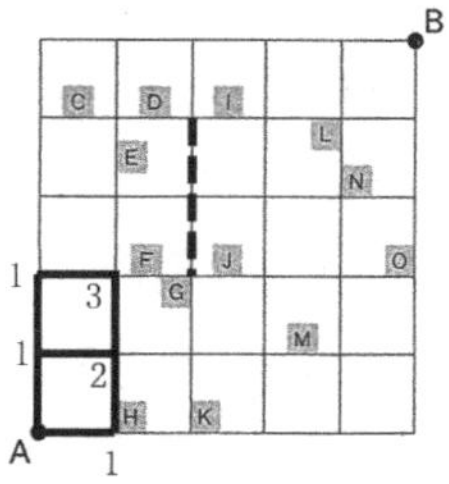

また，「A→F」が3通り，「F→I」が1通り，「I→L」が1通り，「L→B」が2通りだから，「A→F→I→L→B」のルートの数は，3×1×1×2＝6(通り)

② F，I，Lのうち2施設を見学できるルート，例えば「A→F→I→B」のルートには，Lを通っていないルートとLを通っているルートが両方ともふくまれていることに注意する。

(3)① たえさんは，集合場所からⒶまでの移動時間5分を別にすれば，Ⓐに1回乗るのに16＋3＝19(分)かかる。よって，6回乗り終えたとき，5＋19×6＝119(分)，つまり1時間59分たっているから，そのときの時刻は，13時＋1時間59分＝14時59分

けんさんは，Ⓒに乗り終えてから次にⒷに乗り終えるまでに，2＋19＋4＝25(分)かかるから，チ＝39＋25＝64

Ⓑに乗り終えてから次にⒸに乗り終えるまでに2＋10＋2＝14(分)かかるから，ツ＝64＋14＝78

② 解答例のように表を用いてもよいが，計算で考えると以下のようになる。

3時間＝180分のうち，たえさんは集合場所との移動以外で180－5×2＝170(分)使える。したがって，Ⓐには，170÷19＝8余り18より，8回乗れる。

けんさんは，集合場所からⒷまでの移動時間とⒸからⒷまでの移動時間が同じ2分だから，最初から，ⒷとⒸに1回ずつ乗るのに25＋14＝39(分)かかるものとして計算できる。180÷39＝4余り24だから，4×2＝8(回)乗り終えた(最後はⒸ)時点で24分余っている。次にⒷに行くと25分かかって時間が足りなくなるので，Ⓒから集合場所にもどると，集合時間に間に合う。よって，2人とも乗車回数は同じ8回となる。

《解答例》

1　⑴①ア．直径上にある　イ．円を半分に折った折り目をいくつかつけ，折り目の直線が交わる点を見つければ，それが円の中心です　②ＯＡ－ＯＢ　③(ＯＢ×２×3.14÷ａ)÷(ＯＡ×２×3.14÷ａ)　⑵①オ．4.37　カ．4.96　キ．3.36　ク．1.01　②ケ．32.48　コ．5.7　サ．4.0　シ．1.95　③直角三角形の３辺のうち，２辺の長さがわかっているとき。　⑶右図

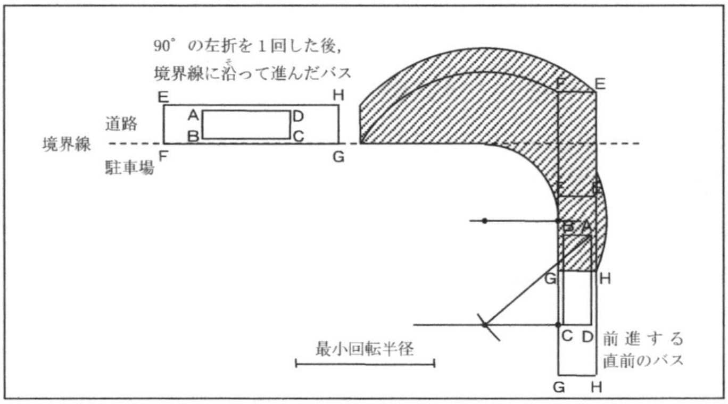

1⑶の図

2　⑴①Ａから出たテグス…Ｇ→Ｈ　Ｆから出たテグス…Ａ→Ｂ→Ｊ→Ｉ
②９個…126　ａ個…14×ａ　③正五角形の１つの角は，540°÷５＝108°で，
正十角形の１つの角は，1440°÷10＝144°です。
図７で，内側にできる正十角形の１つの頂点の周りには，正五角形の角が２つと，
正十角形の角が１つ集まるので，108°×２＋144°＝360°になります。
図３の㋐の形を11個以上つなげて輪の形を作ろうとすると，
１つの頂点に集まる角度が360°をこえてしまうので，
図３の㋐の形は最大で10個しかつなげることができません。
⑵い，え　⑶①オ．ヒンメリの重さは，使用したパイプの長さの合計に比例する　カ．ヒンメリに使用したパイプの長さの合計　②右図

図７

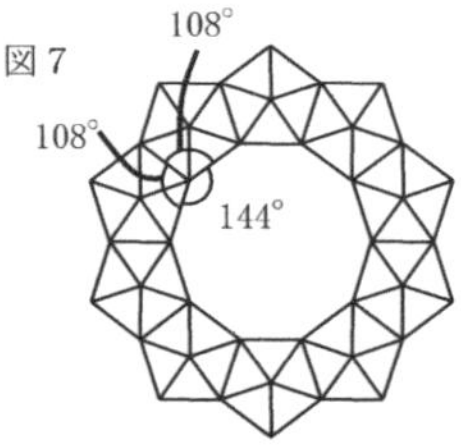

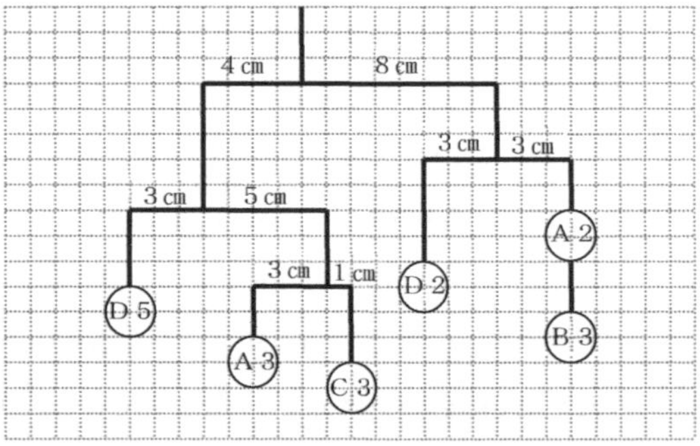

2⑶②の図

《解　説》

1　⑴①　円の中心は直径上にあるので，直径を何本引いても必ず円の中心で交わる。

②　左側の前輪が通る円の半径はＯＢ，右側の前輪が通る円の半径はＯＡで，この差はＯＡ－ＯＢと表せる。

③　左側の前輪が通る円の円周はＯＢ×２×3.14で，タイヤは１回転でａだけ進むから，左側の前輪は，ＯＢ×２×3.14÷ａ(回転)する。同様に，右側の前輪はＯＡ×２×3.14÷ａ(回転)する。

左側の回転数は右側の回転数の，(ＯＢ×２×3.14÷ａ)÷(ＯＡ×２×3.14÷ａ)(倍)と表せる。

⑵①　図４でＢＣ＝2.8ｍ＝280㎝だから，図４と図６の三角形ＢＯＣの対応する辺の比は，280：10＝28：１である。したがって，図４のＯＢの長さは，15.6㎝×28＝436.8㎝＝4.368ｍ，およそ4.37ｍである。

図４でＯＡ＝5.7ｍ＝570㎝だから，図４と図５の三角形ＡＯＤの対応する辺の比は，570：31である。

したがって，図４のＯＤの長さは，$27\text{cm}\times\frac{570}{31}=496.4\cdots\text{cm}=4.964\cdots\text{m}$，およそ 4.96m である。

よって，図４のＯＣの長さは，ＯＤ－ＣＤ＝4.96－1.6＝3.36(m)，内輪差は，ＯＢ－ＯＣ＝4.37－3.36＝1.01(m)

②　(ＯＨ×ＯＨ)＝(7.2×7.2)－(4.4×4.4)＝51.84－19.36＝32.48 だから，２回かけ合わせて 32.48 に近くなる小数第１位までの数を探す。５×５＝25，６×６＝36 で，32.48 は 25 と 36 の間にあって 36 により近いから，5.6 にあたりをつけて計算してみる。5.6×5.6＝31.36，5.7×5.7＝32.49 だから，ＯＨ＝5.7m である。

したがって，ＯＧ＝ＯＨ－ＧＨ＝5.7－1.7＝4.0(m)　　このバスの内輪差は，ＯＦ－ＯＧ＝5.95－4.0＝1.95(m)

③　この直角三角形の性質は，中学の数学で学習する「三平方(さんへいほう)の定理」である。中学受験でもよく登場する直角三角形として，３辺の長さの比が３：４：５の直角三角形や５：12：13 の直角三角形があるが，これらの直角三角形ならば３辺の長さが整数になるので，三平方の定理が成り立つことがかんたんに確認できる。

(3)　まず，前進する直前のバスがその位置で左折した場合の各タイヤが進む円の中心をとる。ＣＤを左に延長した直線と，半径が最小回転半径で中心がＡの円とが交わる点だから，図ｉのＩである。ＩＣとＦＧが交わる点をＪとする。駐車場内を前進して左折するときのバスの位置は図ｉの太線であり，このときの各タイヤが進む円の中心をＫとする。バスが進んだ長さはＩＫの長さであり，Ｊが前進したあとの位置がＬである。

図ｉ

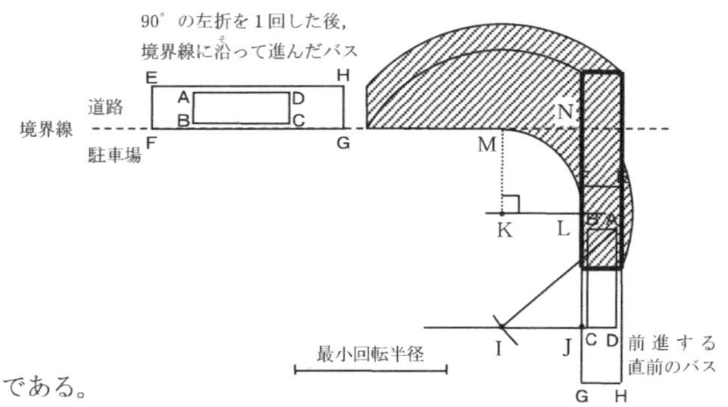

バスが左折するとき，バスの車体がＬより内側にくることはないから，Ｌは曲線ＬＭをえがく。

したがって，四角形ＫＬＮＭは１辺の長さがＩＪと同じ正方形だから，ＩＪの長さを三角定規で計ることで，Ｎの位置からＬ，Ｍ，Ｋの位置を作図できる。あとは，Ｋを中心に太線の長方形の右下，右上，左上の頂点とＬを 90°回転移動させることで，図ｉのように曲線がかけるので，車体が通過する部分にななめの線を引くことができる。

2　(1)①　図６の各ストローを両端の記号を使って，ＡＢ，ＣＤ，ＥＦ，…のように表す。図５を見ると，どの頂点の付近でも３本のストローがそれぞれテグスでつながっていなければならない。図６の状態からさらにつなげなければならないストローは，ＡＢとＧＨ，ＡＢとＥＦ，ＡＢとＩＪ，ＧＨとＩＪである。Ａから出たテグスをＧＨに通せば，ＡＢとＧＨがつながる。Ｆから出たテグスをＡＢとＩＪに通せば，ＡＢとＥＦ，ＡＢとＩＪがつながり，テグスの両端を結べばＧＨとＩＪがつながる。

②　図３の㋐では 15 本のストローが使われている。これを単純に９倍すると 15×９＝135(本)となるが，９個をつなげて輪にすると，㋐の形どうしが９かしょでつながるので，実際に使うストローは，135－９＝126(本)

図３の㋐の形をａ個つなげる場合も同様に考える。つながるかしょがａかしょになるので，必要なストローは，15×ａ－ａ＝14×ａ(本)

③　図３の㋐の形を 10 個つなげると，㋐の正五角形の部分がきれいに水平に並ぶ。したがって，10 個より少ない個数だと，それぞれの正五角形が内側にかたむいた形で輪ができる。10 個より多くすると正五角形をかたむけることができないので，輪をつくることができない。

(2)　つり合っているモビールにおいては，(支点からおもりまでのきょり)×(おもりの重さ)が等しくなる。

支点は棒の真ん中あたりと糸がつながっている点である。

あ．(支点からおもりまでのきょり)×(おもりの重さ)が，左側では３×20＝60，右側では５×５×２＝50 になるから，つり合わない。

い．(支点からおもりまでのきょり)×(おもりの重さ)が，左側では3×50＝150，右側では5×(20＋10)＝150になるから，つり合う。

う．(支点からおもりまでのきょり)×(おもりの重さ)が，左側では6×20＝120，右側では2×(25＋30)＝110になるから，つり合わない。

え．(支点からおもりまでのきょり)×(おもりの重さ)が，左側では6×15＝90，右側では2×(20＋25)＝90になるから，つり合う。

⑶① 材料が同じなので，重さは長さに比例する。

② パイプの長さの合計を各ヒンメリの重さとすると，右表のようにまとめられる。

ヒンメリ	重さ	ヒンメリ	重さ	ヒンメリ	重さ	ヒンメリ	重さ
A2	6	B2	12	C2	18	D2	24
A3	9	B3	18	C3	27	D3	36
A5	15	B5	30	C5	45	D5	60

つり合っているモビールにおいては，(支点からおもりまでのきょり)×(おもりの重さ)が等しくなる。このことから，「支点からおもりまでのきょり」の比と「おもりの重さ」の比は逆比になることを利用して考える。

例えば，解答例のように一番上の棒において「支点からおもりまでのきょり」の比を左右で4：8＝1：2としたとき，「おもりの重さ」の比は左右で2：1となる。棒を4本とし，かざりを2つ連ねてつなげるかしょを1かしょ作ると，ヒンメリは解答例のように6個使うことになるので，まず重さの比が2：1となるように6個のヒンメリを2つのグループに分けなければならない。このような計算を繰り返しながら考えていくとよい。

《解答例》

一　⑴①具体的に知る　②小さな一歩をふみ出す　③特別な　⑵才能は、きたえたり、レベルに合わせてちがった使い方をしたりするとよい。また、何かをしようとするときは、小さな一歩をふみ出し続けていくとよい。

二　⑴①だれかのために力をつくす　②役わり　③目的　⑵(例文)①ａ．電車の運転士が、乗客を安全に運ぶ　ｂ．運転技術を高めたい　②新しい知識

三　⑴成果を出す　⑵①がんじがらめ　②最後まで終わらせる　③社会

⑶(例文)

わたしの学級は、交通安全のボランティアの方々に、どんな天気の日にも登下校を見守ってくださったことに対する感謝の気持ちを伝えます。その方法として、ボランティアさんの似顔絵をかいたバッジを作る活動を考えています。理由は、バッジならば花束とちがって残るうえ、似顔絵入りならば、世界にたった一つのバッジになるので気持ちが伝わると考えたからです。

わたしは実行委員として、学級のみんなの活動が進むように気を配りたいです。五年生の時に、一部の人の意見で活動日が決まり、活動に参加できない人がいました。そうならないように、みんなの予定や要望をきいて、できるだけみんなが気持ちよく取り組めるように、力をつくしたいと思います。

活動する中で何かを決めなければならないとき、みんなの意見がわれて話し合いが進まないこともあると思います。そのような場合は時間をおいてから話し合うよう提案し、活動を一度、止めます。みんなが気分転かんしてから、だれのために活動しているのか、活動の目的を改めて確にんして、みんながやる気を失わず、何度でも話し合いができるふんいきを作りたいと思います。

《解　説》

一　⑴①　仁さんが朗読した部分の「大切なのは～自分にどんな才能があるのかを『具体的に』知ること」より。

②　空さんが朗読した部分の「最初は，ほんとうにちっぽけな一歩～それをわきまえつつ二歩三歩と踏み出し続け，その持続のなかで～できるかもしれない～ちっぽけな一歩でいいんだ～それでも続けるんだということ」より。

③　仁さんが朗読した部分の「多くの人は，才能～少し特別なものばかりを思い浮かべる～ずば抜けた才能にしか価値がない～そういう考えにとらわれると，自分の才能や長所にきちんと目を向けられなくなる～文章を書けるからといって，全員が文学賞に挑戦する必要はない」，空さんが朗読した部分の「いきなりたいしたことができるわけではない～最初は，ほんとうにちっぽけな一歩～いきなり百歩も千歩も踏み出せると考えてしまうと～がっかりする～ちっぽけな一歩でいいんだ」より，「特別なことでなくてよい」という考え方が読みとれる。

⑵　仁さんが朗読した部分の「才能は鍛えることができるものだし，レベルに合わせて違った使い方もできる」，空さんが朗読した部分の「何かをしようとするとき～最初は，ほんとうにちっぽけな一歩～それをわきまえつつ二歩三歩と踏み出し続け，その持続のなかで，少しは影響力やら貢献やらができるかもしれない～ちっぽけな一歩でいいんだ～それでも続けるんだ」という内容をまとめる。

二　著作権上の都合により文章を掲載しておりませんので，解説も掲載しておりません。ご不便をおかけし，誠に申し訳ございません。

三　(1)　筆者が「渋々，嫌々最後まで終わらせるのと，嫌になったところでいったんやめて，また気分が上がったときに再開するのとでは，最終的に，どちらのほうがいい結果になるでしょうか。僕は断然，後者だと思います」と述べていることから，「始めたことを途中でやめるのは，成果を出すことにつながる」ということが読みとれる。

(2)①　筆者が「初志貫徹(最初に心に決めた目標を最後まで持ち続けること)という言葉もまた，自分を『義務感』でがんじがらめにする呪文に思えてきます」と述べていることから。「がんじがらめ」とは，厳しく制限されて自由な行動がとれないこと。　②　この文章は「始めたことを途中でやめるのは，一般的にはよからぬことと思われがちです」と始まり，「渋々，嫌々最後まで終わらせるのと～どちらのほうがいい結果になるでしょうか」「初志貫徹～自分を『義務感』でがんじがらめにする呪文に思えてきます」「人間，『最後までやり抜かなくてはいけないこと』なんて，たぶん，ほとんどありません」と述べ，「みなさんも～『義務感』を手放す許可を出してみてください」で終わっている。これらの内容から，絶対に最後までやり抜かなければいけないと思いこんでいる人に向けてアドバイスしているのだと考えられる。

《解答例》

1　(1)①あ．イ　A．0.501　い．ア　②う．エ　B．0.429　え．ウ　③オ　④366　(2)まず，飲料自動はんばい機１台あたりの１日のはんばい金額2226円を飲料１本の金額である120円でわります。そうすると，１台の飲料自動はんばい機が１日にはんばいする飲料の本数が18.55本になることがわかります。次に，その本数に飲料１本のはんばいに利用される時間10秒をかけると，飲料を買うために，飲料自動はんばい機が利用される時間の１日の合計が185.5秒と求められます。それを分単位にするために60でわると，約３分となります。
(3)商品を購入しない人でも，そこから情報を得たり，活用したりする使い方がある　(4)手順や時間を少なく
(5)利用客にとっての利点／旅行会社の利点　(6)エ　(7)つながる通信を確保
(8)(アとＡの例文)情報を広く伝えるために，子どもやお年寄りなど，だれにでもわかるように発信する。

2　(1)あ．433　い．44.1　(2)１目もりが示す量を，100分から50分にして，さらに１目もりのはばを広げる
(3)ア　(4)イ　(5)多い／多く〔別解〕少ない／少なく　(6)き．通きん・通学時間が減ると，すいみん時間が増える　く．よか時間が減ったからといって，すいみん時間が増えているとはいえない　(7)人口1000人あたりのすし店の事業所数　(8)順位のちがいを示すのに適しているぼうグラフを使おうと思います。ぼうグラフは，順番に並べてあたいを比べるとき，ぼうの高さや長さによってちがいが一目でわかるからです。それに対して，円グラフは，全体にしめるわりあいを示すのに適しています。さんぷ図は，２種類のデータがたがいに関係があるかどうかや，２種類のデータの関係にどのようなけいこうがあるかを示すのに適しているものです。

《解　説》

1　(1)　①～④を逆算して考えるとよい。④について，１日の販売金額（きんがく）(約2226円)は，(お飲料自動販売機１台あたりの年間の販売金額)÷(１年〔うるう年なので C366日〕)で求められる。
③について，「お」は，(え飲料自動販売機の年間の総販売金額)÷(い飲料自動販売機の総台数)で求められる。
②について，「え」は，(う自動販売機の年間の総販売金額)×(飲料の割合〔42.9%＝ B0.429〕)で求められる。
①について，「い」は，(あ自動販売機の総台数)×(飲料の割合〔50.1%＝ A0.501〕)で求められる。
(2)　(１日の販売本数)＝(１日の販売金額〔2226円〕)÷(飲料１本の金額〔120円〕)であり，
(飲料を買うために飲料自動販売機が利用される時間の１日の合計)＝(１日の販売本数)×(飲料１本の販売に利用される時間〔10秒〕)である。単位を分に直すことに気を付けよう。
(3)　資料４の①と④を見ると，電光掲示板のニュースを知ることや，位置情報を確認することができると分かる。さらに②と③を見ると，インターネットに接続することや，防犯カメラを利用することができると分かる。
(4)　直後の「飛行機に乗るまでの(時間の)よゆうができた」に着目する。資料５を見ると，ＱＲコード航空券を買う場合は，旅行会社の窓口で航空券を買ったり，手続後にチケットを受け取ったりする手間を省けることが分かる。
(5)　利用客は，観光情報やイベント情報を活用して計画を立てられるので，旅行を楽しむことができる。その結果，利用客の満足度が高まるので，旅行会社の知名度を上げることができる。
(6)　エが正しい。通信を減らすことで輻輳をコントロールできることから導ける。　ア．輻輳が起こると，通信がつながらなくなるのであって，情報通信機器は故障しない。　イ．「インターネット」ではなく「電話」である。　ウ．電話での通信がすべてつながらなくなるのは輻輳がコントロールされない時で，災害時ではない。

(7) 資料８より，災害時に被災地へ向けた電話の輻輳が起こった場合，緊急通信が優先されることから考える。

(8) 資料４の電光掲示板を活用すれば，学習発表会のお知らせを宣伝できる。その際，漢字にルビをつけるなど，読みやすくする工夫が必要となる。解答例の他，イとＢを選んだ場合は「参加希望者の申し込みの手間を省くために，ＱＲコードを利用する。」，ウとＣを選んだ場合は「連絡や質問などのやりとりの通信が混み合わないように，インターネットや電話の通信を輻輳コントロールする。」なども考えられる。

2 (1) １日＝24時間＝(24×60)分＝1440分である。Ａさんの２次活動の時間は，1440－635－372＝あ<u>433</u>(分)
Ａさんの１次活動の時間は，$\frac{635}{1440}$×100＝44.09…より，１日のい<u>44.1</u>%である。

(2) 資料３の①と②の目もりに注目すると，①は１目もりが100分，②は１目もりが400－350＝50(分)を示していることがわかる。

(3) 横軸が３次活動，縦(たて)軸が１次活動を示しているから，Ａさんは点(372分，635分)，Ｂさんは点(388分，636分) Ｃさんは点(383分，637分)，Ｄさんは点(387分，640分)，Ｅさんは点(382分，641分)となる。
それぞれに対応した点がうたれているのは，アである。

(4) 400万人＝4,000,000人＝4,000千人，100万トン＝1,000,000トン＝1,000千トンである。よって，茨城県は総人口が400万人未満で，ゴミの排出量が100万トンより多いから，イは適切でないことがわかる。

(5) 散布図の点によって見える線が，右上がりになっていることから，解答例のようなことがいえる。

(6) 資料６の①は，点が全体的にななめに並んでいて，②は点が散らばっていることから，解答例のようなことがいえる。

(7) (事業所数)÷(人口〔千人〕)から，人口1000人あたりの事業所数を求めることができる。

(8) 解答例のように，棒グラフ，円グラフ，散布図の特徴(とくちょう)をしっかりとおさえておこう。

《解答例》

1　(1)①99.5　②雑草の多くは，1年ほどしか二酸化炭素をからだの中にきゅうしゅうしておくことができない。大きな木の場合は，長い年月，たくさんの二酸化炭素をからだの中にきゅうしゅうしておくことができるため，空気中の二酸化炭素の量を減らすことにつながる可能性がある。　③近年，春先の気温がだんだんと高くなってきた

(2)①適切であるもの…う　適切でないもの…あ，い　読み取れないもの…え　②二酸化炭素の割合

③右図　要因…温度　(3)①□　②あ，お　③二酸化炭素のきゅうしゅうには，□が必要です。Aでは，光がないので◎ができません。だから，実験開始時にあった△は□に変化しません。Bでは，光を受けて◎がつくられるので，△は□に変化しますが，□は二酸化炭素がないので□のままです。Cで，光がないのに二酸化炭素のきゅうしゅうが起こったのは，Bでつくられた□があるから

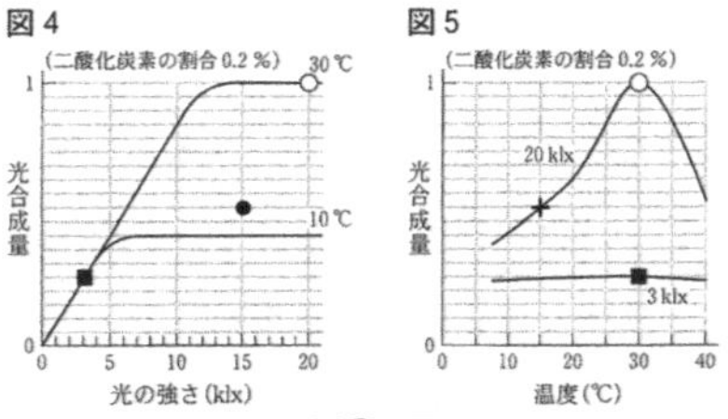

1(2)③の図

2　(1)①ア．6　イ．12　ウ．30，30，120　エ．90　②$3\times(x+x+1)\times6$

③オ．2　移動の方法…し→お→そ／し→つ→そ　(2)①$\frac{3}{4}$　②㋑をおこなった回数がぐう数回目のとき，90°の折り目ができる。　③あ，え　④8　(3)①右図　②㋕の図形が直線BDを対しょうのじくとする線対しょうな図形なので，角Dの大きさは60°の半分の30°です。㋖から，三角形HGDは直線HIを対しょうのじくとする線対しょうな図形なので，角Gは角Dと同じ30°です。角Hは，180°－30°－30°から120°になります。

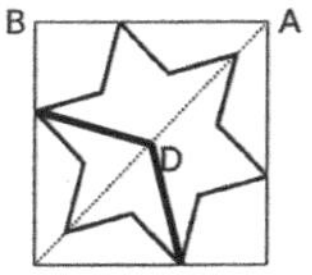

2(3)①の図

《解　説》

1　(1)①　10万lxの，500÷100000×100＝0.5(%)以上の光が通ってしまうと，植物が成長してしまうので，100－0.5＝99.5(%)以上の光をさえぎらなければならない。　③　外側の方が年輪の幅(はば)が広くなっていることから，春先の期間の気温がだんだんと高くなっていると考えられる。

(2)①　あ．図3より，光の強さが20klxのときにはおよそ0.14%以上，光の強さが3klxのときにはおよそ0.04%以上で光合成量が最も大きくなるから適切ではない。　い．図4より，温度が30℃のときにはおよそ14klx以上，温度が10℃のときにはおよそ6klx以上で光合成量が最も大きくなるから適切ではない。　う．図5より，温度が30℃のとき光合成量が最も大きくなるから適切である。　え．0℃の条件にしたときの記録がないから読み取れない。　②　図3で，温度が30℃，光の強さが20klxのグラフに着目すると，二酸化炭素の割合を大きくすれば，光合成量が増加することがわかる。　③　図4で，光の強さが15klx，温度が15℃の点に●をかくか，図5で，温度が15℃，光の強さが15klxの点に●をかくかのどちらかを考えればよい。図5の20klxのグラフに着目すると，温度が10℃のときの光合成量が図4の10℃のグラフの光合成量の最大値と等しいから，温度が15℃のときも同様になると考えられる。よって，図5の20klxのグラフの温度が15℃の点に＋をかき，図4の15klxのときの光合成量が＋のときと同じ10目盛り分となる点に●をかけばよい。この条件のときには，温度を上げていくことで，30℃になるまでは光合成量が増加する。

(3)①　Dのとき，しくみ㋐としくみ㋑がどちらも動いている。このあと，「光あり・二酸化炭素なし」の条件にす

ると，□が△をつくるために使われなくなるため，一時的に□が増加する（Dのときにつくられた△がなくなるまでは，◎と△から水とでんぷんと□がつくられる）。　② あ〇…図７のAでは二酸化炭素があるのに，二酸化炭素の吸収が起こらなかったのは，水やデンプンをつくるための◎がなかったためだと考えられる。よって，しくみ㋑が動くには，しくみ㋐が先に起こり，◎がつくられている必要がある。　お〇…図６より，しくみ㋐で吸収した水が，光を受けて酸素と◎に変化することがわかる。

2 ⑴① 図ｉの太線に注目すると，図３には，図２－２の正六角形が全部で$_{ア}$<u>６</u>個あるとわかる。また，正六角形が重なった部分は図ｉの色付き部分だから，区切った二等辺三角形$_{イ}$<u>12</u>個分である。基本の三角形は３個集まると正三角形になるので，同じ大きさとなる２つの角の大きさは60°÷２＝30°で，残りの１つの角の大きさは180°－30°－30°＝120°である。よって，基本の三角形の３つの角の大きさは，それぞれ$_{ウ}$<u>30°，30°，120°</u>である。

図ｉ

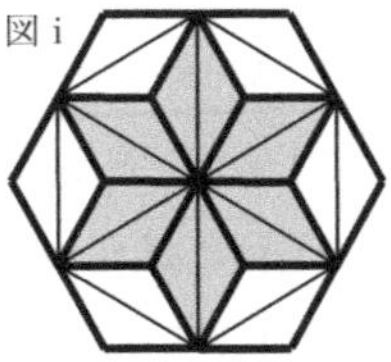

図４について，図ⅱのように線をひく。一辺の長さが２の正六角形の一辺に対して，基本の三角形を３個集めてできた正三角形をすき間なく２＋３＝５（個）かくと，一辺の長さが３の正六角形の一辺になる。正三角形は全部で５×６＝30（個）かくから，基本の三角形は全部で３×30＝$_{エ}$<u>90</u>（個）かいた。

図ⅱ

② ①の図ⅱをふまえて考える。一辺の長さがxの正六角形の一辺に辺が接する正三角形がx個，一辺の長さが$(x+1)$の正六角形の一辺に辺が接する正三角形が$(x+1)$個あるから，一辺に対して正三角形は$(x+x+1)$個ある。よって，正三角形は全部で$(x+x+1)\times 6$（個）あるから，基本の三角形は全部で$3\times(x+x+1)\times 6$（個）ある。

③ 「い」と「う」の間の線，「お」と「そ」の間の線を対称の軸にすれば，「し→お→そ」と移動できる。「し」と「つ」の間の線，「い」と「う」の間の線を対称の軸にすれば，「し→つ→そ」と移動できる。

⑵① ㊀について，下の辺の真ん中の点をとり，右図のように線をひくと，合同な三角形が４つできる。よって，色のついた部分の面積は，全体の面積の$\frac{3}{4}$倍だから，開いた図形の面積は最初の正方形の面積の$\frac{3}{4}$倍になる。

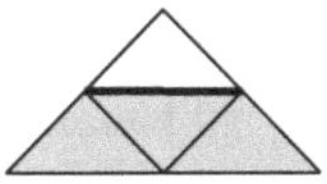

② ㋑について，１回，２回，３回，４回行ったときの折り目は右図の破線のようになるので，奇数回目のときに45°の折り目，偶数（ぐうすう）回目のときに90°の折り目ができるとわかる。

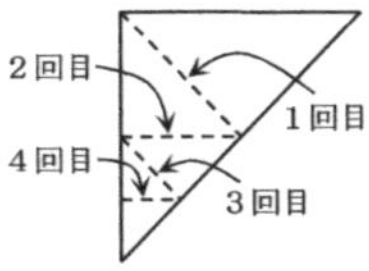

③ 「あ～え」について，図10のような折り目を考えると，下図のようになる。
折り目で分けられた三角形について，図12のように切り取り線が引かれているのは「あ」と「え」なので，これが開いたときの図形である。

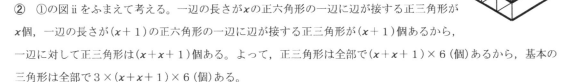

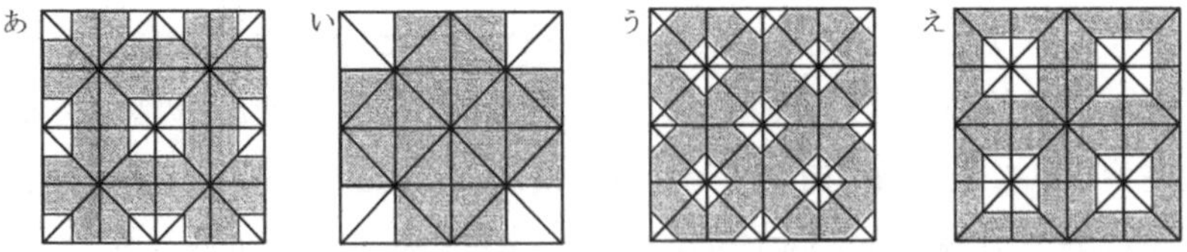

④ 図12で切り取ったほうの色がついていない白い直角二等辺三角形に注目する。この三角形は図12では１個で，紙を１回開くごとに２倍になり，８個集まると白い正方形が１個できる。正方形の穴が64個ある図形では白い直角二等辺三角形が８×64＝512（個）ある。512を２で割り続けると９回割って１になるから，９回紙を開いたことで図13になったことになる。よって，㋑は９－１＝８（回）行った。

⑶① ㋕の図形におけるGの位置は，図Ⅰのようになる。
図Ⅰに㋔の図を書きこむと図Ⅱのようになるので，㋔で折ったときの折れ目は図Ⅱの太線となる。また，㋐ですでに半分に折っているので，直線ADを対称の軸とした太線と線対称な直線（図Ⅱの太い点線）も，㋔で折ったときの折れ目となる。

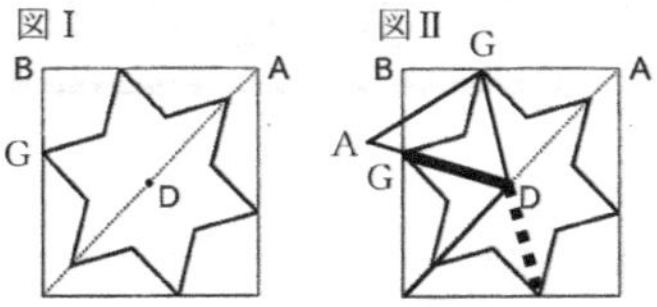

② 対称の軸がどの直線になるのかをしっかりと確認しよう。

《解答例》

1　(1)①右図 のうち1つ　②あ．9　い．3　う．16　え．4　お．3

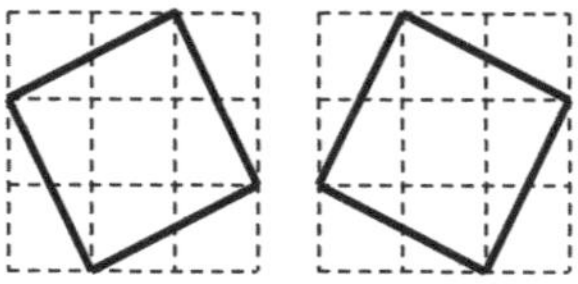

1(1)①の図

③ウ．0.5　エ．1.25　④か．y×1.4　き．y×y　く．2.8＋y

⑤カ．0.04　キ．0.01　(2)①$(x\times x\times x)+(1\times x\times x)\times 3+(1\times 1\times x)\times 3$

②図4の㋑の立体の体積は，xのあたいを0.2とすると0.728 ㎤となり，xのあたいを0.3とすると1.197 ㎤となって2㎤から1㎤をひいた残りの1㎤をこえてしまいます。

(3)図8の長方形Dと長方形Eと正方形Fの面積の合計は$\frac{19}{6}\times\frac{19}{6}-10=\frac{1}{36}$㎠になります。

ここで，正方形F1つ分の面積はとても小さいので，

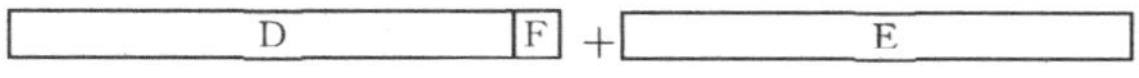

$=\frac{1}{36}$㎠を，

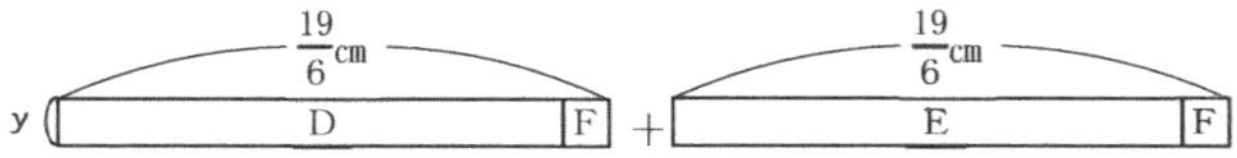

$=\frac{1}{36}$㎠

と考えると，長方形D(長方形E)と正方形Fを合わせた長方形の面積は$\frac{1}{36}\div 2=\frac{1}{72}$㎠で，yのあたいは$\frac{1}{72}\div\frac{19}{6}=\frac{1}{228}$になります。したがって，一辺の長さは$\frac{19}{6}-\frac{1}{228}=\frac{721}{228}$cmです。$\frac{721}{228}$を小数で表したときの小数第四位までのあたいは3.1622で，位ごとのあたいに分ける方法で求めたあたいといっちするので$\frac{19}{6}$よりも正確なあたいに近いといえます。

2　(1)①ア．16　イ．4　ウ．8　エ．8　②R，G，Bそれぞれの階調である256を3回かける。

(2)①カ．6　キ．W　②ク．き　ケ．右図　③8

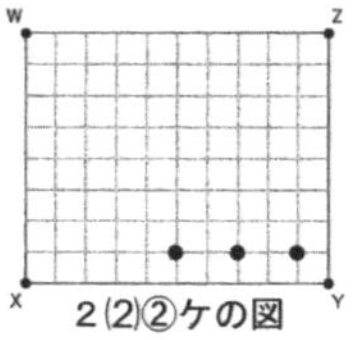

2(2)②ケの図

④白色で1回発光して見えるため，それぞれのLEDの発光する時間のかんかくを2秒増やしたとき，3つの数の最小公倍数が31から60の間にある，RまたはBの場合が考えられる。Rの場合は，60までにある5の倍数の中で，3と4の倍数でないものが6個なので青色で6回発光する。Bの場合は，60までにある7の倍数の中で，2と3の倍数でないものが3個なので青色で3回発光する。よって，BのLEDの発光する時間のかんかくを2秒増やした。

(3)条件1…1600時間のとき，白熱電球は3個必要になるので，費用は，電気料金1600円＋価格200円×3個＝2200円となる。　条件2…右図　シ．2000

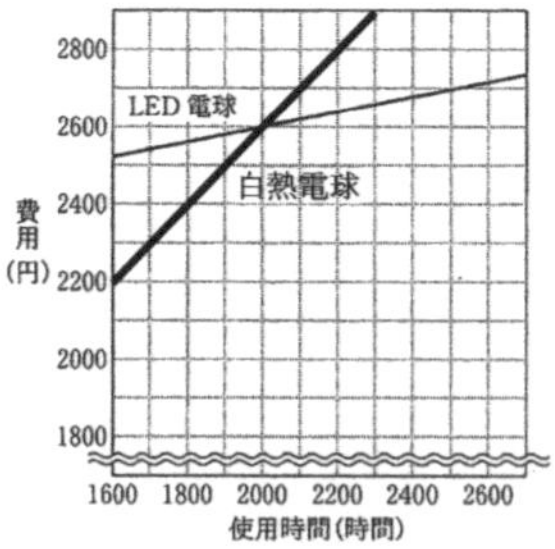

2(3)の図

《解　説》

1　(1)①　解答らんの図の面積は3×3＝9(㎠)だから，面積が(9－5)÷4＝1(㎠)の直角三角形(右図の色つきの三角形)を4個除いてできるような正方形をかけばよい。

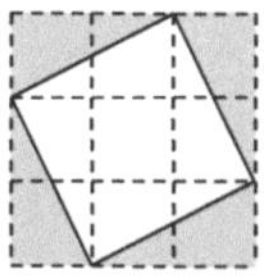

②　3×3＝9，4×4＝16より，面積が13㎠の正方形の一辺の長さは，面積が$_{あ}$<u>9</u>㎠の正方形の一辺の長さの$_{い}$<u>3</u>cmより長く，面積が$_{う}$<u>16</u>㎠の正方形の一辺の長さの$_{え}$<u>4</u>cmより短いので，一の位の値は$_{お}$<u>3</u>になる。

③　xは一辺の長さの小数第一位の値を表すので，xの値が0.4のときを考えたら，次はxの値が$_{ウ}$<u>0.5</u>のときを考

える。xの値を0.5とすると，長方形AとBの面積はともに0.5×1＝0.5(㎠)，正方形Cの面積は0.5×0.5＝0.25(㎠)となるので，$x$cmの辺をもつ図形の面積の合計は，0.5×2＋0.25＝エ1.25(㎠)

④　ycmの辺をもつ図形は，縦(たて)がycm，横が1＋0.4＝1.4(cm)の長方形2つと，1辺がycmの正方形である。
それぞれの図形の面積の合計で考えると，(カy×1.4)×2＋きy×yの式で表せる。
3つの図形をycmの辺で合わせ，縦がycm，横が1.4×2＋y＝2.8＋y(cm)の長方形の面積で考えると，
y×(く2.8＋y)の式で表せる。

⑤　xの値が0.4のときの$x$cmの辺をもつ図形の面積の合計は0.96㎠だから，ycmの辺をもつ図形の面積の合計が1－0.96＝カ0.04(㎠)をこえないようにできるだけ大きいyの値を見つける。
yは一辺の長さの小数第二位の値を表すので，yの値が0.01のときから考える。
yの値が0.01のとき，〈なつさんの式〉より，ycmの辺をもつ図形の面積の合計は，0.01×(2.8＋0.01)＝0.0281(㎠)
yの値が0.02のとき，ycmの辺をもつ図形の面積の合計は，0.02×(2.8＋0.02)＝0.0564(㎠)となり，0.04㎠をこえる。よって，yの値はキ0.01となる。

(2)①　図5より，㋑の立体は，1辺が$x$cmの立方体1つ，底面積が1×x(㎠)で高さが$x$cmの直方体3つ，底面積が1×1(㎠)で高さが$x$cmの直方体3つにわけられるので，解答例のような式になる。

②　㋒の立体の体積は1×1×1＝1(㎤)だから，㋑の立体の体積は2－1＝1(㎤)以下となる。「xの値が0.2になる」とあるので，①で求めた式の答えはx＝0.2のとき1をこえず，x＝0.3のとき1をこえるはずである。

(3)　図6では，AとBはともに縦$x$cm，横3cmだから，正方形C1つ分の面積をないものとして考えることで，面積からおおよそのxの値を求めることができた。
図8では，DとEはともに縦ycm，横$(\frac{19}{6}-y)$cmだから，DとEの面積がわかっても，yの値は求められない。
DとF，EとFを合わせた長方形で考えると，縦ycm，横$\frac{19}{6}$cmとなるので，面積が分かれば，yの値(縦)を(面積)÷(横〔$\frac{19}{6}$cm〕)で求めることができる。よって，解答例のような説明となる。

2　(1)①　a倍に拡大(縮小)した図形の面積はa×a(倍)される。対角線の長さを比べて，80V型のテレビは20V型のテレビを80÷20＝4(倍)に拡大した液晶画面になるので，面積は4×4＝ア16(倍)である。
4K放送は2K放送と比べて，横の画素数が4000÷2000＝2(倍)，縦の画素数が2000÷1000＝2(倍)だから，4K放送の画素数は2K放送の画素数の2×2＝イ4(倍)
表1の組み合わせは，R，G，BのLEDそれぞれに対して，発光する場合としない場合の2通りがあるから，全部で2×2×2＝ウ8(色)の表現ができる。
最大512色が表現できるとき，512＝2×2×2×2×2×2×2×2×2＝(2×2×2)×(2×2×2)×(2×2×2)＝8×8×8だから，R，G，Bそれぞれの階調はエ8である。

②　R，G，Bはそれぞれ0～255の段階があるから，階調は255＋1＝256である。

(2)①　図iのように，青色の光はカ6回反射して，頂点キWにたどり着く。

②　赤色と青色の光は，図iiのように進むから，緑色のLEDが「き」の位置で発行するとき，図iiの3つの○の位置で3色の光が重なる。

図i

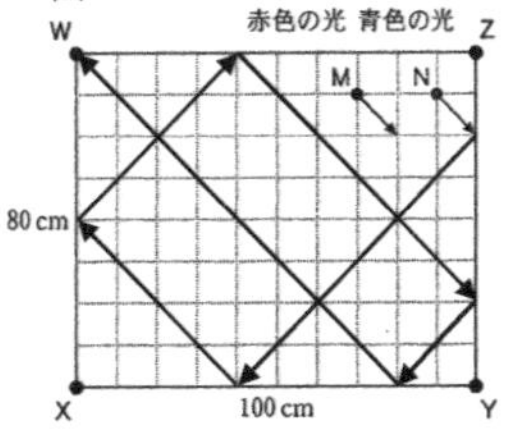

図ii

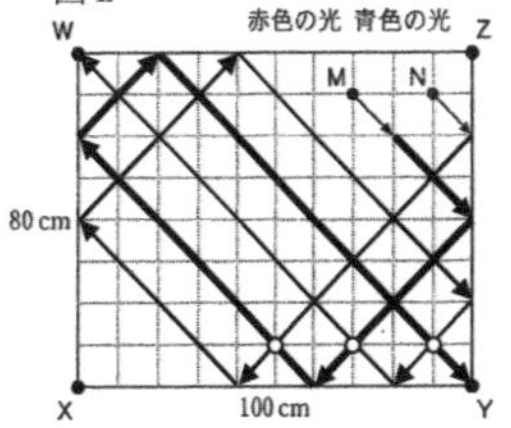

③　最初に同時に発光したあと，RとGは2と3の最小公倍数である6秒ごとに同時に発光し，RとGとBは2と3と5の最小公倍数である30秒ごとに同時に発光する。

よって，１分間＝60 秒間で，ＲとＧが同時に発光するのは 60÷６＝10(回)で，そのうちＢも同時に発光するのが 60÷30＝２(回)だから，黄色に発光して見えるのは 10－２＝８(回)である。

④　白色で発光するのは，Ｒ，Ｇ，Ｂが同時に発光するとき，青色で発光するのは，Ｂだけが発光するときである。よって，発光する時間の間隔(かんかく)を２秒増やすことで，Ｒ，Ｇ，Ｂが同時に発光する回数が１回，Ｂだけが発光する回数が３回となるようなものを探すと，解答例のような説明となる。

⑶　白熱電球は１個の使用期限が 800 時間だから，使用時間が 1600 時間で白熱電球をちょうど 1600÷800＝２(個)使うので，白熱電球は３個必要になる。1600 時間使用したときの白熱電球の電気料金は１×1600＝1600(円)，白熱電球代は 200×３＝600(円)だから，費用は 1600＋600＝2200(円)となる。

ここから，使用時間が 1600＋800＝2400(時間)をこえるまでは電球を替えないので，電気料金だけが増えていく。電気料金は１時間で１円増え，図６の横１マスは 100 時間，たて１マスは 100 円を表すから，白熱電球のグラフは，点(1600 時間，2200 円)をとり，そこからは横に１マス進むごとにたてに１マス進むような直線をかけばよい。

実際にグラフをかくと，右図の太線のようになる。２つのグラフの交わる点が，２つの電球の費用が同じになるときなので，点(2000 時間，2600 円)のときに費用が同じになる。よって，使用時間が 2000 時間をこえると，ＬＥＤ電球の方が費用が安くなる。

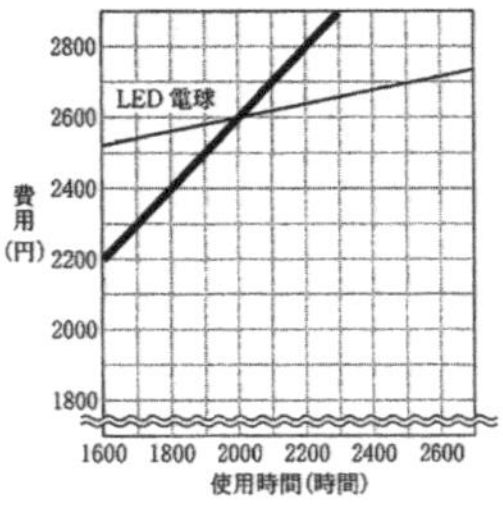

《解答例》

一　⑴①自分の経験でおぎなう　②イ　⑵編集部の人との話し合いを通して、作者の「伝えたいこと」を、読者にとって受け入れやすい表現に作り直すという役わり。

二　⑴①作る人　②住まい手の人　③人間の在り方　⑵①他に比べて低い位置に作られたせん面台　②小さな子でも、せのびをせずに、手をあらうことができる

三　⑴①自分の考え　②一人では思いつかなかった考え　⑵住みやすさについて、建築家が住まい手と話し合いながら作った家。

⑶（例文）

わたしは実行委員長として、当日会場に来ることができない人たちにとっても楽しい運動会になるように、運動会の動画配信をき画したいと思います。なぜならば、仕事や体調が理由で直接見に来ることができない家庭にも、わたしたちが運動会に熱中するすがたを見ながら楽しんでもらいたいと考えたからです。

このき画を実行するための課題は、初めてやることであり、来ることができない人たちはどのような映像が見たいのか、わからないということです。

その課題を解決するために、わたしは、保護者に実行委員として加わってもらいたいです。来ることができない人たちが、運動会のどのような様子を見たいと思っているのか、とった動画は、どの時間に配信したら良いのか、などについていっしょに考えてもらいたいからです。そして来ることができない人も運動会を楽しめるように、動画配信のしかたを話し合って決めようと思います。

《解　説》

一　⑴①　①は≪読者≫の行為（こうい）であるから、放送文の「世界中の読者が～自分の経験で補（おぎな）いながら読み取ってくれたから、ヒットが生まれる」より、「自分の経験でおぎなう」が適する。　②　〔図１〕に「共同作業」とあること、放送文に「漫画（まんが）には双方向の力があります。作者の発信力と、読者の受け取る力です」とあることなどを参照。漫画がヒット作品になるためには、作者の力だけではなく、同感したり自分の経験で補ったりする読者の働きかけも必要なので、イの「主体性」が適する。

⑵　最後から２行目の「折衝（せっしょう）することで、その表現がどこまで許されるか、編集部が何を恐（おそ）れているかが見えてくる」を参照。作者は自分の伝えたいことを表現するが、編集部は、その中に過激で読者に受け入れられないと思う表現があれば、作者にその部分を変更（へんこう）してもらい、調整する。その「折衝」によって「ヒット作品」が生まれるのである。

二　⑴①　【１】の最後に「土器と対話すると、それを使っていた人の情報（じょうほう）をたくさん手に入れることができるんです」とある。この考え方によれば、「もの」を通じて「使っていた人」のことをわかるように、「もの」を通じて「作る人」のこともわかるということになる。　②　【２】の２段落目で施主（せしゅ）への提案は「自分が良いと思うかどうかというところ」から来ていると述べ、３段落目で「でも、そこは自分だけの価値観（かちかん）だけじゃなくて～住まい手の人に対して提案するわけですから～他者性があるかどうかっていうことは、重要なこと」と述べている。「自分が良い」と思うものを提案するが、「住まい手の人」にとってその提案はどうかということもあわせて考えるのである。　③　【１】では土器という「もの」を通して使っていた人のことがわかるということ、【２】では

「人間の在り方みたいなもの」を、「建築」という「もの」が提示すると述べている。土器と建築という「もの」を通して、人の生活や生き方がわかってくるのだから、「人間の在り方がわかる」とまとめられる。

三 (1)① 価値観の似ている同類の人との対話では「基本的な前提」や「根本的なこと」は問われない。一方、いろんな立場の人と考えると、そのような「自分では問わなかったこと」について改めて考えることになる。つまり、自分とは異なる他者との「対話」は、当たり前だと思っていた「自分の考え」を疑(うたが)うきっかけになるのである。

② 最後の段落に「ある人は～個人的なことに気づくかもしれない。あるいは～深い洞察(どうさつ)に～至(いた)るかもしれない」とあるのを参照。対話によってこのような気づきや洞察が生まれるのだから、「一人では思いつかなかった考え」が入る。

(2) 建築家が住宅の設計を通してこのような生活はどうかと提案し、それに対して施主も自分の考えを伝えるという話し合いによって、「良い家」ができるはずである。

《解答例》

1　(1)あ．15　い．400　(2)う．軽い　え．強い　(3)1100000　(4)か．まず，2017 年度の 10 齢級の面積から 14 齢級の面積までの５つの面積を資料３からそれぞれ読み取る。次に，読み取った５つの面積を足し合わせる
き．利用できる木が増える　(5)きはだ地区…エ　まそほ地区…オ　あさぎ地区…ウ　あおに地区…ア
こうろ地区…イ　(6)①評価　②転入　(7)こ．一体　さ．地域のよさを感じながら観光
(8)し．変化　す．実際は何人ぐらい客が増えた

2　(1)あ．107　い．1.6　(2)右図
(3)地域の情報について知る　(4)加工や販売を合わせて行う
(5)ア．×　イ．○　ウ．△　エ．○
(6)地域の特ちょうをいかした物を販売したり，外から人をよんだりする

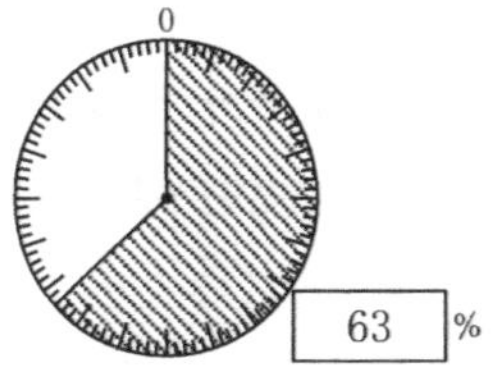

3　(1)商品価値を高めた　(2)地域連携機能をいかして，神社の歴史を紹介する施設を作ると，観光客を増やす効果が得られる。

《解　説》

1　(1)　「曲げに対する比強度」を比べると，木材は，2800÷182＝15.3…より，鉄の約$_{あ}$15倍大きくて，コンクリートの 2800÷７＝$_{い}$400(倍)大きい。

(2)　資料１より，同じ体積で比べると，木材は，鉄やコンクリートよりも軽く，曲げや圧縮に対する比強度が大きい。よって，木材の建築物は，鉄やコンクリートと比べて$_{う}$軽いわりに，外からの力には$_{え}$強い。

(3)　資料３よりグラフの実線と点線の間は 200000÷２＝100000(ha)を表すので，2012 年度の８齢級の人口林の面積は，約 1100000ha だとわかる。

(4)　2017 年度の 10 齢級から 14 齢級までの人口林の面積の合計は，資料３からそれぞれを読み取り，それらを合計すればよい。

また，資料３より，４つのグラフの形はほぼ同じで，年々グラフが右側に移動していることから，10 齢級以上 16 齢級以下の人口林の面積の合計は，年々増加していることがわかる。10 齢級以上 16 齢級以下の人口林は木材として利用可能なものが多いので，利用できる木が増えている傾向があるといえる。

(5)ア　国道にはさまれており，工場の割合が高いあおに地区と判断する。　イ　畑の割合が高く，住宅と緑地の割合が同じのこうろ地区と判断する。　ウ　田の割合が高く，寺院(卍)があり，西側にＪＲ線が通るあさぎ地区と判断する。　エ　市役所(◎)があり，店の割合が他地区よりも高いきはだ地区と判断する。　オ　地区の 70%が集合住宅や戸建て住宅のまそほ地区と判断する。

(6)　ｆ市の生活環境の魅力が向上したことで，引っこして来る人が増加したり，ｉ市の住民満足度が向上したことで，観光客数が増加したりしたことから，まちへの評価が上がり，転入者数が増加したと判断できる。

(7)こ　資料６より，地区計画実施後は，お店のデザインが街の風景に調和した景観になっていることがわかる。
さ　先生が，地区計画作成の重点として「Ｂ市の歴史と関わりのあるもの…を活用する」と言っていることに着目し，地区計画実施後にＢ市の文化財を観光する人が増えたことと関連付ける。

(8)し　お客さんが来なかった商店街に，観光バスが来るようになってお客さんがだんだん増えてきたことがわかる。

す　商店街のお客さんが増えたことを，⑥の「一年ごとの変化を今後は具体的に調べていこう」に関連付ければ，現時点ではお客さんの増加数が不明であると導ける。

2　⑴　資料８より，千葉県の日本人人口 614 万人のうち，出国した日本人は 17.4％だから，$614\times\frac{17.4}{100}=106.8\cdots$ より，約$_{あ}$107 万人である。

3119÷1895＝1.64…より，2018 年に日本を訪れた外国人旅行者数は，日本から出国した日本人の約$_{い}$1.6 倍である。

⑵　求める割合は，$\frac{(上位５都道府県の訪問率の合計)}{(47都道府県の訪問率の合計)}\times100=\frac{45.6+36.6+35.6+25.8+10.4}{243.4}\times100=63.2\cdots$ より，約 63％である。

⑶　お父さんが，「地域の昔の建物の展示や紹介をしている」「地域の特産物の収穫体験ができる道の駅」があると言っていることに着目する。資料 10 より，道の駅には地域の情報を発信する機能があること，資料 11 より，地域でとれた野菜でお弁当を作って販売していること，資料 12 より，雪の多い地域にくらす人々の生活の工夫を紹介していることがわかる。

⑷　資料 13 より，６次産業の「６」は，生産の１次産業，加工の２次産業，販売の３次産業の数字をかけ合わせた数字だとわかる（ただし，１＋２＋３＝６と足し合わせるという説もある）。資料 14 より，農家の生産した野菜や，果物を加工した飲み物を，道の駅で直接販売していることがわかる。

⑸ア　×を選ぶ。資料 15 より，販売額が年度を追うごとに増加しているのは漁業関連事業の直売のみである。農業関連事業の加工と直売は平成 30 年度，漁業関連事業の加工は平成 28 年度と平成 29 年度に減少している。

イ　○を選ぶ。資料 15 と資料 16 より，平成 30 年度の１事業体あたりの販売額は，農業関連事業において，加工が 9404÷27870＝0.33…（億円），直売が 10789÷23870＝0.45…（億円），漁業関連事業において，加工が 1769÷1520＝1.16…（億円），直売が 399÷830＝0.48…（億円）だから，加工を行う漁業関連事業体が最も大きい。　ウ　△を選ぶ。資料 15～資料 18 からは「農業で働く若い人たちの数が減少したこと」を読み取れない。　エ　○を選ぶ。資料 17 より，Ｄ県では，売上高が 30 倍，職員数が 4.8 倍に増加しており，大学と共同で研究して，化粧品の開発と販売をしている。資料 18 より，Ｅ県では，売上高が 2.1 倍，職員数が２倍に増加しており，地域の他の会社と協力し，バスツアーを計画し，観光農園へ来園者をまねいている。

⑹　資料 10 より，道の駅には地域振興施設としての役割があることに着目する。それを踏まえて資料 11 を見ると，地域でとれた野菜でお弁当を作り，販売していることがわかる。また，資料 13 と資料 14 を見ると，生産した野菜や，果物を加工した飲み物を，道の駅で直接販売していることがわかる。さらに，資料 18 を見ると，バスツアーを計画して外から観光客をよんでいることがわかる。

3　⑴　資料 17 より，形が悪く出荷できない果物を，加工品として有効活用し，商品の価値を上げていることがわかる。資料 18 より，地域の伝統野菜を加工し，商品の価値を上げて販売していることがわかる。

⑵　資料５より，まちづくりには観光客数を増やす効果があることがわかる。資料 12 の歴史資料館は，資料 10 の地域連携機能にあてはまる。以上のことを踏まえて資料 19 を見ると，道の駅を作る場所（ア）の近くに神社があるので，神社の歴史を紹介する資料館を作れば，外から観光客をよぶことができると導ける。解答例のほか，資料 19 の城跡に着目し，城の歴史に関する資料館を作るアイデアを考えてもよい。

《解答例》

1　⑴①ア．0.01　イ．0.4　②接眼レンズの１めもりが示す長さ…0.016　生き物の長さ…0.192　③短くなっている。　⑵①うすくなっている。　②い　⑶①15　②H　③かけ算　④H

⑷淡水の中で生活する魚…い，う，か　海水の中で生活する魚…あ，え，お

⑸①淡水の中で生活する魚…く　海水の中で生活する魚…け　②このカニは，海の水のしんとうあつが変化したときに体液のしんとうあつを一定に保つことができないので，周りのしんとうあつの変化が小さい，陸からはなれた海の中で生活している。

2　⑴ア．72　イ．48　⑵ウ．106.4　エ．88.4

⑶①右図　②右図　⑷①オ．増える　カ．高く

②キ．２　ク．714　③ケ．15　コ．10　サ．660

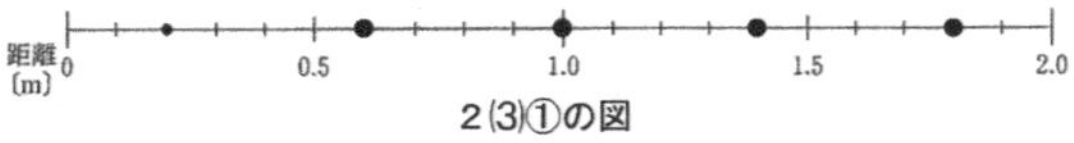

2⑶①の図

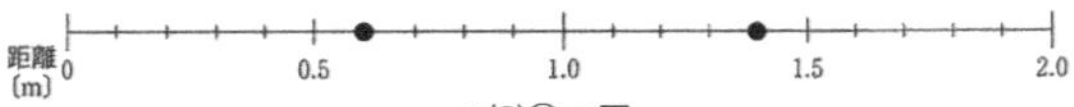

2⑶②の図

《解　説》

1　⑴①　ア．スライドガラスには１㎜を100等分にしためもりがついているので，スライドガラスの１めもりは0.01㎜である。　イ．0.01×40＝0.4(㎜)　②　①イで求めた0.4㎜の間に接眼レンズは25めもりあるので，１めもりは0.4÷25＝0.016(㎜)である。また，生き物は接眼レンズで12めもりの長さだから，0.016×12＝0.192(㎜)である。　③　接眼レンズのめもりの間隔の見え方は変わらず，生き物が大きく見えるようになったので，生き物の長さのめもりの数は12めもりよりも増えている。実際に生き物の長さは0.192㎜で変わらないので，接眼レンズの１めもりが示す長さが短くなっているということである。

⑵①　砂糖水に水が入った分，Bのときの砂糖水の濃さは，Aのときの砂糖水の濃さと比べてうすくなる。

②　い○…ゾウリムシの細胞の中の水の方が，周りにある池の水よりも浸透圧が大きいので，池の水が細胞の中に移動してくる。ゾウリムシは細胞の中に入ってきた水を外に出すことで，浸透圧を一定に保っている。

⑶①　１つの粒を左下に置くと５通り，左上に置くと４通り，真ん中下に置くと３通り，真ん中上に置くと２通り，右下に置くと１通りだから，合計５＋４＋３＋２＋１＝15(通り)である。　②　12マスの中に砂糖の粒が３つあるので，12÷３＝４(マス)につき粒が１つになるように，二重線の位置をHにする。　③　直前の先生の説明より，二重線の左側の８通りと右側の６通りのかけ算によって，８×６＝48(通り)と求めることができる。

④　Gは２×45＝90(通り)，Hは４×28＝112(通り)，Iは６×15＝90(通り)，Jは８×６＝48(通り)，Kは10×１＝10(通り)だから，Hのときに組み合わせの数が最大になる。

⑷　淡水の中で生活する魚では，淡水よりも体液の浸透圧が大きいため，水が体内に入ってくる。このため，「い」，「う」，「か」のように体内の水を減らしたり，水以外の物質を体内に保つようにしたりして，浸透圧を一定に保つ。また，海水の中で生活する魚では，海水よりも体液の浸透圧が小さいため，水が体内から出ていく。このため，「あ」，「え」，「お」のように体内の水を増やしたり，水以外の物質を体内から出すようにしたりして，浸透圧を一定に保つ。

⑸①　外液の浸透圧と体液の浸透圧が等しい線の左上の部分は，体液の浸透圧の方が大きい部分，右下の部分は外液の浸透圧の方が大きい部分である。淡水の中で生活する魚では，淡水よりも体液の浸透圧が大きいと浸透圧を一

定に保つことができるので，グラフは等しい線より左上の部分が一定の「く」である。一方，海水の中で生活する魚では，海水よりも体液の浸透圧が小さいと浸透圧を一定に保つことができるので，グラフは等しい線より右下の部分が一定の「け」である。　② グラフが外液の浸透圧と体液の浸透圧が等しい線上にあるので，この生物は体液の浸透圧を一定に保つことができず，だからこそ，外液の浸透圧が変化しにくいところで生活していると考えられる。

2 ⑴ ア．2は1の弦の長さを基準にして求めるので，$54\times\frac{2}{3}=36$(cm)となり，この値は40.5cm以下なので，値を２倍して36×２＝72(cm)となる。　イ．3は2の弦の長さを基準にして求めるので，$72\times\frac{2}{3}=48$(cm)となる。

⑵ ウ．ド$^{\sharp}$はレよりも１つ左の鍵盤(けんばん)の音だから，音が１つ低くなる。したがって，100÷0.94＝106.38…→106.4cmとなる。　エ．ミはレよりも２つ右の鍵盤の音だから，音が２つ高くなる。したがって，100×0.94×0.94＝88.36→88.4cmとなる。

⑶① １オクターブ上の音を出すと弦の長さが$\frac{1}{2}$倍になるので，振動数は２倍の425×２＝850(回)となる。音の伝わる速さは秒速340mだから，密と密の距離は340÷850＝0.4(m)となる。したがって，密の位置は0.6m，1.0m，1.4m，1.8mとなる。　② 図６の状態から1.1秒後，0.2mの位置にある密は340×1.1＋0.2＝374.2(m)の位置にくる。この間に密と密との距離が374.2÷0.8＝467.75より，467個あり，最後の密は0.75個分，つまり0.8×0.75＝0.6(m)の位置にある。その前の密は0.6＋0.8＝1.4(m)の位置にあるので，これらの２点をかけばよい。

⑷ オ，カ．１秒間に通り過ぎる密の数が増えるので，移動する人が聞く音の振動数は増え，音は高くなる。
キ．680÷340＝２(個)　ク．１秒間に人を通り過ぎる密の数が17×２＝34(個)増えるので，振動数は680＋34＝714(回)となる。　ケ．Aの最後尾は６秒後に15×６＝90(m)進むので，すれ違い始めた地点から90－75＝15(m)はなれた位置にある。　コ．ケより，Bの最後尾は６秒後に75－15＝60(m)進むので，Bの速さは60÷６＝(秒速)10(m)である。　サ．Bは秒速10mの速さで警報機から遠ざかるので，１秒間に人を通り過ぎる密の数が10×２＝20(個)減る。したがって，振動数は680－20＝660(回)となる。

《解答例》

1　(1)①ア．球b　イ．球a　②球b_1…D　球b_2…E　球b_3…G　③点Gと同じ（下線部はAでもよい）

(2)①エ．28.7　オ．29.7　カ．135　②かけ算は，かける順序を変えても積が同じになるため。

③「赤と青と緑」，「赤と青と黄」　(3)ク．0.03125　ケ．1　コ．1.3　サ．$\frac{1}{3}$　シ．0.48

／図…右図

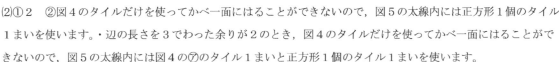

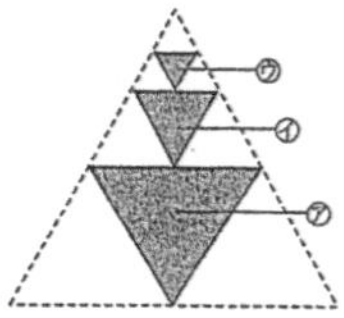

2　(1)①1，2，4，5　②イ．40　ウ．30　エ．2　オ．2　カ．$\frac{21}{31}$　③キ．い　ク．え

(2)①2　②図4のタイルだけを使ってかべ一面にはることができないので，図5の太線内には正方形1個のタイル1まいを使います。・辺の長さを3でわった余りが2のとき，図4のタイルだけを使ってかべ一面にはることができないので，図5の太線内には図4の㋐のタイル1まいと正方形1個のタイル1まいを使います。

(3)①4　②コ．8　サ．1　シ．2　ス．2

《解　説》

適性検査2－1

1　(1)①　衝突の瞬間，2つのものの速さが入れ替わるので，衝突直後の球aの速さは衝突直前の$_{ア}$球bの速さ，衝突直後の球bの速さは衝突直前の$_{イ}$球aの速さとなる。

②　①をふまえる。衝突の瞬間に速さが入れ替わるのだから，球b_1は球aと衝突すると衝突直前の球aの速さで進み，球b_2と衝突して点Dの手前で止まる(球b_2との衝突直後は速さが秒速0mとなるから)。その後，球b_2は衝突直前の球b_1の速さで進み，球b_3と衝突して点Eの手前で止まる。その後，球b_3は点Gで一瞬止まり，斜面Kを下る。

③　摩擦がない場合は，斜面の傾き具合に関わらず，点G(点A)の高さまで移動する。

(2)①　表3より，飛び出す高さが90cmのときのはね返った高さについて，10回の測定結果を足して10で割った数は，29.95以上30.05未満である。よって，10回の測定結果を足した数は，299.5以上300.5未満である。

7回目を除く9回の測定結果を足した数は，30.7＋29.4＋29.7＋30.2＋29.9＋30.0＋30.4＋30.3＋30.2＝270.8だから，7回目のはね返った高さに入る数は，299.5－270.8＝$_{エ}$28.7以上300.5－270.8＝$_{オ}$29.7未満である。

表3より，飛び出す高さは，はね返った高さの18÷6.0＝3(倍)だとわかるので，はね返った高さが45.0cmになるとき，飛び出す高さは45.0×3＝$_{カ}$135(cm)である。

②　表4より，赤のマットの場合，はね返った高さは，飛び出す高さの$\frac{63}{90}=\frac{7}{10}$(倍)になる。同様に，青のマットの場合は$\frac{54}{90}=\frac{3}{5}$(倍)，緑のマットの場合は$\frac{45}{90}=\frac{1}{2}$(倍)，黄のマットの場合は$\frac{36}{90}=\frac{2}{5}$(倍)，白のマットの場合は$\frac{27}{90}=\frac{3}{10}$(倍)となる。

Zに敷いたマットではね返る高さは，XとYとZに「赤と青と緑」と敷いた場合は$90\times\frac{7}{10}\times\frac{3}{10}\times\frac{3}{5}\times\frac{3}{10}\times\frac{1}{2}$(cm)，「青と緑と赤」と敷いた場合は$90\times\frac{3}{5}\times\frac{3}{10}\times\frac{1}{2}\times\frac{3}{10}\times\frac{7}{10}$(cm)となる。

このように，マットの色の組み合わせが同じならば，マットの順番を入れかえても，かけ算の順番が入れ替わるだけで，計算結果は変わらない。

③　②をふまえる。Zに敷いたマットではね返る高さが，点Bの高さの$\frac{1.3}{90}$倍以上になればよい。

白のマットで２回はね返る際に，$\frac{3}{10}\times\frac{3}{10}=\frac{9}{100}$(倍)になるから，ＸとＹとＺではね返る際に合わせて
$\frac{1.3}{90}\div\frac{9}{100}=\frac{1.3}{90}\times\frac{100}{9}=\frac{13}{81}$(倍)以上になればよい。
「赤と青と緑」と敷いた場合は，$\frac{7}{10}\times\frac{3}{5}\times\frac{1}{2}=\frac{21}{100}$(倍)であり，$\frac{13}{81}=0.160\cdots$，$\frac{21}{100}=0.21$ より，$\frac{13}{81}<\frac{21}{100}$だから，条件に合う。
「赤と青と黄」と敷いた場合は，$\frac{7}{10}\times\frac{3}{5}\times\frac{2}{5}=\frac{21}{125}$(倍)であり，$\frac{21}{125}=0.168$ より，$\frac{13}{81}<\frac{21}{125}$だから，条件に合う。
「赤と緑と黄」と敷いた場合は，$\frac{7}{10}\times\frac{1}{2}\times\frac{2}{5}=\frac{7}{50}$(倍)であり，$\frac{7}{50}=0.14$ より，$\frac{7}{50}<\frac{13}{81}$だから，条件に合わない。
「青と緑と黄」と敷いた場合は明らかに条件に合わないとわかるので，求める組み合わせは，「赤と青と緑」と「赤と青と黄」である。

⑶　表５より，２回目以降の間隔(かんかく)は，同じ割合で減少していて，一つ前の間隔を 0.5÷0.25＝２で割った数となる。よって，５回目～６回目の間隔は，0.0625÷２＝ク 0.03125(秒)である。

図 i

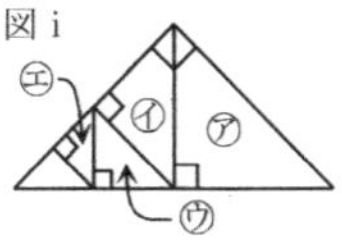

図８－Ⓒについて，図 i のように作図すると，㋒，㋓の面積はそれぞれ，床に衝突する回数の，３回目～４回目，４回目～５回目の間隔とみることができる。このようにして，５回目～６回目以降も図形で表していくと，合わせた図形は，図８－Ⓐのような面積が１の直角二等辺三角形に近づくから，１回目以降の間隔の和は，ケ 1 に限りなく近づく。飛び出してから１回目の間隔は 0.3 秒なので，球ａが飛び出してから，はね返らなくなるまでの経過時間は，0.3＋１＝コ 1.3(秒)である。
表６について，２回目以降の間隔は，同じ割合で減少していて，一つ前の間隔を４で割った数となる。
また，㋐は 0.25×４＝１を４で割った数であり，図９の大きな正三角形の面積は１だから，図９の４つの正三角形のうち，１つの正三角形を塗(ぬ)ることで，㋐を表すことができる。㋑は㋐を表した１つの正三角形をさらに４つにわけた図形の１つで表すことができる。同様に㋒についても考えると，解答例の図のようになる。

図 ii

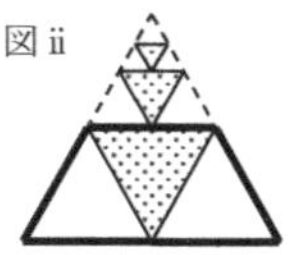

解答例の図について，図 ii のように太線をひくと，㋐の面積の３つ分で太線のような台形ができるとわかる。同様に考えると，㋑の面積３つ分，㋒の面積３つ分でも太線と同じ形の台形ができる。このようにしてできた台形を合わせると，面積が１の大きな正三角形に近づくから，限りなく近づく数は，１÷３＝サ $\frac{1}{3}$ となる。飛び出してから１回目までの間隔は 0.15 秒だから，はね返らなくなるまでの経過時間は，$0.15+\frac{1}{3}=0.15+0.333\cdots=0.483\cdots$より，シ 0.48 秒である。また，解答例の図については，図 iii のように㋐，㋑，㋒の面積が正しければ，異なる塗り方でもよい。

図 iii

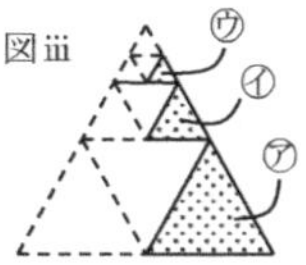

2　⑴①　家の壁(かべ)は縦２ｍ＝200 ㎝，横 2.4ｍ＝240 ㎝だから，200 と 240 の公約数のうち，６以下の整数を考えればよい。200÷１＝200，240÷１＝240，200÷２＝100，240÷２＝120，200÷４＝50，240÷４＝60，200÷５＝40，240÷５＝48 より，条件に合う数は，１，２，４，５である。
②　図１について，残った白い長方形は縦 200 ㎝，横 240－200＝40(㎝)だから，200÷40＝５より，１辺イ 40 ㎝の正方形で余りなく区切ることができる。200÷40＝５，240÷40＝６より，壁一面にはこの大きさのタイルを全部で５×６＝ウ 30(枚)はることになる。

縦 326 ㎝，横 654 ㎝の長方形の壁について，１辺が 326 ㎝の正方形で区切ると，654÷326＝２余り２より，右図のように縦 326 ㎝，横２㎝の長方形が残る。326÷２＝163 より，この長方形は１辺が２㎝の正方形で余りなく区切ることができるので，１辺エ ２ ㎝のタイルが一番大きい。つまり，使えるタイルは２㎝，１㎝のオ ２ 種類ある。
$\frac{7917}{11687}$について，縦 7917 ㎝，横 11687 ㎝の長方形を考える。１辺が 7917 ㎝の正方形で区切ると，11687÷7917＝

1余り3770より，縦7917㎝，横3770㎝の長方形が残る。ここから，1辺が3770㎝の正方形で区切ると，

7917÷ⓐ3770＝2余りⓑ377より，縦が377㎝，横が3770㎝の長方形が残る。さらに，1辺が377㎝の正方形で区切ると，3770÷377＝10で余りなく区切ることができるから，7917と11687の最大公約数は，377である。

よって，$\frac{7917}{11687}=\frac{7917\div377}{11687\div377}=$ カ$\frac{21}{31}$となる。

③　②のように考えると，ⓐ÷ⓑが割り切れたとき，そのⓑが最大公約数になることがわかる。

ⓐは割る数，ⓑは余りを表すから，キには割る数，クには余りがあてはまる。

(2)①　図4の㋐のタイルの形が曲がっているので難しく感じられるかもしれないが，㋐のタイル2枚を右図ⅰのようにつなげれば㋑のタイル2枚を横につなげてできる形と同じになり，また㋐を必ず使わなければいけないわけでもないので，㋐の形について考える必要はない。壁の面積とタイルの面積の合計を比べればよい。㋐のタイルも㋑のタイルも面積は3㎠であり，正方形2個をつなげたタイルの面積は2㎠である。したがって，壁の面積は(3の倍数)＋2(㎠)と表すことができるから，横の長さは3の倍数ではない。

図ⅰ

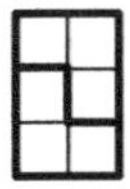

図ⅱ

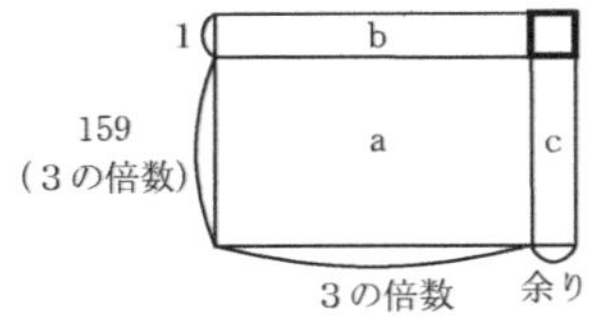

160は，160÷3＝53余り1より，3で割ると1余る数だから，壁について右図ⅱのように表すことができる。aとbとcの面積はそれぞれ3の倍数だから，太線の長方形の面積は2㎠である。よって，横の長さは(3の倍数)＋2(㎝)と表せるので，3で割った余りは2である。

②　縦または横の長さが3の倍数である長方形の部分は，図4のタイルだけで作ることができるので，辺の長さを3で割ったときに余りが出た場合は，太線内にはるタイルだけを考えればよい。

図5の太線の正方形は，1辺の長さが(辺の長さを3で割ったときの余り)となる。

余りが1のときは太線の正方形は1㎝×1㎝なので，正方形1個のタイル1枚を使えばよい。

余りが2のときは太線の正方形は2㎝×2㎝なので，右図のように図4の㋐のタイルと正方形1個のタイルを1枚ずつ使えばよい。

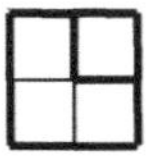

(3)①　2×2×2＝8，8÷5＝1余り3，2×2×2×2＝16，16÷5＝3余り1より，ケにあてはまる数のうち，最も小さい数は，4である。

②　これまでの解説をふまえる。(A×BをCで割った余り)は，図6の太線部分の長方形の面積をCで割ったときの余りとなる。図6の太線部分の長方形の面積は，(AをCで割った余り)×(BをCで割った余り)で求められる。

①より，2を4回かけた数は5で割った余りが1となるから，A，Bをともに(2を4回かけた数)として，「A×Bを5で割った余り」を考えると，図6の太線部分の長方形(正方形)の面積は，1×1＝1となるから，(2を4回かけた数)×(2を4回かけた数)＝(2をコ8回かけた数)を5で割った余りがサ1になることがわかる。

同様に考えると，(2を8回かけた数)×(2を4回かけた数)＝(2を12回かけた数)を5で割った余りも1×1＝1になるとわかる。よって，2を4の倍数回かけた数は，5で割った余りが1になる。

125÷4＝31余り1より，2を4×31＝124(回)かけた数は，5で割った余りが1になる。

(2を124回かけた数)×2＝(2を125回かけた数)だから，Aを(2を124回かけた数)，Bを2として，「A×Bを5で割った余り」を考える。2は5で割った余りが2だから，図6の太線の長方形の面積は1×2＝2となるから，2を125回かけた数を5で割った余りは，シ2である。

3を124回かけた数を5で割った余りについて考える。3を1回，2回，3回，4回かけた数をそれぞれ5で

割った余りは，３÷５＝０余り３，９÷５＝１余り４，27÷５＝５余り２，81÷５＝16余り１となる。
よって，３を４回かけた数を５で割った余りが１なのだから，３を４の倍数回かけた数は，５で割った余りが１になるとわかる。124÷４＝31だから，３を124回かけた数を５で割った余りは１である。
したがって，Ａを（２を125回かけた数），Ｂを（３を124回かけた数）として，「Ａ×Ｂを５で割った余り」を考えると，図６の太線部分の長方形の面積は２×１＝２となるから，（２を125回かけた数）×（３を124回かけた数）を５で割った余りは，ス２である。

《解答例》

一　(1)聞かなくてもわかる　　(2)だれに話を聞きに行く

二　(1)①いま　②エ　　(2)A．手持ちの力を最大限に使うなかで、結果としてのびる　B．伝えたいことを、前もって、じっくり考えてメモにまとめ、それを見ながら伝える

三　(1)①喜び方の演技を変える　②世の中の人びと　　(2)別の考え方

(3)(例文)

　わたしはノートにまとめるとき、テーマによって色分けをして書いたり、重要なことは太いペンで書いたりしていました。ある日、わたしのノートを見た友人に「学んだ内容が一目でわかる。」とほめられました。そのとき、自分はまとめることが得意だと気が付きました。わたしは学級会の書記をしています。まとめる力を使って、黒板にみんなの意見のちがいがわかるように左右に分けて書きました。すると、議長から、問題点がわかりやすく話し合いが順調に進んだと言われました。

　ノートにまとめる力が話し合いに役立ち、議長を手助けすることにつながりました。「手持ちの力」を最大限使った結果、その力が他の人を助ける力に発てんしたのです。この体験から、わたしは何かに取り組むとき、「今ある、自分のどの力がいかせるかな。」と考えながら、今ある力を積極的に使っていくことが大切だと思いました。

　わたしはいろいろな人の考えを整理し、まとめる力を高めるために、新聞を読もうと思います。今まではテレビらんしか見ていませんでした。でも先生が、新聞はいろいろな人の考えを、紙面でわかりやすく示していると教えてくれました。新聞を読むことで、効果的な資料の出し方や、意見のちがいを示す方法など、他のまとめ方を学べます。すると、まとめる力がもっといろいろなところで役立ち、さまざまな分野の人たちと交流できて、自分の可能性が広がると思います。

《解　説》

一　(1)　玄田(げんだ)さんは「自分の本気を伝えるためにも、前もって自分で調べられることは調べておいてください」と述べ、小説家を例にあげて「本人に聞かなくてもわかること」は聞いてはいけないと注意している。　(2)　文章の後半で、話を聞くことによって「自分のなかに変化が起こります」「もっと知りたいという衝動(しょうどう)が起こる」と述べた後、「もう一度話を聞きに行くか、別の人に話を聞くか、それとも～本を調べてみようか」とその変化を具体的に説明している。本を調べることについては、②の後に書かれているので、その前の、下線部の内容を短くまとめる。

二　著作権に関係する弊社(へいしゃ)の都合により本文を非掲載(ひけいさい)としておりますので、解説を省略させていただきます。ご不便をおかけし申し訳ございませんが、ご了承(りょうしょう)ください。

三　(1)①　「粘土(ねんど)細工のように一つのカタチをつくってはその歪(ゆが)みに気づいて崩(くず)すという作業(を繰(く)り返(かえ)す)」ということを、喜びの演技に当てはめてまとめる。　②　「日常生活を送るなかで」違(ちが)った自分と出会うためにできることを、文章中から探すと「演技力と同時に、人間への観察と洞察(どうさつ)を続け、世界への理解を深めていかなければ」の部分が当てはまる。「人間への観察と洞察」ということを応用して考える。　(2)　Ⓘ「『違った自分と出会う』ようにする」ためには、「人間への観察と洞察を続け、世界への理解を深めていかなければ」ならない。つまり、世界の他者に対して興味を持たなければならない。このことと、Ⓐ「人から話を聞く」ことに共通するのは、自分とは「別の考え方」を取り入れることである。

《解答例》

1 (1)あ．0.6　い．73.4　う．75.8　(2)え．イ　お．エ　か．ア　(3)短しゅく　(4)く．遠きょりでも自動車で輸送する　け．遠きょりほど船のわり合が高い　(5)こ．60　さ．15　し．60　(6)トラックの台数を9台から3台に少なく　(7)イ，ウ，カ，ケ　(8)配送する立場…集配センターから近くのお店まで運んでいるトラックをハイブリッドカーや自転車に変える　受け取る立場…荷物を集配センターまで自転車や徒歩で取りに行く

2 (1)人口みつ度が低いから。　(2)い．750　う．水不足　(3)水のじゅんかんから切りはなされている／使い切ったらなくなる　(4)ア．資料1，資料4　イ．資料2〔別解〕資料1，資料2／資料2，資料4／資料1，資料2，資料4　ウ．導き出せない　エ．資料1，資料3，資料4　(5)105　(6)年間取水量にしめる農業用水量のわり合が高く，生活用水量のわり合が低い　(7)ダムや水道設備，海水を真水にする工場を作り管理する技術力が必要であるから。　(8)安全な水を利用できない人のわり合が減った　(9)協力する側と協力を受ける側／たがいに協力し合う

《解　説》

1 (1)あ　100－10.7－88.7＝0.6(%)　い　資料1から，750 km以上～1000 km未満の割合と1000 km以上の割合がともに2%と等しいことがわかるので，資料2の750 km以上～1000 km未満の割合の67.2%と1000 km以上の79.6%の平均をとってもよい。よって，(67.2＋79.6)÷2＝73.4(%)となる。資料2からだけではそれぞれの距離別の割合がわからないので，2つの割合の平均をとることはできないことに注意したい。　う　全輸送における100 km未満の割合は78%で，そのうちの97.2%が自動車だから，78×0.972＝75.816(%)より，小数第2位を四捨五入して75.8%と答える。

(2) え＝イ，お＝エ，か＝アである。遠距離になるほど船の割合が増え，近距離になるほど自動車の割合が増えることが資料2から読み取れる。船には，重い荷物を一度に大量に運べる利点があり，自動車には，さまざまな地域に荷物を短時間で運べる利点がある。

(3) 資料4を見ると，1895年→1910年→2019年の順に，時間が18時間→5時間→3時間と短縮されている。1894年には利根川－江戸川の水路が使われている。

(4)く　直前に「時間だけを基準に輸送手段を選ぶなら」とあるので，資料5で輸送時間の最も少ない自動車を選んで記述する。　け　「資料2を見返してみると」とあるので，自動車より時間のかかる船の割合が高いことをもう一度言えばよい。

(5) 運転手の人数は，トラックで運んだときは600÷10＝60(人)であり，貨物列車なら1人なので，トラックで運んだときの1÷60＝$\frac{1}{60}$(倍)（こ）である。輸送重量が同じとき，貨物列車とトラックの二酸化炭素排出量の比は，1トンキロあたりに排出される二酸化炭素量と輸送距離の積の比に等しいから，(20×21.6)：(232×28.0)である。よって二酸化炭素排出量は，貨物列車がトラックの$\frac{20\times21.6}{232\times28.0}=\frac{27}{406}$(倍)であり，406÷27＝15.0…より，約$\frac{1}{15}$（さ）倍である。輸送重量は，貨物列車は600 tなので，トラック1台の600÷10＝60（し）(倍)である。

(6) 共同配送をするときとしないときの，必要なトラックの台数に注目する。

(7) アとイを比べると，二酸化炭素排出量は，アが754＋650＝1404(kg)，イが1387 kgで，人手は，アが5＋3＝8(人)，イが6人だから，どちらもイの方が少ない。

ウとエを比べると，二酸化炭素排出量は，ウが1044＋660＝1704(kg)，エが812＋1292＝2104(kg)で，人手は，ウ

が10＋3＝13(人)，エが10＋6＝16(人)だから，どちらもウの方が少ない。

オとカを比べると，二酸化炭素排出量は，オが278 kg，カが30 kgで，人手は，オが3人，カが1人だから，どちらもカの方が少ない。

キとクとケを比べると，二酸化炭素排出量は，キが111＋18＝129(kg)，クが176 kg，ケが125＋3＝128(kg)で，人手は，キが2＋1＝3(人)，クが2＋1＝3(人)，ケが2＋1＝3(人)だから，人手は同じだが，二酸化炭素排出量はケが最も少ない。

(8) 二酸化炭素排出量を減らしたいので，トラックを使っていたところを，ハイブリッドカーや自転車，徒歩などに変えることを書くとよい。

2 (1) 1人あたりの水資源量の求め方が，(年間降水量－年間蒸発散量)×(領土の面積)÷(人口)であることから，(領土の面積)÷(人口)は，人口密度の逆数になっていることに気が付きたい。そこから，カナダやオーストラリアの方が日本より人口密度が低いことにつなげる。

(2)い 日本の1人あたりの水資源量は3373 m³で，千葉県の(年間降水量－年間蒸発散量)は日本の約0.8倍，人口密度は日本の約3.6倍だから，千葉県の1人あたりの水資源量は，3373×0.8÷3.6＝749.5…より，750 m³である。

う 資料1の右側に，1人あたりの水資源量が1000 m³以下は「水不足の状態」と書いてある。

(3) 水のじゅんかんは，降水→土壌→川→海→蒸発などを繰り返していることを表す。化石水は，「地下深くにとじこめられた水」とあることから，「じゅんかんしない水」と判断する。

(4) アについて，(総水資源量)＝(1人あたりの水資源量)×(人口)なので，パプアニューギニアの総水資源量と1人あたりの水資源量がわかれば，パプアニューギニアの人口を出せる。よって，資料1と資料4の数値を使えばよい。

イについて，(1人あたりの水資源量)＝{(年間降水量)－(年間蒸発散量)}×(領土の面積)÷(人口)なので，日本の1人あたりの水資源量と年間降水量と領土の面積と人口がわかれば，日本の年間蒸発散量を出せる。よって，資料2の数値を使えばよい。また，資料2のみで日本の人口を導き出すことができるが，資料2に加えて，資料1の1人あたりの水資源量，資料4の総水資源量を用いても日本の人口を導き出すことができるので，解答例のような〔別解〕がある。

ウについて，海水から取水している量がわかる資料はないので，導き出せない。

エについて，(世界中で安全な水を利用できない人口)＝(世界人口)×(世界で安全な水を利用できない人の割合)である。世界人口は，アの解説より資料1と資料4で導き出せ，世界で安全な水を利用できない人の割合は資料3でわかるので，資料1と資料3と資料4の数値を使えばよい。

(5) 日本でシャワーに使われる水の量は，1分間＝60秒間で平均12Lだから，エチオピアで1人が1日に使う生活用水量(21L)は，日本でシャワーを約$60\times\frac{21}{12}=105$(秒)使うのと同じである。

(6) 資料4から，インドとエチオピアに共通した特徴(とくちょう)を探すと，解答例のような理由が見つかる。

(7) 「安全な水」とは，資料5のA～Eの水を指す。A～Eの課題を見ると，安全な真水を得るために「ダムや水道設備」を必要とすること，海水から安全な真水をつくあるために「技術力」が必要であることとあることから，解答例のような文をつくる。

(8) 資料8を見ると，10か国すべてで，安全な水を利用できない人の割合が大きく減っていることがわかる。

(9) 資料7の欄外にある「協力する側と協力を受ける側」と，下線部の「パートナーシップという関係をこえて」とあることから，次の段階は，協力する側と協力を受ける側という関係をこえた，相互協力または対等な協力関係と考えて，解答例を導く。

《解答例》

1　⑴80.08　⑵イ．南　ウ．東　⑶あ　⑷オ．か　カ．き　⑸12 月　⑹図…下図　説明…南極点にコンパスのはりをおき，円周上の南極点側の昼夜の境まで，長さを測りとり，円をえがくと反対側の円周上に印が作図できる。その印と円周上の昼夜の境とを直線で結び，南極点側をぬる。　⑺こ　⑻そ　⑼た→て→ち→つ　⑽下グラフ　⑾コ．246　サ．3　シ．42

2　⑴①図…下図　説明…4にコンパスのはりをおき，中心までの長さを測りとり，円をえがくと2が作図できる。さらに，その測りとった長さのまま，7にコンパスのはりをおき，円をえがき，9の位置をとる。再び9にコンパスのはりをおき，円をえがくと11 が作図できる。　②ア．35　イ．1977　ウ．42　⑵エ．512　オ．127　⑶①カ．255　キ．1111111111　ク．2　ケ．1　コ．1000000000　サ．1000000000　シ．はい色　ス．I　②128　③下図

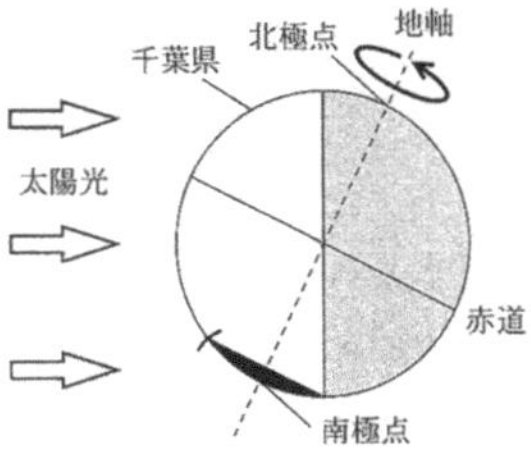

1⑹の図

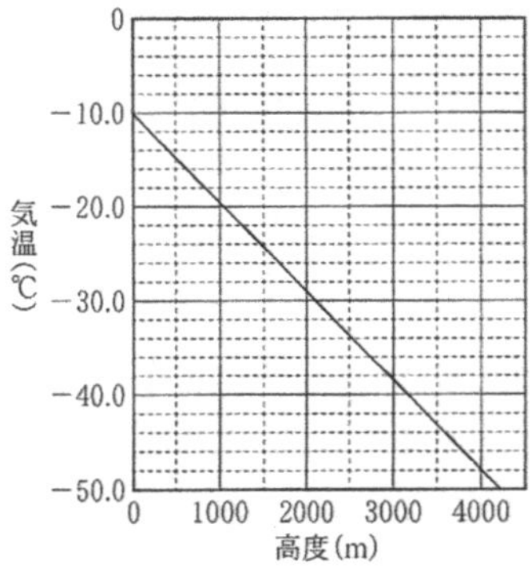

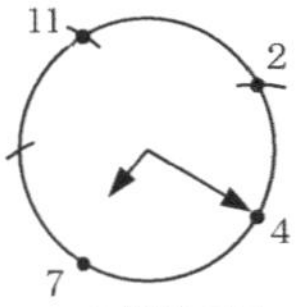

2⑴①の図

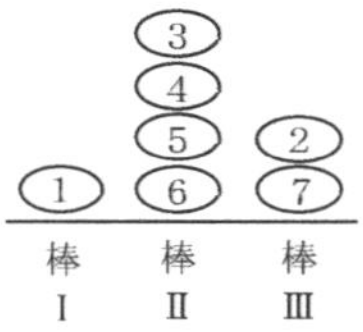

2⑶③の図

《解　説》

1　⑴　05 分＝$\frac{5}{60}$度＝0.083…→0.08 度だから，80＋0.08＝80.08(度)である。

⑵　A地点に方位磁針を置いたときにS極が指す向きだから，A地点から見てB地点は南である。また，A地点からB地点(南)を見たとき，南極点は左手側にあるから，A地点から見て南極点は東にある。

⑶　B地点で地図上の最も南の点である南極点を背にした(真北を向いた)とき，C地点は少し左手側にずれた位置にあるから，B地点から見てC地点は北西にある。

図Ⅰ

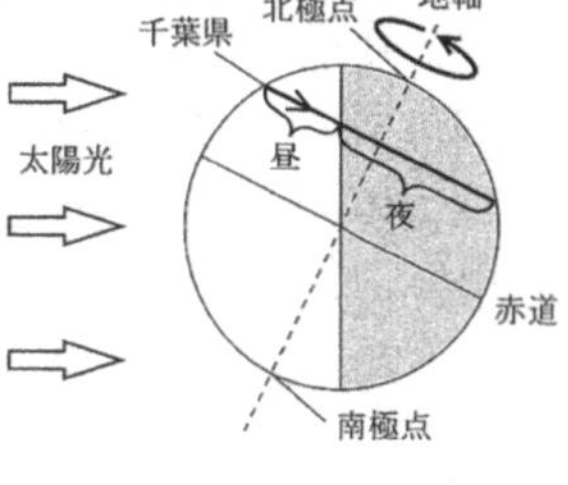

⑷　図3で見えているのは1日のうち12 時間分のようすであり，地球の回転(自転)とともに，各地点は赤道と平行に移動すると考えればよい。図3で見えている部分においては，昼と夜の長さを図Ⅰのように比べればよく，見えていない部分の昼と夜の長さは，それぞれ見えている部分と同じだから，千葉県では夜の方が長いことがわかる。同様に考えて，赤道付近では昼と夜の長さがほぼ同じになることがわかる。

⑸　夏至の日(6月 20 日ごろ)は昼の長さが最も長く，冬至の日(12 月 20 日ごろ)は夜の長さが最も長く，春分の日(3月 20 日ごろ)と秋分の日(9月 20 日ごろ)は昼と夜の長さがほぼ同じになる。したがって，図3のように，明らかに夜の方が長くなるのは 12 月である。

(6)　北極側で同様の作図をすると，太陽が一日中のぼらない極夜の地域を表すことができる。

図Ⅱ

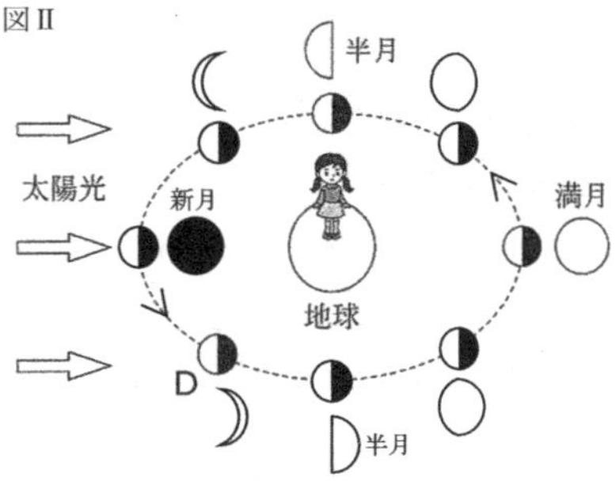

(7)　図Ⅱ参照。Dの月は，新月から右半分が輝(かがや)いて見える半月になると中の月だから，「こ」のように，右側が細く輝いて見える。

(8)　そ〇…図５を上下左右逆にしたものを選べばよい。もようの向きに注意しよう。

(9)　図Ⅱより，新月から次の新月の間に千葉県では「つ」→「ち」→「て」→「た」の順に変化するから，千葉県とは上下左右逆に見える南極では「た」→「て」→「ち」→「つ」の順に変化する。

(10)　図８の高度ごとに気圧を読み取り，その気圧のときにどれだけ気温が下がるかを図９から読み取る。例えば，高度 1000mでは気圧が 867 hPaだから，高度０mでの気温(−10.0℃)より 9.5℃下がって−19.5℃になる。このように考えると，高度 2000mでは−29.0℃，高度 3000mでは−38.5℃，高度 4000mでは−48.0℃になり，一定の割合で温度が下がっているから，これらの点を結ぶ直線のグラフになる。

(11)　コ．同じ重さの海水と氷の体積の比を利用すると，氷山の水面上に見えている部分と水面下の見えていない部分の体積の比が(110−97)：97＝13：97 であることがわかり，これがそのまま高さの比にもなる。したがって，氷山の水面上に見えている部分の高さが33mであれば，水面下の見えていない部分の高さは$33\times\frac{97}{13}=246.2\cdots\to246$m である。　サ．同じ重さの水と氷の体積の比を利用する。容器Eに入れた 7020 cm³の氷がすべてとけると $7020\times\frac{91}{100}=6388.2$(cm³)になり，容器E内での水面の高さが$\frac{6388.4}{13\times13}=37.8$(cm)になることがわかる。同じ体積の水を入れたときの水面の高さの比は底面積の比の逆比になるから，底面積の比は，容器E：容器F＝4.2：37.8＝１：９である。つまり，容器Fの底面積は容器Eの９倍だから，一辺の長さは３×３＝９より３倍が正答となる。　シ．南極の陸地にある氷がすべて水になると体積が 2400 万$\times\frac{91}{100}$＝2184 万(km³)になる。また，一辺の長さが 20%増える(1.2 倍になる)ということは，海洋面積が 1.2×1.2＝1.44(倍)の３億 6400 万×1.44＝５億 2416 万(km²)になるということだから，海面が上昇(じょうしょう)する高さは$\frac{2184万}{5億2416万}=0.0416\cdots$(km)→41.6…→42mである。

2　(1)①　１～12 の数字は等間隔にあるので，360÷12＝30(度)間隔で数字が並んでいることを利用する。よって，２と４，７と９，９と 11 が 30×２＝60(度)間隔で並んでいるので，右図のように正三角形ができるから，解答例のような説明で作図できる。

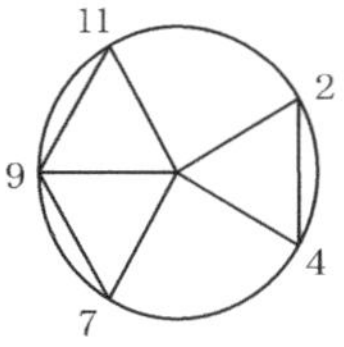

②　図２から，５～12 月の日数の合計は 30×３＋31×(８－３)＝245(日)だから，245÷７＝35(週)ある。よって，令和元年に土曜日は$_ア$ 35 回ある。

2019 年以前で干支が巳だった最も近い年は，2019−６＝2013(年)であり，この年の 10 月の誕生日をむかえたときの先生の年齢は 12 の倍数である。６を足すと 40 以上 49 以下になる 12 の倍数は 36 だけだから，先生の年齢は 2013 年に 36 歳であり，現在 36＋６＝$_ウ$ 42(歳)だとわかる。また，生まれた年は西暦 2019−42＝$_イ$ 1977(年)である。

(2)　【表記１】は十進法で数を表したものであり，【表記２】は二進法で数を表したものである。

【１の個数】に１が現れる２回目以降は，【表記２】の数の最も大きい位が１でその他の位が０のときである。
このとき【表記１】の数は，２[☆]×① で表せるから，２，２×２＝４，２×２×２＝８，…となる。よって，
【１の個数】に 10 回目の１が現れるときの【表記１】の数は，２[９]＝２×２×２×２×２×２×２×２×２＝$_エ$ 512 である。

【１の個数】に１が現れるたびに【表記２】の数を区切ると，１｜10，11｜100，101，110，111｜1000，…となり，区切られた中の右はしの数は，すべての位の数が１となっている。よって，【１の個数】に初めて７が現れるのは，【表記２】の数が 1111111 のときであり，10000000 の１つ前のときだから，【１の個数】に８回目の１が現れるときの１つ前である。【１の個数】に８回目の１が現れるときの【表記１】の数は，
２［７］＝２×２×２×２×２×２×２＝128 だから，【１の個数】に初めて７が現れるときの【表記１】の数は，
128－１＝オ127 である。

(3)① (2)の解説をふまえる。表３の数値を表１の右で囲んだ部分と比べると，表３の「円盤の枚数(枚)」は表１の「【１の個数】」に対応しているとわかる。このため，表３について右のように記号をおくと，Aは111，Bは1111が入るので，Cには11111111，キにはキ1111111111が入るとわかる。

表１

【表記１】	1	2	3	4	5	6	7	8	9	10	11	12	13	14	15	…
【表記２】	1	10	11	100	101	110	111	1000	1001	1010	1011	1100	1101	1110	1111	…
【１の個数*】	1	1	2	1	2	2	3	1	2	2	3	2	3	3	4	…

円盤の枚数(枚)	1	2	3	4	…	8	9	10
完成までの最少手数【表記１】	1	3	7	15	…	カ		
完成までの最少手数【表記２】	1	11	A	B	…	C		キ

【表記２】がC＝11111111 になるのは，【表記２】が 100000000 になる１つ前だから，このときの【表記１】の数は，２［８］＝２［７］×２＝128×２＝256 の１つ前の，256－１＝カ255 である。
ク，ケについて，例えば円盤が３枚のときの完成までの最少手数は，小さい方から１枚目と２枚目をⅠからⅡに移す手数と，３枚目をⅢに移す手数（１手）と，１枚目と２枚目をⅡからⅢに移す手数の合計であり，下線部の手数は「円盤が２枚のときの完成までの最少手数」と等しい。したがって，「円盤が１枚増えたときの完成までの最少手数」は，「(円盤が増える前の最少手数)×ク２＋ケ１」である。
コ，サについて，完成までに一番小さい円盤を動かす回数は，表４から，円盤が１枚のときは１回，２枚のときは２回，３枚のときは４回，４枚のときは８回，…と２倍ずつになっていることがわかる。表１を使ってこの回数を【表記２】で表すと，円盤が１枚のときは１回，２枚のときは 10 回，３枚のときは 100 回，４枚のときは 1000 回，…となり，下の位に０が１つずつ増えていくとわかる。したがって，円盤が 10 枚のときはコ1000000000 回である。また，クとケについての解説から，円盤が 10 枚のときに一番大きい円盤を動かすのは，その他の９枚を動かした次の一手とわかる。その他の９枚を動かす手数を【表記２】で表すと，円盤が９枚のときの完成までの最少手数と同じ 111111111 回だから，円盤が 10 枚のときに一番大きい円盤を動かすのは，この１つあとの，サ1000000000 手目である。
シ，スについて，円盤は大きい方から数えて奇数(きすう)番目が白，偶数(ぐうすう)番目が灰色となる。円盤が 10 枚のとき，一番小さい円盤は大きい方から数えて 10 番目なので，シ灰色である。灰色の円盤は，Ⅰ→Ⅱ→Ⅲ→Ⅰ→…と動かすので，最初の位置から，３回動かすごとに棒Ⅰの位置に戻(もど)ることがわかる。よって，300 回動かすと，300÷３＝100 より，一番小さい円盤は棒スⅠにある。
② 円盤が 10 枚のとき，３番目に大きい円盤は小さい方から８番目の円盤であり，はなさんが見つけたきまりから，その円盤を動かすのは，【表記２】で表すと，10000000 手目である。これを【表記１】で表せばよいから，
２［７］＝128(手目)である。

〔別の解き方〕

円盤が８枚のときに一番大きい円盤を動かすのが何手目かを求めるので，【表記１】で考えると，円盤が７枚のときの完成までの最少手数に１を足せばよい。①のク，ケをふくんだ式を利用して考える。

①の表３のカが255だったから，円盤が７枚のときの完成までの最少手数は，(255－１)÷２＝127(手)である。

よって，求める手数は，127＋１＝128(手目)である。

③　②の解説より，円盤が７枚のときの完成までの最少手数は127手である。①のク，ケについての解説より，(127－１)÷２＝63(手)で小さい方から６枚目までをⅠからⅡに移し，64手目で一番大きい円盤をⅠからⅢに移すから，64手目を終えたときの円盤の様子は，右図のようになる。ここから66－64＝２(手)をどのように動かすかを考える。

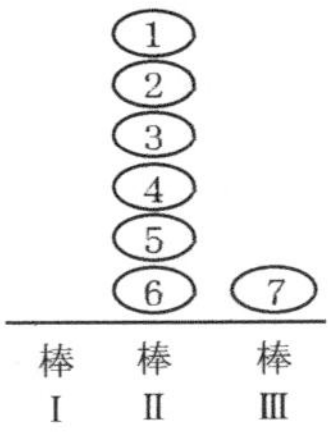

表４より，66手目までに一番小さい円盤は66÷２＝33(回)動かすとわかるので，Ⅰ→Ⅱ→Ⅲの動きを33÷３＝11(回)くり返して，Ⅰにある。したがって，65手目で一番小さい円盤をⅡからⅠに，66手目に２番目に小さい円盤をⅡからⅢに動かすので，解答例のようになる。

《解答例》

1　⑴ア．700　イ．255　ウ．37.5　式…0.3÷(1－0.2)×100　理由…材料費÷ね引き後のねだん×100でわり合が求められ，定価を「1」とすると，材料費は「0.3」，ね引き後のねだんは「1－0.2」と常に表せるから。

⑵①エ．39　オ．1　カ．3　キ．2　②交わる点…【30，20】　説明…セット用のロールといちごを，ちょうど使い切る組み合わせを表す点。　③3本の直線(ロールの直線，いちごの直線，Bのセット数が0になる直線)で囲まれた三角形の内部と，Bのセット数が0になる辺上。ただし，ちょう点はふくまない。

⑶ク．121　ケ．511　⑷①右図　②コ．44　サ．32　シ．6　ス．6　セ．40

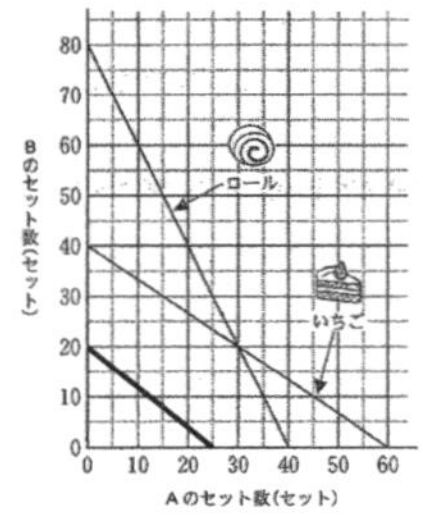

2　⑴①ア．380　イ．1.16　②150　③0.62　④標高が高くなると，大気圧は低くなり，大気圧が1気圧より低くなると，ふっ点は100℃より低くなる　⑵オ．1500　カ．1750

⑶キ．長く　ク．高く　ケ．材料にふくまれている水分が，ふっ点に達して水じょう気

⑷①コ．0.6　サ．1.6　シ．120　ス．36.4　②160×x

《解　説》

適性検査2－1

1　⑴　Aは定価の30％＝0.3が210円になるので，定価は210÷0.3＝ア700(円)となる。Bについて，材料費と材料費以外の金額の比は30：(100－30)＝3：7だから，材料費は，595×$\frac{3}{7}$＝イ255(円)である。

定価を1とすると，材料費は0.3，定価の20％は0.2となるから，定価の20％引きの値段は，1－0.2となる。

この値段にしめる材料費の割合は，式0.3÷(1－0.2)×100＝ウ37.5(％)である。

⑵①　Aを1セット作ると，いちごは残り120－2＝118(個)使えるので，118÷3＝39余り1より，Bは最大エ39セット作ることができ，そのときいちごはオ1個余る。いちご120個を残らず使い切るにはAで使ったあとの残りのいちごの個数が3の倍数になればよい。よって，Aで使ういちごの個数が3の倍数になればよいから，Aのセット数として，0の次にカ3の倍数を順に考えればよい。また，Aがカ3セット増えると，Aで使ういちごの個数が2×3＝6(個)増えるので，Bが6÷3＝キ2(セット)減る。

②　交わる点は，図2より，【30，20】とわかる。ロール，いちごの直線はそれぞれ，セット用のロールまたはいちごをちょうど使い切る組み合わせを表しているので，解答例のような説明ができる。

③　ロールが足りない点は，ロールの直線より上の部分にあって，ロールの直線上にない点である。いちごが余る点は，いちごの直線より下の部分にあって，いちごの直線上にない点である。したがって，「ロールが足りず，いちごが余るセット数の組み合わせ」を表す点がすべて含まれる部分は，右図の色付き部分である。Bのセット数が0になる辺上の点のうち頂点を除いた点は，条件に合う点であることに注意する。

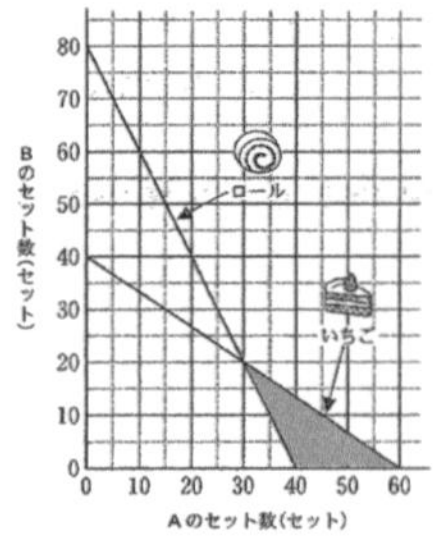

⑶　図4の長方形の内部と辺上にある点の個数は，たてに20＋1＝21(個)，

横に40－30＋1＝11(個)あるので，全部で21×11＝231(個)ある。

長方形の対角線上の点の個数は11個だから，それを除くと231－11＝220(個)になる。

これを半分にすると，対角線(ななめの線)上の点を除く図3の点の個数となるから，図3の点の個数は，

220÷２＋11＝ケ121(個)である。「Ａを15セット以上」とするときの作ることのできるセット数は，右図の色付き部分の内部または辺上にある【整数，整数】となる点で表せる(㋐は，図３で色がぬられている部分である)。辺上にある点もふくめると，㋐の点の個数は121個，㋑の点の個数は，たてに20＋１＝21(個)，横に15＋１＝16(個)あるから，21×16＝336(個)である。㋒は，たてに10＋１＝11(個)，横に16個あり，ななめの線の上には，【15，30】からＡのセットが３個増えるごとに１個あって，【30，20】まであるから，１＋(30－15)÷３＝６(個)ある。したがって，㋒の点の個数は，(11×16－６)÷２＋６＝91(個)ある。

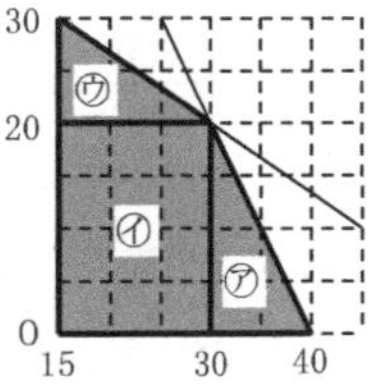

㋐，㋑，㋒の点の個数の合計から，重なっている辺上の点の個数を引けばよいので，作ることのできるセット数の組み合わせは，121＋336＋91－21－16＝ケ511(組)である。

(4)① ＡとＢの10セットにかかる作業時間の比は８：10＝４：５なので，同じ時間で作れるセット数の比は，この逆比である５：４に等しい。よって，Ａを５セットつめる時間とＢを４セットつめる時間は等しい。
また，Ｂを10セットつめるのに10分かかるので，Ｂだけだと20分で$10\times\frac{20}{10}$＝20(セット)つめられる。ここから，Ａを５セット増やしてＢを４セット減らすことを，20÷４＝５(回)行えるので，Ａを５×５＝25(セット)とＢを０セットでも作業時間は20分である。よって，２点【０，20】，【25，０】を直線で結ぶ。

② ①の解説より，作業時間の合計を表す直線は，右に５進んだときに下に４下がる。作業時間の合計を変えてもこのことは変わらず，①で引いた直線が平行移動するだけである(作業時間の合計が増えると上に，減ると下に移動する)。「Ａを15セット以上」にするのだから，右図Ⅰの色つき部分を通るように作業時間の直線を平行移動させればよい。

図Ⅰ

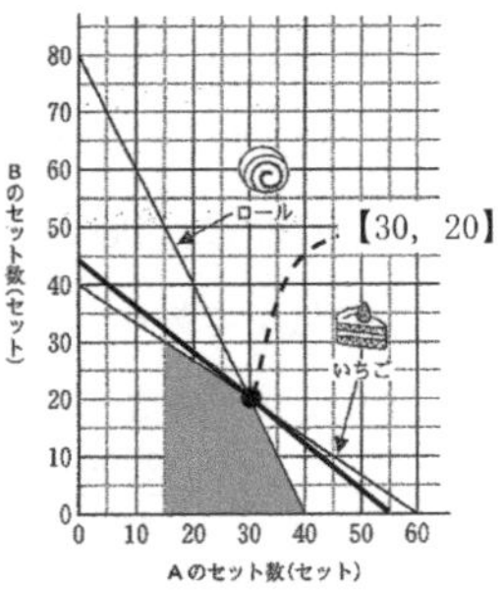

作業時間の合計が最大になるのは，作業時間の直線が右図の太線のようになるとき，つまり，点【30，20】を通るときである。このときの作業時間の合計は，
$8\times\frac{30}{10}+10\times\frac{20}{10}$＝コ44(分)である。
かずさんが見つけた，「セット数の組み合わせが最も多くなる」ときは，作業時間の直線上の【整数，整数】の点のうち，図Ⅰの色つき部分にある点の個数が最も多くなるときである。図Ⅰの太線の位置から作業時間の直線を下に平行移動させて条件に合う位置を探すと，図Ⅱのように点【40，０】を通るときとわかる。このときの作業時間の合計は，$8\times\frac{40}{10}$＝サ32(分)である。また，条件に合うＡとＢの組み合わせのＡの数は，15から40までの，１＋(40－15)÷５＝６(個)あるから，セット数の組み合わせもシ６組ある。

図Ⅱ

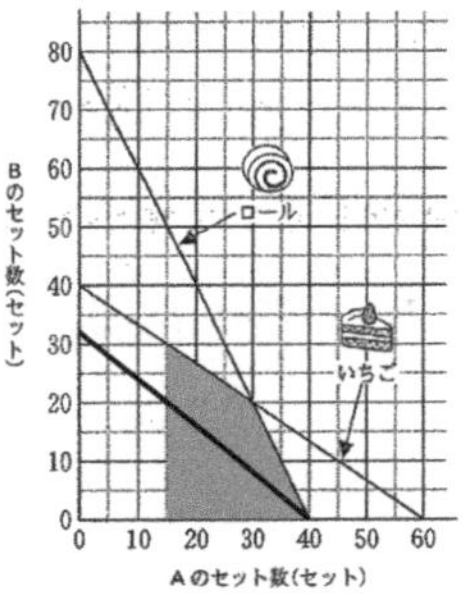

ここまでの解説より，作業時間の直線のかたむき具合を変えると，作業時間の合計が最大になるセット数の組み合わせが変わるとわかる。【15，30】が最大となるのは，作業時間の直線が図Ⅲの太線のように，点【15，30】を通って，かたむき具合がいちごの直線よりもゆるやかなときである。いちごの直線は右に３進むと下に２進むから，作業時間の直線がいちごの直線と重なるとき，ＡとＢの同じ時間で作れるセット数の比が３：２になっているので，10セットにかかる時間の比は，この逆比である２：３になっている。このときのＡの10セットあたりの作業時間数は，Ｂの$\frac{2}{3}$倍なので，$10\times\frac{2}{3}=\frac{20}{3}=6\frac{2}{3}$(分)，つまり，６分($\frac{2}{3}\times60$)秒＝６分40秒である。よって，Ａの10セットあたりの作業時間をス６分セ40秒より作業時間を短くすれば，作業時間の合計が最大になる組み合わせが【15，30】となる。

図Ⅲ

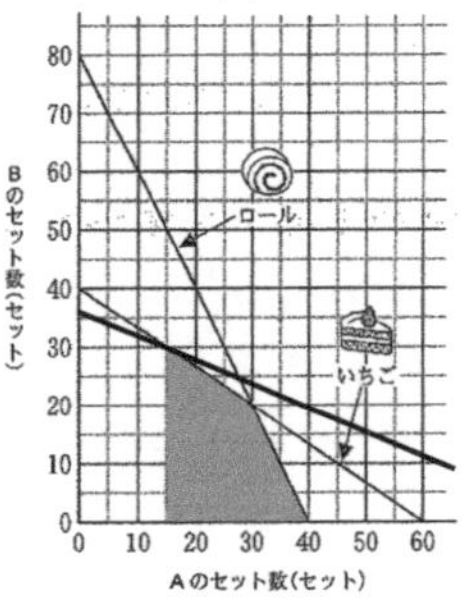

2 (1)① 図3のメスシリンダーは1目もりが5mLだから，スプレー缶(かん)から出した空気の体積は380mLである。また，表1より，スプレー缶から出した空気の重さは84.16－83.72＝0.44(g)だから，空気1L(1000mL)の重さは$0.44\times\frac{1000}{380}=1.157\cdots\rightarrow1.16$gである。　② 1気圧のときには1㎡(10000㎠)の面に10トン(10000kg)→1㎠の面に1kgの空気がのっているから，15×10＝150(㎠)の面には150kgの空気がのっている。　③ 標高0mの大気圧が1気圧で，100m上るごとに0.01気圧低くなるから，標高3776mの富士山山頂では$1-0.01\times\frac{3776}{100}=0.6224\rightarrow$0.62気圧である。

(2) オ．大気圧が0.6から0.8へと$\frac{0.8}{0.6}=\frac{4}{3}$(倍)になると，気体の体積はその逆数の$\frac{3}{4}$倍になるから，$2000\times\frac{3}{4}=$1500(㎤)があてはまる。　カ．増える前の気体の体積は14400－1200＝13200(㎤)で，気体の体積が$\frac{14400}{13200}=\frac{12}{11}$(倍)になったから，大気圧は$\frac{11}{12}$倍になったと考えられる。標高1000mの大気圧は(1)③解説と同様に考えて，$1-0.01\times\frac{1000}{100}=0.9$(気圧)だから，大気圧が$0.9\times\frac{11}{12}=0.825$(気圧)になる標高を求めればよい。したがって，標高1000mの大気圧より0.9－0.825＝0.075(気圧)低い山小屋の標高は$1000+100\times\frac{0.075}{0.01}=1750$(m)である。

(3) キ，ク．圧力なべを使うと水の沸点(ふってん)が高くなるから，水が沸とうするまでの時間は長く，火を消した直後の温度は高くなる。　ケ．「す」は，四のときの火が強いため，材料に含(ふく)まれている水分が沸とうし，水蒸気がぬけてできたものである。圧力なべを使うと四を省略することができ，「す」ができにくくなるということである。

(4)① コ．直径4.0㎜→半径0.2㎝の穴の面積は，0.2×0.2×3.14＝0.1256(㎠)であり，ここに75g→0.075kgの重さがかかるから，面積1㎠あたりにすると$0.075\times\frac{1}{0.1256}=\frac{0.075}{0.1256}=0.59\cdots\rightarrow0.6$kgになる。　サ．(1)②解説より，1㎠の面に1kgの重さがかかるときの大気圧が1気圧だから，面1㎠あたり0.6kgの重さがかかるときの大気圧は0.6気圧である。したがって，これと空気による圧力の和である1.6気圧が圧力なべの外から穴にかかっているから，おもりが押(お)し上げられたときのなべ内部の蒸気圧も1.6気圧である。　シ．コとサの解説より，面積1㎠あたりの重さ(kg)の値がそのまま圧力(気圧)になると考えればよい。おもりBによる圧力は$\frac{0.12}{0.1256}=0.955\cdots\rightarrow$0.96気圧であり，おもりが押し上げられるときのなべ内部の蒸気圧は0.96＋1＝1.96(気圧)である。したがって，図9より，蒸気圧が1.96気圧のときの水の沸点を読み取って，約120℃が正答となる。　ス．標高2900mの大気圧は$1-0.01\times\frac{2900}{100}=0.71$(気圧)である。図9より，水の沸点が100℃になるときのなべ内部の蒸気圧は1気圧だから，おもりによる圧力が1－0.71＝0.29(気圧)になればよい。このときのおもりの重さをxg→$\frac{x}{1000}$kgとすると，$\frac{x}{1000\times0.1256}=0.29$より，$x=0.29\times125.6=36.424\rightarrow36.4$gが正答となる。　② おもりの重さによって増加する圧力と標高が高くなることによって減少する圧力が等しくなればよい。おもりの重さがxg→$\frac{x}{1000}$kgで穴の面積が0.0625㎠であれば増加する圧力は$\frac{x}{1000\times0.0625}=\frac{x}{62.5}$(気圧)であり，標高が$y$m高くなると減少する圧力は$0.01\times\frac{y}{100}=\frac{y}{10000}$(気圧)である。したがって，$\frac{x}{62.5}=\frac{y}{10000}$より，$y=10000\times\frac{x}{62.5}$　$y=160\times x$と表せる。

《解答例》

一　⑴目に見えないものを画像でとらえる　⑵今でもうちゅうの成り立ちのなぞを解き明かすよりどころとなっている

二　①身分に関わりなく、だれが研究しても同じ結果になるもの。　②航海や天文などの術を発てんさせて、この国がのびていくこと。

三　⑴現代との比かくではなく同時代の他国との比かくというし点で見た　⑵②人類の知恵を積み重ねる　③土台となる考え方　④別の方向から考える

⑶(例文)

わたしは、教養を身につけるためには、仲間と学び合うことが必要だと思います。その理由を、科学技術の進歩を例に話します。さくら子さんのお話にあったように、確かに科学技術が進歩するのは良いことばかりとは言えません。わたしは新幹線に乗ることが好きですが、速度が上がって便利になる反面、そう音などのかん境問題が生じています。

そういった問題を解決するには何よりも教養が必要だと思うのです。かん境問題でこまっている人の立場に立って考えてみたり、新たな解決方法をさぐってみたりするには、㋒のように別の方向から考えることができる「心の豊かさや物事の理解力」が必要です。つまり、教養を身につけることが必要なのです。

その教養ですが、一人で学ぶだけで身につくものでしょうか。例えば、新幹線のそう音を減らす技術は、鳥の生態にくわしい人からフクロウについて教わり、その羽のしくみを研究したことから開発されたそうです。わたし自身も友だちから思いがけない発想や意見を聞いて、そのような考え方があったのかとおどろいたことがあります。このように、多くの人と協力することで、し野が広がって、心の豊かさや物事への理解が増し、新たな知えを生み出せると考えます。ですから、㋐にあるように知えを積み重ね、よりよい社会をつくるために仲間と学び合うことが必要だと思います。

《解　説》

一⑴　放送による朗読(ろうどく)は一回だけなので，集中して内容を聞き取り，要点のメモを取る練習をしておこう。「ブラックホールの姿を人類史上初めて<u>画像でとらえることに成功</u>しました」「ブラックホールは～光でさえも捕(つか)まえてしまうので～<u>目で見ることはできませんでした</u>」と述べられている。よって，目に見えないものを画像でとらえるという難(むずか)しい挑戦(ちょうせん)に成功したと言える。　⑵「博士(はかせ)の理論(りろん)は私たちの生活を便利にする技術だけに役立っているのではありません。科学者たちにとって，<u>宇宙の成り立ちの謎(なぞ)を解き明かそうとするための，重要なよりどころとなっている</u>のです」と述べられている。

二①「算法(さんぽう)の世界ほど，きびしく正しいものはありますまい。どのように高貴(こうき)な身分の人の研究でも，正しくない答えは正しくない。じつにさわやかな学問です」と本多利明(ほんだとしあき)は言っている。これは，身分に関わりなく，だれが研究しても同じ結果になるものが「正しいもの」だという考えである。　②　利明は，算法を重んじる西洋は「航海・天文などの術は，われわれの想像もできないほど進んでいるのです」「この国の，算法にたいするかんがえかたを，かえなければいけない」「世のなかのすべてのかんがえかたにも通じますが，まず手はじめが算法です」と言っている。ここで，算法を重んじる国とくらべると日本は航海・天文などの術でとてもおくれていることを問題としている。そして,「この国がのびていくためには,なによりも,人びとが算法をしっかりとまなぶことが必要」で,「算法をもっと深いところまでおしえなければならない」と言っていることから,今はおくれている航海・天文などの術を発てんさせて,この国が今後のびていくことを期待していると思われる。

三(1) 「『世界史の中で日本史をとらえる』とは具体的にはどういうことでしょうか」と問われたハウエル教授は「たとえば江戸時代の日本は～他国と比べてみれば,非常に安定していて,平和で,繁栄した社会でした～現代と比べれば当時の生活水準はかなり低かったですが,日本は,同時代のアメリカ,イギリス,フランス,中国といった大国よりも豊かで平和な社会を実現していました。こういった視点で日本史を見ることを学んでほしいのです」と答えている。要点は,現代との比かくではなく同時代の他国との比かくという視点で見た場合,良い点をみつけることができ,そのようなものの見方を学んだことが教養として役に立つということである。　(2) ②「皆さんが学校で学び知るいろいろの驚くべき事がらは,ながい時代をかけて地球上のあらゆる国々で熱心な努力と非情な骨折とで出来あがった仕事である～このすべては,皆さんへの遺産として手渡されたもの～皆さんはそれを受けとり,尊重し,更にそれ以上に育てあげた上で,やがて忠実に皆さんの子供たちに伝えてゆくべきもの」と述べられている。この下線部が「知恵」である。この部分は知恵を代々積み重ねることによってより良い社会をつくることが「学ぶことの目的」だと言っているのだ。　③西洋人が算法を重んじるのは、「その底に、正しいものを冷静にみとめるかんがえかたがあるから」であり、そのけっか、航海・天文などの術が発展した。このことをふまえて、日本も算法を重んじるかんがえかたにかえていくことが必要だということは,言いかえれば,他の分野に応用できる「土台となる考え方」を身につけることが必要だということである。　④「アメリカ以外の国の文化や歴史について学ぶことはとても大切」ということは,「別の方向から考える」やり方を使って「広く見わたすように物事の全体を理解する力」を身に着けることが必要だということである。　(3) ア・イ・ウの条件をすべて満たした作文を書くことが大切だ。作文を書く前に構想メモを書いて,頭の中を整理してから書き始めよう。

《解答例》

1　(1)あ．人口増加の大きな地いき　い．工業用から都市ガス用　　(2)う．21　え．6.5　お．15000
(3)ア．×　イ．○　ウ．×　エ．×　　(4)日当たりが良くない場所では現在主流の光電池より発電量が多いという点
(5)(①でA，Bを選んだ場合の例文)②衣服やカバンの表面　③持ち歩きができる電気製品の電げん

2　(1)3　　(2)下グラフ　　(3)う．39　え．7　お．人口みつ度がとても高い　　(4)増え続けて
(5)き．[2]，[4]　く．[3]　　(6)［施設の選び方／選ばれる施設］　1．［施設がつくられてからの年数が30年たっているものを選ぶ／C，D，G，J，K，L，O］　2．［施設数の基準をこえているものを選ぶ／C，J，L，O］
(7)(複合化させる施設に美術館，公民館を選んだ場合の例文)作品を見た後に，集まって感想や意見を交かんすることができ，仲間づくりにつながる。

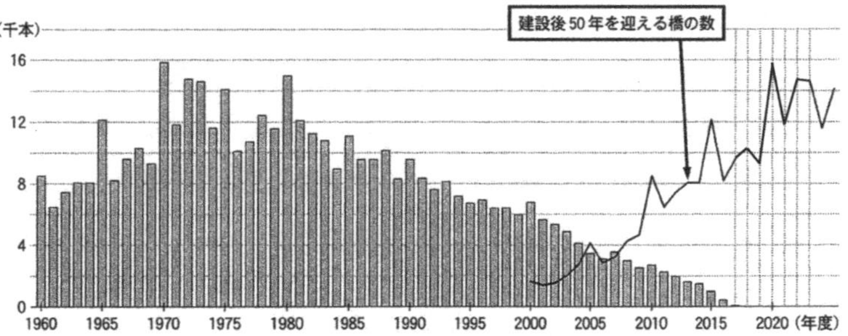

《解　説》

1　(1)　「あ」は，茂原市・東金市などの県東部の生産地域と，千葉市・船橋市をはじめとする県西部の都市の違いを資料２から読み取る。「い」は，資料３より，1980年から2015年にかけて，都市ガス用の割合が増加し，工業用の割合が減っていることを読み取る。

(2)　世界のヨウ素の約28%が日本産で，そのうち約75%が千葉県産なのだから，世界のヨウ素の約0.28×0.75×100＝$_{う}$<u>21</u>(%)が千葉県産である。
資料４より，こんぶは100ｇあたりに230000 μg＝$\frac{230000}{1000}$mg＝230 mgのヨウ素をふくむから，0.015 mgのヨウ素をこんぶから取るためには，100×$\frac{0.015}{230}$＝$\frac{3}{460}$(ｇ)，つまり，$\frac{3}{460}$×1000＝6.52…より，$_{え}$<u>6.5</u> mgのこんぶを食べればよい。
にわとりの卵にふくまれるヨウ素の量は，こんぶにふくまれるヨウ素の量の$\frac{15}{230000}$＝$\frac{3}{46000}$(倍)だから，にわとりの卵でこんぶと同じ量のヨウ素を取ろうとすると，$\frac{46000}{3}$＝15333.3…より，$_{お}$<u>15000</u>倍の量を食べる必要がある。

(3)　アについて，日本の「Ｘ線造影剤」と「ヨウ化物とヨウ化酸化物」を合わせた輸入量は，1361.3＋595.2＝1956.5(ｔ)だから，ヨウ素の輸出量(4201.3ｔ)の方が多いので，適切でない。
イについて，「Ｘ線造影剤」の輸入額だけ(2341017万円)でヨウ素の輸出額(1371735万円)を上回るので，適切である。
ウについて，ドイツから輸入されるヨウ素を使った製品の１ｔあたりの輸入額を計算すると，「Ｘ線造影剤」の1684万円と，「ヨウ化物とヨウ化酸化物」の1392万円の間の値になるはずである。日本からドイツへ輸出されるヨ

ウ素１ｔあたりの輸出額の8.8倍は348×8.8＝3062.4(万円)であり，1684万円と1392万円の間の値にはならないので，適切でない。

国名	輸出額(万円)	輸入額(万円)
ノルウェー	283855	133752
インド	176609	221
アメリカ	166507	7728
ドイツ	161662	1781423
中国	144227	269
韓国	43246	67962

エについて，日本からの輸出額が，日本への輸入額を上回る国がいくつあるか数える。ノルウェー，インド，アメリカ，ドイツ，中国，韓国の輸出額と輸入額をまとめると右表のようになるから，輸出額が輸入額を上回るのは，ノルウェー，インド，アメリカ，中国の４か国あり，適切でない。

⑷　資料７より，ヨウ素液を使った光電池の発電量は，現在主流の光電池の発電量より，南向きの壁(かべ)に設置したときは小さい(劣(おと)っている)が，北向きの壁に設置したときは大きい(優れている)ことがわかる。太陽は，東の地平線からのぼって南の空を通り，西の地平線にしずんでいくので，北向きの壁は日当たりが良くない。

⑸　ＡとＣの特ちょうを生かすと窓ガラスのかわりにすることができるし，ＢとＣの特ちょうを生かすとビニルハウスのかわりにすることができる。

2　⑴　検査の持ち物にものさしがあるので，ＡコースとＢコースの長さを実際に測って，道のりが何倍になるか求めればよい。なお，編集の都合上，この問題用紙は実際の検査用紙よりやや縮小されているが，割合を求める問題なので，解き方は同じである。また以下の数値は，この書籍での数値である。

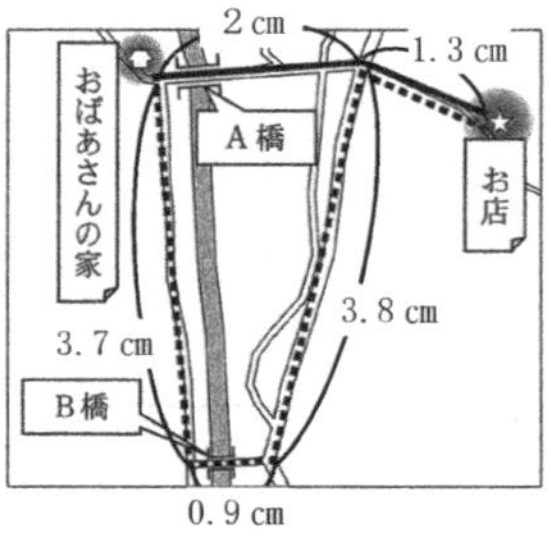

右図のように長さがわかるので，Ａコースは２＋1.3＝3.3(㎝)，Ｂコースは3.7＋0.9＋3.8＋1.3＝9.7(㎝)である。よって，ＢコースはＡコースの，9.7÷3.3＝2.9…より，約３倍になる。

⑵　2018年度から2022年度までの「建設後50年を迎える橋の数」がわかればよいから，50年前の1968年度から1972年度までの建設件数を折れ線グラフにあらわせばよい。例えば，2018年度は右図の矢印のように点をとればよい。同じように他の年度の点をとり，それぞれ順番に直線で結べばよい。

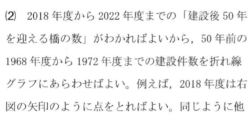

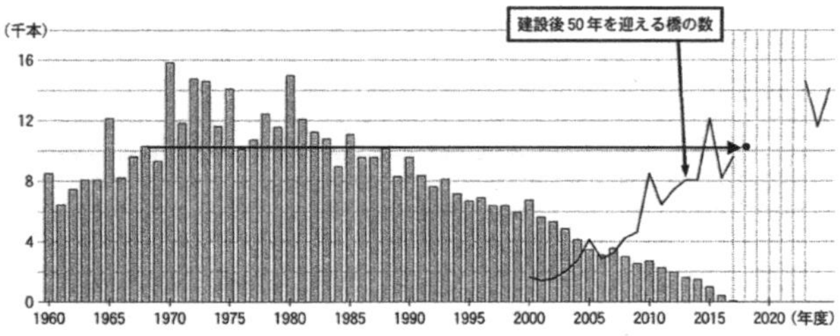

⑶　「う」・「え」は，資料３より，47都道府県のうち，３年連続で転入者が上回った埼玉県，千葉県，東京都，神奈川県，愛知県，大阪府，福岡県の７都府県と，転入者のほうが多い年と転出者のほうが多い年の両方がある沖縄県を除けば，３年連続で転出者が上回ったのは47－8＝39道府県と導ける。「お」の人口みつ度(人口÷面積)は，埼玉県が7267000÷3800＝1912.3…，千葉県が6223000÷5200＝1196.7…，東京都が13515000÷2200＝6143.1…，神奈川県が9126000÷2400＝3802.5，愛知県が7483000÷5200＝1439.0…，大阪府が8839000÷1900＝4652.1…，福岡県が5102000÷5000＝1020.4(人／㎢)と，日本全体の人口密度である335人／㎢と比べて高いことがわかる。

⑷　資料５より，市町村の支出は2006年度から2015年度にかけて，4795→4822→4839→5202→5212→5289→5418→5486→5605→5654(千万円)と増え続けていることが読み取れる。

⑸　「き」は，[2]の維持補修費の「公共施設を維持」と[4]の普通建設事業費の「公共施設の建設」に着目しよう。「く」は，増加率((増加後の量－増加前の量)÷増加前の量×100)より，2015年度の金額が[2]の維持補修費(1.18)と[4]の普通建設事業費(1.17)より高い，[3]の扶助費(1.77)を選ぶ。

(6) 複合化させる施設について，資料８に「修繕を行う時期にあたっている施設」「『施設数の基準』をこえているもの」とあり，修繕を行う時期については「建築後 30 年以上」，施設数の基準については図書館・公民館は「半径２km」，美術館は「半径 16 km」博物館は「半径５km」の円のはん囲に１施設とある。以上のことを，資料９のＹ市の公共施設の配置図と，施設がつくられてからの年数に結び付けて，一段階では，建築後30年以上たっている「Ｃ(40 年)，Ｄ(43 年)，Ｇ(36 年)，Ｊ(35 年)，Ｋ(33 年)，Ｌ(38 年)，Ｏ(40 年)」を選び，二段階では，これらの施設から数の基準をこえている(ＢとＣ，ＩとＪ，ＥとＬ，ＮとＯ)と共通する「Ｃ，Ｊ，Ｌ，Ｏ」を選ぶ。

(7) 資料10の公共施設への要望において，美術館の「作品の感想を話し合う機会がほしい」と，公民館の「地域住民の人間関係づくりに働きかけるような取り組みをしてほしい」が対応していることから考えよう。解答例のほか，複合化させる施設に「図書館，博物館」を選び，新たな効果を「展示品に関する本をしょうかいする特集コーナーを設置して，知識や教養を高める。」と答えても良い。

《解答例》

1　(1)あ．A，B，C　い．D，E，F　う．A　え．B　お．C

(2)２　(3)①28　②経路…右図　方角…南

③く．336　け．312　こ．8　さ．158　(4)①し．31.4　す．5

②式…(10＋5)×(10＋5)×3.14－5×5×3.14　せ．628

③20.3　(5)①95678　②348　③648

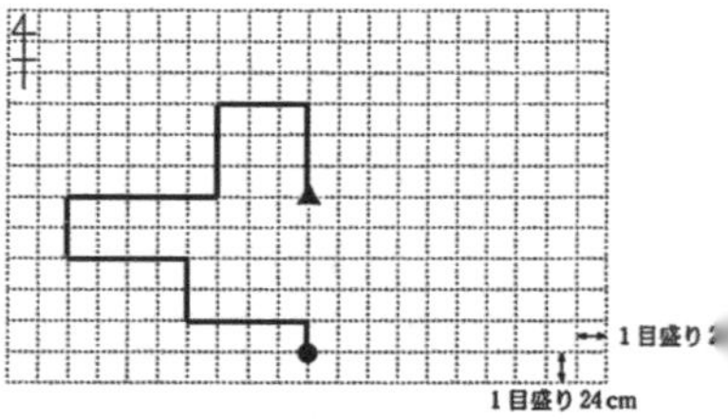

2　(1)①う　②か　③く．1440　け．360　イ．20

(2)ウ．6　エ．3　オ．12　カ．とどかない　キ．とどく

(3)①(28÷2)×(28÷2)×3.14　②ク．1425　ケ．8，33

③11　④0.12　(4)①5，4，39000　②右グラフ

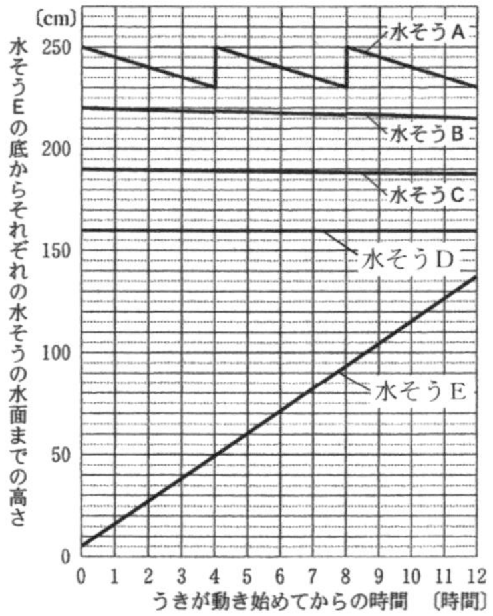

《解　説》

1　(1)　あといが水平につりあうと，3に進み，重い球はGかHと判断されているから，あといには，GとH以外の球が３個ずつ入るとわかる。あといのうちいの側が下がると，2に進み，D，E，Fのどれかが重いと判断されているから，いにあてはまる球は，D，E，Fの３個である。したがって，あにあてはまる球は，A，B，Cの３個とわかる。あの側が下がるとき，重い球はA，B，Cのいずれかである。うとCのうちうの側が下がると，Aが重いと判断されるからうにあてはまる球はA，Cの側が下がるとCが重いのだからおにあてはまる球はCとなり，AとCがつりあうとき，残りのBが重いのだからえにあてはまる球はBである。

(2)　図２と(1)より，どの球が重い場合でも，実験用てこを２回使えば重い球を見つけることができるとわかる。

(3)①　ロボットは，命令①を全部で２×２＝４(回)するから，24×４＝96(cm)前進，命令②を１回するから，24×１＝24(cm)後退する。また，命令③は１×２＝２(回)する。したがって，前進するのにかかる時間の合計は，96÷６＝16(秒)，後退するのにかかる時間の合計は，24÷４＝６(秒)，回転するのにかかる時間の合計は，３×２＝６(秒)である。よって，求める時間は，16＋６＋６＝28(秒)である。

②　ロボットが回転する場所において，回転し終わったときのロボットの向きをかくと，右図のようになる。右図において，実線は前進，破線は後退を表す。

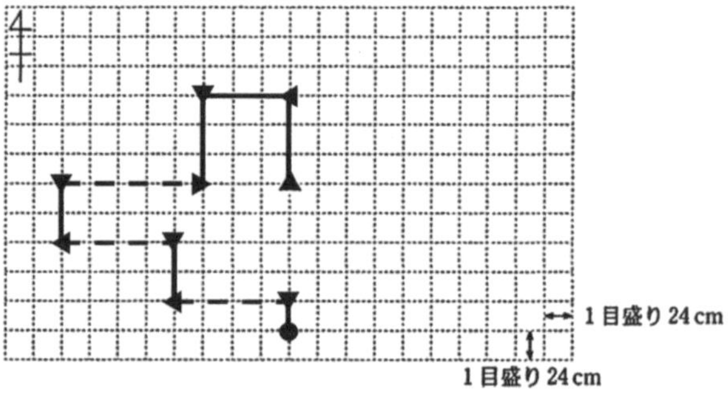

③　右図より，ロボットは，14目盛り前進しているから，24×14＝く336(cm)前進し，13目盛り後退し

ているから，24×13＝け312(cm)後退していて，90度の回転をこ8回しているとわかる。

したがって，前進にかかる時間は，336÷6＝56(秒)，後退にかかる時間は，312÷4＝78(秒)，回転にかかる時間は，3×8＝24(秒)だから，ロボットが動き始めてから止まるまでに56＋78＋24＝さ158(秒)かかる。

(4)① 図形bの円弧部分(曲線部分)の長さは$10\times2\times3.14\times\frac{1}{6}=\frac{10}{3}\times3.14$(cm)である。図形aの周りの長さは，図形bの円弧部分の3倍だから，$\frac{10}{3}\times3.14\times3=10\times3.14=$し31.4(cm)である。

図形aが図9の円を1周してもとに戻ったのだから，円周の長さは図形aの周りの長さに等しく31.4cmである。

したがって，この円の直径は31.4÷3.14＝10(cm)だから，半径は10÷2＝す5(cm)である。

② 図形aが通過した部分は，右図の色付き部分となる。

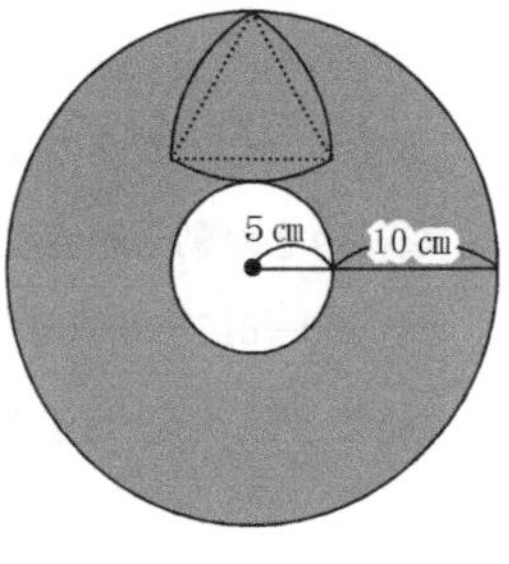

したがって，求める面積は，(10＋5)×(10＋5)×3.14－5×5×3.14＝(225－25)×3.14＝200×3.14＝628(cm²)である。

③ 図形aが図10のようにぴったり入るのだから，図10と図11の正方形の1辺の長さは10cmである。したがって，図11の円の半径は10÷2＝5(cm)だから，図11のぬりつぶした部分の面積は，10×10－5×5×3.14＝21.5(cm²)である。

よって，ぬりつぶした部分の面積は，図10より図11の方が21.5－1.2＝20.3(cm²)大きい。

(5)① 部屋の面積から，家具が置いてある部分の面積と部屋の隅のそうじができない部分の面積を引いて求める。

部屋の面積は，270×450＝121500(cm²)，家具が置いてある部分の面積の合計は，60×180＋150×100＝25800(cm²)だから，121500－25800－22＝95678(cm²)である。

② 図14の矢印の線は，ロボットそうじ機の中心が移動する線であり，図15の目盛りを見た方が長さを計りやすい。部屋の壁や家具の長さは右図のようになる。ロボットそうじ機の中心は部屋の壁(または家具)から，30÷2＝15(cm)はなれている。

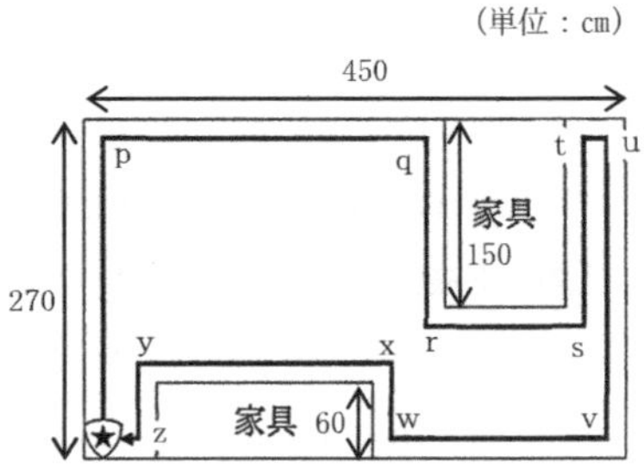

スタート位置からpまでと，uvの長さはともに270－15×2＝240(cm)である。pq，rs，tuの長さの和と，vw，xy，zからスタート位置までの長さの和は，ともに450－15×2＝420(cm)である。qrとstの長さはともに150cm，wxとyzの長さはともに60cmである。したがって，ロボットそうじ機が移動する長さは，240×2＋420×2＋150×2＋60×2＝1740(cm)である。よって，かかる時間は，1740÷5＝348(秒)である。

③ ②の解説より，vw＝180cmだから，スタート位置からwまで移動する長さは，240×2＋420＋150×2＋180＝1380(cm)である。図15より，wからスタート位置に戻るまでに2目盛りの直進を10回，10目盛りの直進を9回，14目盛りの直進を1回行うから，15×(2×10＋10×9＋14×1)＝15×124＝1860(cm)移動する。よって，移動する長さの合計が1380＋1860＝3240(cm)なので，かかる時間は3240÷5＝648(秒)である。

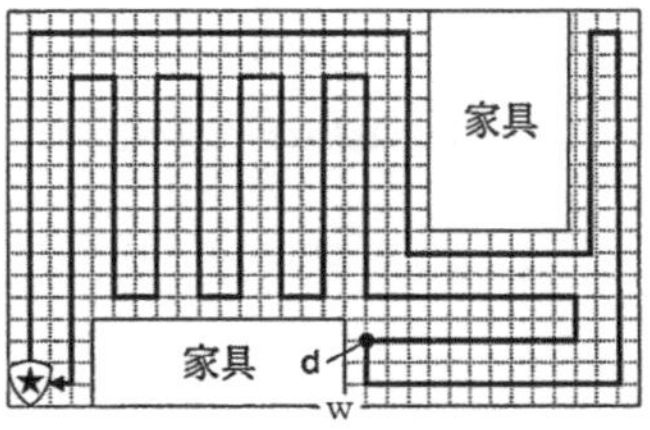

2 (1)① 太陽は，東の地平線からのぼってくるので，東にある地点の方が太陽がのぼってくる時刻は早い。そのため，太陽が真南にくる時刻も早いので，東経135度の地点で太陽が真南にあるとき(正午)，東経135度よりも東にある鎌ケ谷市では太陽が真南をすでに通り過ぎたあとであり，日時計は午後の時刻を示す。 ② ①解説より，このとき太陽は真南より少し西にある。影(かげ)は太陽と反対方向にできるから，日時計の棒の影の先端(せんたん)は真北より少し東

をさす。したがって，「か」が正答となる。　③ □ には１度のずれにかかる時間を求める式があてはまればよい。太陽はだいたい１日→60×24＝1440(分)で地球の周りを１周→360 度回転しているように見えるから，１度回転するのに 1440÷360 ＝４(分)かかり，５度ずれるのに４×５＝20(分)かかるということである。

⑵　太陽が高い位置にあるときほど影の長さが短くなることから考える。正午の棒の影の長さに着目すると，影の長さが最も短いＦが正午の太陽の高さが１年で最も高くなる夏至の日をふくむ６月の記録であり，影の長さが最も長いＨが正午の太陽の高さが１年で最も短くなる冬至の日をふくむ12月の記録だと考えられる。また，残ったＧは３月の記録であり，先生の「この日は昼と夜の長さがほぼ同じ日」という発言を合わせると，春分の日の記録だとわかる。

⑶①　うきの底面の直径が 28 cmだから，半径は 28÷２(cm)である。よって，(28÷２)×(28÷２)×3.14(cm²)

②　うきが動き始めるまで，水が入る部分の底面積は，(水そうＥの底面積)－(うきの底面積)だから，30×30－615＝285(cm²)である。うきが動き始めるのは，水位が５cmのときだから，このときにたまっている水の量は，285×５＝ク 1425(cm³)である。水は１時間に 10000 cm³ずつ入るから，１分間に$\frac{10000}{60}=\frac{500}{3}$(cm³)入る。したがって，1425 cm³の水が入るのにかかる時間は，1425÷$\frac{500}{3}$＝8$\frac{11}{20}$(分)，つまり８分($\frac{11}{20}$×60)秒＝ケ 8分33秒である。

③　うきが動き始めてからは，水が入る部分の底面積は水そうＥの底面積に等しく 900 cm²になる。１時間に入る水の量は 10000 cm³だから，１時間で水位は，10000÷900＝11.1…より，11 cm上がる。

④　水は１時間に 10000 cm³入るから，12 時間はかるためには少なくとも 10000×12＝120000(cm³)の水が必要である。１m³＝100 cm×100 cm×100 cm＝1000000 cm³だから，120000 cm³＝$\frac{120000}{1000000}$m³＝0.12(m³)である。

⑷①　グラフの水そうＥの底からそれぞれの水そうの水面の高さの実線の１目盛りは 10 cmだから，水そうＡの水位は１時間に５cmずつ下がっていて，４時間おきに水位が 20 cm上がっているので，このときに 65×30×20＝39000(cm³)の水を加えているとわかる。

②　下線部ｂに「水位は整数で考えます」とあるので，⑶③で四捨五入して求めた「11 cm」を使う。つまり，水そうＥはうきが動き始めてから１時間に 11 cmずつ水位が上がるから，うきが動き始めて 10 時間後の水位が５＋11×10＝115(cm)となる。よって，水そうＥのグラフは，(０時間，５cm)と(10 時間，115 cm)を直線で結べばよい。また，水そうＢと水そうＣのグラフはわずかながら高さが下がっていっているが，ＢよりＣの方が下がる割合が小さいことと，問題の９ページに「下段にある水そうへ水が移るにしたがって，水の出入りが一定になるようにした」とあること，下がる割合の具体的な計算はできないことから，水そうＤのグラフは水平にかけばよい。水そうＥの底から水そうＤの水面までの高さは，最初の状態の水そうＣの水面の高さより 30 cm低いから，190－30＝160(cm)である。

《解答例》

1　(1)①ア．2.5　イ．25　ウ．3.5　②6.4　③270

(2)①エ．H　オ．I　※エとオは順不同　②L．左　O．右　③30

④右図　(3)カ．$\frac{1}{6}$　キ．75　ク．8　ケ．28　コ．72

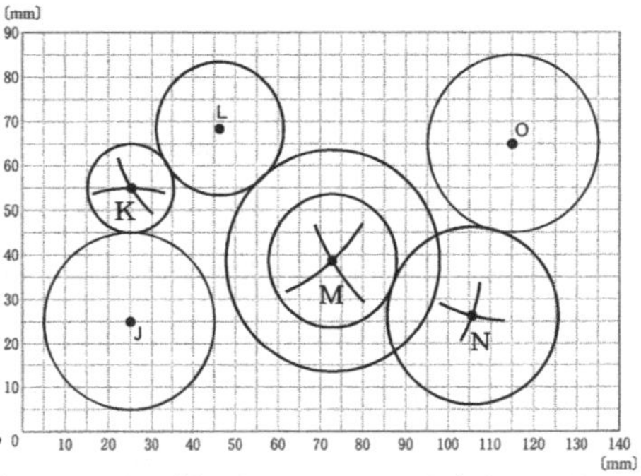

2　(1)あ→う→い　(2)適応放散…AとC，CとF，AとF，BとE　〔別解〕AとCとF，BとE　収れん…AとD，BとF　(3)下向きのふくろを持つ動物は，りにゅう食として，母のフンを食べていることを調べる。　(4)①しん葉じゅ林　②見られない　理由…図６より，海面からの高さが2000mで高山草原が見られないのは，北い約37.5度よりい度の低いところで，おきなわはそれにあてはまるから。　(5)①暖かさの指数…124.5　植物のようす…常緑広葉じゅ林　②暖かさの指数…73.9　気温の上昇…1.4　(6)キクイタダキの住むしん葉じゅ林が，温だん化による気温の上しょうにより，別の植物のようすになることで，この鳥の住むところがなくなるから。

《解　説》

1　(1)①　AからBへの伝達の値は，$\frac{(\text{Aの歯数})}{(\text{Bの歯数})}=\frac{30}{12}=\frac{5}{2}=$ア2.5である。

この伝達の値は，Aが１回転したときにBが何回転するかを表すから，Aが10回転するとき，Bは2.5×10＝イ25(回転)する。

Pの歯数はAの歯数の3.5倍だから，PからBへの伝達の値も3.5倍となる。したがって，PをAと同じだけ回転させると，Bの回転数はウ3.5倍となる。

②　CからEへの伝達の値は，$\frac{48}{18}\times\frac{24}{10}=\frac{32}{5}=6.4$だから，Cが１回転するとき，Eは6.4回転する。

③　②より，はじめてCとEの△がもとの位置に戻るのは，Cを５回転させてEが32回転したときとわかる。したがって，はじめて３つの△がもとの位置に戻るのは，Cを５の倍数だけ回転させたときである。CとD(小)の歯数の比は48：18＝８：３だから，回転数の比は３：８となるので，Cを３×５＝15(回転)させると３つの△がもとの位置に戻る。Cを３分間で10回転させるのだから，求める時間は$3\times\frac{15}{10}=\frac{9}{2}$(分後)，つまり270秒後である。

(2)①　それぞれの歯車のモジュールを求める。

F…10×２÷20＝１，G…15×２÷20＝1.5，H…12×２÷30＝0.8，I…16×２÷40＝0.8

よって，モジュールが等しいHとIがかみ合う。

②　７個の歯車を横に並べると，右図のようになる(歯車の大きさは正確ではない)。したがって，Jを左まわりに回転させると，他の歯車は図の矢印の向きに回転するから，Lは左まわり，Oは右まわりである。

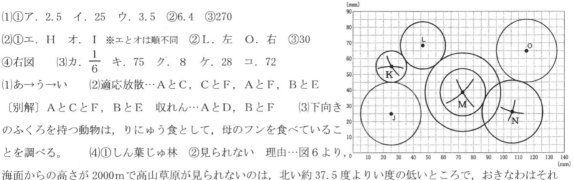

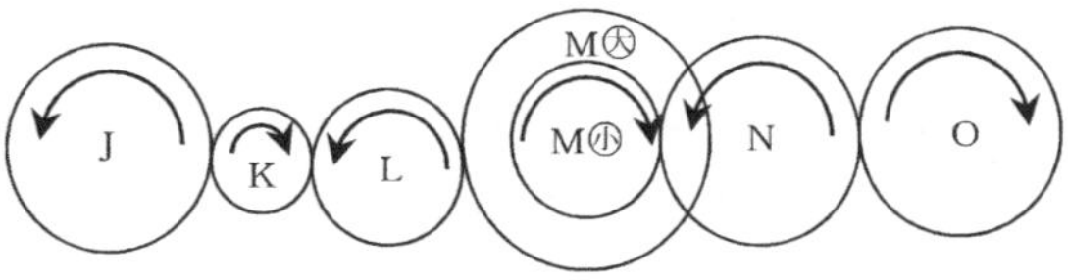

③　(モジュール)＝(ピッチ円の半径)×２÷(歯数)を変形すると，(ピッチ円の半径)＝(モジュール)×(歯数)÷２となるから，Kのピッチ円の半径は，1.25×16÷２＝10(mm)である。したがって，JとKの中心間の距離は20＋10＝30(mm)である。

歯車	J	K	L	M(大)	M(小)	N	O
半径	20	10	15	25	15	20	20
歯数	32	16	24	40	24	32	32

④　③の解説をふまえ，他の歯車のピッチ円の半径を求めると，M(大)は1.25×40÷２＝25(mm)，M(小)は1.25×24÷２＝15(mm)，Nは1.25×32÷２＝20(mm)となり，右表のようになる。

まず，Ｌのピッチ円を作図する(Ｌの歯車は他の歯車と重ならない)。ＬとＭの中心間の距離は15＋25＝40(mm)，ＭとＯの中心間の距離は50 mmだから，Ｍの中心は右図のように作図できる。ＭとＮの中心間の距離は15＋20＝35(mm)，ＮとＯの中心間の距離は20＋20＝40(mm)で，ＮをＯの左側(Ｍの上側)に置くとＮが箱に収まらないから，Ｎの中心が決まる。また，ＪとＫの中心間の距離は30 mm，ＫとＬの中心間の距離は10＋15＝25(mm)で，ＫとM(大)は重ならないから，Ｋの中心が決まる。

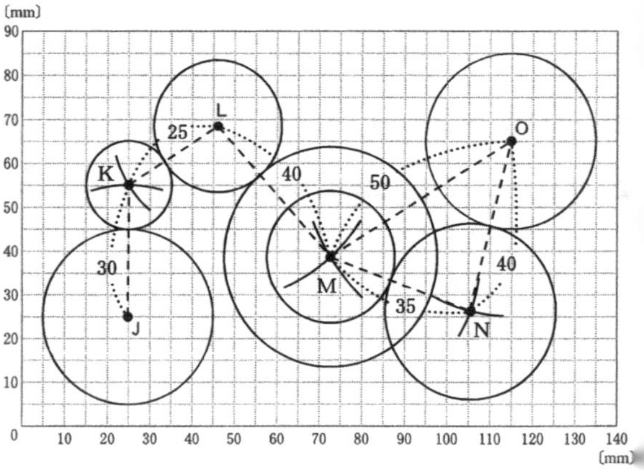

⑶　１のはじめの会話にでてきた伝達の値を利用する。

１番車から２番車カナへの伝達の値は，$\frac{72}{12}$＝６だから，１番車が１回転すると２番車カナは６回転する。したがって，２番車カナが１回転するとき，１番車は$_{カ}\frac{1}{\underline{6}}$回転する。２番車から３番車カナへの伝達の値は，$\frac{80}{10}$＝８だから，２番車が１回転すると３番車カナと３番車は$_{ク}\underline{8}$回転する。回転数より，３番車から４番車カナへの伝達の値は，$\frac{60}{8}=\frac{15}{2}$だから，$\frac{キ}{10}=\frac{15}{2}$となり，３番車の歯数は，$\frac{15}{2}\times10=$$_{キ}\underline{75}$となる。

６番車は時針がついているから，12時間で１回転する。したがって，２番車(分針)が１回転するとき，６番車は$\frac{1}{12}$回転する。２番車カナから６番車への伝達の値は，$\frac{12}{コ}\times\frac{ケ}{56}=\frac{ケ}{コ}\times\frac{3}{14}$と表せる。これが$\frac{1}{12}$に等しいのだから，$\frac{ケ}{コ}$は$\frac{1}{12}\div\frac{3}{14}=\frac{7}{18}$となり，ケ：コ＝７：18である。ここでケにあてはまる数を⑦，コにあてはまる数を⑱とする。

２番車カナと５番車の歯数の和と，５番車カナと６番車の歯数の和は等しいから，12＋⑱＝⑦＋56となり，⑱－⑦＝⑪は56－12＝44と等しいとわかり，①＝44÷11＝４である。

よって，５番車カナの歯数は４×７＝$_{ケ}\underline{28}$，５番車の歯数は４×18＝$_{コ}\underline{72}$である。

2　⑴　真獣類(しんじゅうるい)が住むところを広げる前に他の大陸から離(はな)れたから，オーストラリア大陸では有袋類(ゆうたいるい)が真獣類との生存競争に負けることなく，生き残った。

⑵　「適応放散」では同じ系統の生物を選べばよいから，真獣類であるＡ，Ｃ，Ｆから２つを選ぶ組み合わせと，有袋類であるＢとＥの組み合わせになる。「収れん」では異なる系統から同じような環境(かんきょう)に適応し，体のしくみや食べるものなどの特ちょうが似ている生物を選べばよい。

⑶　コアラ以外でも，コアラと同じようにふくろが下向きで，りにゅう食として，お母さんのフンを食べる生物がいれば，コアラのふくろが下向きになっている理由が，お母さんのフンを子が食べることだと考えることができる。

⑷②　図６で，北緯 37.5 度より北の地点では海からの高さが 2000m以下の地点でも高山草原が見られるが，北緯37.5度より南の地点では海からの高さが2000m以下の地点では高山草原が見られない。

(5)①　東京は１月から12月の平均気温がすべて5.0℃以上だから，暖かさの指数は(5.2−5.0)＋(5.7−5.0)＋(8.7−5.0)＋(13.9−5.0)＋(18.2−5.0)＋(21.4−5.0)＋(25.0−5.0)＋(26.4−5.0)＋(22.8−5.0)＋(17.5−5.0)＋(12.1−5.0)＋(7.6−5.0)＝124.5 である。表１より，暖かさの指数が 85.0 以上だから，植物のようすは常緑広葉樹林である。　②　札幌は４月から 10 月までの平均気温が 5.0℃以上であることに注意して，暖かさの指数は(7.1−5.0)＋(12.4−5.0)＋(16.7−5.0)＋(20.5−5.0)＋(22.3−5.0)＋(18.1−5.0)＋(11.8−5.0)＝73.9 である。植物のようすが東京と同じ常緑広葉樹林になるには，暖かさの指数が 85.0−73.9＝11.1 足りない。11 月の平均気温が4.9℃であり，平均気温があと0.2℃以上上昇(じょうしょう)すると，暖かさの指数にふくまれるので，足りない11.1を４月から10月の７か月で割るのではなく，5.0℃と 11 月の平均気温の 4.9℃の差である 0.1 を 11.1 に足して 11.2 にしたうえで，これを４月から 11 月の８か月で割ればよいから，11.2÷８＝1.4(℃)が正答となる。なお，平均気温が1.4℃上昇したとしても，11 月以外で新たに暖かさの指数にふくまれる月はない。

(6)　(5)②からもわかるように，平均気温が上昇することで植物のようすが変化するので，それにともなって住む生物も変化する。

《解答例》

一　⑴①信号が青に変わっていることに気づいていない　②入り口から遠い所にちゅう車するのはこまる　③ゆっくりと自分のペースでくつろいでいる　⑵④想像　⑤気づかう

二　⑴①「相手と自分はちがう」とにん識　②相手の考えや意図を理解しようと努め　③考え方の相いがあれば、自分の意見を伝え、相ご理解を深める　⑵作業の効率が上がったり、むずかしい問題を解決するためのさまざまなアイデアが生まれたりして、チームとしての能力が高まる。

三　(例文)

原因は、クラスというせまい世界では、い文化にふれる機会が少なく、「日本語が苦手」などといったちがいを受け入れる力が十分に育っていなかった点にあると思われる。

そこで、このクラスの一人一人は、まず、相手と自分はちがうとにん識することから始める必要がある。その上で、相手に話しかけ相手を理解しようと努めればよい。コミュニケーションをとっていく中で、「ちがい」を「変わったこと」と感じてしまったときは、想像力を働かせ、思いやりを持って相手に接していけば、「ちがい」をありのまま受け止めることができるようになるはずだ。

これを実現するため、わたしは地いきのボランティア活動に積極的に参加する。ことなる立場や考えを持つ人たちとの交流を、思いやりをもって続けていきながら、「ちがい」をそん重できる人間に成長していきたい。

《解　説》

一　⑴①　ルースさんは「青信号なのに20秒ほど待っても動かない前の車に対して、『信号が変わっているよ』と声掛(こえか)けするよう」にクラクションを鳴らした後ろの車の運転手に感動した。この運転手は、前の車の運転手は、信号が青に変わっていることに気づいていないだろうととらえているからこのような行動をしたと思われる。　②　ルースさんは、「入り口近くの駐車(ちゅうしゃ)スペースは、体の不自由な人やお年寄りの人のために空けておくべきだと考えている」「寒天メーカーの社員のみなさん」に感動した。彼(かれ)らは、体の不自由な人やお年寄りは、入り口から遠い所に駐車するのはこまるだろうととらえているからこのような行動をしたと思われる。　③　ルースさんは、旅館を訪(おとず)れた人が靴(くつ)からスリッパに履(は)き替(か)える間、無音で気配を感じさせないスタッフに感動した。彼らは、旅館を訪れた人は、ゆっくりと自分のペースでくつろいでいるだろうととらえているからこのような行動をしたと思われる。

⑵　三つの体験談に登場する、ルースさんが感動した日本人は共通して、相手の状況(じょうきょう)に対して想像力をはたらかせて、相手を気づかう行動をとっている。このようなことができる日本人のことを「どうしてそこまで人のために尽(つ)くせるのですか」「相手の心を読んだうえでのサービスの極致(きょくち)だと思います」と書き表している。

二　⑴　コミュニケーションの目的は「相互(そうご)理解」を深めることである。その手順を①～③に入れていく。第４段落に「コミュニケーションは、まず『相手と自分は違(ちが)う』という認識(にんしき)が出発点である」とあることに着目する。これが、コミュニケーションをとる最初の段階である。次に、第２段落の「いったん自分の意見を横に置いて、相手の立場に立って、相手の考えや意図を理解するよう努めてみることから『相互理解』はスタートする」に着目する。さらに、いったん横に置いた自分の意見を、第３段落にあるように「考え方の相違(そうい)があれば、自分の意見をきちんと伝えればいい」。それによって、相互理解を深めることになる。

(2) 最後の段落に「チームに存在するそれぞれの『違い』によって～可能性もある。『違い』は～と考えるべきであろう」と述べられていることに着目する。「違い」によって生み出されるものが、「作業の効率性の向上」と「大きな問題に直面した際に、突破口につながるさまざまなアイデア」である。それによって、「チーム全体としての能力をより高める」ことができると若田さんは考えている。

三 「彼女」のクラスでは、「ちがい」を「変わったこと」として受けとめていたと考えられるが、その原因は「世界のほんのひとかけらを切り取ったような狭い世界(＝クラス)」では、「異文化を知る」機会を得ることが少なかったからである。よって、「長く海外で生活していた」「日本語が苦手」などといった、「変わった人」を「受け入れるのが苦手」だったのだ。そのような原因を取り除くためには、想像力を働かせ、思いやりを持って相手に接していくこと(問題一)や、相手と自分はちがうと認識することから始めて、相手を理解しようと努める(問題二)のがよいと、読み取ることができる。

■ ご使用にあたってのお願い・ご注意

（１）問題文等の非掲載

著作権上の都合により，問題文や図表などの一部を掲載できない場合があります。

誠に申し訳ございませんが，ご了承くださいますようお願いいたします。

（２）過去問における時事性

過去問題集は，学習指導要領の改訂や社会状況の変化，新たな発見などにより，現在とは異なる表記や解説になっている場合があります。過去問の特性上，出題当時のままで出版していますので，あらかじめご了承ください。

（３）配点

学校等から配点が公表されている場合は，記載しています。公表されていない場合は，記載していません。

独自の予想配点は，出題者の意図と異なる場合があり，お客様が学習するうえで誤った判断をしてしまう恐れがあるため記載していません。

（４）無断複製等の禁止

購入された個人のお客様が，ご家庭でご自身またはご家族の学習のためにコピーをすることは可能ですが，それ以外の目的でコピー，スキャン，転載（ブログ，ＳＮＳなどでの公開を含みます）などをすることは法律により禁止されています。学校や学習塾などで，児童生徒のためにコピーをして使用することも法律により禁止されています。

ご不明な点や，違法な疑いのある行為を確認された場合は，弊社までご連絡ください。

（５）けがに注意

この問題集は針を外して使用します。針を外すときは，けがをしないように注意してください。また，表紙カバーや問題用紙の端で手指を傷つけないように十分注意してください。

（６）正誤

制作には万全を期しておりますが，万が一誤りなどがございましたら，弊社までご連絡ください。

なお，誤りが判明した場合は，弊社ウェブサイトの「ご購入者様のページ」に掲載しておりますので，そちらもご確認ください。

■ お問い合わせ

解答例，解説，印刷，製本など，問題集発行におけるすべての責任は弊社にあります。

ご不明な点がございましたら，弊社ウェブサイトの「お問い合わせ」フォームよりご連絡ください。迅速に対応いたしますが，営業日の都合で回答に数日を要する場合があります。

ご入力いただいたメールアドレス宛に自動返信メールをお送りしています。自動返信メールが届かない場合は，「よくある質問」の「メールの問い合わせに対し返信がありません。」の項目をご確認ください。

また弊社営業日（平日）は，午前９時から午後５時まで，電話でのお問い合わせも受け付けています。

2025 春

教英出版

株式会社教英出版

〒422-8054　静岡県静岡市駿河区南安倍３丁目 12-28

TEL　054-288-2131　　FAX　054-288-2133

URL　https://kyoei-syuppan.net/

MAIL siteform@kyoei-syuppan.net

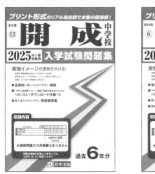

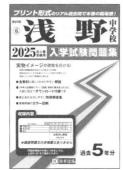

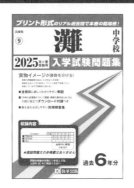

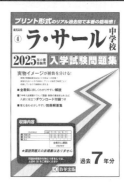

神奈川県

①［県立］相模原中等教育学校
　　　　　平塚中等教育学校
②［市立］南高等学校附属中学校
③［市立］横浜サイエンスフロンティア高等学校附属中学校
④［市立］川崎高等学校附属中学校
★⑤聖光学院中学校
★⑥浅野中学校
⑦洗足学園中学校
⑧法政大学第二中学校
⑨逗子開成中学校（1次）
⑩逗子開成中学校（2·3次）
⑪神奈川大学附属中学校（第1回）
⑫神奈川大学附属中学校（第2·3回）
⑬栄光学園中学校
⑭フェリス女学院中学校

新潟県

①［県立］村上中等教育学校
　　　　　柏崎翔洋中等教育学校
　　　　　燕中等教育学校
　　　　　津南中等教育学校
　　　　　直江津中等教育学校
　　　　　佐渡中等教育学校
②［市立］高志中等教育学校
③新潟第一中学校
④新潟明訓中学校

石川県

①［県立］金沢錦丘中学校
②星稜中学校

福井県

①［県立］高志中学校

山梨県

①山梨英和中学校
②山梨学院中学校
③駿台甲府中学校

長野県

①［県立］屋代高等学校附属中学校
　　　　　諏訪清陵高等学校附属中学校
②［市立］長野中学校

岐阜県

①岐阜東中学校
②鶯谷中学校
③岐阜聖徳学園大学附属中学校

静岡県

①［国立］静岡大学教育学部附属中学校
　　　　（静岡·島田·浜松）
②［県立］清水南高等学校中等部
　［県立］浜松西高等学校中等部
　［市立］沼津高等学校中等部
③不二聖心女子学院中学校
④日本大学三島中学校
⑤加藤学園暁秀中学校
⑥星陵中学校
⑦東海大学付属静岡翔洋高等学校中等部
⑧静岡サレジオ中学校
⑨静岡英和女学院中学校
⑩静岡雙葉中学校
⑪静岡聖光学院中学校
⑫静岡学園中学校
⑬静岡大成中学校
⑭城南静岡中学校
⑮静岡北中学校
⑯常葉大学附属常葉中学校
　常葉大学附属橘中学校
　常葉大学附属菊川中学校
⑰藤枝明誠中学校
⑱浜松開誠館中学校
⑲静岡県西遠女子学園中学校
⑳浜松日体中学校
㉑浜松学芸中学校

愛知県

①［国立］愛知教育大学附属名古屋中学校
②愛知淑徳中学校
③名古屋経済大学市邨中学校
　名古屋経済大学高蔵中学校
④金城学院中学校
⑤椙山女学園中学校
⑥東海中学校
⑦南山中学校男子部
⑧南山中学校女子部
⑨聖霊中学校
⑩滝中学校
⑪名古屋中学校
⑫大成中学校
⑬愛知中学校
⑭星城中学校
⑮名古屋葵大学中学校
　（名古屋女子大学中学校）
⑯愛知工業大学名電中学校
⑰海陽中等教育学校（特別給費生）
⑱海陽中等教育学校（I·II）
⑲中部大学春日丘中学校
新刊⑳名古屋国際中学校

三重県

①［国立］三重大学教育学部附属中学校
②暁中学校
③海星中学校
④四日市メリノール学院中学校
⑤高田中学校
⑥セントヨゼフ女子学園中学校
⑦三重中学校
⑧皇學館中学校
⑨鈴鹿中等教育学校
⑩津田学園中学校

滋賀県

①［国立］滋賀大学教育学部附属中学校
②［県立］河瀬中学校
　　　　　守山中学校
　　　　　水口東中学校

京都府

①［国立］京都教育大学附属桃山中学校
②［府立］洛北高等学校附属中学校
③［府立］園部高等学校附属中学校
④［府立］福知山高等学校附属中学校
⑤［府立］南陽高等学校附属中学校
⑥［市立］西京高等学校附属中学校
⑦同志社中学校
⑧洛星中学校
⑨洛南高等学校附属中学校
⑩立命館中学校
⑪同志社国際中学校
⑫同志社女子中学校（前期日程）
⑬同志社女子中学校（後期日程）

大阪府

①［国立］大阪教育大学附属天王寺中学校
②［国立］大阪教育大学附属平野中学校
③［国立］大阪教育大学附属池田中学校

④[府立]富田林中学校
⑤[府立]咲くやこの花中学校
⑥[府立]水都国際中学校
⑦清風中学校
⑧高槻中学校（A日程）
⑨高槻中学校（B日程）
⑩明星中学校
⑪大阪女学院中学校
⑫大谷中学校
⑬四天王寺中学校
⑭帝塚山学院中学校
⑮大阪国際中学校
⑯大阪桐蔭中学校
⑰開明中学校
⑱関西大学第一中学校
⑲近畿大学附属中学校
⑳金蘭千里中学校
㉑金光八尾中学校
㉒清風南海中学校
㉓帝塚山学院泉ヶ丘中学校
㉔同志社香里中学校
㉕初芝立命館中学校
㉖関西大学中等部
㉗大阪星光学院中学校

兵庫県

①[国立]神戸大学附属中等教育学校
②[県立]兵庫県立大学附属中学校
③雲雀丘学園中学校
④関西学院中学部
⑤神戸女学院中学部
⑥甲陽学院中学校
⑦甲南中学校
⑧甲南女子中学校
⑨灘中学校
⑩親和中学校
⑪神戸海星女子学院中学校
⑫滝川中学校
⑬啓明学院中学校
⑭三田学園中学校
⑮淳心学院中学校
⑯仁川学院中学校
⑰六甲学院中学校
⑱須磨学園中学校(第1回入試)
⑲須磨学園中学校(第2回入試)
⑳須磨学園中学校(第3回入試)
㉑白陵中学校
㉒夙川中学校

奈良県

①[国立]奈良女子大学附属中等教育学校
②[国立]奈良教育大学附属中学校
③[県立]
- 国際中学校
- 青翔中学校

④[市立]一条高等学校附属中学校
⑤帝塚山中学校
⑥東大寺学園中学校
⑦奈良学園中学校
⑧西大和学園中学校

和歌山県

①[県立]
- 古佐田丘中学校
- 向陽中学校
- 桐蔭中学校
- 日高高等学校附属中学校
- 田辺中学校

②智辯学園和歌山中学校
③近畿大学附属和歌山中学校
④開智中学校

岡山県

①[県立]岡山操山中学校
②[県立]倉敷天城中学校
③[県立]岡山大安寺中等教育学校
④[県立]津山中学校
⑤岡山中学校
⑥清心中学校
⑦岡山白陵中学校
⑧金光学園中学校
⑨就実中学校
⑩岡山理科大学附属中学校
⑪山陽学園中学校

広島県

①[国立]広島大学附属中学校
②[国立]広島大学附属福山中学校
③[県立]広島中学校
④[県立]三次中学校
⑤[県立]広島叡智学園中学校
⑥[市立]広島中等教育学校
⑦[市立]福山中学校
⑧広島学院中学校
⑨広島女学院中学校
⑩修道中学校
⑪崇徳中学校
⑫比治山女子中学校
⑬福山暁の星女子中学校
⑭安田女子中学校
⑮広島なぎさ中学校
⑯広島城北中学校
⑰近畿大学附属広島中学校福山校
⑱盈進中学校
⑲如水館中学校
⑳ノートルダム清心中学校
㉑銀河学院中学校
㉒近畿大学附属広島中学校東広島校
㉓AICJ中学校
㉔広島国際学院中学校
㉕広島修道大学ひろしま協創中学校

山口県

①[県立]
- 下関中等教育学校
- 高森みどり中学校

②野田学園中学校

徳島県

①[県立]
- 富岡東中学校
- 川島中学校
- 城ノ内中等教育学校

②徳島文理中学校

香川県

①大手前丸亀中学校
②香川誠陵中学校

愛媛県

①[県立]
- 今治東中等教育学校
- 松山西中等教育学校

②愛光中学校
③済美平成中等教育学校
④新田青雲中等教育学校

高知県

①[県立]
- 安芸中学校
- 高知国際中学校
- 中村中学校

福岡県

①[国立]福岡教育大学附属中学校（福岡·小倉·久留米）
②[県立]
- 育徳館中学校
- 門司学園中学校
- 宗像中学校
- 嘉穂高等学校附属中学校
- 輝翔館中等教育学校

③西南学院中学校
④上智福岡中学校
⑤福岡女学院中学校
⑥福岡雙葉中学校
⑦照曜館中学校
⑧筑紫女学園中学校
⑨敬愛中学校
⑩久留米大学附設中学校
⑪飯塚日新館中学校
⑫明治学園中学校
⑬小倉日新館中学校
⑭久留米信愛中学校
⑮中村学園女子中学校
⑯福岡大学附属大濠中学校
⑰筑陽学園中学校
⑱九州国際大学付属中学校
⑲博多女子中学校
⑳東福岡自彊館中学校
㉑八女学院中学校

佐賀県

①[県立]
- 香楠中学校
- 致遠館中学校
- 唐津東中学校
- 武雄青陵中学校

②弘学館中学校
③東明館中学校
④佐賀清和中学校
⑤成穎中学校
⑥早稲田佐賀中学校

長崎県

①[県立]
- 長崎東中学校
- 佐世保北中学校
- 諫早高等学校附属中学校

②青雲中学校
③長崎南山中学校
④長崎日本大学中学校
⑤海星中学校

熊本県

①[県立]
- 玉名高等学校附属中学校
- 宇土中学校
- 八代中学校

②真和中学校
③九州学院中学校
④ルーテル学院中学校
⑤熊本信愛女学院中学校
⑥熊本マリスト学園中学校
⑦熊本学園大学付属中学校

大分県

①[県立]大分豊府中学校
②岩田中学校

宮崎県

①[県立]五ヶ瀬中等教育学校
②[県立]
- 宮崎西高等学校附属中学校
- 都城泉ヶ丘高等学校附属中学校

③宮崎日本大学中学校
④日向学院中学校
⑤宮崎第一中学校

鹿児島県

①[県立]楠隼中学校
②[市立]鹿児島玉龍中学校
③鹿児島修学館中学校
④ラ・サール中学校
⑤志學館中等部

沖縄県

①[県立]
- 与勝緑が丘中学校
- 開邦中学校
- 球陽中学校
- 名護高等学校附属桜中学校

もっと過去問シリーズ

北海道

北嶺中学校
7年分(算数・理科・社会)

静岡県

静岡大学教育学部附属中学校
(静岡·島田·浜松)
10年分(算数)

愛知県

愛知淑徳中学校
7年分(算数・理科・社会)
東海中学校
7年分(算数・理科・社会)
南山中学校男子部
7年分(算数・理科・社会)
南山中学校女子部
7年分(算数・理科・社会)
滝中学校
7年分(算数・理科・社会)
名古屋中学校
7年分(算数・理科・社会)

岡山県

岡山白陵中学校
7年分(算数・理科)

広島県

広島大学附属中学校
7年分(算数・理科・社会)
広島大学附属福山中学校
7年分(算数・理科・社会)
広島学院中学校
7年分(算数・理科・社会)
広島女学院中学校
7年分(算数・理科・社会)
修道中学校
7年分(算数・理科・社会)
ノートルダム清心中学校
7年分(算数・理科・社会)

愛媛県

愛光中学校
7年分(算数・理科・社会)

福岡県

福岡教育大学附属中学校
(福岡·小倉·久留米)
7年分(算数・理科・社会)
西南学院中学校
7年分(算数・理科・社会)
久留米大学附設中学校
7年分(算数・理科・社会)
福岡大学附属大濠中学校
7年分(算数・理科・社会)

佐賀県

早稲田佐賀中学校
7年分(算数・理科・社会)

長崎県

青雲中学校
7年分(算数・理科・社会)

鹿児島県

ラ·サール中学校
7年分(算数・理科・社会)

※もっと過去問シリーズは国語の収録はありません。

教英出版
〒422-8054
静岡県静岡市駿河区南安倍3丁目12－28
TEL 054-288-2131
FAX 054-288-2133
詳しくは教英出版で検索
教英出版 検索
URL https://kyoei-syuppan.net/

令和6年度

適性検査　1―1

（45分）

（注意事項）

1　「始め」の合図があるまでは，開かないこと。

2　解答らんは，この用紙の裏側に印刷されています。とりはずして使用し，答えは，すべて解答用紙に書きなさい。解答用紙は，半分に折って使用してもかまいません。

3　検査問題は，1ページから11ページまで印刷されています。

検査が始まって，文字や図などの印刷がはっきりしないところや，ページが足りないところがあれば，静かに手を挙げなさい。

4　問題用紙のあいている場所は，下書きや計算などに使用してもかまいません。

5　「やめ」の合図があったら，筆記用具を置き，机の中央に解答用紙を裏返して置きなさい。

千葉県立千葉中学校
東葛飾中学校

令和6年度　適性検査　1－1　解答用紙　※100点満点

答えは，すべてこの解答用紙に書き，解答用紙だけ提出しなさい。　　※らんには何も書かないこと。

受検番号		氏　名		※

1	(1)	あ		2点
	(2)	い	万トン	4点 ×2
		う	万トン	
	(3)	え		2点
	(4)	お		4点
	(5)	か	10　　　15	4点
	(6)	き	☐　立場だけでなく　☐　立場	完答4
	(7)	く	10　　　15	4点
	(8)	け	5	4点
	(9)	①こ		4点
		②さ　②し		完答4
	(10)	す		10点

令和６年度

適性検査　１―１

問　題　用　紙

1　まささんは，持続可能な社会の学習をきっかけに「環境にやさしい生活」について興味を持ちました。会話文をふまえながら，あとの(1)～(10)の問いに答えなさい。

まさ：昨日，ほしかった長そでシャツが安く売られていたので，同じようなものを3枚も買ってしまい，家の人にしかられました。

先生：それは大変でしたね。みなさんにも，買い物をするときに考えてほしいことがありますので，「1人あたり（年間平均）の衣服消費・利用状きょう」を示した**資料1**を見てください。

資料1　1人あたり（年間平均）の衣服消費・利用状きょう

買った服	手放す服	着用されない服
約18枚	約12枚	約25枚

＊手放す服や着用されない服には，以前から持っている服も含まれるため，それらの合計は買った服の枚数と一致しない場合がある。

（資料1　環境省ホームページより作成）

まさ：**資料1**の状きょうがくり返されると，買った服の枚数が手放す服の枚数より多くなるね。すると，家にある服が増えて，着用されない服も増えてしまうよ。

けい：そうですね。つまり，買い物をするときには，［ あ ］を考えることが大切だということですね。

先生：そのとおりです。

ゆう：しかも，手放す服が増えることで，ごみの量が増える可能性もありそうですね。

先生：そうですね。それでは，国内で新たに供給※1された衣服が処理されるまでの流れを示した**資料2**を見てみましょう。

※1　供給：売るために商品を提供すること。

資料2　衣服が供給されてから処理されるまでの流れ

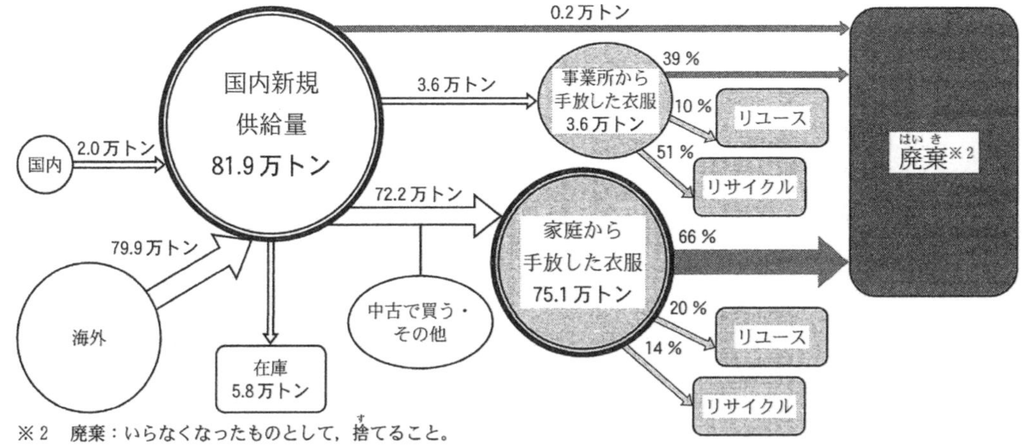

※2　廃棄：いらなくなったものとして，捨てること。

（資料2　株式会社日本総合研究所「環境省 令和2年度 ファッションと環境に関する調査業務」より作成）

けい：**資料2**から，廃棄された衣服の量が［ い ］万トンもあるのに，家庭から手放した衣服のうち，廃棄されずに活用されている衣服の量が［ う ］万トンしかないことがわかります。

先生：よいところに気がつきましたね。

ゆう：どうして，こんなに多くの衣服が廃棄されてしまうのでしょうか。

先生：衣服の供給量や価格から考えてみましょう。**資料3**と**資料4**を見てください。

資料3　国内での衣服の供給量と市場規模(しじょうきぼ)※3の変化

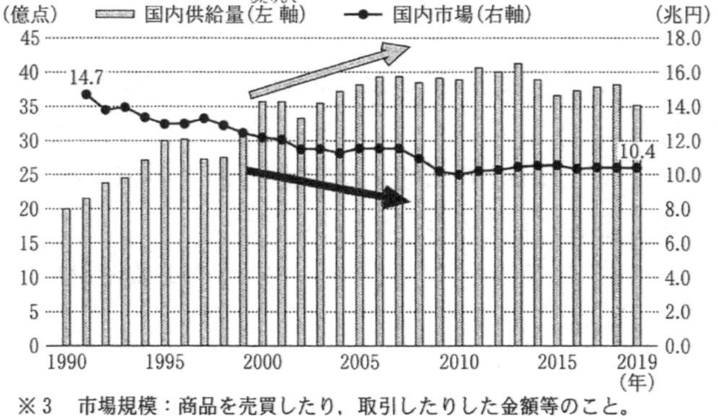

※3　市場規模：商品を売買したり，取引したりした金額等のこと。

資料4　衣服1枚あたりの価格

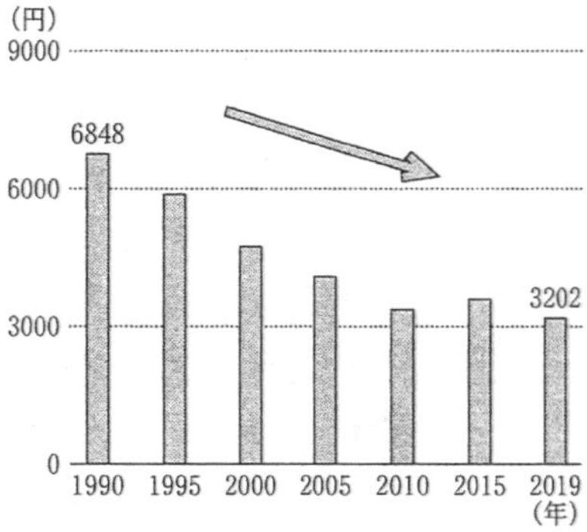

(資料3，資料4　環境省ホームページより作成)

けい：**資料3**と**資料4**から，全体的に国内での衣服の供給量が［え］ということがわかります。つまり，**資料2**(前ページ)～**資料4**を見ると，［お］生産・［お］消費が拡大(かくだい)していることで，［お］廃棄につながっていると考えられますね。

先生：そのとおりです。衣服の供給や廃棄などにおける問題に気づくことができましたね。

まさ：廃棄される衣服が増えると，廃棄される際に二酸化炭素が出てしまい，環境にもよくないですね。

先生：よいところに気がつきました。では，二酸化炭素に着目して，さらに環境について考えてみましょう。

(1)　［あ］にあてはまる言葉として最も適当なものを，次の**ア**～**エ**のうちから1つ選び，その記号を書きなさい。

ア　安全性　　**イ**　通気性　　**ウ**　必要性　　**エ**　意外性

(2)　［い］，［う］にあてはまる数を書きなさい。ただし，それぞれ四捨五入(ししゃごにゅう)して，小数第1位まで書くこと。

(3)　［え］にあてはまる言葉として最も適当なものを，次の**ア**～**エ**のうちから1つ選び，その記号を書きなさい。

ア　減少しており，市場規模も小さくなっているのは，衣服1枚あたりの価格が下がっているためである

イ　減少しているのに，市場規模が大きくなっているのは，衣服1枚あたりの価格が上がっているためである

ウ　増加しており，市場規模も大きくなっているのは，衣服1枚あたりの価格が上がっているためである

エ　増加しているのに，市場規模が小さくなっているのは，衣服1枚あたりの価格が下がっているためである

(4)　［お］に共通してあてはまる言葉を，**漢字2字**で書きなさい。

まさ：衣服以外にも，私たちが買っているものはたくさんあるよ。ごみとして廃棄されるときに，二酸化炭素が出るのはわかるけれど，ものを生産するときはどうなのかな。

先生：よいところに気がつきましたね。ものを生産したり消費したりする過程でも，二酸化炭素が排出※1されます。

ゆう：そうなのですね。でも，生産などの過程で二酸化炭素がどのくらい排出されているかは，私たちがものを買うときにはわからないですよね。

先生：それを示す方法として，「カーボンフットプリント」というものがあります。**資料5**のピーマンの例を見てください。

※1　排出：外に出すこと。

資料5　カーボンフットプリント（例：ピーマン）

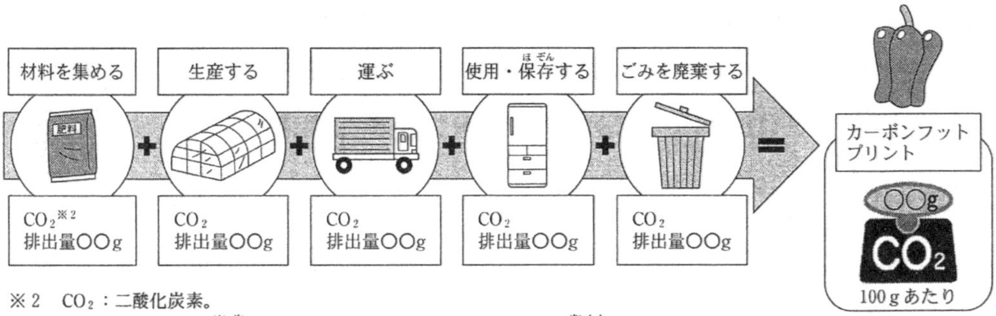

※2　CO_2：二酸化炭素。

（資料5　宮崎県・宮崎県経済農業協同組合連合会　みやざきブランド推進本部「環境にやさしいみやざきブランド」より作成）

けい：**資料5**を見ると，「材料を集める」から「ごみを廃棄する」までの過程で［　か　］したものが，カーボンフットプリントだということがわかりますね。

先生：そのとおりです。

まさ：［　き　］からも，環境へのえいきょうを「見える化」して意識できることが利点ですね。

先生：よく考えられましたね。そうすることで，どちらの立場からでも環境への負担を減らす方法を考えることができるようになりますね。ものの生産の過程で，環境に負担をあたえてしまうことが他にもあるか考えてみましょう。

けい：水の使いすぎも環境に負担をあたえているのではないかな。

ゆう：生活科の授業でピーマンなどの野菜を育てたとき，毎日欠かさず水をあげたよね。クラスの全員が野菜を1つずつ育てていたから，かなりたくさんの水を使った気がするよ。

まさ：それなら，食品の生産に水がどれだけ使われるかを調べてみよう。

(5)　［　か　］にあてはまる言葉を，**10字以上15字以内**で書きなさい。

(6)　［　き　］にあてはまる言葉を書きなさい。ただし，解答らんにしたがい，それぞれ**ひらがな3字**で書くこと。

まさ：昨日の夕食で肉じゃがを食べたよ。その１人分の食品に，どのくらいの水が関係しているか「バーチャルウォーター」量を調べてみたよ。**資料６**を見てください。

資料６　肉じゃが１人分の食品のバーチャルウォーター量

食品名	１人分の量(g)	バーチャルウォーター量(L)
ジャガイモ(アメリカ産)	100	19
インゲン(メキシコ産)	11	3
牛肉(オーストラリア産)	50	1030

(資料６　環境省ホームページより作成)

ゆう：バーチャルウォーターとは，何でしょうか。

先生：輸入した食品を自分の国で生産するとしたら，どのくらいの水が必要か推定（すいてい）※したものをバーチャルウォーターといいます。

けい：どうして，ジャガイモやインゲンに比べて，牛肉のバーチャルウォーター量が多いのかな。

ゆう：牛は，水をたくさん飲むからじゃないかな。

けい：それだけで，そんなにバーチャルウォーター量が変わるのかな。

先生：では，**資料６**のようにジャガイモやインゲンに比べて，牛肉のバーチャルウォーター量が多い理由を，**資料７**から考えてみましょう。ただし，トウモロコシはジャガイモよりも，さらにバーチャルウォーター量が多いです。

※推定：たぶんこうではないかと考えて決めること。

資料７　1 kgの牛肉を生産するのにかかるトウモロコシ等のえさの量とバーチャルウォーター量

(資料７　農林水産省ホームページ「知ってる？日本の食料事情」より作成)

まさ：**資料７**から，牛肉のバーチャルウォーター量が多いのは，牛が飲む水の量だけではなく，牛が［く］に必要な水もふくまれているからということですね。

先生：そのとおりです。

けい：そうすると，**資料６**に示された牛肉やジャガイモ，インゲン等の食品を輸入している日本は，それらを生産している遠くはなれた［け］も輸入しているのと同じことになりそうですね。

先生：よいところに気がつきました。食品の輸入について考えていくことも環境への配りょにつながっていきそうですね。

(7)　［く］にあてはまる言葉を，**10字以上15字以内**で書きなさい。

(8)　［け］にあてはまる言葉を，**５字以内**で書きなさい。

けい：私は日ごろ買い物をするときに，安さや便利さばかりを優先していたけれど，最近は，「エシカル消費」という取り組みが大切だと新聞で読みました。

ゆう：エシカル消費とは，具体的にどのような取り組みですか。

先生：エシカル消費とは，社会問題や地球環境に配りょした商品を選んだり，持続可能な社会を実現するための行動をとったりすることです。

けい：エシカル消費の具体的な取り組みについて調べてみたので，**資料8**を見てください。

資料8　けいさんが調べたエシカル消費の具体的な取り組み例

A　水産資源の保護に配りょして行われる漁業の水産物を選ぶ。	B　売上金の一部が被災地への寄付につながる商品を買う。	C　動物のことを考えた取り組みを行っている生産者から商品を買う。
D　リサイクル素材を使って生産された商品を買う。	E　障がいがある人の支えんにつながる商品を買う。	F　伝統的な料理を食べたり，伝統工芸品を買ったりする。
G　フェアトレード※1で生産された商品を選ぶ。	H　ペットボトル入りの飲み物を買わず，水とうを持っていく。	I　地産地消を意識して，野菜や肉などの商品を買う。

※1　フェアトレード：発展途上の国でつくられた製品・農作物を買う場合に，公正な価格で取り引きするしくみのこと。

まさ：**資料8**のような取り組みは，それぞれどのようなことに配りょしているのかな。

けい：さらに，エシカル消費について調べて，**資料8**のA～Iの取り組みを配りょの対象ごとに**資料9**のようにまとめてみました。

資料9　けいさんがまとめたエシカル消費の取り組み

配りょの対象	具体的な取り組み	関係する課題
人・社会	さ	貧困，児童労働，差別など
こ	B・F・I	過そ化※2，経済の活性化，復興支援など
環境	し	地球温暖化，生物多様性※3の減少など

※2　過そ化：農村などの人口が少なくなっていくこと。

※3　生物多様性：たくさんの種類の生きものが，さまざまな環境にいること。

先生：よくまとめられていますね。千葉県でも「千産千消デー」という私たちが住んでいる［こ］でとれたものを，給食に活用する取り組みが行われています。

まさ：千産千消メニューの日は，近くでとれたおいしい野菜や肉が給食に使われるから楽しみです。こういうことも，エシカル消費につながっているのですね。

(9)　次の①，②の問いに答えなさい。

①　**資料9**と会話文をふまえて，［こ］にあてはまる言葉を，**3字以内**で書きなさい。

②　**資料9**の［さ］，［し］にあてはまる取り組みとして最も適当なものを，**資料8**のA，C，D，E，G，Hのうちから**すべて**選び，その記号をそれぞれ書きなさい。ただし，同じ記号を2回以上使わないこと。

先生：千葉県の「ちばエコスタイル※1」という取り組みの中で，マイバッグ※2を使うことをすすめる「ちばレジ袋削減※3エコスタイル」というものがあります。

ゆう：私も知っています。二酸化炭素を減らすためにマイバッグの使用が大切だと聞いたから，マイバッグを３つも持っています。

まさ：ゆうさんは，これまで買い物で何回くらいマイバッグを使ったのですか。

ゆう：３つとも夏休みに買ってから，それぞれ10回くらいは使ったよ。でも，少しよごれてきたものもあるから，二酸化炭素の削減のためにも，また新しいマイバッグを買おうと思っているよ。

けい：ゆうさんのマイバッグの使い方だと，二酸化炭素の削減につながっているとは言えないかもしれないよ。**資料10**を見てください。

※1　ちばエコスタイル：ごみを減らすために，身の回りでできることを行う千葉県の取り組み。

※2　マイバッグ：自分で用意する，買った品物を入れるための買い物袋。エコバッグとも言う。

※3　削減：数や量を減らすこと。

資料10　マイバッグやレジ袋を買い物に使用した回数と二酸化炭素排出量の関係

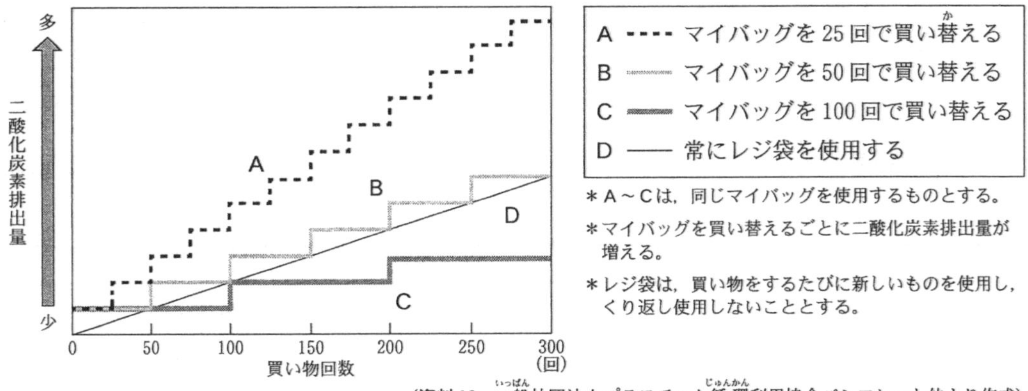

＊Ａ～Ｃは，同じマイバッグを使用するものとする。

＊マイバッグを買い替えるごとに二酸化炭素排出量が増える。

＊レジ袋は，買い物をするたびに新しいものを使用し，くり返し使用しないこととする。

（資料10　一般社団法人プラスチック循環利用協会パンフレット他より作成）

まさ：**資料10**から，す<u>ゆうさんのマイバッグの使い方が，常にレジ袋を使用した場合と比べて，二酸化炭素の削減につながっていない</u>ということがわかりますね。

先生：そのとおりです。

ゆう：マイバッグをたくさん持っているだけでは，二酸化炭素の削減につながらないのですね。

先生：みなさん，とても大切なことに気がつきましたね。これからも，「ちばエコスタイル」にある「誰でも，すぐに，簡単に」取り組めることを心がけていきましょう。

⑽　下線部**す**について，ゆうさんのマイバッグの使い方が，二酸化炭素の削減につながっていない理由を，**資料10**からわかる二酸化炭素を削減するためのマイバッグの使い方を示して書きなさい。ただし，**資料10**のＡ～Ｄのすべてのグラフにふれながら書くこと。

2 けんさんと弟のこうさんは，「公共交通」について家族で話をしています。会話文をふまえながら，あとの(1)～(8)の問いに答えなさい。

けん：今度，地域（ちいき）のバドミントンクラブの仲間と「中央駅」に９時に集合して，そこから公共交通を利用して「さくら動物園」へ遠足に行くことになったよ。そこで，「中央駅」から，電車と徒歩で行く方法と路線バスで行く方法のどちらにするかを，**資料１**を見て話し合ったよ。

資料１　「中央駅」から「さくら動物園」へ行く方法の時間と運賃（うんちん）のちがい

	電車と徒歩	路線バス
出発時間	中央駅発　９時10分	中央駅発　９時５分
移動時間	＜電車＞15分　＜徒歩＞５分	＜路線バス＞20分
運賃（大人運賃）	＜電車＞200円	＜路線バス＞230円

母　：最終的には，どちらの行き方に決まったの。
けん：**資料１**で，「中央駅」から「さくら動物園」に行くための，時間と運賃（うんちん）を比べると，電車と徒歩で行く方法には，［あ］という利点があったけれど，路線バスで行く方法の［い］という利点を優先（ゆうせん）して，みんなで路線バスで行くことにしたよ。
母　：なるほど，路線バスで行く方が［い］から，「さくら動物園」に着いてから９時30分の開園までに少し余ゆうがあるということだね。いっしょに行くのは，どのようなメンバーなのかな。
こう：**資料２**を見て。遠足のしおりにいっしょに行く９人のメンバーがのっているよ。

資料２　遠足に行くバドミントンクラブのメンバー

名前	学年と年れい	名前	学年と年れい	名前	学年と年れい
まさとし	大学生（コーチ）22歳（さい）	けん	小学６年生 12歳	たくや	幼稚園（ようちえん）年長６歳
かほ	中学１年生 13歳	こう	小学４年生 10歳	りな	幼稚園年長５歳
ももね	中学１年生 12歳	はるふみ	小学２年生　７歳	ゆい	幼稚園年長５歳

けん：ぼくは，路線バスの運賃をそれぞれ計算して合計金額を出す係になったよ。
こう：路線バスの運賃は，区分によってちがうから計算が大変だよね。
母　：そうだね。**資料３**を見て考えてごらん。

資料３　路線バスの運賃について

区分	適用される運賃
大人：12歳以上（中学生以上）	大人運賃
小児：６歳以上12歳未満 ＊12歳であっても，小学生は小児料金です。	小児運賃（大人運賃の半額） ＊10円未満の数は，切り上げます。
幼児：６歳未満 ＊６歳であっても，幼稚園児・保育園児は，幼児料金です。	１人で乗車する場合：小児運賃 区分にある大人１人が同伴（どうはん）※する幼児２人まで：無料 ＊大人１人につき幼児３人以上の場合，３人目から小児運賃が必要です。

※同伴：いっしょに行くこと。

けん：**資料１**～**資料３**を見ると「中央駅」から「さくら動物園」に行くまでにかかる，９人の路線バスの運賃の合計は，［う］円になることがわかるね。
母　：よく計算できたね。みんなで楽しく遠足に行ってらっしゃい。

(1) あ ，い にあてはまる言葉を，それぞれ**5字以上10字以内**で書きなさい。

(2) う にあてはまる数として最も適当なものを，次の**ア**～**エ**のうちから1つ選び，その記号を書きなさい。

ア 1050　　**イ** 1160　　**ウ** 1170　　**エ** 1280

母　：遠足の日の「さくら動物園」への路線バスには，多くの人が乗っていたかな。
けん：思っていたより，路線バスの乗客は少なくて，「さくら動物園」へは，自動車で来ている人が，たくさんいたみたいだよ。
父　：なるほど。**資料4**を見てごらん。「三大都市圏」とよばれる東京，大阪，名古屋といった大きな都市周辺の地域と，「地方都市圏」とよばれる三大都市圏以外の地域で主に利用されている交通手段の割合を，平日と休日に分けて示したものだよ。

資料4　三大都市圏・地方都市圏の主な交通手段の利用率

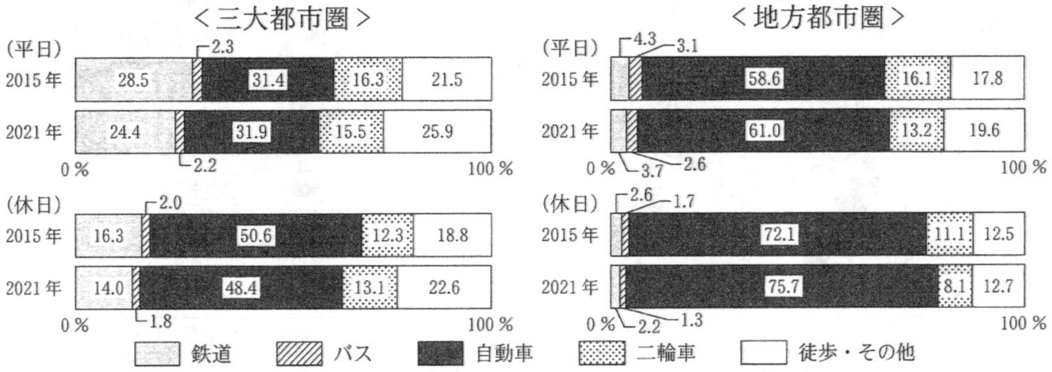

(資料4　国土交通省「令和3年度全国都市交通特性調査結果」より作成。ただし，四捨五入の関係で合計が100％にならない場合がある。)

けん：**資料4**を見ると，え交通手段の利用についてのちがいや変化がわかるね。
父　：そうだね。公共交通の利用率も全体的に低くなっていて，路線バスについても，利用者の減少にともなって縮小したり，廃止したりしているところもあるよ。
こう：でも，身近な路線バスがなくなっていくと，子どもや一部のお年寄りのように お しない人にとっては，1人で遠くへ移動するときにとても不便だよね。
けん：路線バスなど，これまでの公共交通に代わる取り組みがないか調べてみよう。

(3) 下線部**え**について，次の**ア**～**エ**のようにまとめた内容として，適切なものには○を，適切でないものには×を，**資料4**からだけでは読み取れないものには△を，それぞれ書きなさい。

ア　平日・休日とも，どちらの年においても，三大都市圏よりも地方都市圏の方が自動車を利用する割合が高い。

イ　地方都市圏では，平日・休日とも，2015年から2021年までの毎年，バスを利用する割合が前年を下回っている。

ウ　三大都市圏・地方都市圏とも，どちらの年においても，休日より平日の方が自動車を利用する割合が高い。

エ　三大都市圏では，平日・休日とも，2015年に比べて2021年のバスの利用者数が減少している。

(4) お にあてはまる言葉を，**5字以上10字以内**で書きなさい。

けん：身近な公共交通の新しい取り組みについて調べてみたら，となりのA市で，新たに小型のコミュニティバス※1などを活用した「デマンド交通」というしくみが導入されていることがわかったよ。

こう：現在の路線バスのしくみとは，何がちがうのかな。

けん：デマンド交通についてまとめた**資料5**と**資料6**を見て。

※1　コミュニティバス：住民の交通の便利さを高めるために，一定の地域内で運行するバス。

資料5　けんさんがまとめたA市の路線バスとデマンド交通のしくみのちがい

路線バスのしくみ		デマンド交通のしくみ
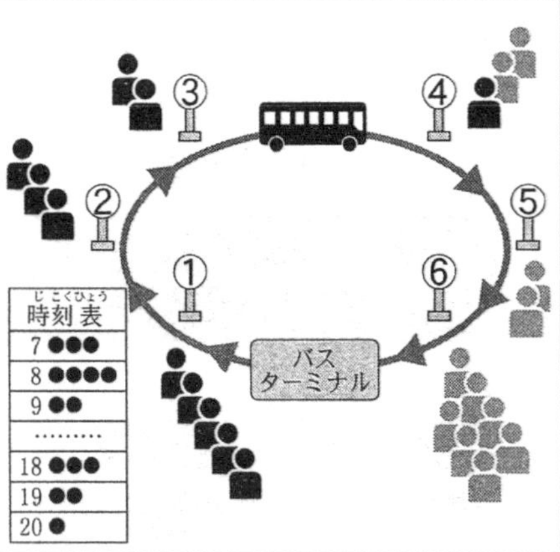	イメージ図 ●：乗る人 ●：降りた人	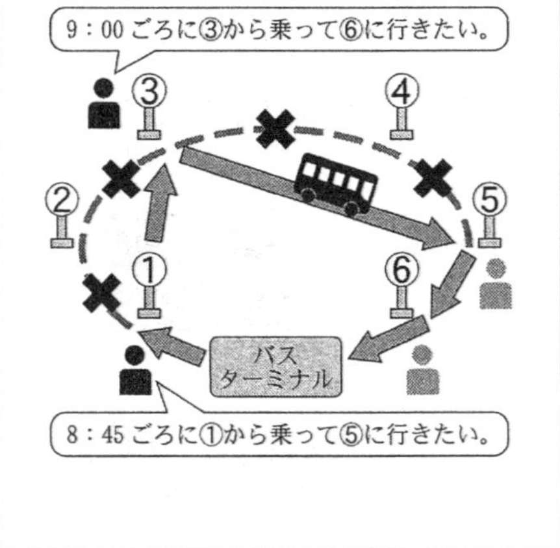
予約は不要	予約	インターネットや電話で予約が必要
大型・中型バスなどを活用	活用する車種	小型バスなどを活用
多くの人を同じ目的地へ輸送することができる。	主な利点	希望に応じて，運行方法を変更できる。予約がないときは運休することができる。

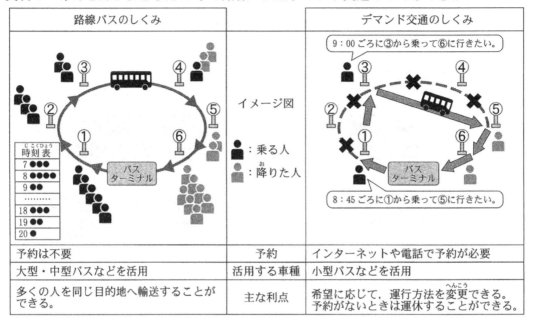

資料6　A市のデマンド交通の利用者への案内

- 予約の内容や数に応じて，乗り降りの時間や場所，目的地までの最短ルート※2を決めます。
- 希望するバス停での乗り降りだけでなく，自宅の前でも乗り降りができるので，とても便利です。
- 他の利用者といっしょに乗車することもあり，予約が多くなった場合は，目的地に着くまでにかかる時間が長くなることがあります。

※2　ルート：バスなどが通る経路。

こう：**資料5**と**資料6**から，路線バスは，それぞれの路線に道順があって，それぞれのバス停の時刻表に合わせて「バスが，［か］場所を［か］時間に走るもの」で，デマンド交通は，利用者の行きたい場所へ行くために「バスが，［き］場所を［き］時間に走るもの」ということがわかるね。

父　：そうだね。デマンド交通のしくみは，利用者にとって予約の手間がかかったり，予約が多くなると時間がかかったりすることもあるけれど，それぞれの利用者のニーズ※3に合わせた運行ができるのだよ。

※3　ニーズ：求めていること。要求。

(5)　［か］，［き］にあてはまる言葉を，それぞれ**3字以上5字以内**で書きなさい。

けん：公共交通が十分に行きわたっていない地域では，新たなしくみだけではなく，新しい車両を導入する動きもあるみたいだよ。最近，「グリーンスローモビリティ」という車両についてのニュースを見たよ。

こう：グリーンスローモビリティとは，どのような車両なの。

父　：グリーンスローモビリティというのは，「時速 20 km 未満で公道※1を走ることができる電動車※2」のことだよ。

けん：グリーンスローモビリティの特ちょうを**資料 7** にまとめてみたよ。

※1　公道：国や都道府県などがつくった，誰（だれ）でも通れる道。

※2　電動車：電気自動車など，車両の動力に電気を使う車。

資料 7　けんさんがまとめたグリーンスローモビリティの特ちょう

車両の大きさ	同じ乗車定員の他の自動車に比べて，約 8 割くらいの大きさ。
車両の側面	窓（まど）ガラスやドアはないので，開放感があり，外の風やにおいを感じられる。
最高時速	時速 20 km 未満で，高れい者でも安心して運転することができる。
動力源（どうりょくげん）	電力で走る。家庭用コンセントでもじゅう電可能な車両もある。
走行可能きょり	じゅう電 1 回：30〜100 km ＊ガソリン車は給油 1 回で，約 500 km以上。

（資料 7　国土交通省総合政策（せいさく）局環境政策課「グリーンスローモビリティの導入と活用のための手引き」他より作成）

こう：**資料 7** を見ると，グリーンスローモビリティには，[く]大きさや形などの特ちょうから，他の自動車に比べて，いろいろな利点があることがわかるね。それならば，すべての公共交通を，グリーンスローモビリティにすればよいのではないかな。

父　：そうだね。ただ，利点だけではなく，利用や運行において注意すべき点もあわせて考えることが大切だよ。例として，速度で考えてごらん。

けん：ゆっくりとした速度で走行することは，安全面からみた利点だけど，5 km 進むのに最も速い速度で 15 分くらいかかるから，目的地へ [け] したい場合の利用には向いていないよね。また，他の自動車との速さのちがいによって，渋滞（じゅうたい）などを引き起こす可能性があるから，ルートを決める時には [こ] が多い道路をあまり通らないようにすることも注意すべき点ではないかな。

父　：よく考えられたね。それぞれの地域にあった方法で，よりよい公共交通を整えていくことが大切だね。

けん：ぼくたちがくらす地域の公共交通の様子について調べてみよう。

(6)　下線部**く**について，**資料 7** から読み取れることとして適当なものを，次の**ア**〜**オ**のうちから **2 つ**選び，その記号を書きなさい。

ア　電動車なので，排気（はいき）ガスの量が増える。

イ　1 回のじゅう電で，長いきょりの走行が可能なので，長いきょりの輸送に適している。

ウ　車両の大きさが小さいので，せまい道でも通行しやすい。

エ　走行する速度がおそいので，高れい者だけが運転することができる。

オ　側面に窓（まど）ガラスやドアがないので，外の景色を楽しみながら走行することができる。

(7)　[け]，[こ] にあてはまる言葉を，それぞれ **5 字以内**で書きなさい。

けん：ぼくたちがくらす地域の３つの地区の公共交通についてまとめた**資料８**を見て，それぞれの地区の人々にとっての「よりよい公共交通」について考えてみよう。

資料８　けんさんが地域の公共交通についてまとめたノート

地区	それぞれの地区の特ちょう
A 地区	博物館や歴史あるお寺，桜並木などの観光名所が多い地域。他の地域から電車で中央駅に来て，周辺の観光のために公共交通を利用したい観光客が多い。しかし，道のはばがせまく，バスやふつうの自動車は通れないので，徒歩での観光が中心となり，駅前の観光名所ばかりに観光客が集まっている。
B 地区	かつて多くの人が働く工業地帯だった場所に，新しい集合住宅が多く立ちならぶ地域。通勤や通学のために，行きも帰りも毎日同じ時間帯に，中央駅との間で公共交通を利用したい会社員や学生が多い。現在，路線バスはあるが，やや不便なので，中央駅との間を自家用車を利用して移動する人が多く，朝や夕方は道路が混雑する。
C 地区	住民が少なく，田んぼや畑が広がる中に住宅が散らばっている地域。病院や商店街など，遠い場所へ出かけるため，公共交通を都合のよい時間に利用したい高れい者が多い。しかし，自宅から路線バスのバス停までが遠く，高れい者にとって１人で出かけることは，大きな負担となっており，高れい者の外出する機会が少なくなっている。

＜地域の地図＞　▬：路線バスのルート　◎：B 地区から駅までのルート上のバス停

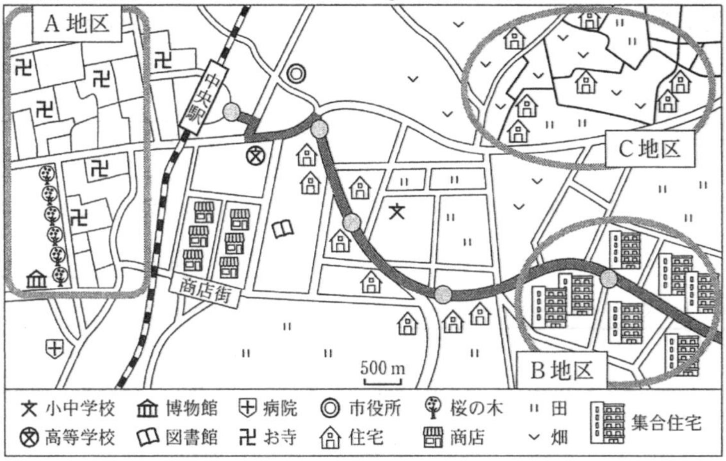

＜路線バスの時刻表＞

B 地区バス停

時刻	中央駅行き
6	15　45
7	15　45
8	15　45
17	00　15　30　45
18	00　15　30　45
19	00　15　30　45

中央駅バス停

時刻	B 地区行き
6	00　15　30　45
7	00　15　30　45
8	00　15　30　45
17	15　45
18	15　45
19	15　45

＊上記以外の時間帯は，すべて１時間に１本ずつ運行している。

こう：たとえば，B 地区から中央駅に向かう路線バスの１日の総本数をもっと増やしたり，C 地区を通るようにルートを増やしたりすることはできないのかな。

父　：この地域の現在の道路状きょうや人口の減少が進む状きょうを考えると，路線バスの１日の総本数やルートを増やすこと以外の方法で，「よりよい公共交通」に向けた取り組みが求められているのだよ。

こう：これまでに見た公共交通の特性をふまえて改善したり，活用したりすることで，それぞれの地区の利用者にとって「よりよい公共交通」にできるのではないかな。

けん：**資料８**から，こんな案を考えてみたよ。　［ さ ］

母　：それはよい案だね。これからは，さまざまな視点で公共交通を考えていこう。

(8)　［ さ ］にあてはまる内容を，**資料８**と会話文をふまえて書きなさい。ただし，①～③の指示にしたがって書くこと。

①　解答らんにしたがい，「よりよい公共交通」に向けた取り組みを行いたい地区をA 地区～C 地区のうちから１つ選び，○をつけること。なお，いずれを選んでも得点にえいきょうはありません。

②　解答らんにしたがい，①で選んだ地区の「よりよい公共交通」に向けた取り組みを９ページ～11 ページの会話文や資料からわかる，公共交通の特性にふれながら，書くこと。

③　解答らんにしたがい，②に加えて地区の課題がどのように改善できるかを書くこと。

2

(1)	あ			4点×2
	い			
(2)	う			2点
(3)	え	ア　　イ　　ウ　　エ		完答4点
(4)	お			6点
(5)	か			4点×2
	き			
(6)	く			完答4点
(7)	け			4点×2
	こ			
(8)	さ	①	A 地区　・　B 地区　・　C 地区	10点
		②	ことで， ことができる。	
		③	それにより　　という改善にもつながる。	

令和６年度

適性検査　１―２

（45分）

（注意事項）

1 「始め」の合図があるまでは，開かないこと。

2 解答らんは，この用紙の裏側に印刷されています。とりはずして使用し，答えは，すべて解答用紙に書きなさい。解答用紙は，半分に折って使用してもかまいません。

3 検査問題は，１ページから11ページまで印刷されています。
検査が始まって，文字や図などの印刷がはっきりしないところや，ページが足りないところがあれば，静かに手を挙げなさい。

4 問題用紙のあいている場所は，下書きや計算などに使用してもかまいません。

5 「やめ」の合図があったら，筆記用具を置き，机の中央に解答用紙を裏返して置きなさい。

令和６年度　適性検査　１―２　解答用紙　※100点満点

答えは，すべてこの解答用紙に書き，解答用紙だけ提出しなさい。　※らんには何も書かないこと。

受検番号		氏　名	

※

						配点
1	(1)	①	ア	ア　　イ　　ウ　　エ　　オ		完答４
		②	カ	上から一番目の層　g	上から二番目の層　g	２点×
		③	キ	mL		４点
	(2)	①	ク			４点
		②	ケ			４点
		③	コ			４点
		④	サ	水は，温度の変化が一定であっても，［　　　］と考えられる。		４点
	(3)	①	シ			４点
		②	ス			６点
		③	セ	必要なビーズの重さ　g	合計が最も少ない個数になるとき　F　個，G　個，H　個	３点×２
		④	ソ			６点

令和６年度

適性検査　１―２

問　題　用　紙

◇M2(381―18)

1　みおさんとれいさんは，日常生活の中で疑問に思っていることについて，先生と話をしています。会話文をふまえながら，あとの(1)~(3)の問いに答えなさい。

図1

図2

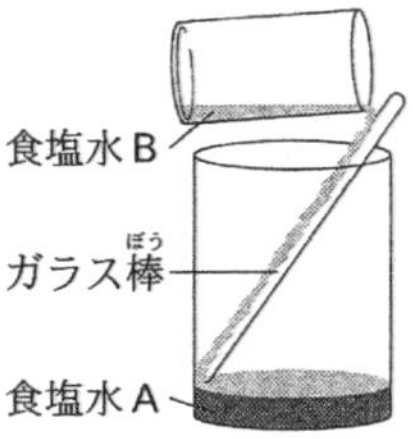

みお：先日，インターネットで５色の層に分かれた液体の画像を見つけました。イメージとしては**図１**のようなものです。

れい：私も見たことがあります。液体の中身は，絵の具で色をつけた食塩水のようですが，なぜこのような層ができるのですか。

先生：良い質問ですね。それは，同じ体積の水にとけている食塩の量がそれぞれちがうからです。そのちがいによって層ができるのです。以前，他の実験で使用した食塩水が５つ残っているので，これらにそれぞれ色をつけたものを食塩水Ａ，Ｂ，Ｃ，Ｄ，Ｅとして，５つの層を作ってみましょう。**図２**のように，まずは食塩水Ａを空のガラス容器に，次に食塩水Ｂを同じ容器にゆっくりとガラス棒を伝うように入れてみてください。どうなりますか。

みお：２つの層ができました。

先生：今度は逆に，まずは食塩水Ｂを空のガラス容器に，次に食塩水Ａを同じ容器にゆっくりとガラス棒を伝うように入れてみてください。

れい：層ができず，色が混ざってしまいました。

先生：そうですね。これは，同じ体積の食塩水を比べたとき，食塩水Ａのほうが食塩水Ｂよりも，食塩が多くとけているためです。ですから，層を作るには，食塩水を入れる順番が重要なのです。では，**表１**を見てください。これは，**図２**のような手順で，食塩水を２つずつ入れ，層ができたかどうかについての結果をまとめたものです。この結果をもとに５つの層を作ってみてください。

表１

初めに入れた食塩水	後に入れた食塩水	層の有無
Ｃ	Ｄ	層ができない
Ａ	Ｅ	層ができる
Ｄ	Ａ	層ができる
Ｂ	Ｅ	層ができない
Ａ	Ｃ	層ができない

みお：空のガラス容器に食塩水［ア］を最初に入れ，次に［イ］，［ウ］，［エ］，［オ］の順に入れると，食塩水の５つの層を作ることができました。

先生：よくできました。今回使った5つの食塩水の体積と重さは，**表2**のとおりです。
5つの層を作ったとき，上から一番目の層の食塩水と二番目の層の食塩水をそれぞれ同じ体積にして重さをはかると，どういうことがわかりますか。

表2

食塩水の体積〔mL〕	67	85	72	120	94
食塩水の重さ〔g〕	73	91	80	126	106

れい：カ<u>上から一番目の層の食塩水より，二番目の層の食塩水のほうが重い</u>です。

先生：そうです。このように2つ以上の液体で層を作る場合，同じ体積では重いほうが下の層になるのです。これで，液体にできる層のことがわかりましたね。それでは，かたづけをしましょう。

みお：では，食塩水を排水口（はいすいこう）に流します。

先生：そのまま食塩水を流してしまうと，排水管がさびやすくなったり，下水処理（しょり）に負担（ふたん）がかかったりするので，水でうすめてから流しましょう。

れい：どのくらいうすめればよいのですか。

先生：キ<u>食塩水の体積100 mLあたりの重さが101 gになるようにうすめれば，流してもよい</u>です。

みお：たくさんの水が必要なのですね。

先生：そうです。たくさんの水を使ってしまい，もったいないと思うかもしれませんが，下水処理設備を守ることを考えて，こうした配りょが必要です。

(1)　次の①～③の問いに答えなさい。

①　［ア］～［オ］にあてはまる記号を，A～Eのうちからそれぞれ1つ書きなさい。

②　下線部**カ**について，**表2**の食塩水をそれぞれ10 mLずつはかり取り，重さをはかったとき，上から一番目の層の食塩水と二番目の層の食塩水の重さはそれぞれ何gか，四捨五入（ししゃごにゅう）して小数第1位まで書きなさい。

③　下線部**キ**について，**表2**の食塩水をすべてまとめて排水口に流すとき，最低何mLの水でうすめる必要があるか書きなさい。

ただし，水1 mLあたりの重さは1 gとすること。

れい：私は，理科の授業で使った棒温度計の中には，灯油が入っていることを知り，他のものでも温度計を作ることができないか考えました。そこで，**図3**のように空気と水を使った温度計を作りました。

図3

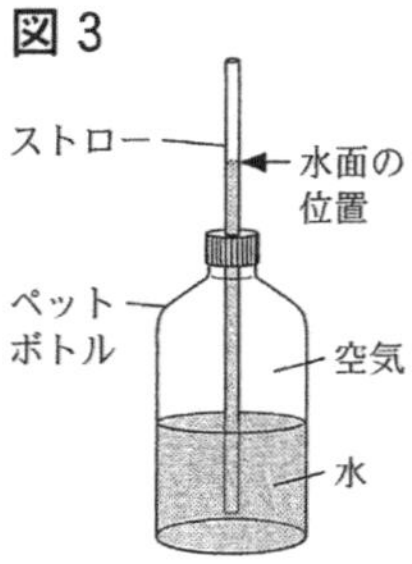

みお：なるほど。れいさんが作った温度計の材料は何ですか。

れい：材料は，ペットボトル，直径6 mmのストロー，色のついた水，プラスチック用接着剤(せっちゃくざい)です。ペットボトルに空気が出入りしないようにすることと，ストローを水面に対して垂直(すいちょく)にすることに気をつけて作りました。

みお：温度が高くなると，ペットボトルの中の空気と水の体積が大きくなって，ストローの中の水面の位置が［ ク ］なるのですね。

先生：そうですね。みおさん，しくみがよくわかっていますね。

れい：私は，**表3**のように，午前8時のときのストローの中の水面の位置を0 cmとし，2時間ごとに気温と水面の位置を記録して，ストローに目盛り(めもり)をつけてみました。

表3

時刻(じこく)	8時	10時	12時
気温	25 ℃	27 ℃	31 ℃
位置	0 cm	4.8 cm	14.3 cm

みお：**表3**をみると，気温が25 ℃から27 ℃に上がったとき，水面が4.8 cm上がっています。ペットボトルの形が変わらないものとすれば，ペットボトルの中の空気と水を合わせた体積が，［ ケ ］cm^3大きくなったということがわかりますね。

先生：そのとおりです。午後は記録しなかったのですか。

れい：午後はさらに気温が上がり，ストローから水が外にこぼれてしまったので，高い温度になったときの記録をつけることができませんでした。さまざまな温度がわかる温度計にしたいのですが，どうすればよいですか。

みお：水は，空気よりも温度による体積の変化が小さいので，ペットボトルの中をすべて水で満たしてみてはどうですか。

先生：そうですね。それと，**図4**のように，おけの中に温度を調整した水を入れて，そこにペットボトルを入れてみましょう。しばらくしたら，ストローの水面の位置に目盛りをつけてみてください。この方法であれば，おけの中の水の温度を調整できるので，気温のえいきょうを受けずに，効率的に記録をとることができますよ。

図4

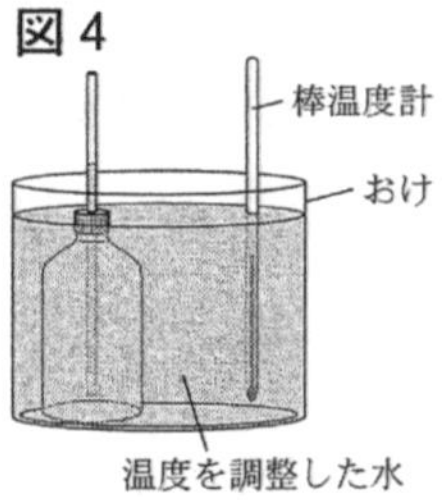

れい：その方法でやってみます。おけの中の水を今の気温と同じ28℃に調整したときのストローの水面の位置を0cmとして，おけの中の水の温度を上げて記録をとると，**表4**のようになりました。

表4

温度	28℃	29℃	30℃
位置	0cm	0.3cm	0.6cm

みお：温度の変化に対して，水面の位置の変化が小さいですね。

れい：そうなのです。そこで，<u>条件を1つ変えたところ，温度の変化に対して，水面の位置の変化が大きくなった</u>（コ）ので，そのまま40℃までの記録をとり，**表5**のようにまとめました。

表5

温度	28℃	29℃	30℃	・・・	39℃	40℃
位置	0cm	0.7cm	1.4cm	・・・	9.2cm	10.1cm

先生：目盛りのはばが広くなり，変化が分かりやすくなりましたね。

れい：しかし，**表5**をみると，目盛りのはばが一定ではありません。くり返し実験しても同じ結果でした。どこかで失敗してしまったのでしょうか。

先生：いいえ，それは<u>水の性質</u>（サ）によるものです。れいさんが作った温度計はよくできています。

(2) 次の①～④の問いに答えなさい。

① 　**ク**　 にあてはまる言葉を書きなさい。

② 　**ケ**　 にあてはまる数を四捨五入して，小数第1位まで書きなさい。
ただし，円周率は3とすること。

③ 下線部**コ**について，条件を変えた内容として適切なものを，次の**あ**～**え**のうちから1つ選び，その記号を書きなさい。

あ　ペットボトルの中の水を温めておく。

い　ストローを，今使っているものより，直径の小さいものに変える。

う　ペットボトルをよくふっておく。

え　ペットボトルの中の水に氷を入れる。

④ 下線部**サ**について，**表5**から考えられる水の性質を，解答らんにしたがって書きなさい。

みお：私が作ってみたい温度計は，**図5**のように，水が入った大ビンの中にある小ビンが，温度によって浮(う)きしずみするようすで，間接的に気温がわかるしくみです。例えば，18 ℃に対応する小ビンが大ビンの真ん中あたりに浮かんでいたら，そのときの温度は18 ℃だということがわかります。

図5

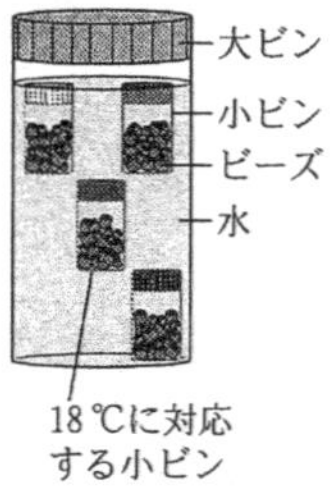

れい：私が作った温度計とはしくみがちがいますね。どのように作るのですか。

みお：作り方はインターネットや科学の本で調べました。**メモ**をとったので，みてください。

メ　モ

【用意するもの】

・ふた付きのガラスの大ビン1個・ふたの色がそれぞれちがうガラスの小ビン4個

・ビーズ・棒温度計・水・お湯・氷

【作り方】

[1]　大ビンに水を入れ，さらに氷水やお湯を入れて，水の温度を18 ℃にする。

[2]　1つ目の小ビンにビーズを半分くらいになるように入れ，しっかりとふたを閉(し)め，水が入った大ビンに入れる。

[3]　小ビンが大ビンの真ん中あたりに浮かぶように，何回か取り出して，小ビンの中のビーズの量を調整する。

[4]　[3]ができたら，大ビンにお湯を入れて，シ<u>大ビンの中の水の温度を3 ℃高くする</u>。

[5]　2つ目の小ビンも[2]と同じようにして，[3]のように調整する。

[6]　[4]のように大ビンの中の水の温度を変え，[2]，[3]と同じように3つ目と4つ目の小ビンも調整し，最後に大ビンのふたを閉める。

れい：ビーズの量の調整が難(むずか)しそうですね。

みお：はい，何回かくり返して調整しないといけないから大変です。しかし，**図6**を利用すれば，必要なビーズの量を計算で出すことができます。

図6

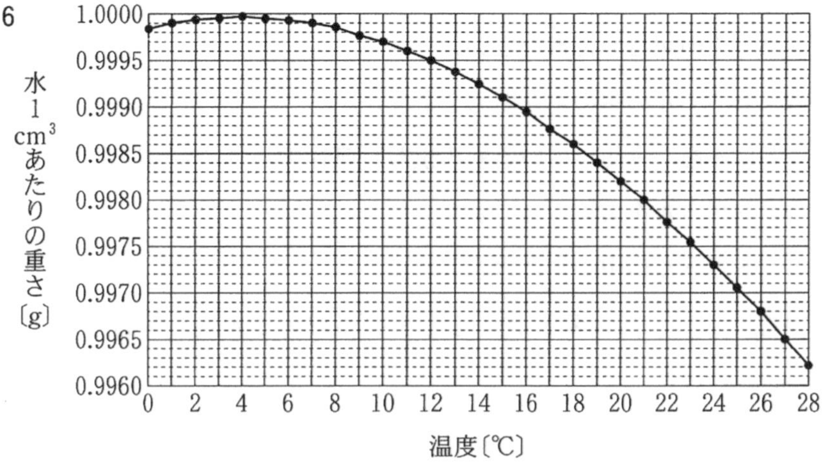

（図6　理科年表 平成29年版より作成）

(1)	①	ア	T₁ ●●● T₂ T₃		4点
	②	イ	台		3点
	③	ウ	車が流れる量〔台〕 20 10 0 0.5 1 □1つあたりの車の台数〔台〕		5点
(2)	①	エ	時速 km		2点
	②	オ	分速 m	カ 分	② 4点 ×3
		キ	秒	③ ク m	③ 4点
(3)		ケ	A駅 10時00分 あ き け 10時30分 さ す 11時00分 10km B駅 い え あ け き せ し さ 18km C駅 い え か し せ		10点

2

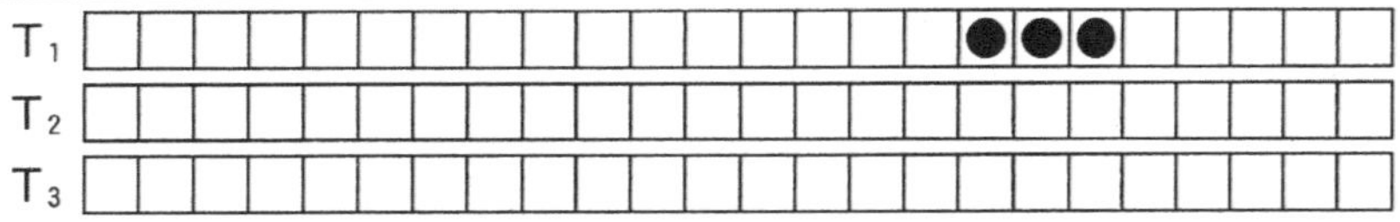

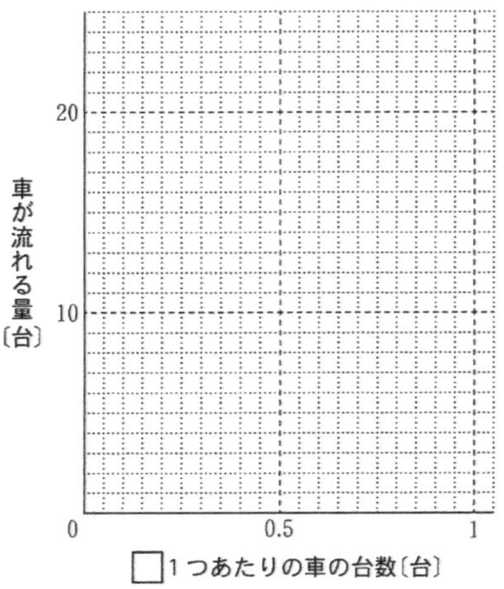

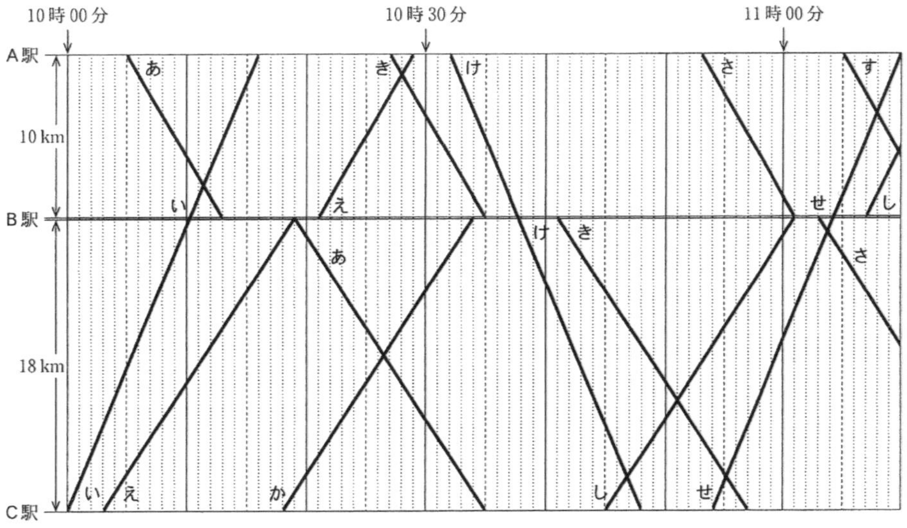

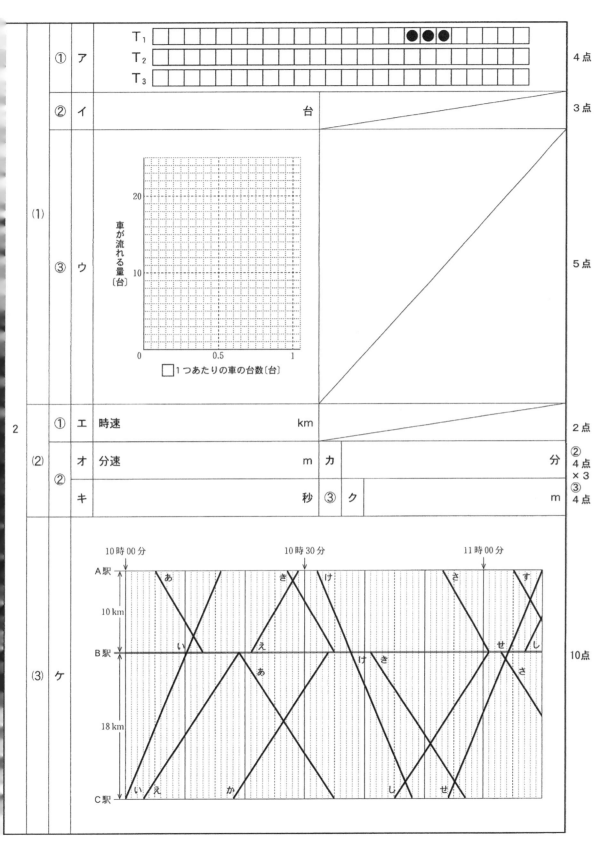

れい：**図6**は何を表しているのですか。

みお：温度ごとの水 1 cm^3 あたりの重さの変化を表しています。小ビン 1 cm^3 あたりの重さと大ビンの中の水 1 cm^3 あたりの重さが同じになれば，その小ビンが大ビンの真ん中あたりに浮かぶようになります。

先生：そうですね。それならば，小ビンの体積もわかっていなければなりませんね。

みお：小ビンの体積は，ス電子てんびん，温度計，水，コップ，それに**図6**を利用すればわかりそうです。

先生：良い発想ですね。では，用意した小ビンの体積と重さをはかってみてください。

みお：体積が 16 cm^3 で重さが 12 g でした。それから，ビーズは重さを細かく調整できるように大きさが異(こと)なるものを 3 種類用意し，大きい順に**F**，**G**，**H**としました。それぞれ 1 個あたりの重さを電子てんびんではかると，**表6**のとおりでした。これで，材料がそろったので，まずは 18 ℃ に対応する小ビンを作ります。小ビンに入れるビーズの重さは，**図6**をもとに計算し，四捨五入して小数第 2 位までにすると **セ** g 必要だということがわかりました。

表6

	F	G	H
重さ〔g〕	0.52	0.32	0.18

先生：そうですね。他の温度ではどうですか。

みお：同じようにして，ソ24 ℃ や 27 ℃ に対応する小ビンは作ることができたのですが，21 ℃ はできませんでした。

先生：なぜできなかったのかを考えることも大切なことです。さらなる工夫(くふう)をして完成できるようがんばってください。

(3) 次の①～④の問いに答えなさい。

① 下線部**シ**について，1 つ目の小ビンが大ビンの中に入ったままで，大ビンの中の水の温度を 3 ℃ 高くしたとき，1 つ目の小ビンはどうなるか書きなさい。
　ただし，小ビンの体積は温度によって変化しないものとすること。

② 下線部**ス**について，小ビンの体積がわかる方法を書きなさい。

③ **セ** にあてはまる数を書きなさい。また，このときのビーズの個数が合計で最も少ない個数になるのは，**F**，**G**，**H**がそれぞれ何個のときか書きなさい。

④ 下線部**ソ**について，できなかった理由として考えられることを，ビーズの重さに着目して書きなさい。

2 ひろさんとゆきさんは，算数の授業をきっかけにして，自分で学習したことについて先生と話をしています。会話文をふまえながら，あとの(1)～(3)の問いに答えなさい。

ひろ：私(わたし)は，プログラミングに興味を持ったので，公民館のプログラミング講座(こうざ)に参加して，図形をえがくプログラムについて学習しました。

ゆき：「プログラミング」とは，どういう意味の言葉ですか。

先生：コンピュータは，いろいろな命令を組み合わせて動きます。この命令の組み合わせのことを「プログラム」といって，プログラムを作ることを「プログラミング」といいます。ひろさん，学習したことを紹介(しょうかい)してください。

ひろ：私は，矢印「▷」が，矢印の向きに直線を引いて図形をえがくプログラムを作りました。スタート位置を決めて地点「•」とし，そこから，矢印「▷」が直線を引いたり，回転して向きを変えたりしながら，再び地点「•」にもどるまで，いくつかの命令を順番に実行するプログラムです。

ゆき：どのような図形をえがくことができるのですか。

ひろ：例えば，**図1**のプログラムを実行すると，**図2**のような手順で図形をえがくことができます。

図1

命令Ⅰ「5 cm の直線を引く」
命令Ⅱ「左に 120 度回転する」
命令Ⅲ「命令Ⅰ，Ⅱをこの順にくり返す」

図2 （実行前）

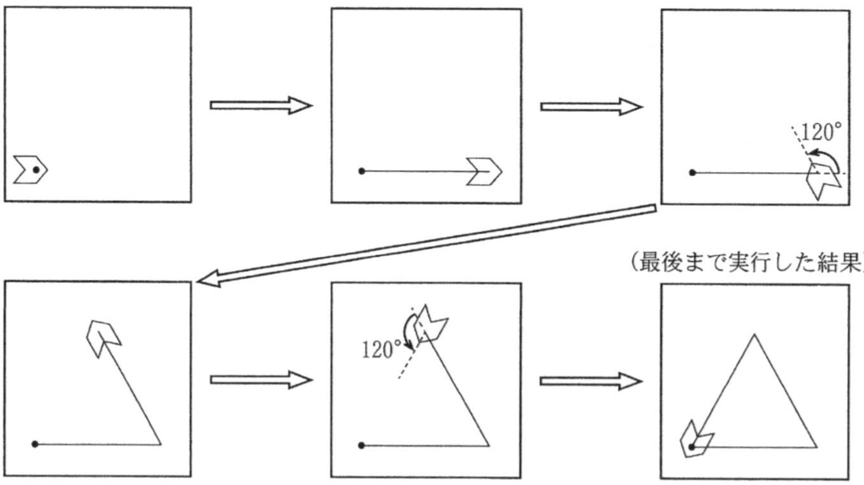

ゆき：正三角形の１つの角の大きさは60度なのに，**図1**の命令Ⅱで，左に回転する角度は120度なのですね。

先生：面白(おもしろ)いところに気がつきましたね。もし，**図1**の命令Ⅱを「左に60度回転する」としたら **ア** をえがくことができます。

ひろ：同じように考えれば，**図1**の命令Ⅱを「左に **イ** 度回転する」としたら，正十角形をえがくことができます。

先生：そのとおりです。**図1**の命令Ⅱを「右に **ウ** 度回転する」としても，**図2**の正三角形と合同な正三角形をえがくことができます。これも面白いですね。

ゆき：正多角形をえがくときに回転する角度は，どのように考えて求めるのですか。

先生：いろいろな考え方があります。ひろさんは，正十角形をえがくときに回転する角度をどのように考えたのですか。

ひろ：正十角形は，合同な二等辺三角形 10 個をすきまなくしきつめた図形であることを使って考えました。

ゆき：それは，どのような二等辺三角形ですか。

ひろ：等しい 2 つの角のそれぞれの大きさが **エ** 度である二等辺三角形です。

先生：そうですね。図形の性質をよく理解できています。

ゆき：正多角形ばかりではなく，例えば，**図3**のような星形をえがくことはできないでしょうか。

ひろ：**図4**のプログラムで，**図3**のような星形をえがくことができます。また，このプログラムの実行前と，最後まで実行した結果を表したのが**図5**です。

図3

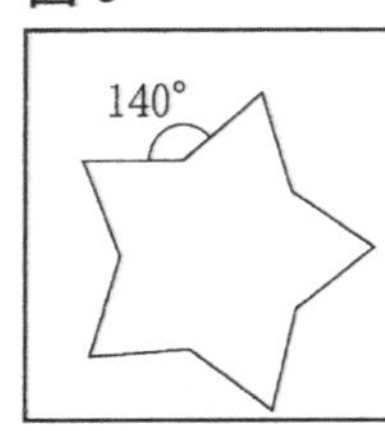

図4

命令Ⅰ「2 cm の直線を引く」
命令Ⅱ「左に **オ** 度回転する」
命令Ⅲ「2 cm の直線を引く」
命令Ⅳ「右に **カ** 度回転する」
命令Ⅴ「命令Ⅰ～Ⅳをこの順にくり返す」

図5（実行前）　（最後まで実行した結果）

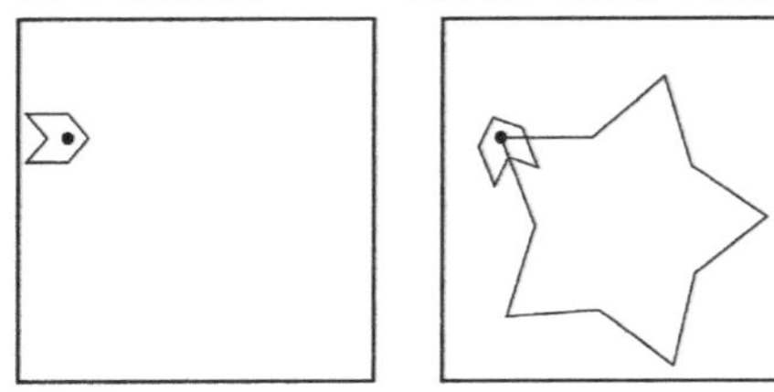

先生：そのとおりです。よくできましたね。

(1)　次の①，②の問いに答えなさい。

①　**ア** にあてはまる正多角形を，次の**あ**～**え**のうちから1つ選び，その記号を書きなさい。

あ　正三角形　　**い**　正五角形　　**う**　正六角形　　**え**　正八角形

②　**イ** ～ **カ** にあてはまる数をそれぞれ書きなさい。

ただし，0 以上 180 以下の整数でそれぞれ書くこと。

ゆき：私は，分数の学習で苦労したので，昔の人は分数についてどのように考えていたのだろうと疑問(ぎもん)に思っていました。そこで，図書館で調べたところ，古代エジプトでは，私とは異(こと)なる見方で分数をとらえていたことがわかりました。

ひろ：異なる見方というのはどういう意味ですか。

ゆき：例えば $\frac{3}{5}$ について，私は「1を5等分した $\frac{1}{5}$ を3つ合わせた数」と考えるけれど，古代エジプトでは「3を5等分した数」と考えたのです。

先生：ゆきさんは，古代エジプトの考え方をふまえて，単位分数を使った表し方について学習したのですね。

ひろ：単位分数とは何ですか。

ゆき：$\frac{1}{2}$，$\frac{1}{3}$，$\frac{1}{4}$ など，分子が1である分数のことを単位分数といいます。

先生：それでは，単位分数を使うと，$\frac{3}{5}$ はどのように表すことができますか。

ゆき：「3枚(まい)の紙を5等分する」と考えて，**図6**のような手順でやってみようと思います。

まず，3枚の紙をそれぞれ2等分すると，$\frac{1}{2}$ の紙が6枚できます。

次に，それを1枚ずつに分けます。

そして，このうちの1枚をさらに5等分すると，$\frac{1}{10}$ の紙が5枚できます。

図6

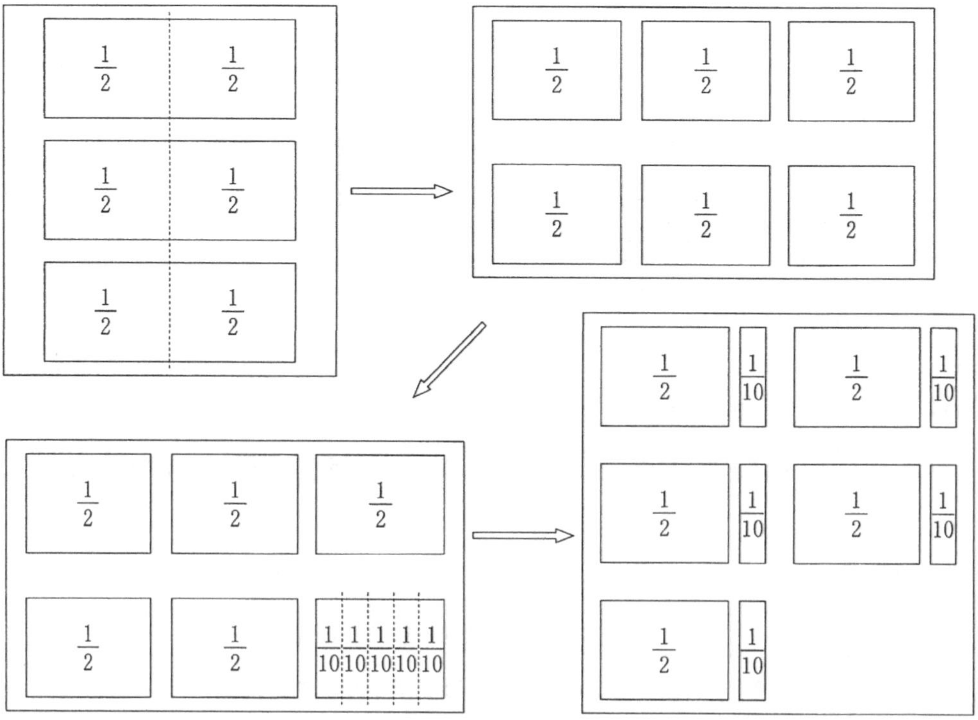

ひろ：なるほど，ゆきさんの考えによれば，$\frac{3}{5}=$ **キ** ＋ **ク** のように2つの異なる単位分数の和で表すことができますね。

先生：そのとおりです。もし，はじめに3枚の紙をそれぞれ3等分して分けるとしたら，$\frac{3}{5}=\frac{1}{3}+\frac{1}{6}+$ **ケ** ＋ **コ** のように，4つの異なる単位分数の和で表すこともできます。

ゆき：本当ですね。分けていく手順を変えると，和の表し方も変わるのですね。

先生：今度は $\frac{2}{9}$ を異なる単位分数の和で表してみましょう。そのときに，どのように考えたのか，「3枚の紙を5等分する」ことの説明を参考にして，説明をしてください。

ひろ：はい。私は，次のように考えました。

【ひろさんの考え】

まず，2枚の紙をそれぞれ **サ** 等分すると， **シ** の紙が **ス** 枚できます。

次に，それを1枚ずつに分けます。

そして，このうちの1枚をさらに **セ** 等分すると， **ソ** の紙が **タ** 枚できます。

このことから，私は，$\frac{2}{9}=\frac{1}{5}+\frac{1}{45}$ と単位分数の和で表しました。

ゆき：チ<u>私は，$\frac{1}{5}$ と $\frac{1}{45}$ 以外の，2つの異なる単位分数の和で $\frac{2}{9}$ を表しました。</u>

先生：2人ともよくできましたね。どちらも正しい考え方です。

(2) 次の①，②の問いに答えなさい。

① **キ** ～ **タ** にあてはまる数をそれぞれ書きなさい。
ただし， **キ** ， **ク** ， **ケ** ， **コ** ， **シ** ， **ソ** はそれぞれ単位分数で書くこと。

② 下線部チについて，【ひろさんの考え】の書き方を参考に，ゆきさんの考えを順序立てて書きなさい。

先生：学習を深めるのはすばらしいことです。ところで，ひろさんが行った公民館では，予約をすれば図書館の本を借りることができるのを知っていますか。

ひろ：知りませんでした。そういえば，公民館で本を借りている人を見かけました。実際にどのくらいの冊数（さっすう）を貸し出しているのでしょうか。

先生：次の**表**は，4月23日から5月12日までの20日間に，その公民館で貸し出した本の冊数をまとめたものです。このうち5日間の冊数をA，B，C，D，Eの文字で，かくしますから，いくつかのヒントを手がかりに当ててみましょう。

表

日にち	4/23	4/24	4/25	4/26	4/27	4/28	4/29	4/30	5/1	5/2
冊数	A	4	19	9	6	20	11	B	10	15
日にち	5/3	5/4	5/5	5/6	5/7	5/8	5/9	5/10	5/11	5/12
冊数	21	26	C	D	23	24	E	8	22	11

ヒント[1]　A，B，C，D，Eの順に冊数が多かったです。

ヒント[2]　A，B，C，D，Eもふくめて，20日間に貸し出した冊数の分布をグラフで表したものが**図7**です。

ヒント[3]　貸し出した冊数が最も多かった日と最も少なかった日とでは，25冊の差がありました。

ヒント[4]　1日当たりの平均貸し出し冊数は，16冊でした。

ヒント[5]　1日当たりの平均貸し出し冊数を下回った日は，10日間でした。

ヒント[6]　冊数が多かった10日分の冊数の合計と，それ以外の10日分の冊数の合計の差は，130冊でした。

ゆき：筋道（すじみち）立てて考えるとわかりますね。私は，A＝[ツ]，D＝[テ]，E＝[ト]の順に求めてから，最後にB＝[ナ]とC＝[ニ]を求めました。

図7

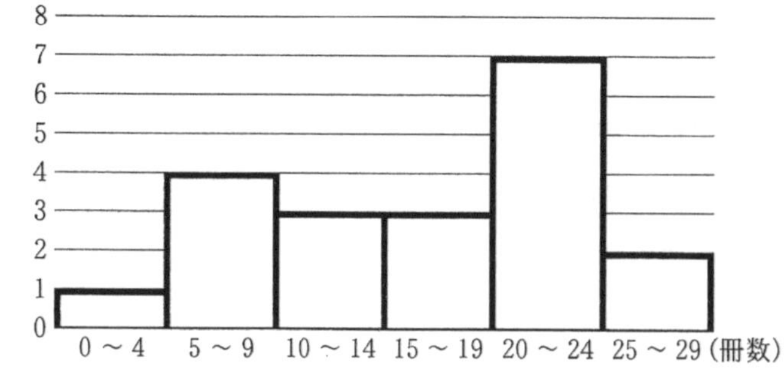

先生：よくわかりましたね。正解です。

(3)　[ツ]～[ニ]にあてはまる数をそれぞれ書きなさい。

2	(1)	①	ア				3点
		②	イ				3点
			ウ				3点
			エ				3点
			オ		カ		完答 3点
	(2)	①	キ		ク		完答 3点
			ケ		コ		完答 3点
			サ		シ		完答 3点
			ス				
			セ		ソ		完答 3点
			タ				
		②	チ				8点
	(3)		ツ				3点
			テ				3点
			ト				3点
			ナ				3点
			ニ				3点

令和６年度

適性検査　２―１

（45分）

（注意事項）

1 「始め」の合図があるまでは，開かないこと。

2 解答らんは，この用紙の裏側に印刷されています。とりはずして使用し，答えは，すべて解答用紙に書きなさい。解答用紙は，半分に折って使用してもかまいません。

3 検査問題は，１ページから11ページまで印刷されています。

検査が始まって，文字や図などの印刷がはっきりしないところや，ページが足りないところがあれば，静かに手を挙げなさい。

4 問題用紙のあいている場所は，下書きや計算などに使用してもかまいません。

5 「やめ」の合図があったら，筆記用具を置き，机の中央に解答用紙を裏返して置きなさい。

令和６年度　適性検査　２―１　解答用紙　※100点満点

答えは，すべてこの解答用紙に書き，解答用紙だけ提出しなさい。　※らんには何も書かないこと。

受検番号		氏　名		※

大問	小問	番号	記号	解答	記号	解答	配点
1	(1)	①	ア	度	イ	度	３点×４
			ウ	秒後	エ	秒後	
		②	オ	秒後	カ	秒後	４点×
		③	キ	秒後	ク	秒後	５点×
	(2)	①	ケ	cm	②シ	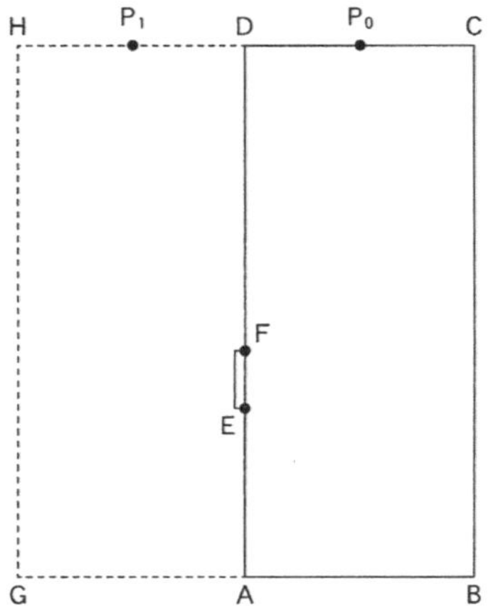	①２点×３　②４点
			コ	cm			
			サ	cm			
	(3)		ス	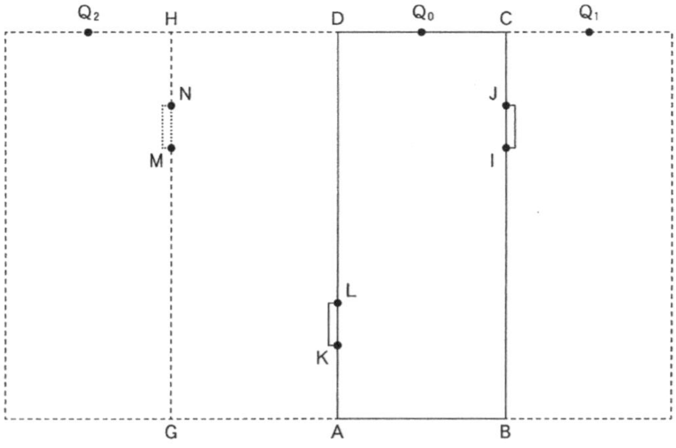			４点
	(4)	①	セ	m	ソ	m	３点×３
			タ	秒後			
		②	鏡えが移動した長さ	m	直線 AS の長さ	m	完答７

令和６年度

適性検査　２―１

問　題　用　紙

1　たつさんとあきさんは，先日訪(おとず)れた科学館でのできごとについて先生と話をしています。会話文をふまえながら，あとの⑴～⑷の問いに答えなさい。

先生：科学館で印象に残った展示(てんじ)は何ですか。

たつ：鏡の部屋です。

あき：私(わたし)が見た部屋では，鏡が回転していました。

先生：どのような部屋でしたか。

あき：**図1**のように，**鏡を見る人**が**かくれた人**を見ることができるように，床(ゆか)に垂直(すいちょく)な2つの長方形の鏡（**鏡あ**と**鏡い**）が回転するしくみになっていました。**図2**は，**図1**を上から見た図で，これを**はじめの状態**とし，**鏡あ**と**鏡い**の鏡の面は直線ABと平行になっています。**図2**のように，**鏡あ**と**鏡い**には片面(かためん)にのみ鏡が付いていて，軸(じく)を中心に反時計回りに回転します。**図3**のときに，**鏡を見る人**は，**鏡あ**に映(うつ)る**かくれた人**を見ることができました。そのときに**鏡を見る人**の目に届(とど)く光の道すじを「—>—」でかきました。

先生：ここでは，**鏡を見る人**と**かくれた人**の体の大きさや形は考えずに「●」とし，鏡の厚みは考えないものとしているのですね。光はとても速く伝わるので，目に届くまでの時間は考えなくてよいものとしましょう。

あき：**図4**（次ページ）のように，光は鏡に当たると，当たる角度と同じ角度で反射(はんしゃ)する性質があります。その光の道すじを「—>—」でかいています。

たつ：この性質を使うと，鏡の角度を求めることができます。**図3**の状態になるのは，**はじめの状態**から**鏡あ**が［ア］度回転したときであり，**鏡い**が［イ］度回転したときです。

図1

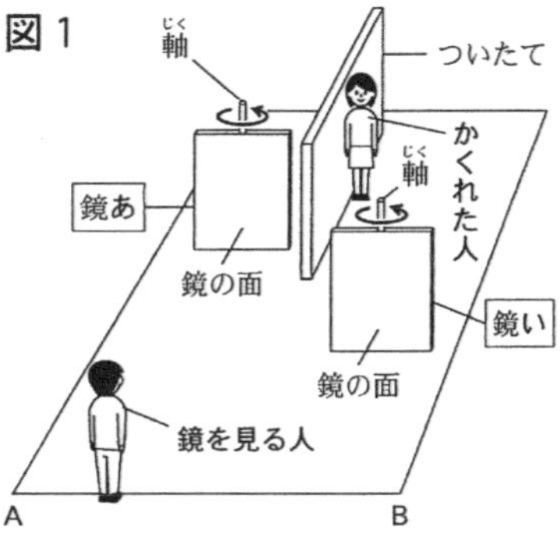

図2　**はじめの状態**

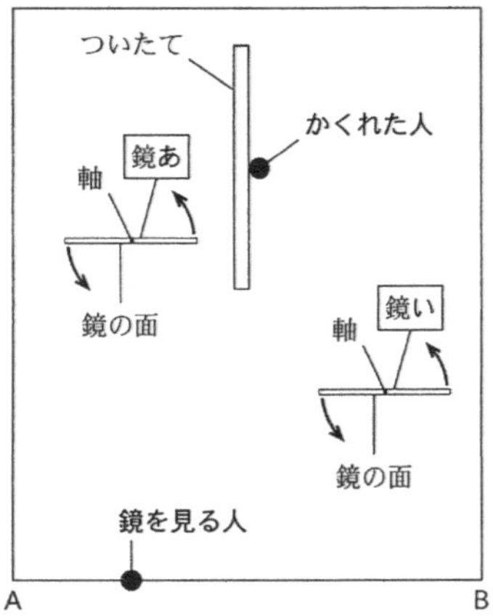

図3

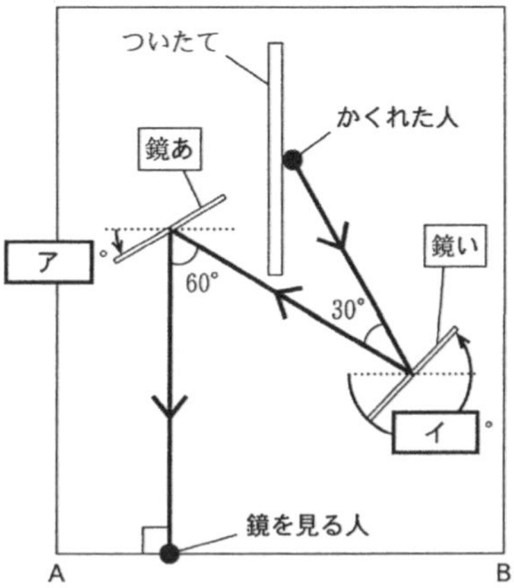

※ ……… は，はじめの状態の鏡の位置を表している。

K 教英出版
【適

先生：そのとおりです。

あき：実際に科学館で見た鏡は，自動で回転していました。２つの鏡は**はじめの状態**から同時に回転し始め，鏡**あ**は１秒間に10度，鏡**い**は１秒間に15度回転していました。

図４

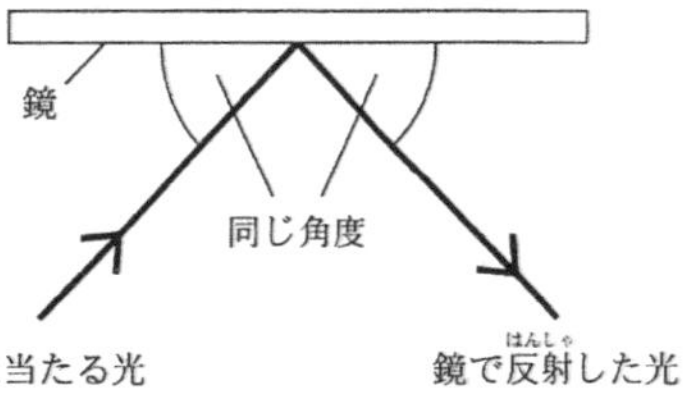

先生：２つの鏡がちょうど**図３**（前ページ）の状態になるのは，**はじめの状態**から何秒後になるかを求めてみましょう。そのために，まず，鏡**あ**についてのみ考えましょう。「鏡**あ**が**はじめの状態**から [ア] 度回転した状態」を**状態Ⅰ**とします。

たつ：鏡**あ**が回転し始めて，最初に**状態Ⅰ**になるのは，**はじめの状態**から [ウ] 秒後であり，２回目に**状態Ⅰ**になるのは，**はじめの状態**から [エ] 秒後です。

先生：そのとおりです。このように，鏡**あ**は，１回目，２回目，３回目と何度も**状態Ⅰ**になりますね。鏡**あ**が**状態Ⅰ**になる回数をxとして，鏡**あ**がx回目に**状態Ⅰ**になるのは，**はじめの状態**から何秒後ですか。

あき：xには１以上の整数が入るものとして，xを用いた式で書くと [オ] 秒後です。

先生：次に鏡**あ**と同じように鏡**い**についてのみ考えましょう。「鏡**い**が**はじめの状態**から [イ] 度回転した状態」を**状態Ⅱ**とします。鏡**い**が**状態Ⅱ**になる回数をyとして，鏡**い**がy回目に**状態Ⅱ**になるのは，**はじめの状態**から何秒後ですか。

たつ：yには１以上の整数が入るものとして，yを用いた式で書くと [カ] 秒後です。

先生：正解です。 [オ] と [カ] が等しくなるような，xとyにあてはまる数を見つけることで，**図３**の状態になるのが何秒後かを求めることができますね。

あき：最初に**図３**の状態になるのは，**はじめの状態**から [キ] 秒後です。

たつ：次に**図３**の状態になるのは，**はじめの状態**から [ク] 秒後です。

先生：正解です。２人ともすごいですね。

(1) 次の①～③の問いに答えなさい。

① [ア] ～ [エ] にあてはまる数をそれぞれ書きなさい。ただし， [ア] ， [イ] には，０以上360以下の数を入れること。

② [オ] にあてはまる式をxを用いて， [カ] にあてはまる式をyを用いてそれぞれ書きなさい。

③ [キ] ， [ク] にあてはまる数をそれぞれ書きなさい。

たつ：鏡に物体が映るしくみをもう少し学びたいです。

先生：まずは，光があるところで物体が見えるというのは，どのようなことなのかを考えてみましょう。そもそも光がないところで，物体は見えるのでしょうか。

あき：光があるところで物体が見える理由は，光が物体に当たっているからであると私は考えました。だから，光がないところでは物体は見えないと思います。

先生：そのとおりです。物体に当たって反射した光が目に届くことで物体を見ることができます。

たつ：そうなのですね。

図5

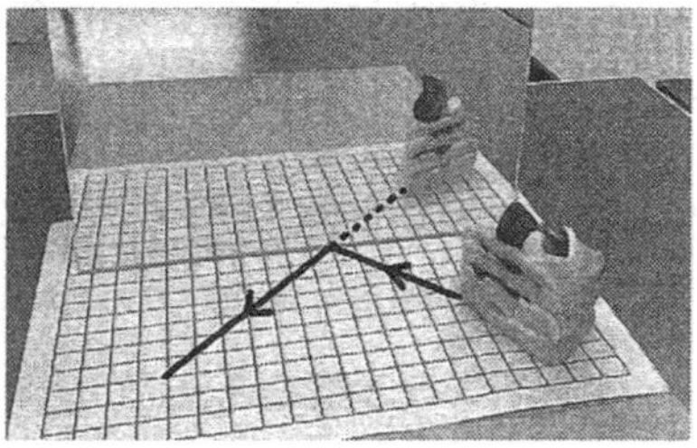

図6

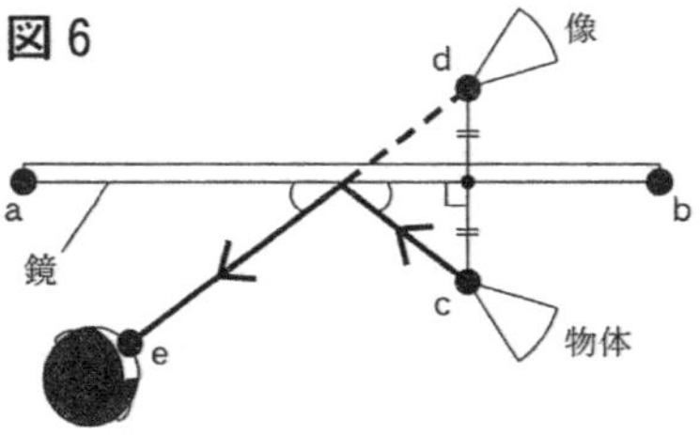

先生：鏡の話に戻(もど)りましょう。**図5**のように物体を鏡に映すと，鏡のおくに物体があり，そこからまっすぐに光が進んできたように見えます。このように見えるのは，物体で反射した光が鏡で反射し，それが目に届くためです。鏡のおくに物体があるように見えるとき，これを物体の像といいます。**図6**のように，物体の像は直線abを対称(たいしょう)の軸として線対称の位置に見えます。物体の点cの像を点dとしたとき，像からまっすぐに進んできたように見える光の道すじを，**みかけの光の道すじ**と呼(よ)ぶこととします。**図6**の場合，**みかけの光の道すじ**は直線deです。

あき：よくわかりました。

図7

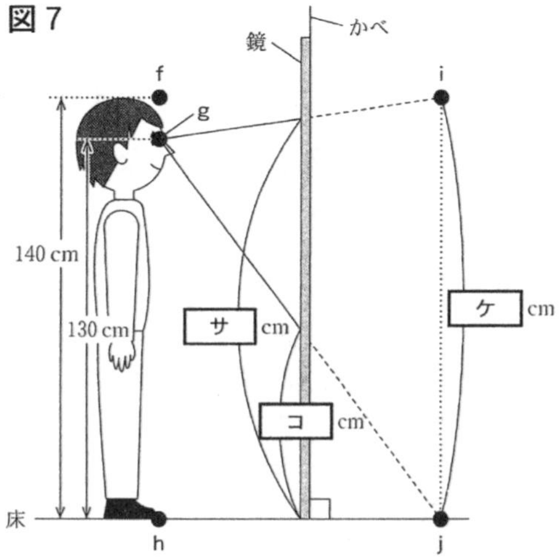

先生：鏡についてもう少し考えましょう。真正面から鏡を見たとき，自分の全身を見ることができる鏡を，床に垂直に取り付けます。**図7**のように，頭の点fと目の位置の点gとつま先の点hは，一直線上にあるものとし，この3つの点を結ぶ直線fhは床と垂直になっていて，この直線fhを全身とみなします。この人は，全身の像を，鏡のどの範囲(はんい)に見ることができるでしょうか。

2024(R6) 千葉県立中
教英出版
◇M3(381—36)
【適2

たつ：直線 fh の長さ(身長)は 140 cm で，直線 gh の長さ(目の位置から床まで)は 130 cm ですね。点 f の像を点 i，点 h の像を点 j とします。像は鏡を対称の軸として線対称の位置に見え，直線 ij の長さは **ケ** cm です。

先生：すばらしい。それでは，点 i と点 j のそれぞれから，点 g に**みかけの光の道すじ**の直線をかいてみましょう。

あき：この人は，全身の像を，鏡の，床から高さ **コ** cm 以上，**サ** cm 以下の範囲に見ることができますね。

先生：よくできました。それでは，**図 8** のような部屋で，長方形の鏡に映る棒(ぼう)の像を見ることを考えます。鏡の面と棒は，床に垂直になっているものとします。四角形 ABCD は床を表し，長方形です。辺 AB 上のどの範囲で棒の像を見ることができますか。**図 9** は，**図 8** を上から見た図です。ここでは，棒を「・」(点 P_0)とし，直線 P_0C，直線 P_0D の長さは等しいものとします。

図 8

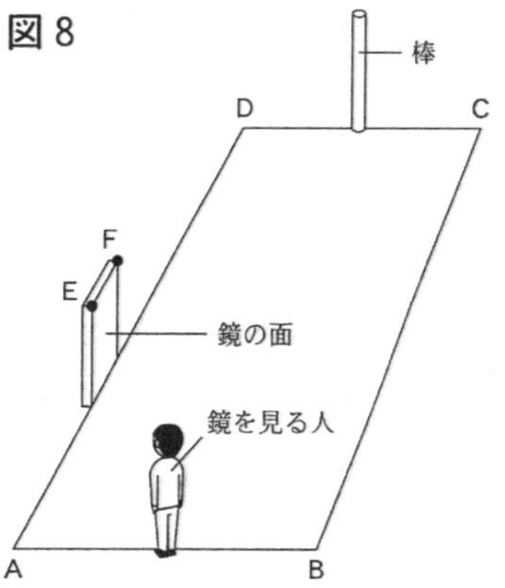

図 9

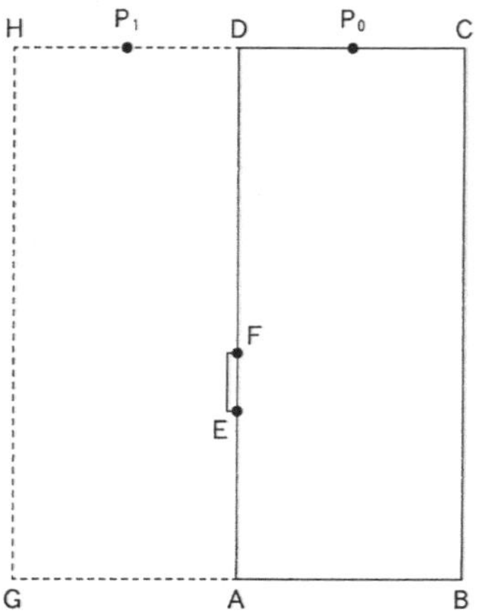

たつ：直線 AD を対称の軸として，点 P_0，点 B，点 C の線対称の位置に，それぞれ点 P_1(棒の像)，点 G，点 H があります。それらを線「-------」で結んでいるのですね。

先生：そのとおりです。像(点 P_1)から 2 つの**みかけの光の道すじ**の直線をかくことで，<u>辺 AB 上で棒の像(点 P_1)を見ることができる範囲を，図にかくことができます</u>。(シ)

あき：やってみます。

(2) 次の①，②の問いに答えなさい。

① **ケ** ～ **サ** にあてはまる数をそれぞれ書きなさい。

② 下線部**シ**について，辺 AB 上で棒の像(点 P_1)が見える範囲を，**例**にならって解答らんの図に ▬▬▬ のように，太い線でかきなさい。なお，作図に使う直線は三角定規を使ってかき，消さずに残したままにすること。(**例** A ▬▬▬ B)

たつ：私の見た鏡の部屋には，**図10**のように，床に垂直な長方形の鏡が２つあり，横に動かすことができるしくみになっていました。棒に反射した光が鏡**う**で反射し，さらに鏡**え**で反射して，鏡を見る人に届くときの光の道すじを「⟶」でかきました。四角形ABCDは床を表し，長方形です。

図10

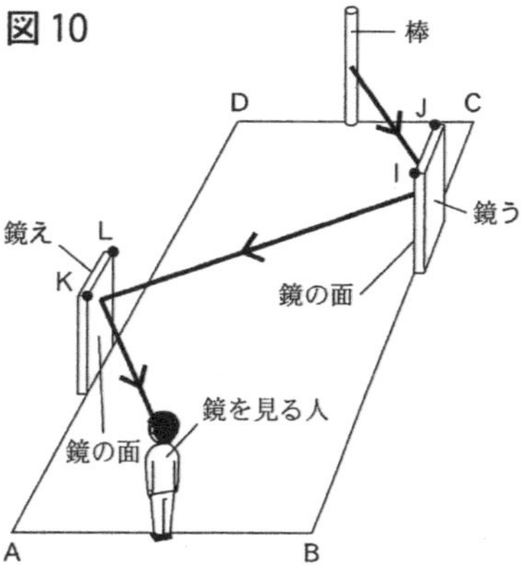

先生：まず，鏡を静止させて考えましょう。辺AB上のどの範囲で棒の像を見ることができますか。**図11**は**図10**を上から見た図です。棒を「•」(点Q_0)とし，直線Q_0C，直線Q_0Dの長さは等しいものとします。

図11

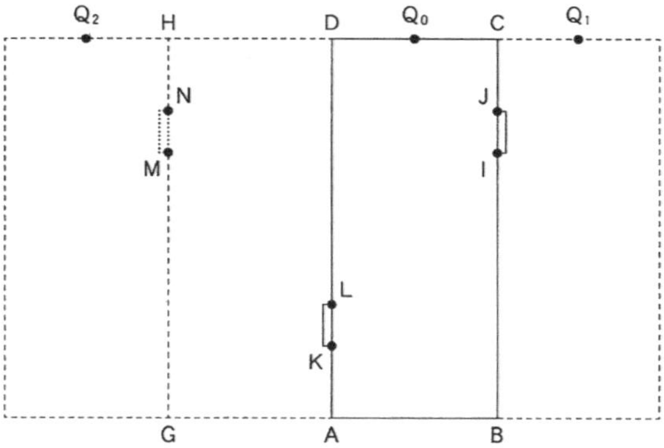

あき：この場合の像の考え方を説明します。まず，点Q_0の鏡**う**による像は，直線BCを対称の軸として線対称の位置(点Q_1)となります。そして，点Q_1の鏡**え**による像は，直線ADを対称の軸として線対称の位置(点Q_2)となり，この点Q_2が**図10**の場合の棒の像となります。

先生：そのとおりです。鏡**う**の上部のかどの点I，点Jの鏡**え**による像を，それぞれ点M，点Nとしましょう。

あき：<u>**図11**の状態で，鏡**え**に棒の像(点Q_2)を見ることができる辺AB上の範囲は，点Q_2から鏡**う**の像を通り，鏡**え**を通る２つの**みかけの光の道すじ**の直線をかくことで，図にかくことができます。</u>(ス)

(3)　下線部**ス**について，辺AB上で棒の像(点Q_2)が見える範囲を，**例**にならって解答らんの図に ▬▬ のように，太い線でかきなさい。なお，作図に使う直線は三角定規を使ってかき，消さずに残したままにすること。(**例** A ▬▬▬ B)

先生：そのとおりです。では，今度は鏡を動かしてみましょう。

たつ：**図10**の部屋について，説明します。**図12**(次ページ)のように，鏡が動き出す前には，点Jと点Cを結ぶ直線と，点Kと点Aを結ぶ直線は，それぞれ床と垂直になっています。鏡**う**は点Bに向けて，鏡**え**は点Dに向けて，それぞれ秒速10 cmで同時に動き出し，80秒後に止まります。鏡**う**の直線JIの長さ，

令和六年度

適性検査　二—二

（45分）

（注意事項）

一　放送で指示があるまでは、開かないこと。
　　その他、すべて放送の指示にしたがいなさい。

二　解答らんは、この用紙の裏側に印刷されています。とりはずして使用し、答えは、すべて解答用紙に書きなさい。解答用紙は、半分に折って使用してもかまいません。

三　検査問題は、一ページから八ページまで印刷されています。
　　検査が始まって、文字などの印刷がはっきりしないところや、ページが足りないところがあれば、静かに手を挙げなさい。

四　問題用紙のあいている場所は、下書きなどに使用してもかまいません。

五　「やめ」の合図があったら、筆記用具を置き、机の中央に解答用紙を裏返して置きなさい。

教英出版

◇M4(381—47)

令和六年度　適性検査　二—二　解答用紙

答えは、すべてこの解答用紙に書き、解答用紙だけ提出しなさい。

※らんには何も書かないこと。

受検番号

氏名

※

※100点満点

一

(1) ①　②　③

(2)

(1)4点×3
(2)6点

二

(1) ①　②　③　④

(2) ①　②

(3) テーマ

(1)4点×4
(2)4点×2
(3)8点

三

(1) ①　②　③　④　⑤

(2) ①　②　③

(3) A

(1)①～④完答8点
　⑤4点
(2)①4点
　②6点
　③4点
(3)4点
(4)20点

【メモらん】

◇M4(381−

20 行

15 行

鏡えの直線 KL の長さはそれぞれ 1 m です。鏡が動き出す前には，辺 AB 上のどの位置からも，鏡えに棒の像（点 Q_2）を見ることができませんでした。その後，辺 AB 上のある位置（点 R とする）から鏡えに棒の像（点 Q_2）が見え始めました。

先生：棒の像（点 Q_2）が見え始めるとき，点 Q_2，鏡うの像，鏡え，点 R はどのような位置関係にありますか。

あき：図 13 のように，点 Q_2 からかいた直線（**みかけの光の道すじ**）が，点 M，点 L を通るときで，その直線と辺 AB が交わる点が点 R になると思います。

先生：そのとおりです。直線 AR の長さは何 m ですか。

図 12

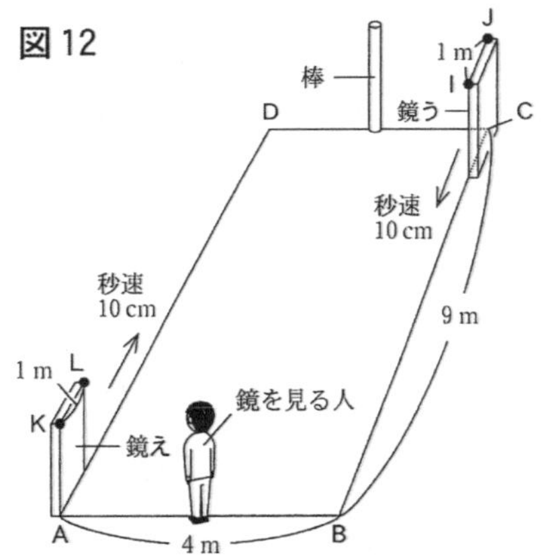

たつ：ななめの線で示した 2 つの三角形が合同になるので，直線 AR の長さは **セ** m です。

先生：では，図 13 のようになるのは，鏡が動き出してから何秒後ですか。

あき：拡大図（かくだいず）と縮図（しゅくず）の関係が見られるので，直線 AL の長さを求めることができ，鏡えが移動した長さは **ソ** m となり，鏡が動き出してから **タ** 秒後とわかります。

先生：正解です。2 人ともすごいですね。

図 13

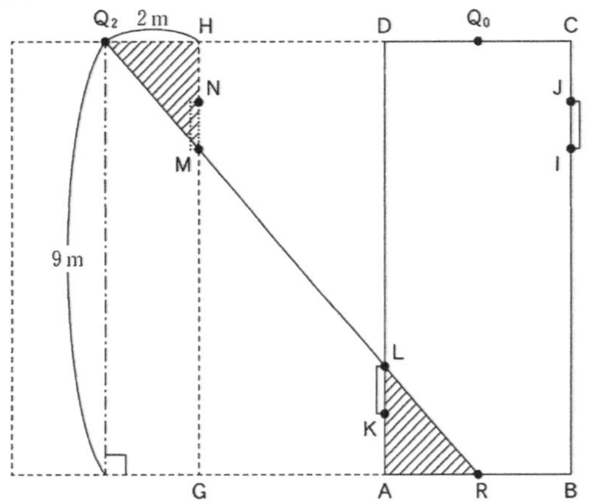

(4) 次の①，②の問いに答えなさい。

① **セ** ～ **タ** にあてはまる数をそれぞれ書きなさい。

② 辺 AB 上で棒の像（点 Q_2）を見ることができる位置のうち，点 A から最もはなれた位置を点 S とします。図 13 の状態から時間が経過し（鏡うと鏡えがさらに移動し），点 Q_2 からかいた直線（**みかけの光の道すじ**）が，点 N，点 L を通るとき，その直線と辺 AB が交わる点が点 S となります。そのときの，鏡えが移動した長さと，直線 AS の長さをそれぞれ書きなさい。

2　てつさんとみちさんは，車や電車での移動について先生と話をしています。会話文をふまえながら，あとの(1)～(3)の問いに答えなさい。

てつ：この前の休みの日に，車を利用して，家族で博物館に出かけましたが，渋滞(じゅうたい)で予定時刻(よていじこく)よりも到着(とうちゃく)が遅(おそ)くなってしまい，大変でした。

図１

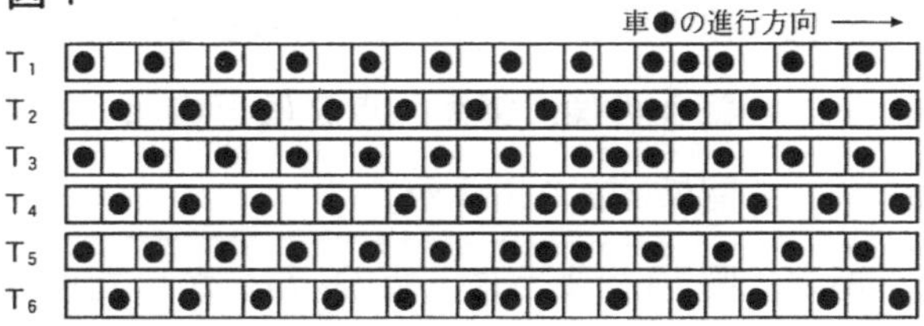

みち：渋滞はどうして発生してしまうのかな。

先生：渋滞について考えることができるモデルがあります。**図１**を見てください。**渋滞モデルのルール**も示しました。

てつ：**図１**にあるように，T_1 から T_6 へと時間が経過しても渋滞は解消されていませんね。

先生：面白(おもしろ)いですよね。

渋滞モデルのルール

ⓐ　車は１台を１つの●で表し，道路は□をならべて表す。
ⓑ　T_1，T_2，T_3，T_4，T_5，T_6 の順に，時間が経過している。
ⓒ　T_1，T_2，T_3，T_4，T_5，T_6 それぞれの間は，同じ時間が経過している。
ⓓ　車の進行方向は**図１**の右側とする。
ⓔ　１つの□には最大で１台の●しか入らない。
ⓕ　１つ右(前)の□が空いていれば，時間が経過するごとに●は１つ右(前)に進む。ただし，１つ右(前)の□に●が入っていると進めない。
ⓖ　●●のように●が続く状態が渋滞を表す。
ⓗ　●は左のはしから１つおきに入り，右のはしから出ていく。
ⓘ　ⓐからⓗにしたがって，T_1 から T_3 までの，車●が動いていくようすを下図に示した。

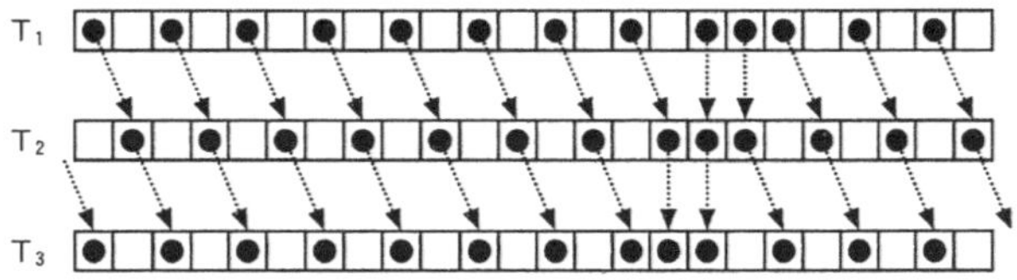

図１では渋滞を解消することができていませんが，<u>図１の T_1 から車●を１台減らすと，T_3 で渋滞を解消することができますよ。ただし，車●は，渋滞していないところから１台減らしてください</u>(ア)。

みち：**図１**の T_1 で車●を１台減らして，T_3 で渋滞を解消することができました。

先生：すばらしい。では次に，**図２**のように，**図１**の道路の右はしと左はしをつなげ，車●が循環(じゅんかん)※する**循環渋滞モデル**を考えてみましょう。

※循環：ひとまわりして元にかえり，それをくり返すこと。

図２

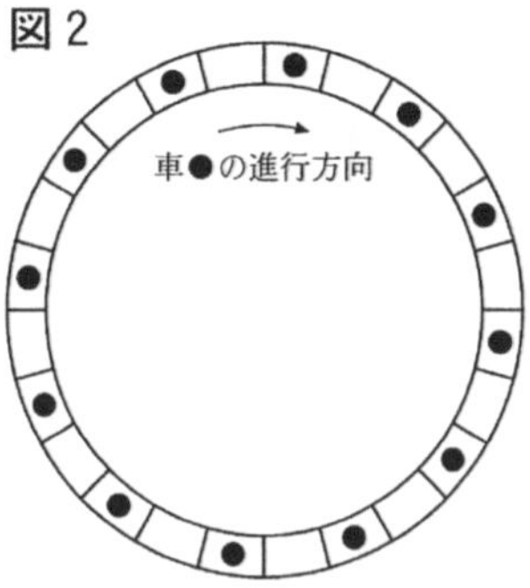

てつ：**図２**の道路全体における□１つあたりの車の台数は，［　イ　］台なので，この場合，□１つあたり

の車の台数が，［イ］台よりも多くなれば，渋滞が発生してしまいますね。

先生：よく理解できていますね。では，**図2**の状態をT_1とした場合について考えましょう。T_1からT_2までの時間に動かすことのできる車の台数を，**車が流れる量**と呼ぶこととします。

てつ：この場合，**車が流れる量**は12台ということですね。

先生：そのとおりです。では，ウ□の数は変えずに，**図2**(前ページ)の状態から車●の台数を減らしたり，**図2**の状態から車●の台数を増やしたりした，様々な状態のT_1を考えます。**渋滞モデルのルール**のⓓ，ⓗ，ⓘ以外にしたがいながらT_1からT_2までの**循環渋滞モデル**について，縦軸を**車が流れる量**，横軸を□1つあたりの車の台数として，図(解答らんの図)に表してみましょう。すると，図(解答らんの図)の縦と横の目盛り線が交わる場所に，5つの点をとることができますよ。

みち：5つの点を直線で結んでみたところ，渋滞のようすがわかりやすくなりました。

てつ：このようなモデルを使うことで，実際の渋滞のような現象を理解することができるのですね。

先生：2人ともすばらしい。

(1) 次の①～③の問いに答えなさい。

① 下線部**ア**について，**図1**のT_1から車●を1台減らし，T_3までに渋滞が解消していくようすを解答らんの図に●でかきなさい。また，**図1**のT_1で車●を1台減らした□を解答らんの図に☒でかきなさい。

② ［イ］にあてはまる数を書きなさい。

③ 下線部**ウ**について，解答らんの図に5つの点を×でかきなさい。また，5つの点×を三角定規を使って直線で結び，折れ線グラフをかきなさい。ただし，縦軸の**車が流れる量**は，T_1からT_2までの時間に動かすことのできる車の台数とすること。

みち：渋滞のことを考えたら，渋滞がない電車での移動の方が良いかもしれないね。

てつ：日本の電車の運行は，時刻表どおりで，とても正確だと聞いたことがあります。どのように電車の運行を管理しているのですか。

先生：**図3**は，運行ダイヤと呼ばれ，横軸に時刻，縦軸に駅の間の距離(きょり)を表しています。例えば，電車**あ**はA駅を10時00分に発車して，B駅に10時08分に到着し，6分間停車して，10時14分にB駅を発車して，C駅に10時30分に到着します。このような運行ダイヤをもとに電車の運行は管理されています。

図3

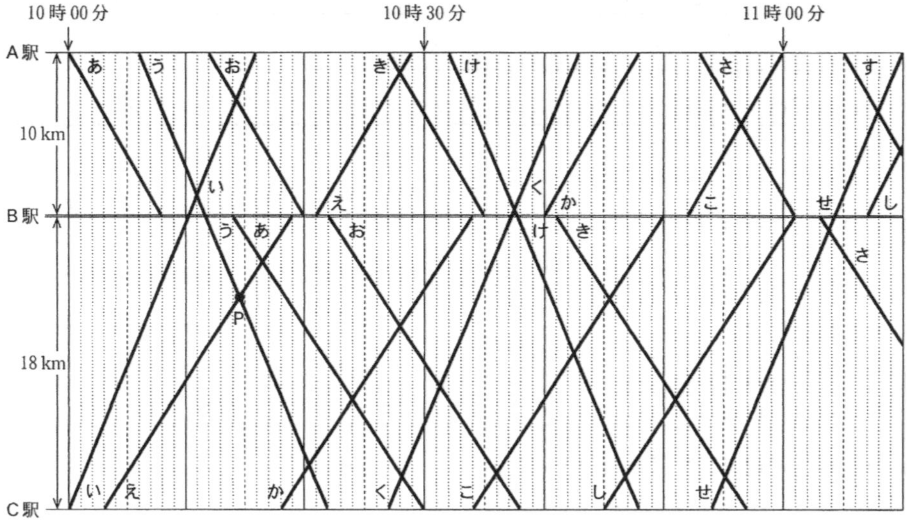

みち：電車**あ**は各駅に停車しますが，電車**う**はどうなっているのですか。

てつ：まず，電車**あ**は各駅に停車するので，各駅停車であり，電車**う**はB駅を通過するので，快速電車です。電車**う**は10時06分にA駅を発車して，B駅で先に発車した電車**あ**を追いこして，C駅に10時22分に到着することになります。

先生：よくわかりましたね。

みち：電車は速さが変わるはずなのに，**図3**では直線で表されています。

てつ：一定の速さで走っていることにして，直線で表しているのですね。

先生：そのとおりです。では，例えば，**図4**のように，A駅を出発して，C駅に到着する電車が，A駅とC駅の間を一定の速さで走っていることにした場合，その速さはいくつになるでしょうか。

図4

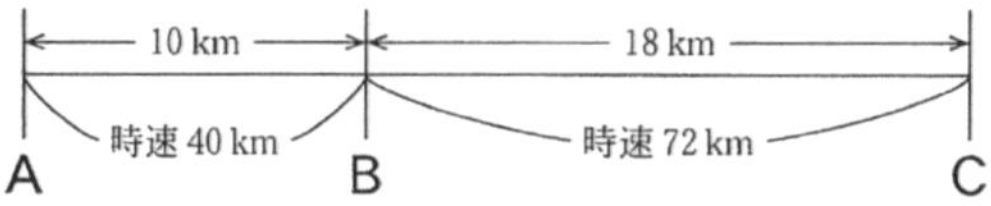

てつ：時速 [エ] kmになります。

先生：よく理解できていますね。

みち：**図3**(前ページ)の直線の交わりは何を示しているのですか。

てつ：直線の交わりは，ある電車が逆向きに進む電車とすれ違(ちが)う時刻と，その場所を示しています。

先生：そのとおりです。

みち：電車に乗っていて逆向きに進む電車とすれ違ったとき，すれ違った電車の速さがものすごく速く感じるよね。

先生：そうですね。電車に乗っている人から見える，逆向きに進む電車の速さは，自分の乗っている電車の速さと，逆向きに進む電車の速さとの和になります。この考え方を使うと，**図3**の電車**う**と電車**え**がすれ違う点Pの時刻と場所を求めることができます。

てつ：なるほど。計算してみます。電車**う**の速さと，逆向きに進む電車**え**の速さとの和は分速 [オ] mとなるので，電車**う**と電車**え**がすれ違う時間は，電車**う**が出発してから [カ] 分 [キ] 秒後になります。

先生：てつさん，すばらしい。

みち：点Pの時刻は，10時06分から [カ] 分 [キ] 秒経過した時刻，点Pの場所は，A駅から [ク] mの場所になりました。

先生：みちさんもすばらしい。

みち：では，電車が運行ダイヤから遅(おく)れてしまった場合はどうしているのですか。

先生：少しの遅れが発生しても，遅れを回復できるような余裕(よゆう)をもって運行ダイヤは設定されています。

みち：そうなのですね。

(2) 次の①～③の問いに答えなさい。

① [エ] にあてはまる数を書きなさい。

② [オ]，[カ]，[キ] にあてはまる数を書きなさい。ただし，時間の求め方については，「分」の小数第2位まで計算し，**例**にならって「分」の小数第2位を四捨五入(ししゃごにゅう)して「秒」を求めること。

例　7.48分は7分30秒となります。

③ [ク] にあてはまる数を書きなさい。

てつ：他の電車の運行ダイヤを変えなければならない遅れが発生した場合は，どうするのですか。

先生：他の電車の運行ダイヤを変えなければならない遅れが発生すると，回復運転と呼ばれる，いくつかの電車の運行ダイヤの調整を行います。

みち：難（むずか）しそうですね。先生，回復運転の計算をしてみたいです。

先生：では，A駅を10時00分出発予定の電車**あ**が，混雑の影響（えいきょう）で5分遅れている状況（じょうきょう）を考えてみましょう。この場合の回復運転のようすを運行ダイヤ上にかきましょう。ただし，次の**回復運転のルール**にしたがうこととします。

回復運転のルール

ⓐ　できるだけ早く遅れを解消させる。
ⓑ　A駅に到着する電車，C駅に到着する電車の，到着する順番は，図3（9ページ）で示されている順番から変えない。
ⓒ　各駅停車の電車**あ**は，C駅に到着後，次にC駅を発車する各駅停車の電車**こ**として，再びA駅へ向かう。
　　快速電車の電車**う**は，C駅に到着後，次にC駅を発車する快速電車の電車**く**として，再びA駅へ向かう。
ⓓ　すべての電車はB駅で折り返しをせず，A駅からC駅，またはC駅からA駅まで向かう。
ⓔ　電車の安全な運行のため，同じ方面行きの電車（快速電車をふくむ）の発車や到着，通過，およびC駅での折り返しの間かくは2分以上とする。
ⓕ　電車の速さは，図3（9ページ）で示されているそれぞれの電車の速さから変えない。
　　各駅停車の電車の，A駅とB駅の間の所要時間は8分間である。
　　各駅停車の電車の，B駅とC駅の間の所要時間は16分間である。
　　快速電車の，A駅とC駅の間の所要時間は16分間である。
ⓖ　予定時刻より早く出発することはできない。
ⓗ　各駅停車の電車のうち，快速電車にぬかれない電車のB駅での停車時間は2分以上とする。
ⓘ　各駅停車の電車のうち，快速電車にぬかれる電車のB駅での停車時間は6分以上とする。

てつ：電車**あ**のA駅出発が5分遅れている場合の回復運転の運行ダイヤを考えました。電車**う**，**お**，**か**（B駅からA駅まで），**く**，**こ**の5本の電車を動かして，［ ケ ］のようにします。

先生：すばらしいですね。よくできました。

みち：算数で学んだことが様々なところで活用されているのですね。

(3)　てつさんが［ ケ ］で示した回復運転のようすを，解答らんの図にかきなさい。ただし，次の**かき方の条件**にしたがうこと。

かき方の条件

・電車の運行のようすは，解答らんの図に，三角定規を使って，ていねいに直線でかくこと。
・次の**例**にしたがって，電車の運行のようすを表す直線の横に，電車の記号をかくこと。

例

・どの駅に，何時何分ちょうど（何時何分00秒）に出発，または到着したかがわかるように，直線を端（はし）までていねいにかくこと。

令和六年度

適性検査　二―二

問題用紙

2024(R6) 千葉県立中
K 教英出版

一　放送で聞いた内容から、次の⑴、⑵の問いに答えなさい。

⑴　まきさんとはるさんが話していた内容を、次の〔図〕のようにまとめました。〔図〕の①～③にあてはまる言葉を、①は、**五字以上、十字以内**で書き、②は、あとの〔**②に使う言葉**〕、③は、あとの〔**③に使う言葉**〕の**ア**～**エ**の中からそれぞれ最も適当なものを一つずつ選び、記号で答えなさい。

〔図〕

〔**はるさんの思い**〕
りくさんとの関係が気まずくなった。
⇩
人は（　①　）とはわかりあえない。

〔**まきさんのアドバイス**〕
わかりあえないと決めつけない方がよい。
なぜなら…
〔**本の内容**〕
人は（　②　）わかりあえない。
⇩
人との関係は（　③　）ものである。

★教英出版注
音声は，解答集の書籍ＩＤ番号を教英出版ウェブサイトで入力して聴くことができます。

〔**②に使う言葉**〕
ア　心から　**イ**　最初からは　**ウ**　どうやっても　**エ**　決して

〔**③に使う言葉**〕
ア　大切にする　**イ**　つながっていく　**ウ**　つくりあげていく　**エ**　変わらない

⑵　まきさんとはるさんが話していた内容をふまえて、あなたがはるさんなら、このあと、りくさんとどのように話し合いを進めていくのか、説明しなさい。ただし、解答らんにあわせて、**二行以内**で書くこと。

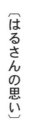

二　次の【1】は、小学六年生のなつさんが授業で読んだ文章です。【2】は、なつさんが、授業のあとに、図書館で見つけた、【1】に関連する文章です。これらを読んで、あとの⑴～⑶の問いに答えなさい。

【1】授業で読んだ文章

「わからない」をスタート地点とすれば、「わかった」はゴールである。スタート地点とゴール地点を結ぶと、「道筋（みちすじ）」が見える。
「わかる」とは、実のところ、「わからない」と「わかった」の間を結ぶ道筋を、地図に書くことなのである。「わかる」ばかりを性急に求める人は、地図を見ない人である。常にガイドを求めて、「ゴールまで連れて行け」と命令する人である。その人の目的は、ただゴールにたどり着くことだけだから、いくらゴールにたどり着いても、途中（とちゅう）の道筋がまったくわからない——だから、人に地図を書いて、自分の通った道筋を教えることができない。「わかった」の数ばかり集めて、しかしその実「なんにもわからない」のままでいるのは、このような人である。

（橋本治（はしもとおさむ）『「わからない」という方法』より）

【2】図書館で見つけた文章

※1カーナビを使うと道順をおぼえることができない。誰（だれ）にでも経験のあることだと思うが、なぜカーナビを使うと道順をおぼえられなくなるのだろうか。
カーナビを使うようになる前、私（わたし）たちは地図を見て、目的地までのルートを決め、その道順をおぼえて、その通りにたどるように集中して運転していた。設定した道順通りにたどるには、途中で目印となる※2ランドマークを見つけなければならない。代表的なランドマークとして交差点や道路の名前、目立つ建物、スーパーマーケット、コンビニ、川にかかる橋等々が考えられる。
たとえば私は今も自家用車にカーナビをつけていないのだが、そのカーナビ無しの私が鎌倉（かまくら）の自宅（じたく）から大船（おおふな）市内のホームセンターに出かけるときは、まず自宅前の坂道をくだって江（え）ノ電極楽寺（でんごくらくじ）駅までたどり、長谷寺（はせでら）前の道を大仏方面にのぼり、〈手広（てびろ）〉という交差点を右折して……という道順をたどる。その際、とても当たり前の話なのだが、私は今あげたようなランドマークを確認しながら現在位置を把握している。鎌倉に引っ越して一年、今でこそ道を記憶しているが、越したばかりで周辺の地理に不案内なときは、外出のたびに道路地図を見て道順を暗記し、自信がないときは車を停めてまた地図を確認していた。地図を見てランドマークになりそうな交差点の名前やコンビニの位置を頭にたたきこみ、それが出てくると、嗚呼おれは今、正しい道にいるようだ、と※3ひとかたならぬ心の平安をえて、さらに目的地にむかって前進する、とこのようなことをひたすら大船までくりかえすわけである。

この一連の作業の過程で私と外界とのあいだで生じているのが、まさに関わりであり、そこから※4開闢する世界そのものだ。

（角幡唯介『そこにある山―結婚と冒険について』より）

※1　カーナビ　……　「カーナビゲーションシステム」の略。自動車に取り付けて、自動車の今いる位置と、目的地までの道順を、動きにつれて画面で示すそう置。

※2　ランドマーク　……　その土地の目印や象ちょうとなる建造物。

※3　ひとかたならぬ　……　ふつうの程度ではない。大変な。

※4　開闢　……　物事のはじまり。

(1)　なつさんの学級は、【1】でいう、「『なんにもわからない』のままでいる」とはどういう状態なのかを、授業で次のようにまとめました。①～④にあてはまる言葉を、①は、【1】より**九字**で**ぬき出して**書き、②は、【1】をもとに自分で考えて、**十字以上、二十字以内**で書きなさい。また、③は、**二字**で、④は、**十字以内**で、それぞれ自分で考えて書きなさい。

〔**授業のまとめ**〕

（　①　）ことさえできればよいと思い、（　②　）状態のこと。つまり、言いかえると、ぎ問に思ったことの（　③　）がわかれば満足なので、そのぎ問の（　④　）わけではなく、結果的に理解が不十分な状態のこと。

(2) (1)をふまえて、なつさんは、【1】でいう、「わかる」状態について、授業でわかりやすい説明を行うために、【2】の文章を資料として使うことにしました。次は、なつさんが作成した、説明文の一部です。①、②にあてはまる言葉を、①は、【2】をもとに自分で考えて書き、②は、【2】より**五字**で**ぬき出して**書きなさい。

〔なつさんの説明文の一部〕

> 【1】でいう、「わかる」状態とは、【2】でいう、地図を使って鎌倉の自たくから大船市内のホームセンターまで行く場合におこると考えました。地図を使うことで（　①　）ので、ホームセンターの場所だけでなく、（　②　）にもくわしくなると思います。つまり、結果としてその土地についての理解が深まっていくことになります。これが、【1】でいう、「わかる」ということに結びついていくと思います。

(3) なつさんは、【1】でいう、「わかる」状態について、今度は、自分の体験をもとにノートにまとめることにしました。なつさんになったつもりで、【2】をふまえて、具体例を挙げながら、【1】の「わかる」状態をくわしく説明しなさい。ただし、次の〔**テーマ**〕の**ア**～**ウ**の中から一つ選び、解答らんに記号を書いてから説明すること。

〔テーマ〕

ア　食べ物について
イ　スポーツについて
ウ　身近な生き物について

※教英出版注
音声は，解答集の書籍ＩＤ番号を教英出版ウェブサイトで入力して聴くことができます。

適性検査２－２　放送用ＣＤ台本

　これから、適性検査２－２を始めます。外側の用紙が解答用紙です。内側に問題用紙があります。内側の問題用紙は、指示があるまで開いてはいけません。
　それでは、外側の解答用紙を開き、受検番号と氏名を書きなさい。

（２０秒後）書き終わったら元どおり問題用紙を挟んで閉じなさい。

（５秒後）
　最初は、放送を聞いて問題に答える検査です。放送はすべて１回だけです。それでは、裏返して「メモらん」と書いてある面を上にしなさい。今から「メモらん」にメモを取ってもかまいません。

（３秒後）
　これから、まきさんとはるさんが話をしているところを放送します。まきさんがはるさんにアドバイスとして伝えている内容に注意して、放送を聞きなさい。

（５秒後）
　では、朗読を始めます。

（３秒後）

まきさん	：どうしたの、はるさん。

【放送

※教英出版注
音声は，解答集の書籍ＩＤ番号を
教英出版ウェブサイトで入力して
聴くことができます。

適性検査２－２　放送用ＣＤ台本

　これから、適性検査２－２を始めます。外側の用紙が解答用紙です。内側に問題用紙があります。内側の問題用紙は、指示があるまで開いてはいけません。
　それでは、外側の解答用紙を開き、受検番号と氏名を書きなさい。

　（２０秒後） 書き終わったら元どおり問題用紙を挟んで閉じなさい。

　（５秒後）
　最初は、放送を聞いて問題に答える検査です。放送はすべて１回だけです。それでは、裏返して「メモらん」と書いてある面を上にしなさい。今から「メモらん」にメモを取ってもかまいません。

　（３秒後）
　これから、まきさんとはるさんが話をしているところを放送します。まきさんがはるさんにアドバイスとして伝えている内容に注意して、放送を聞きなさい。

　（５秒後）
　では、朗読を始めます。

　（３秒後）

まきさん　：どうしたの、はるさん。

【放送

りくさんと話し合いをしたんだけれど、りくさんとぼくの意見が合わなかったんだ。それでりくさんとの関係も気まずくなっちゃってね。意見が違う相手とわかりあうのは無理なんだと思ったよ。

まきさん　：それは困ったね。でもはるさん、まだ無理だと決めつけない方がいいかもしれないよ。この前、はるさんの悩みに役立ちそうな本を読んだよ。その本には、人間関係についてこんなことが書かれていたよ。

「心からわかりあえないんだよ、すぐには」
「心からわかりあえないんだよ、初めからは」

はるさん　：人間関係のことでそんなふうに考えたことなんてなかったよ。まきさん、どういうこと？
まきさん　：私がこの本を読んで思ったことは、１回話し合っただけで意見があうなんてめったにないってことだよ。でも、そんなわかりあえない人同士でも何とかして、共有できる部分を見つけて、少しずつそれを広げていくことならできるかもしれないよ。だからりくさんともう一度話し合ってみたらどうかな。
はるさん　：なるほど。たしかに、人はお互いにわかりあえないこともあるけれど、今の話を聞いたら、りくさんと話し合いがうまくできそうな気がしてきたよ。まきさん、ありがとう。
まきさん　：がんばってね。

（平田オリザ『わかりあえないことから』をもとに作成）

(2秒後)
以上で放送を終わります。それでは、問題用紙を開き、すべての問題に答えなさい。

りくさんと話し合いをしたんだけれど、りくさんとぼくの意見が合わなかったんだ。それでりくさんとの関係も気まずくなっちゃってね。意見が違う相手とわかりあうのは無理なんだと思ったよ。

まきさん　：それは困ったね。でもはるさん、まだ無理だと決めつけない方がいいかもしれないよ。この前、はるさんの悩みに役立ちそうな本を読んだよ。その本には、人間関係についてこんなことが書かれていたよ。

「心からわかりあえないんだよ、すぐには」
「心からわかりあえないんだよ、初めからは」

はるさん　：人間関係のことでそんなふうに考えたことなんてなかったよ。まきさん、どういうこと？

まきさん　：私がこの本を読んで思ったことは、１回話し合っただけで意見があうなんてめったにないってことだよ。でも、そんなわかりあえない人同士でも何とかして、共有できる部分を見つけて、少しずつそれを広げていくことならできるかもしれないよ。だからりくさんともう一度話し合ってみたらどうかな。

はるさん　：なるほど。たしかに、人はお互いにわかりあえないこともあるけれど、今の話を聞いたら、りくさんと話し合いがうまくできそうな気がしてきたよ。まきさん、ありがとう。

まきさん　：がんばってね。

（平田オリザ『わかりあえないことから』をもとに作成）

（2秒後）

以上で放送を終わります。それでは、問題用紙を開き、すべての問題に答えなさい。

三　次の【1】は、学者の今井（いまい）むつみさんが書いた文章、【2】は、詩人の最果（さいはて）タヒさんが書いた文章です。これらを読んで、あとの(1)～(4)の問いに答えなさい。

【1】

お詫び
著作権上の都合により、文章は掲載しておりません。
ご不便をおかけし、誠に申し訳ございません。
教英出版

（今井むつみ『ことばの発達の謎（なぞ）を解く』より）

【2】

お詫び
著作権上の都合により、文章は掲載しておりません。
ご不便をおかけし、誠に申し訳ございません。
教英出版

（最果タヒ「巻末エッセイ」（谷川俊太郎『星空の谷川俊太郎質問箱』所収）より）

(1)　ふみさんは、【1】の「深化と進化」についてまとめる中で、【2】の内容と共通する考え方があることに気づき、次のようにノートに整理しました。①～⑤にあてはまる言葉を、①～④は、下の〔①～④に使う言葉〕の**ア**～**カ**の中からそれぞれ一つずつ選び、記号で答えなさい。また、⑤は、【2】より**五字**で**ぬき出して**書きなさい。なお、同じ番号には同じ言葉が入ります。

〔ふみさんのノート〕

○【1】ことばの意味の「深化と進化」について

ことばの　②　①

↓

日常生活でのやりとり

↓

③

↓

④

〔意味の深化と進化〕（③～④）

○【1】と【2】の共通する考え方

【1】ことばは（　③・④　）するもの

＝

【2】言葉は（　⑤　）もの

〔①～④に使う言葉〕

ア　修正
イ　創造
ウ　練習
エ　発達
オ　発見
カ　会話

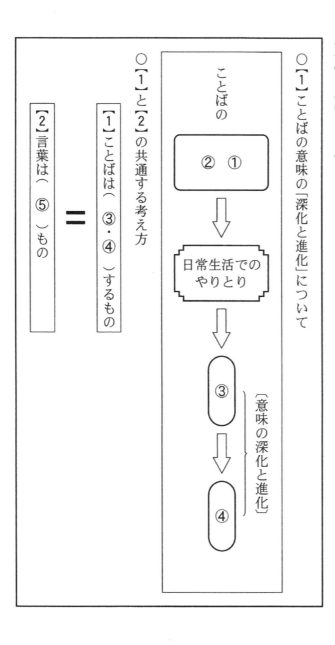

(2) 次は、なつさんとふみさんが、【1】【2】の文章について話し合っている場面です。①にあてはまる言葉を、【2】より**六字**で**ぬき出して**書き、②――線部にあたる、ふみさんがとった行動を、【1】をふまえて、自分で考えて具体的に**十字以上、十五字以内**で書きなさい。また、③にあてはまる言葉を、【2】より**十六字**で**ぬき出し**、その**最初の五字**を書きなさい。

なつ　【1】の「ことば」と【2】の「言葉」は共通点もあるけれど、性質がちがうような気がするよ。
ふみ　うん。【1】の「ことば」は「飛行機」など、自分の外部にある物が例に挙がっているね。でも、【2】では（　①　）「言葉」にも注目しているね。
なつ　そうか。だから【2】は「他人には絶対に伝わらない言葉」について述べているのだね。具体的にはどんな「言葉」だろう。
ふみ　この間、帰り道に見た夕焼けがあまりにきれいだったから、次の日、なつさんに興奮(こうふん)して語ったことを思い出したよ。「すごくきれいだった！」と言ってから、この言い方だとあの感動した「きれい」が伝わっていないと思って、わたしは②<u>【1】に書かれているようなことをした</u>よね。でも、完全には伝わったと思えなくて、もやもやした気分になったよ。いま思うと、夕焼けに感じた「きれい」は【1】の「ことば」ではなく、【2】の「他人には絶対に伝わらない言葉」だったと思う。
なつ　確かに、わたしは、実際にその夕焼けを見ていないから、ふみさんの感動した内容を全てわかったのか自信がないよ。でも、ふみさんがどんなことに心を動かされる人なのかを、知ることができた。ふみさんの新たな一面がわかって、うれしかったよ。
ふみ　ありがとう。いま、なつさんが話してくれたことは、まさに【2】でいう（　③　）ことを指しているね。

(3) (2)の会話文をふまえて、問題二【2】と問題三【2】の共通点を次のように整理するとき、Aにあてはまる言葉を、問題二【2】より、**三字**で**ぬき出して**書きなさい。

問題二【2】…自分からその土地に［　A　］をもとうとする。⇒ 鎌倉の土地について［理解］が深まる。
問題三【2】…伝わらなくても人と［　A　］をもとうとする。⇒ 伝える人について［理解］を深めてもらえる。

(4) あなたの小学校では、他県の小学校との交流会に向けて、学校の魅力を紹介するための「学校の歌」を作ることになりました。あなたはその「学校の歌」の「歌詞作成チーム」の一員として活動します。その活動について、問題**二【1】【2】**、問題**三【2】**の文章をふまえて、次の**ア**、**イ**の〔**条件**〕にしたがって、あなたの考えを書きなさい。

〔**条件**〕

ア 以下の指示にしたがい、二つの段落に分けて書くこと。

一段落目…「歌詞作成チーム」として活動を進めていくときに、あなたがチームのメンバーに提案しようと考える取り組みを、問題**二【1】【2】**の考え方を取り入れて、具体的に書くこと。また、その取り組みを行う理由についても説明すること。

二段落目…問題**三【2】**をふまえて、「歌詞作成」を進めるときに課題になると考えられることを具体的に挙げること。また、その課題を解決するために、どのような対策をしたらよいと考えるのか、具体的に説明すること。

イ 解答らんを**縦書き**で使い、**十五行以上**、**二十行以内**で書くこと。ただし、一行に書く字数は特に指定しない。各段落の先頭は一文字分あけ、正しい文字や言葉づかいで、ていねいに書くこと。

令和５年度

適性検査　１―１

（45分）

（注意事項）

1 「始め」の合図があるまでは，開かないこと。

2 解答らんは，この用紙の裏側に印刷されています。とりはずして使用し，答えは，すべて解答用紙に書きなさい。解答用紙は，半分に折って使用してもかまいません。

3 検査問題は，１ページから11ページまで印刷されています。

検査が始まって，文字や図などの印刷がはっきりしないところや，ページが足りないところがあれば，静かに手を挙げなさい。

4 問題用紙のあいている場所は，下書きや計算などに使用してもかまいません。

5 「やめ」の合図があったら，筆記用具を置き，机の中央に解答用紙を裏返して置きなさい。

千葉県立千葉中学校
東葛飾中学校

令和５年度　適性検査　１―１　解答用紙　※100点満点

答えは，すべてこの解答用紙に書き，解答用紙だけ提出しなさい。　※らんには何も書かないこと。

受検番号		氏　名	

※

1	(1)	あ	賞味期限　令和　　年　　月
		い	賞味期限　令和　　年　　月
	(2)		
	(3)	う	え　5
	(4)	お	
	(5)	か	
	(6)	き	10　15
	(7)	く	10　15
		け	10　15
	(8)	こ	30　40

令和５年度

適性検査　１―１

問　題　用　紙

1 はるさんと妹のあきさんは，「食品の保存」について家族で話をしています。会話文をふまえながら，あとの(1)～(8)の問いに答えなさい。

あき：牛乳パックやおかしのふくろなどには，年月日が書かれているよね。

母　：それは期限表示といって，「ふくろや容器を開けていない状態で，表示された保存方法を守って保存すると，いつまでその食品を食べることができるのか」ということを示しているのよ。

あき：期限表示の「消費期限」と「賞味期限」には，どのようなちがいがあるのかな。

はる：消費期限は，食品の安全が保証されている期限を示しているもので，賞味期限はおいしさが保証されている期限を示しているものだと学校で勉強したよ。最近では，賞味期限として「年月」までしか表示されていないものが増えてきたみたいだよ。**資料１**を見て。

資料１　はるさんが食品の期限表示についてまとめたもの

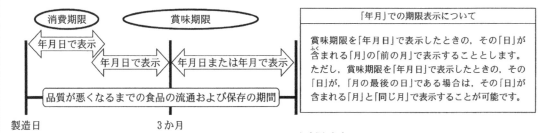

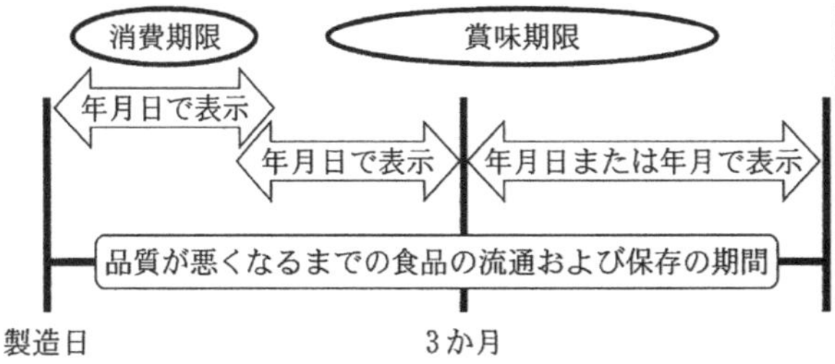

「年月」での期限表示について

賞味期限を「年月日」で表示したときの，その「日」が含まれる「月」の「前の月」で表示することとします。ただし，賞味期限を「年月日」で表示したときの，その「日」が，「月の最後の日」である場合は，その「日」が含まれる「月」と「同じ月」で表示することが可能です。

（資料１　消費者庁「加工食品の表示に関する共通Q&A」より作成）

母　：賞味期限を表示する食品のうち，製造日から賞味期限までが３か月をこえる食品は，「年月」で表示することができるということがわかるね。

あき：つまり，「年月」で賞味期限を表示する場合は，**資料２**のように表示することができるということだね。

資料２　保存の期間が３か月をこえる食品の表示について

年月日表示	年月表示
賞味期限　令和４年12月31日	あ
賞味期限　令和５年１月10日	い

父　：そのとおりだね。年月表示にすることで，捨てられてしまう食品が減るといいね。

(1) **資料２**の［あ］，［い］にあてはまる数を，**資料１**をふまえて，それぞれ書きなさい。ただし，解答らんにしたがって書くこと。

(2) 期限表示についての説明として最も適当なものを，次の**ア**～**エ**のうちから１つ選び，その記号を書きなさい。

ア　食品はすべて，未開ふうかどうかに関わらず，賞味期限内であれば，おいしさが保証されている。

イ　年月日表示の賞味期限を年月表示にすると，賞味期限はすべて短くなる。

ウ　消費期限が過ぎたら，未開ふうの状態で保存方法どおりに保存した場合でも，安全に食べることができなくなる。

エ　消費期限が３か月をこえる食品については，年月表示にしなければならない。

あき：だいぶ前に炊飯器でたいて，冷凍しておいたご飯を，さっき温め直して食べたら，たきたてのご飯に比べて，あまりおいしくなかったよ。

父　：それは，冷凍されるうちに，ごはんに含まれている水分が，氷の結晶※1になって，その結晶が大きくなることで食品へのダメージが大きくなったために，おいしさや栄養が失われてしまったからだね。

はる：では，なぜ市販※2の冷凍食品は，おいしく食べられるのかな。

父　：家庭で食品を冷凍する場合と市販の冷凍食品を作る場合では，冷凍の方法が異なるからだよ。**資料３**を見て。①と②のグラフは，２つの冷凍の方法による温度変化のちがいを表しているよ。どちらが市販の冷凍食品を表しているかわかるかな。

資料３　２つの冷凍の方法による温度変化のちがい

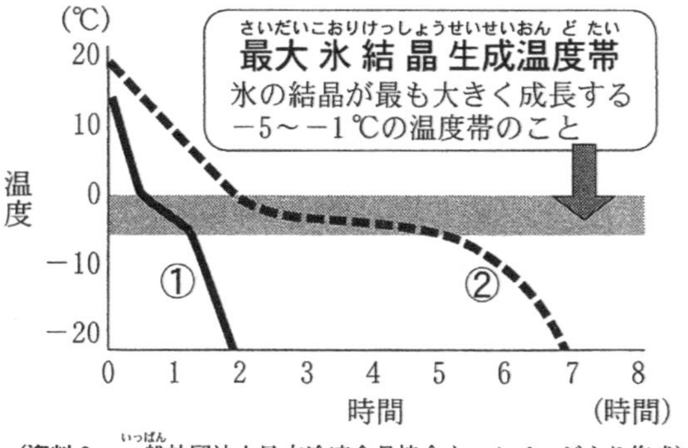

(**資料３**　一般社団法人日本冷凍食品協会ホームページより作成)

はる：[う] だよね。つまり市販の冷凍食品は，工場などで [え] に冷凍させることで「最大氷結晶生成温度帯」にとどまる時間を短くしているんだね。

父　：そうだね。そこが家庭で食品を冷凍する場合とはちがう点だね。−18℃以下に管理されていれば，カビなどが増える心配はないから，安心なんだよ。

※1　結晶：雪や氷などにみられる規則正しい形をしたもの。

※2　市販：広く店で売っていること。

---

(3) [う] にあてはまるものを，**資料３**の①と②のうちから１つ選び，その番号を書きなさい。また，[え] にあてはまる言葉を，**資料３**をふまえて，**５字以内**で書きなさい。

はる：レトルト食品※やかんづめなど，包装を工夫して，長期間の保存ができるように
　　　しているものがあったよ。私たちもよく利用する，レトルト食品やかんづめに
　　　ついて，**資料4**と**資料5**を見つけたよ。

　　※レトルト食品：調理済みの食品をふくろにつめたもの。

資料4　国内のレトルト食品の品目別生産量の割合

| 2010年 | カレー 45.5 % | つゆ・たれ 4.9 % | 料理用調味ソース 11.0 % | パスタソース 10.1 % | その他 28.5 % |
| 2020年 | カレー 42.3 % | つゆ・たれ 13.6 % | 料理用調味ソース 10.9 % | パスタソース 8.7 % | その他 24.5 % |

　　□カレー　▨つゆ・たれ　▥料理用調味ソース　▦パスタソース　■その他

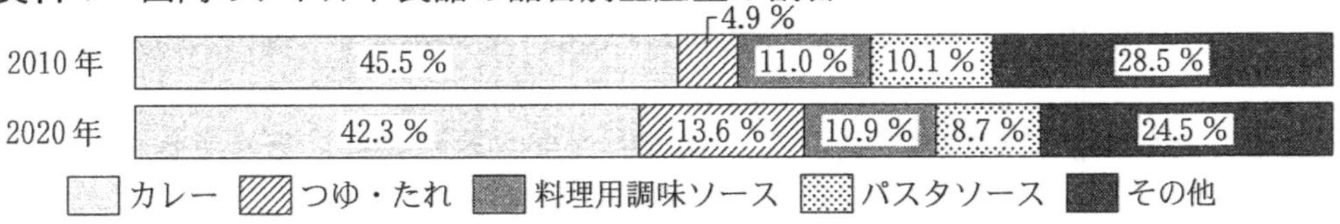

資料5　国内のかんづめ（飲料を除く）の品目別生産量の割合

| 2010年 | 水産 42.3 % | 調理など 19.4 % | 野菜 20.3 % | 果実 15.1 % | その他 3.0 % |
| 2020年 | 水産 47.1 % | 調理など 18.8 % | 野菜 16.2 % | 果実 14.5 % | その他 3.3 % |

　　□水産　▨調理など　▥野菜　▦果実　■その他

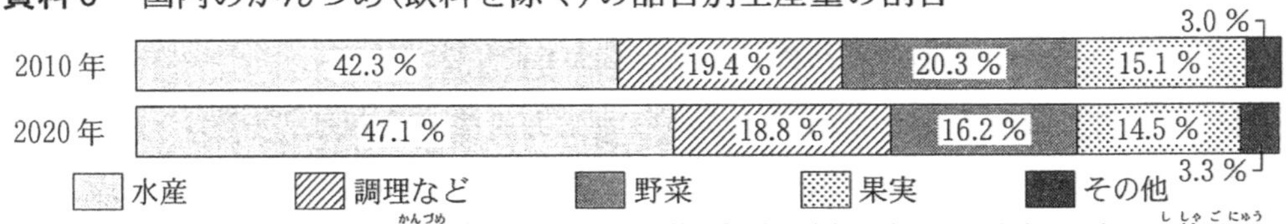

（**資料4**，**資料5**　公益社団法人日本缶詰びん詰レトルト食品協会「国内生産数量統計」より作成。ただし，四捨五入の
関係で合計が100％にならない場合がある。）

あき：**資料4**と**資料5**中の，レトルト食品とかんづめの品目別生産量の割合が最も高い
　　　「カレー」と「水産」を見ると，2010年に比べて2020年の「カレー」は，割合が減っ
　　　ているから生産量も減っていて，「水産」は割合が増えているから生産量も増えて
　　　いるということかな。

はる：そう見えてしまうかもしれないけれど，**資料4**と**資料5**だけでは，生産量の増減
　　　は，判断できないよ。それは，**資料4**と**資料5**に加えて，　**お**　について示さ
　　　れた資料を用いて計算するとわかるよ。

　父：そのとおりだね。それぞれ，品目別に生産量の割合を比べてみると，増えている
　　　ものも減っているものもあるよね。でも実際は，レトルト食品は，すべての品目で
　　　生産量が増えていて，かんづめは，すべての品目で生産量が減っているんだよ。

(4)　　**お**　にあてはまる言葉を，書きなさい。

あき：今のように冷凍，冷蔵技術や包装技術が発達していなかったころは，どうやって食品を長持ちさせていたのだろう。

父　：昔の人が食品を保存するための知恵の１つに，「乾物※1にして保存」するという方法があるよ。

はる：**資料６**を見て。調理実習でみそしるを作ったときに，具として乾燥わかめを使ったよ。

※1　乾物：かわかして，水分を少なくし，長く保存できるようにした食べ物。

資料６　乾燥わかめを使ったみそしるの作り方（４人分）

①なべに，だしじるを入れて火をつける。	②お湯が，ふっとうしたら，乾燥わかめを入れる。	③火を止めて，少しずつみそを入れる。	④再びふっとうしたら，すぐに火を止めて完成。
だしじる （乾燥しいたけと乾燥こんぶ） 800 mL 	乾燥わかめ 小さじ２ 	みそ 大さじ２ 	

あき：４人分を作るのに，乾燥わかめは，小さじ２はいだけで足りるのかな。

父　：たしかにそう感じるね。では，**資料７**と**資料８**を見てごらん。

資料７　みそしるで使用する乾物のもどし率※2

食品名	もどし率
乾燥わかめ	12倍
乾燥しいたけ	4倍
乾燥こんぶ	3倍

資料８　みそしるで使用する食品のかさ密度※3

食品名	かさ密度
乾燥わかめ	0.2
みそ	1.15
水	1

かさ密度が１の場合
大さじ１＝15 g
小さじ１＝5 g

（資料７，資料８　文部科学省「日本食品標準成分表2020」ほかより作成）

※2　もどし率：乾物を水などでもどしたとき，重さが何倍になるかの割合。

※3　かさ密度：さじに入れたある食品の重さを体積で割った値。

はる：か<u>乾燥わかめに比べて，できあがったみそしるの中のわかめは，水分を吸収することで，１人あたり６グラムになるということだね。</u>

母　：水分をぬいて乾燥させた食品は，長持ちするし，水でもどすと少しの量でも，重さもかさも増えるから，とても便利だね。

(5)　下線部**か**について，はるさんは，できあがったみそしるの中のわかめの重さを，どのように求めたのか書きなさい。ただし，**資料６**～**資料８**の言葉や数を使って，求め方の手順を説明すること。

あき：ここまで，長期間の保存ができる食品を見てきたけれど，傷(いた)まないようにするための保存方法には，食品によってちがいがあるのかな。

はる：**資料9**に，家にある食品の箱やふくろに書かれた保存方法をまとめてみたよ。

資料9　はるさんがまとめた食品の保存方法の一部

食品名	冷凍コロッケ	レトルトカレー	カップめん	さばのかんづめ	チョコレート
保存方法	−18 ℃以下で保存すること。	直射日光(ちょくしゃにっこう)を避(さ)けて，常温保存※1すること。	においが強いもののそばや直射日光を避けて常温保存すること。	直射日光や高温(こうおん)多湿(たしつ)※2を避け，常温，暗所で保存すること。	28 ℃以下のすずしい場所で保存すること。

※1　常温保存：とくに温めたり冷やしたりせずに，保存すること。

※2　高温多湿：温度が高く，湿気(しっけ)が多いこと。

あき：食品が傷まないようにするために，いろいろな方法があるんだね。つまり，できるだけ食品を長持ちさせるためには，［　き　］で保存するということが大切なんだね。

(6)　［　き　］にあてはまる言葉を，**10字以上15字以内**で書きなさい。

はる：ところで，長期間の保存ができる食品でも，保存して使わないまま賞味期限が切れてしまい，捨てられてしまうことはないのかな。

母　：前に，災害時の備えとして，買って保存しておいた，水や乾パン，アルファ米※などの非常食を，食べずに捨ててしまったことがあったよ。賞味期限は，5年や10年と長期間だったけれど，しまいこんだままだったのよ。

あき：私たちの家で乾パンやアルファ米などの非常食は，一度も食べたことがないよね。

はる：そうだね。ところで，私たちの家の非常食って，どんなふうに保存しているの。

母　：非常食は，7日分あるとよいとされているから，私たちの家でも，家族4人分の非常食を物置や勝手口のすみなどに，非常食置き場を作って保存しているよ。

はる：非常食は，日ごろあまり確認(かくにん)しない場所に置いてしまうから，使わないまま賞味期限が切れたことにも，気づきにくいかもしれないね。

父　：そうならないための方法の1つとして，日ごろから食べている食品を活用する「ローリングストック法」というものがあるよ。**資料10**と**資料11**を見て。

※アルファ米：たいた後に乾燥させたご飯で，水やお湯を加えるだけで食べることができる。

資料10　ローリングストック法

	ローリングストック法
備える食品例	非常食用の特別な食品ではなく，日ごろから食べている，カップめん，レトルトご飯，レトルトカレー，さばのかんづめ，フルーツかんづめや飲料水などの「日常食品」が中心。災害時にも使用できる，すぐに食べたり飲んだりできるもの。
保存場所	キッチンなど，目につきやすくて，管理のしやすい場所。

令和５年度

適性検査　１―２

（45分）

（注意事項）

1 「始め」の合図があるまでは，開かないこと。

2 解答らんは，この用紙の裏側に印刷されています。とりはずして使用し，答えは，すべて解答用紙に書きなさい。解答用紙は，半分に折って使用してもかまいません。

3 検査問題は，１ページから11ページまで印刷されています。

検査が始まって，文字や図などの印刷がはっきりしないところや，ページが足りないところがあれば，静かに手を挙げなさい。

4 問題用紙のあいている場所は，下書きや計算などに使用してもかまいません。

5 「やめ」の合図があったら，筆記用具を置き，机の中央に解答用紙を裏返して置きなさい。

令和５年度　適性検査　１―２　解答用紙

※100点満点

答えは，すべてこの解答用紙に書き，解答用紙だけ提出しなさい。

※らんには何も書かないこと。

受検番号		氏　名	

※

1	(1)	①	ア	回り	3
		②	イ		3
			ウ		3
		③	エ		4
	(2)	①	オ	秒速　　m	3
		②	カ	度	3
		③	キ	秒	3
			（理由）		4
		④	ク		4
		⑤	ケ		8
	(3)	①	コ	秒	3
		②			9

2	(1)	①	ア				2点
			イ		ウ		完答 3点
			エ		オ		完答 3点
		②	カ				3点
		③	キ				完答 5点
	(2)	①	ク		ケ		
			コ		サ		2点 ×6
			シ		ス		
		②	セ				7点
	(3)	①	ソ		タ		完答 3点
			チ		ツ		2点 ×2
		②	テ				8点

資料 11　ローリングストック法のイメージ

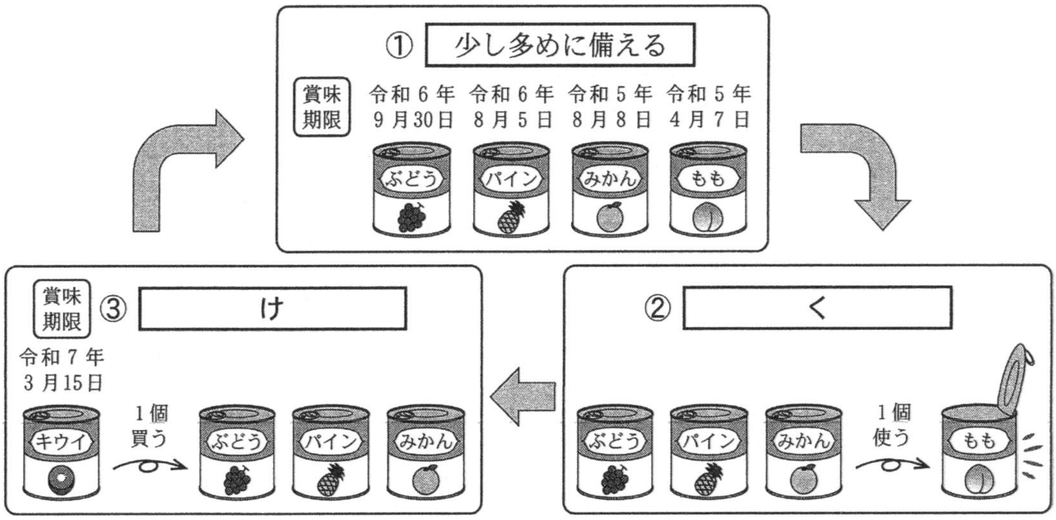

はる：日ごろから食べている食品について，「①少し多めに備える」「② く 」「③ け 」をくり返すことで，賞味期限切れになってしまう食品を減らすことができるという利点があることがわかるね。

あき：**資料** 10 と**資料** 11 を見ると，私たちの家でも，ローリングストック法を用いて「日常食品」を定期的に活用することで，他にも こ という利点があると思うよ。

はる：せっかく長期間の保存ができる食品が作られても，保存方法や利用方法を知らなかったり，まちがったりすることで，食品をむだに捨ててしまうことになってしまうね。

母　：そうだね。私たちも食品の保存方法や利用方法について見直していこうね。

(7)　 く ， け にあてはまる言葉を **10 字以上 15 字以内**で書きなさい。

(8)　 こ にあてはまる言葉を書きなさい。ただし，ローリングストック法を活用することで，はるさんの家にどんな利点があるか，次の①と②の指示にしたがって書くこと。

①　はるさんの家での，非常食の保存や利用についての課題が，ローリングストック法を活用することで，どのように改善(かいぜん)されるかを書くこと。

②　句読点を含めて，**30 字以上 40 字以内**で書くこと。

2 うみさんたちは，けい示用のポスター作成をきっかけに「デザインすること」について調べることにしました。会話文をふまえながら，あとの(1)～(8)の問いに答えなさい。

あお：最近，そうじ用具を，決められた場所に片付(かたづ)けない人がいて困(こま)ったよ。
うみ：そうだよね。そこで，**資料１**の①を②のように，美化委員会のポスターのデザインを，見やすく作り直してみたよ。

資料１　うみさんが作った美化委員会のポスター

①修正前

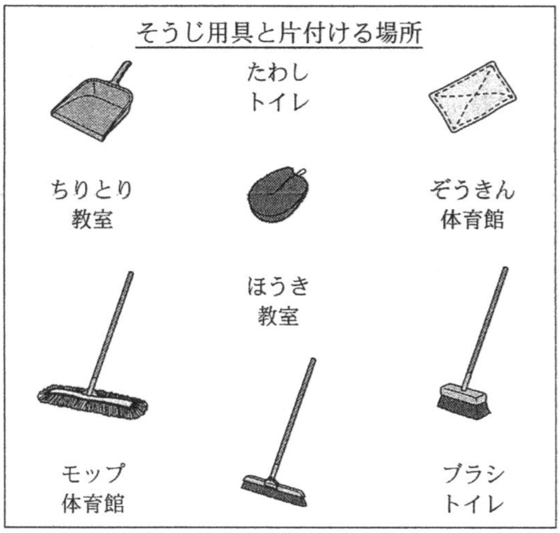

②修正後

あお：**資料１**の②を見ると，①と比べてどのそうじ用具を，どこに片付ければよいかが，わかりやすくなったね。
先生：見る人のことを考えて，工夫(くふう)できていますね。デザインには，**資料２**のような原則があります。うみさんは，４つの原則のうちの３つを取り入れたのですね。

資料２　デザインの４原則

まとめる

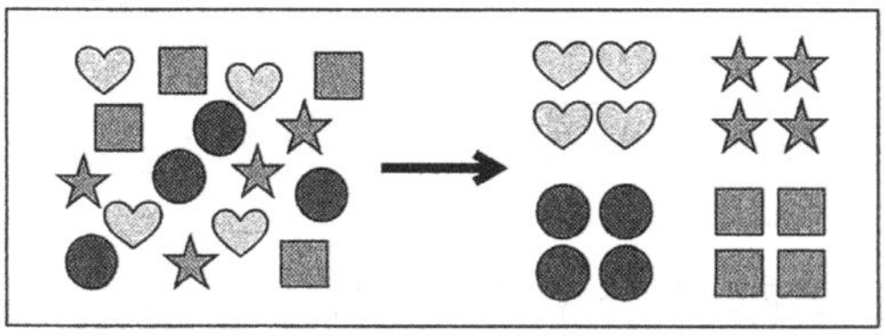

強調する

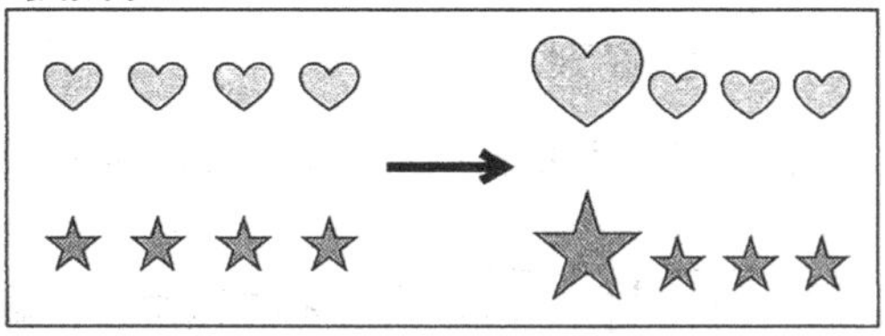

整列する

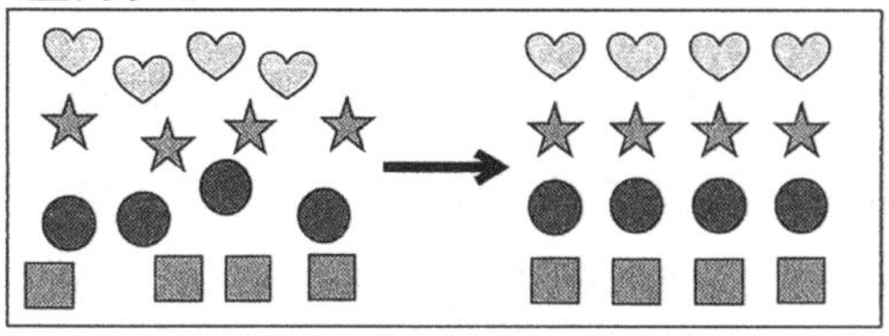

くり返す

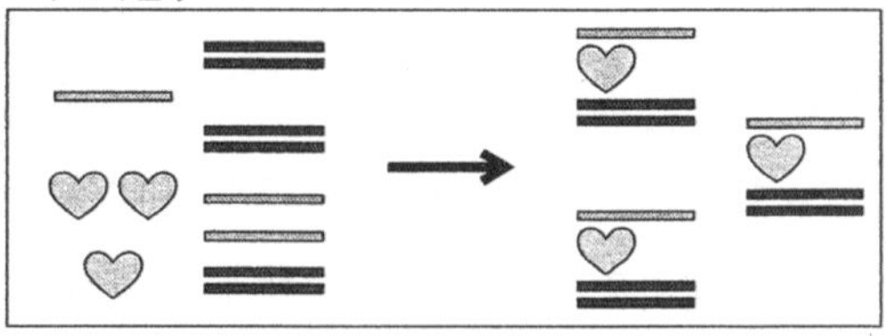

うみ：さらに，４つ目の原則も取り入れて，［　あ　］ことで，修正してみます。
りく：他にも役に立ちそうな，デザインによる効果を調べてみよう。

(1) [あ] にあてはまる言葉を，**10字以上15字以内**で書きなさい。ただし，解答らんにしたがい，うみさんが取り入れる4つ目の原則を1つ選び，○をつけること。

うみ：デザインによる効果を調べていたら，**資料3**を見つけたよ。**資料3**の①～③のそれぞれで，うさぎを探(さが)してみて。

資料3　デザインの効果による，うさぎの見つけやすさの比較(ひかく)

①効果なし　②トンネル効果　③矢印効果

りく：**資料3**の②と③は，うさぎにすぐ目がいくから，①よりうさぎを見つけやすいね。

先生：これらのデザインの効果によって，なぜうさぎに目を向けさせることができるか，わかりますか。

あお：トンネル効果は全体を暗くし，[い] ことで，矢印効果は，[う] ことで，それぞれ視線(しせん)の動きをコントロールしているからです。

りく：「デザインすること」の意味には，「見た目を整えたり，形を作ったりすること」だけではなく，作る人から見る人に対して，「[え] ことを明確に表すこと」も含(ふく)まれているんですね。

先生：そのとおりです。みんなが学校で使っている，身近なもののデザインにも，注目してみましょう。

(2) [い]，[う] にあてはまる言葉を，それぞれ**10字以上15字以内**で書きなさい。ただし，**資料3**をふまえて，書くこと。

(3) [え] にあてはまる言葉を，**資料1**～**資料3**をふまえて**5字以内**で書きなさい。

りく：えん筆のデザインについて，調べてみたよ。私（わたし）たちが使っているえん筆は，もともと黒（こく）えんを手でつかんで，目印を書いたことが始まりみたいだよ。
うみ：黒えんとは何ですか。
先生：黒えんとは，地中からほり出される，くずれやすい性質の黒い石のようなもので，こすりつけると線が書けます。えん筆のしんの材料になっています。
あお：**資料4**を見て。えん筆が今のデザインになるまでの過程をまとめてみたよ。

資料4　現在のえん筆ができるまでの過程

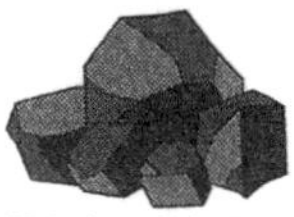
黒えんのかたまり

細くして糸を巻いた黒えん

現在のえん筆

①　困っていることを聞く	手がよごれる。
②　[お]	手をよごさずに書きたい。
③　[か]	持つところを作ればよい。
④　具体的なデザインを示す	糸を巻（ま）くこと。

①　困っていることを聞く	かたまりの黒えんが足りない。
②　[お]	こなごなの黒えんも使いたい。
③　[か]	こなごなの黒えんを固めればよい。
④　具体的なデザインを示す	固めた黒えんのしんを木で包むこと。

うみ：**資料4**から，使う人や作る人が，困っていることを解決するために，まず，[お]，次にそれをもとに[か]ことによって，具体的なデザインを示してきたということがわかりますね。
先生：そのとおりです。えん筆はだれもが手軽に書けるように作られてきたのですね。
あお：えん筆には六角形が多いけれど，三角形や丸型のデザインもあります。どうしていろいろなえん筆があるのですか。
先生：三角形のえん筆は，小さい子でも正しい持ち方でしっかりと書けるように，丸型のえん筆は，絵をかきたい人が，自由にいろいろな持ち方で，えん筆を持つことができるように，それぞれ作られています。
うみ：つまり，えん筆を例に考えると，使う人や作る人のさまざまな考えが，デザインの対象となる「もの」の[き]ことのきっかけとなった，ということですね。

(4)　[お]，[か]にあてはまる言葉として最も適当なものを，次の**ア**～**エ**のうちから，それぞれ１つずつ選び，その記号を書きなさい。
ア　解決したいことをとらえる
イ　原因を追究する
ウ　改善（かいぜん）の方向性を決める
エ　特ちょうを整理する

(5)　**資料4**と会話文をふまえて，[き]にあてはまる言葉を，**5字以上10字以内**で書きなさい。

うみ：えん筆の例から考えると，「使う人や作る人の考え」が，デザインを具体化させるための，よい着眼点になったと言えますね。

りく：つまり，解決策(かいけつさく)につながる目の付け所ですね。さまざまな意見から重視(じゅうし)する点をしぼり，「デザインしたものを使う人や作る人が，必要としていること」を考えるのですね。

先生：そう考えると「デザインする対象」を「もの」だけでなく，「仕組み」として考えることもできます。そこで，ある仕組みについて改善(かいぜん)を図(はか)る過程を，**資料５**の例で考えてみましょう。

資料５　デザインを考えるときの過程を使って仕組みを改善する例

手順	①共感	②問題定義	③創造(そうぞう)	④試作	⑤改善
要点	困っていることを挙げる。	求められていることを考える。	根本的な課題をとらえ，解決方法を考える。	試作をくり返し，評価を受ける。	実際の場面で評価を受ける。
改善の過程	さまざまな立場の人から，具体的な意見を出してもらい整理する。 出された意見	出された意見から，人びとの「ねらいや実現のための考え」を想像し，複数の着眼点をもつ。 ↓ 着眼点A 着眼点B　着眼点C	仕組み全体を見通し全ての着眼点を満たす解決方法を考える。 着眼点A　着眼点B　着眼点C → 仕組みを改善するための根本的な課題 ↓ 解決のアイデア	試作した新しい仕組みを提案し，評価を受ける。 試作Ⅰ　評価△ ↓ 試作Ⅱ　評価△ ↓ 試作Ⅲ　評価○	試作Ⅲを実際の場面に合わせてテストする。 試作Ⅲ　実際の場面での評価○ ↓ 新しい仕組み

あお：**資料５**では，まず，さまざまな立場の人から出された意見を整理し，その中にある考えから人びとの［く］をくみ取って問題を定義することで，複数の着眼点をもったことがわかります。次に，仕組み全体を複数の着眼点から［け］的に考え，根本的な課題の解決に向け，解決のアイデアを練り，さらに，評価を受けながら試作をくり返すのですね。最終的に，実際に使う人に，高く評価された試作から，新しい仕組みができあがるということですね。

うみ：「仕組み」をデザインするには，関わる人びとが［こ］できるような新しい仕組みにすることが重要なのですね。

先生：よく考えられましたね。では，こうした考え方による，仕組みの改善についての具体例を見てみましょう。

(6)　［く］～［こ］にあてはまる言葉を，それぞれ３**字以内**で書きなさい。

りく：**資料5**の考え方をもとに，自治体が，**資料6**のように行政サービスの改善を図った取り組み例を見つけました。

先生：**資料6**の行政サービスとは，住民の申込み（もうしこみ）に対して自治体などが，書類を交付（こうふ）※するなどのサービスを提供（ていきょう）することです。

※交付：役所などが，書類やお金などをわたすこと。

資料6　行政サービスの改善例

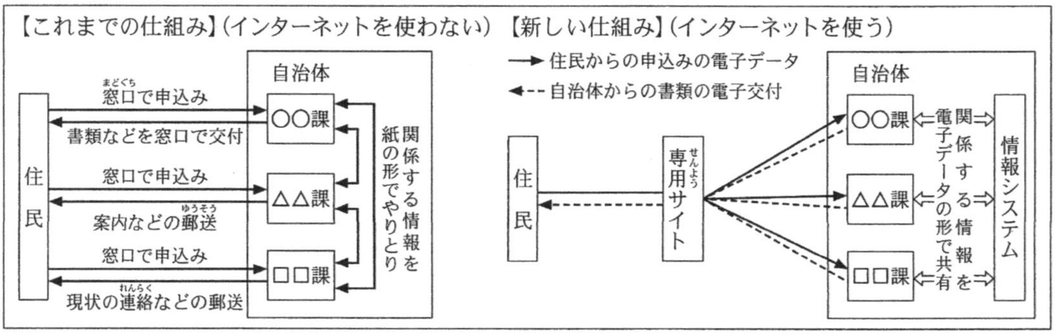

先生：**資料6**の【新しい仕組み】では，書類を必要とする住民が自宅（じたく）のパソコンなどを使って入力した申込みの電子データは，専用（せんよう）サイトをとおして自治体に送られます。自治体は，申込みに対して，情報システムから取り出した情報をもとに，書類を作成し，電子交付という形で，専用サイトをとおして住民に提供します。

あお：インターネットを使って，電子データでやりとりすることで，［さ］ことができるように，解決を図ったということですね。

りく：**資料6**の【これまでの仕組み】で読みとれる，住民の申込みの負担（ふたん）と，自治体の各課の間でのやりとりの負担が，仕組みの改善のためのよい着眼点になっていますね。

先生：そのとおりです。みなさんの身近にも，改善すべき仕組みはありますか。

りく：先日，学年全体で実施（じっし）した「クイズ大会」の運営が大変だったので，次の「クイズ大会」に向けて改善を図ろうと考えているところです。

うみ：そこで，出された意見をもとに，根本的な課題を設定し，**資料6**をふまえて，それらを改善できる「解決のアイデア」を，**資料7**のようにまとめました。

資料7　クイズ大会をしたときの課題などのまとめ

出された意見	着眼点	根本的な課題	解決のアイデア
紙の解答用紙の配付に時間がかかった。 ルールの説明をする時間が長かった。	一つのことにかかる時間。	［す］する仕組みの改善。	［せ］
解答用紙に学級名のらんがなくて，整理に困った。 集めた解答用紙の点数の集計方法が複雑だった。	［し］。	解答用紙を確認（かくにん）する仕組みの改善。	

先生：よく考えられています。出された意見を，具体的にどのように解決できるか，よくわかるアイデアです。次回に向けて，仕組みを試作し，改善を図りましょう。

(7)　［さ］にあてはまる言葉を書きなさい。ただし，解答らんにしたがい，それぞれ**5字以内**で書くこと。

(8)　［し］～［せ］にあてはまる言葉をそれぞれ書きなさい。ただし，［し］，［す］は**10字以上15字以内**で，［せ］は解答らんにしたがい，それぞれ書くこと。

うみさんが取り入れる ４つ目の原則	まとめる ・ 強調する ・ 整列する ・ くり返す	
(1)	あ				完答 4点
(2)	い				4点 ×2
	う				
(3)	え				4点
(4)	お		か		完答 4点
(5)	き				4点
(6)	く				2点 ×3
	け				
	こ				

(7) さ 　住民は ☐ が１回ですみ，自治体は ☐ を減らす　　完答 4点

(8) し / す　　4点 ×2

(8) せ
| | することで |
| ☐ |
| | ように解決をはかる。 |

完答 8点

令和５年度

適性検査　１―２

問　題　用　紙

1　けいさんとゆきさんは，私たちの住む地球について先生と話をしています。会話文をふまえながら，あとの(1)～(3)の問いに答えなさい。

けい：宇宙から撮影した地球の写真（**図１**）から，私たちが住んでいる地球は丸いことがわかるけれど，実際に地面に立っていても，丸いと感じることはあまりないよね。

ゆき：宇宙から地球を撮影できなかった頃の人は，地球が丸いことをどのように調べたのかな。

先生：昔の人は，身の回りのさまざまな事実から地球が丸いことを調べました。例えば，夜空の北極星の見え方です。日本の北の夜空では，北極星を中心に他の星が反時計回りに動いているように見えることは学習しましたね。その理由は，地球がコマのように回転していて，**図２**のように，北極星は地球が回転する軸（北極と南極を結んだ線）を真北に延ばした線の先の方向にあるためです。

ゆき：日本の北の夜空では，北極星を中心に他の星が反時計回りに動いているように見えるということは，地球は北極星から見て，［ア］回りに回転をしているということですね。

先生：そのとおりです。それでは，日本ではなく，北極や赤道上で夜空の北極星を観察した結果をまとめた**図３**を見てください。北極や赤道上で，地上の同じ高さから観察したら，北極星を見上げる角度はどうなるか，**図３**を使って考えてみましょう。北極星を見上げる角度については，地上の平らな面と平行な角度を０度とします。

けい：赤道上の北の夜空では，［イ］と考えました。また，北極では，［ウ］と考えました。

図１

（気象庁ホームページより引用）

図２

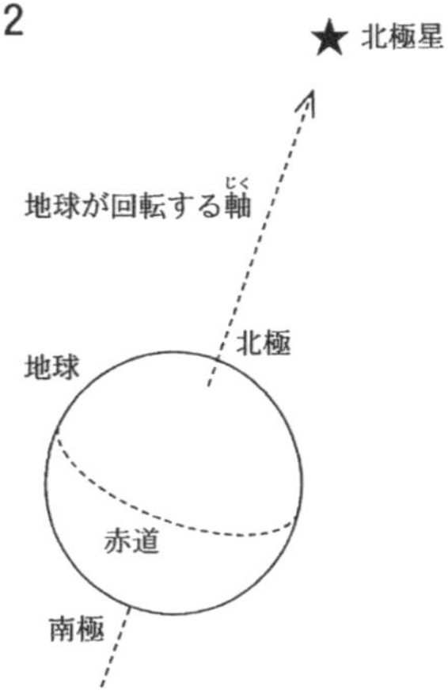

図３

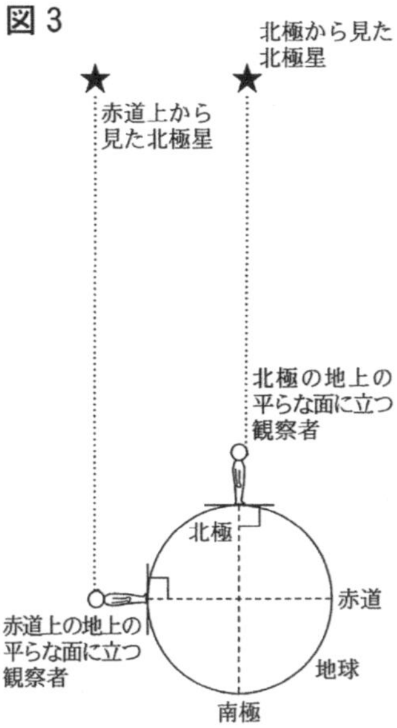

先生：よくわかりましたね。これらの北極星の見え方が，地球が丸い証拠(しょうこ)の１つとなります。地球が丸くなく，平らな面であった場合，北極星は，同じ方向で，見上げる角度が等しくなるように見えますからね。

ゆき：難(むずか)しいですね。**図３**(１ページ)の，赤道上から見た北極星の★が，地球が回転する軸を真北に延ばした線の先の方向にかかれていないのはなぜですか。また，地球が平らな面であった場合，北極星が同じ方向で，見上げる角度が等しくなるように見える理由がわかりません。

けい：ゆきさん，どちらの理由も同じで，北極星が［ エ ］ためです。**図４－１**，**図４－２**の，地球から北極星へ向かう線上にある「■」「○」，観察者から見た北極星を表す「★」との位置の関係を考えれば，どちらの理由も説明できますよ。

図４－１

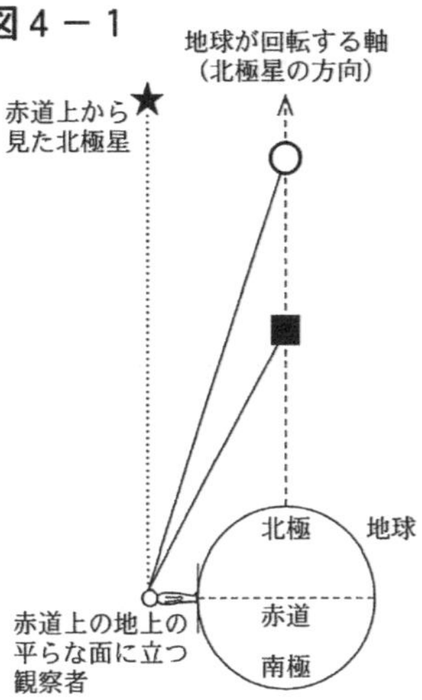

図４－２

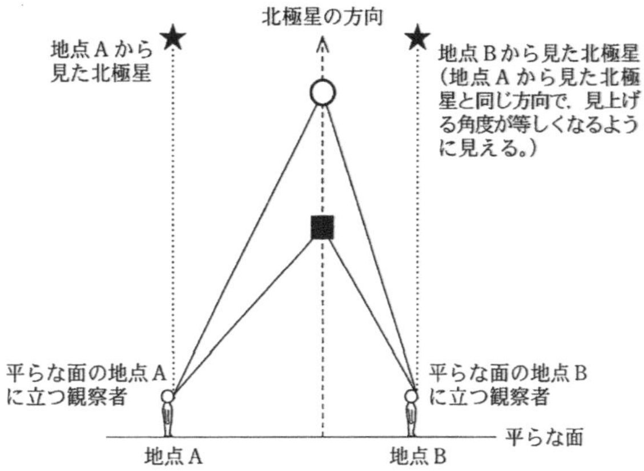

先生：けいさん，よく気がつきましたね。

ゆき：なるほど。地球上の異(こと)なる場所での北極星の見え方のちがいが，地球が丸い証拠の１つとなる理由がよくわかりました。

(1) 次の①～③の問いに答えなさい。

① ［ ア ］にあてはまる言葉を書きなさい。

② ［ イ ］，［ ウ ］にあてはまる言葉を，次の**あ**～**え**のうちからそれぞれ１つずつ選び，その記号を書きなさい。

あ　北極星を見上げる角度は日本と同じである

い　北極星を見上げる角度は日本より大きくなる

う　北極星を見上げる角度は日本より小さくなる

え　北極星はまったく見えない

③ ［ エ ］にあてはまる言葉を書きなさい。

けい：私たちがわかったつもりでいることは，他にもたくさんありますよね。例えば，地球の半径を6370 km，1日24時間で地球が1周まわる(自転)と考えると，赤道上に立っている人は，秒速 **オ** mでとても速く動いていることになります。でも，私は，地球の自転を実感したことはありません。

先生：たしかに地球の自転を実感することは難しいです。地球の自転の証拠となったのは，君たちが学習した振(ふ)り子です。

けい：そういえば，先日，博物館に行ったときに，天井(てんじょう)から長くて大きな振り子がつるされているのを見ました。

先生：それは地球の自転の証拠となった振り子ですね。実験で確認(かくにん)してみましょう。

［**実験Ⅰ**］

回転している台に取りつけた振り子の動きを観察する(**図5**)。

図5

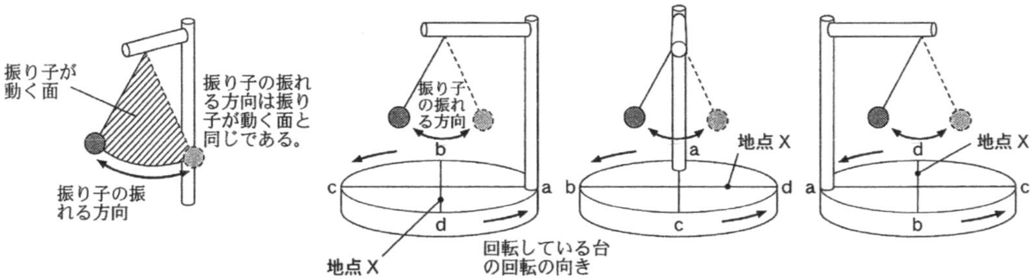

Bは，台がAから90度回転したとき，Cは，台がAから180度回転したときのようすである。

けい：［**実験Ⅰ**］について，振り子の振れる方向の変化を，回転している台の外から，同じ場所で観察すると，台は回転しても振り子の振れる方向は変わりませんね。

先生：よく気がつきましたね。これは地球の自転の証拠につながる振り子の大事な性質です。さらに考えてみましょう。回転している台の上にある**地点X**から，振り子の振れる方向の変化が観察できたとするとどのように見えるでしょうか。

ゆき：台が**図5**の**A**からちょうど1周まわったとき，回転している台の上にある**地点X**から観察すると，振り子の振れる方向が，**図5**の**A**に比べて **カ** 度回転しているように見えると考えました。

先生：そのとおりです。では，回転している台に取りつけた振り子の動きのまとめとして，振り子が1往復するのにかかる時間(**条件1**)と回転している台が1周まわるのにかかる時間(**条件2**)の2つの条件のみを変化させたときにどうなるのか，コンピュータを使って調べてみましょう。

ゆき：どのように調べたらよいでしょうか。

条件１

振り子が１往復するのにかかる時間
２秒
４秒
６秒
８秒

条件２

回転している台が１周まわるのにかかる時間
４秒
８秒
12秒
16秒
20秒
24秒
28秒

先生：振り子が振れているようすを真上から記録しましょう。**図６**は台のａとｃの方向に振り子が振れているようすを太線━━で表しています。

ゆき：振り子の動きがわかりやすくなりますね。

けい：**条件１**と**条件２**を設定し，回転している台がちょうど１周まわったときまでを記録すると，**図７**のようになりました。

ゆき：振り子の**条件１**が２秒であったとき，**図７**のようになる回転している台の**条件２**は **キ** 秒になりますね。

先生：そのとおりです。では，回転している台のまわる速さを変えずに，振り子の糸の長さを長くしたら，**図７**と比べて，振り子が振れているようすの記録は，どのように変わりますか。

けい：**図７**と比べて **ク**

先生：よく理解できましたね。まとめとして，ケ<u>[**実験Ⅰ**]をもとにして地球の自転の証拠を調べるための方法を説明</u>してみましょう。

図６

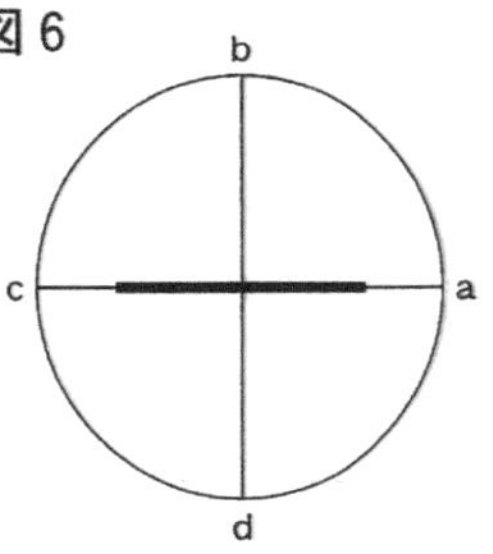

図７

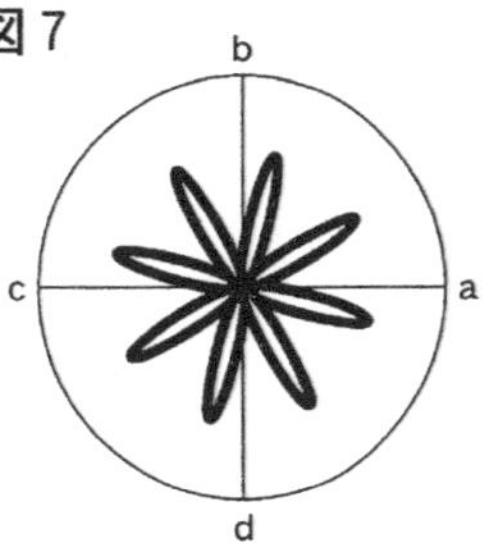

⑵　次の①～⑤の問いに答えなさい。

①　**オ** にあてはまる数を書きなさい。ただし，地球は球であることとする。また，円周率は３とし，**オ** は小数第一位を四捨五入（ししゃごにゅう）して，整数で書きなさい。

②　**カ** にあてはまる数を書きなさい。

③　**キ** にあてはまる数を書きなさい。また，そのように考えた理由を書きなさい。

④　**ク** にあてはまる説明を書きなさい。

⑤　下線部**ケ**について，[**実験Ⅰ**]からわかることにふれながら，実際に地球で調べなければならないことの説明を書きなさい。

けい：地球に住んでいて，私たちがわかったつもりでいることを，身近なものを利用して調べる方法は，他にもあるのかな。

先生：そうですね。実験をして，その結果から地球の周りの長さ（円周）を求めて，地球の大きさを実感してみるのはどうですか。

ゆき：おもしろそうですね。やってみましょう。

［実験Ⅱ］

［方法］

ⓐ　運動場で方位磁針を使って方位を調べる。

ⓑ　自分自身の歩幅を調べるために，運動場を同じ歩幅でまっすぐ 20 歩歩き，その長さをメジャーで測る。

ⓒ　**図 8** のように，**地点 A** から北へまっすぐに，ⓑと同じ歩幅で 120 歩進んだ場所を**地点 B** とした。

ⓓ　GPS 装置※で，**地点 A**，**地点 B** の緯度と経度を調べる。

ⓔ　ⓑとⓓの結果から地球の周りの長さ（円周）を求める。

※GPS 装置：グローバル・ポジショニング・システムの略称。現在地の緯度，経度を調べることができる装置。

図 8

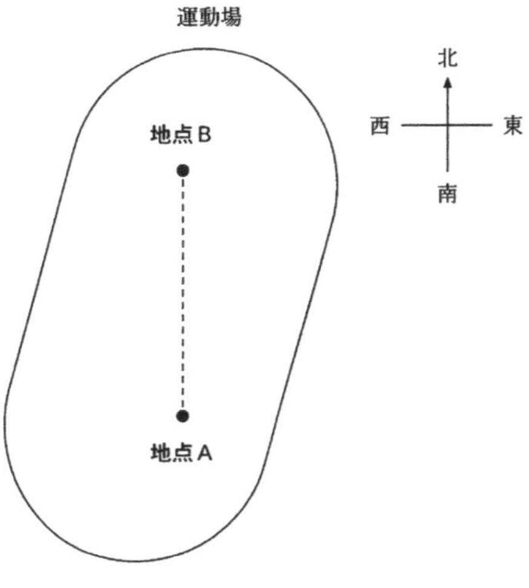

［結果］

ⓑ　13.0 m

ⓓ　**地点 A**　緯度　北緯 35 度 38 分 45.69 秒　経度　東経 140 度 07 分 10.32 秒

　　地点 B　緯度　北緯 35 度 38 分 48.20 秒　経度　東経 140 度 07 分 10.32 秒

令和５年度

適性検査　２―１

（45分）

（注意事項）

1　「始め」の合図があるまでは，開かないこと。

2　解答らんは，この用紙の裏側に印刷されています。とりはずして使用し，答えは，すべて解答用紙に書きなさい。解答用紙は，半分に折って使用してもかまいません。

3　検査問題は，１ページから11ページまで印刷されています。

　検査が始まって，文字や図などの印刷がはっきりしないところや，ページが足りないところがあれば，静かに手を挙げなさい。

4　問題用紙のあいている場所は，下書きや計算などに使用してもかまいません。

5　「やめ」の合図があったら，筆記用具を置き，机の中央に解答用紙を裏返して置きなさい。

令和５年度　適性検査　２―１　解答用紙　※100点満点

答えは，すべてこの解答用紙に書き，解答用紙だけ提出しなさい。　※らんには何も書かないこと。

受検番号		氏　名	

※

1	(1)	①	ア			
			イ			
		②	ウ			
		③	エ			
	(2)	①	オ	m	カ	m
			キ	m	ク	m
		②	ケ		コ	m
			サ	m	シ	m
		③				
	(3)	ス				

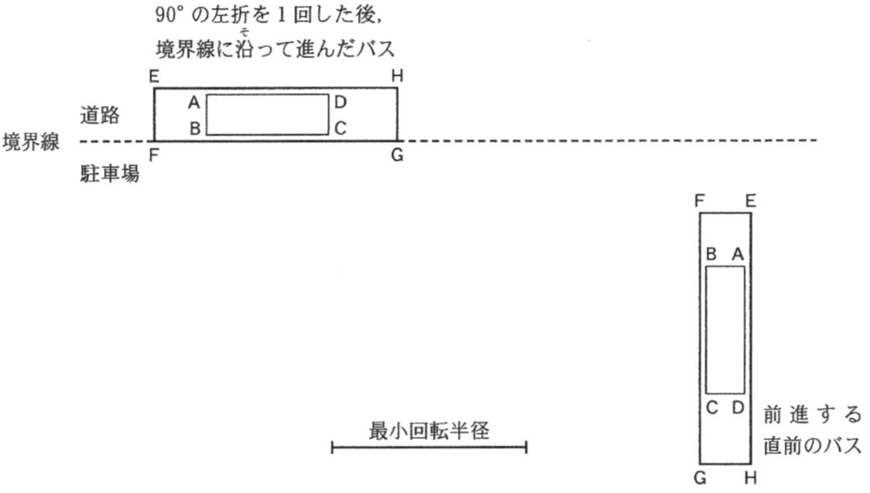

大問	小問			解答欄				配点
2	(1)	①	ア	Aから出たテグス	A →		→ ●	完答6点
				Fから出たテグス	F →		→ ●	
		②	イ	9個	本	a個	本	4点×2
		③	ウ	図7 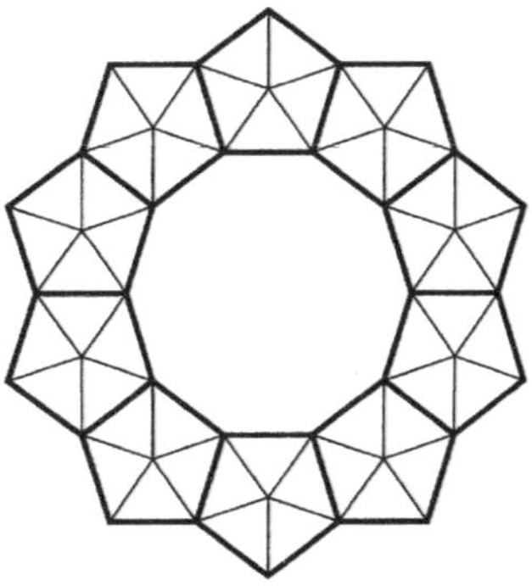				8点
	(2)	エ						完答6点
	(3)	①	オ					6点
			カ					4点
		②						12点

けい：これだけの[**結果**]から地球の周りの長さ(円周)を求めることができるのかな。

ゆき：緯度と経度の35度，140度はわかるのですが，38分や45.69秒とはどういうことですか。

先生：２人とも角度の単位は度で表すことは知っていますね。度よりも小さい角度を分や秒を使って表します。１度は60分，１分は60秒です。

ゆき：分や秒は，時間の単位と同じですか。

先生：時間の単位とはちがいます。あくまで，１度よりも小さい角度を表すために，分や秒という単位を使っています。

けい：なるほど。では，１度は［コ］秒ということですね。

先生：そのとおりです。では，地球の形が球であることとして，[**実験Ⅱ**]の[**結果**]から地球の周りの長さ(円周)を求める計算をしてみましょう。

ゆき：**[実験Ⅱ]の[結果]から求めた地球の周りの長さ(円周)**

先生：よく理解できましたね。

けい：地球に住んでいて，私たちがわかったつもりでいることも，それが正しいかどうかを調べることはとても難しいことなのですね。

ゆき：わかったつもりでいることも，きちんと自分で調べていく姿勢(しせい)を大切にしていきたいな。

(3)　次の①，②の問いに答えなさい。

①　［コ］にあてはまる数を書きなさい。

②　**[実験Ⅱ]の[結果]から求めた地球の周りの長さ(円周)** を書きなさい。ただし，どのような値(あたい)を使って求めたのか，計算方法を示しながら書くこと。

また，**[実験Ⅱ]の[結果]から求めた地球の周りの長さ(円周)** の単位はキロメートル(km)とし，小数第一位を四捨五入して，整数で書きなさい。

2 たえさんとけんさんは，校外学習について先生と話をしています。会話文をふまえながら，あとの(1)~(3)の問いに答えなさい。

先生：今日は校外学習について話し合いましょう。

たえ：校外学習は5年生16人と6年生20人でいっしょに行くのですよね。とても楽しみです。

先生：午前は班別(はんべつ)行動，午後は遊園地で自由行動です。班別行動では，6年生のみなさんが，積極的にリーダーシップをとって計画しましょう。

けん：はい，わかりました。班別行動の班は，どのように分けるのですか。

先生：3人班か5人班のどちらかに分けることにしましょう。ただし，全員が，いずれかの班に必ず入るようにしてください。

たえ：3人班だけに分けたときには［ア］班に分けることができます。

先生：そうですね。そのように分けると，班の数が最も多くなります。

けん：同じように考えると，5人班だけに分ければ班の数が最も少なくなるのかな。

たえ：けんさん，5人班だけに分けることはできませんよ。

先生：たしかにそうですね。3人班と5人班がそれぞれいくつかできるように考えたらどうですか。

けん：3人班を［イ］班，5人班を［ウ］班に分けるとき，班の数が最も少なくなります。

先生：そのとおりです。

たえ：班の数は最も多くも少なくもありませんが，他にも，3人班を［エ］班，5人班を［オ］班にする分け方もありますね。

先生：そうですね。どのように考えたのですか。

たえ：私は，<u>カ 3人班の数をx，5人班の数をyとして，xとyの関係を式に表して考えました</u>。

先生：よく考えましたね。たしかに，文字を使って考えると，筋道(すじみち)を立てて調べることができますね。さて，みなさんにもう1つ考えてほしいことがあります。それは，どの班も，6年生が班長になるようにしてほしいということです。

けん：そうすると，いろいろな分け方を考えなくてはいけないから，とても大変そうですね。

先生：それでは，すべて3人班に分ける場合で考えてみましょう。

たえ：わかりました。5年生だけの班ができないようにすればよいと思うのですが，6年生だけの班ができてもよいですか。

先生：6年生の方が5年生よりも人数が多いのですから，6年生だけの班ができることも認(みと)めます。それをふまえて，いろいろな場合を考えてみましょう。

たえ：6年生全員をどのように分けるかに着目すればよいのですね。

けん：それなら，6年生3人の班の数をa，6年生2人と5年生1人の班の数をb，6年生1人と5年生2人の班の数をc，として考えたらよいのかな。

先生：そうですね。けんさんの言うように，文字を用いて，それぞれの班の数の組み合わせを(a，b，c)と表すことにしましょう。

たえ：例えば，6年生3人の班を4班，6年生2人と5年生1人の班を0班，6年生1人と5年生2人の班を8班に分けることができるので，この場合は，(4，0，8)と表すのですね。

先生：そのとおりです。キ<u>(a，b，c)の組み合わせは，他にもありそうですね。</u>

(1)　次の①～③の問いに答えなさい。

①　ア ～ オ にあてはまる数を，それぞれ書きなさい。

②　下線部**カ**について，文字xとyの関係を表す式を書きなさい。ただし，等号を用いること。

③　下線部**キ**について，たえさんの表し方を参考に，(4，0，8)以外の組み合わせをすべて書きなさい。

先生：さて，いよいよ今度は班別行動について考えてみましょう。**図1**の**A**地点からスタートして，**B**地点の遊園地までが，班別行動の範囲(はんい)です。

たえ：進み方に決まりはないのですか。

先生：**図1**の線——は道を示していて，道以外は通ることができません。つまり，道を1マス進むことを1回として，右に5回，上に5回，合わせて10回進むようにルート※を考えましょう。

※ルート：経路，道すじのこと。

図1

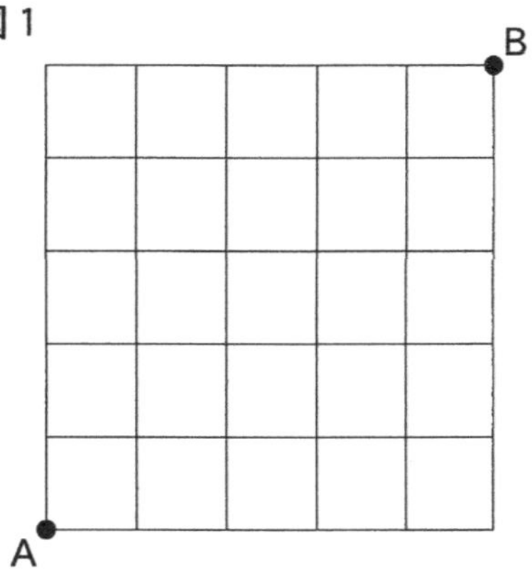

たえ：わかりました。例えば，**図2**の太線━━のようなルートが考えられるということですね。

先生：そのとおりです。**図3**の太線━━のように回り道をしてはいけません。

図2

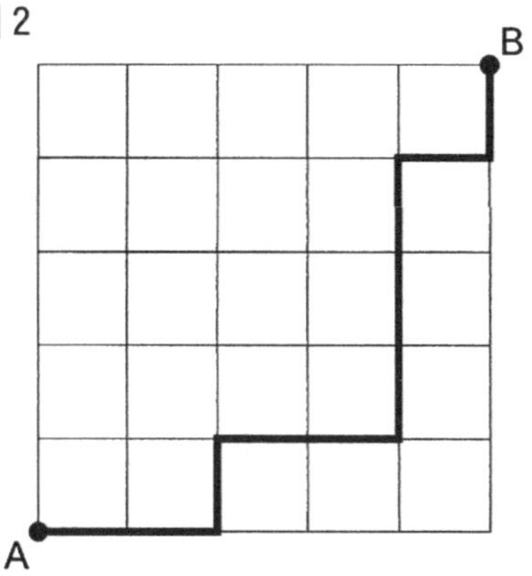

図3

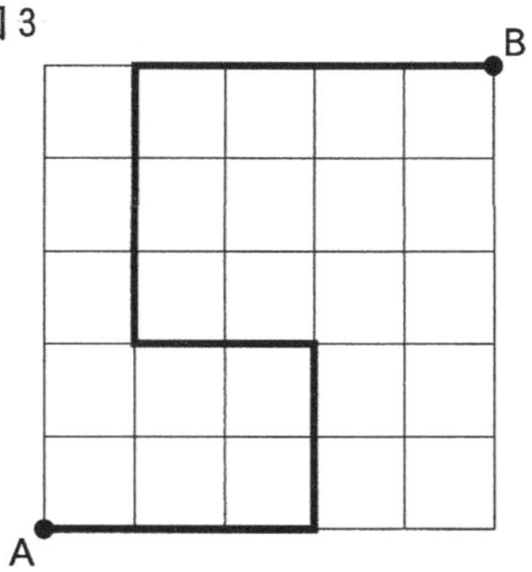

けん：先生，見学ができる施設(しせつ)は範囲内のどこにあるのですか。

先生：**図4**のように，C～Oの13施設があり，道に接したところが出入口です。

けん：出入口が1か所の施設は7施設で，出入口が2か所ある施設は6施設だね。

たえ：例えば，**図2**のルートなら，施設H，K，M，N，Lの5施設を見学することができますね。

図4

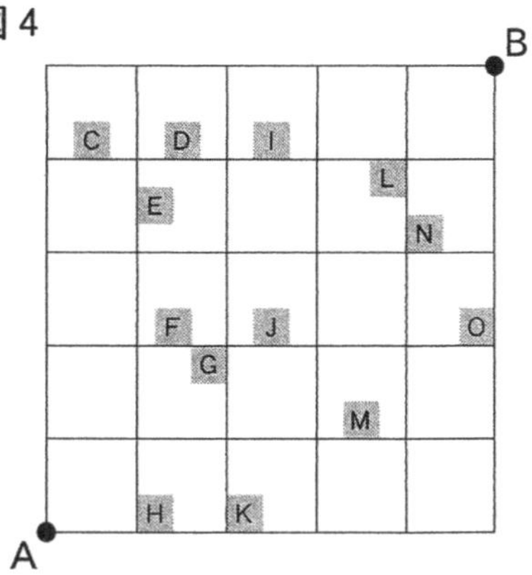

先生：そのとおりです。出入口を通るならば，その施設を見学することとしましょう。

たえ：最も多くて **ク** 施設を見学することができますね。

けん：1施設も見学できないルートの数は， **ケ** 通りありますね。

先生：たしかにそうですね。けんさんはどの施設を見学したいですか。

けん：施設Fと施設Iの両方を見学したいです。

たえ：それなら，Aをスタートして，施設Fを見学してから施設Iを見学して，Bに向かえばよいのですね。

先生：けんさんが見学したいルートを「A→F→I→B」と表すこととします。まずは「A→F」「F→I」「I→B」のルートの数をそれぞれ求め，それらをもとにして「A→F→I→B」のルートの数を考えましょう。

けん：はい。まず，「A→F」のルートの数は **コ** 通り，「F→I」のルートの数は **サ** 通り，「I→B」のルートの数は3通りです。だから，「A→F→I→B」のルートの数は **シ** 通りになります。

先生：そのとおりです。段階的（だんかいてき）によく考えることができましたね。ところで，たえさんはどこか行きたい施設はないのですか。

たえ：私は，施設Fと施設Iと施設Lの中で，少なくとも2施設は見学したいです。

けん：2施設を見学できる場合は，「A→F→I→B」のときと同様に考えればよいので，「A→F→L→B」のルートの数は36通り，「A→I→L→B」のルートの数は30通りありますね。

たえ：3施設とも見学できる場合は，「A→F→I→L→B」のルートの数だから， **ス** 通りあります。

先生：すばらしい。2人とも，条件を整理して正しく求めることができています。

けん：それでは，<u>たえさんが希望するルートの数は **シ** ＋36＋30＋ **ス** によって求められますね。</u>（セ）

先生：けんさん，その考え方には誤（あやま）りがあります。もう一度，よく考えてみましょう。

(2) 次の①～②の問いに答えなさい。

① **ク** ～ **ス** にあてはまる数を，それぞれ書きなさい。

② 下線部**セ**について，けんさんの考え方の誤りを，ルートを示しながら書きなさい。また，正しいルートの数は何通りかを書きなさい。

けん：班別行動のあと，午後は遊園地ですね。どの乗り物に乗ろうかな。

先生：13時ちょうどに集合場所から自由行動をスタートして，16時までに再び集合場所にもどります。よく計画しておくとよいですね。

たえ：私は，乗り物Ⓐが好きだから，乗り物Ⓐにだけ乗り続けます。

けん：私は，乗り物Ⓑ，乗り物Ⓒの順番で交互（こうご）に乗り続けます。

たえ：乗り物Ⓐ，乗り物Ⓑ，乗り物Ⓒについての情報を**表1**にまとめました。

表1

乗り物	運転時間	待ち時間	集合場所と乗り物の間の移動時間	他の乗り物までの移動時間
乗り物Ⓐ	3分	16分	5分	乗り物Ⓑまで4分，乗り物Ⓒまで3分
乗り物Ⓑ	4分	19分	2分	乗り物Ⓒまで2分，乗り物Ⓐまで4分
乗り物Ⓒ	2分	10分	4分	乗り物Ⓐまで3分，乗り物Ⓑまで2分

先生：運転時間や待ち時間，移動時間は一定で，**表1**以外の時間はかからないこととして，乗り物の乗車回数や，スタートしてからの経過時間を考えてみましょう。

たえ：私の場合は，乗り物Ⓐまでの移動時間も考えると，スタートしてから1回乗り終わるまでに24分かかります。また，乗り終わってすぐに並（なら）ぶことができるので，2回乗り終わるまでに43分かかります。これをくり返すと，ちょうど6回乗り終わったときの時刻（じこく）は［ソ］時［タ］分です。

けん：スタートしてから，私が乗り物に4回乗り終わるまでの経過時間をまとめると，**表2**のようになります。

表2

乗り物の乗車回数（回）	1	2	3	4
スタートしてからの経過時間（分）	25	39	［チ］	［ツ］

先生：２人とも，よく理解していますね。では，テ<u>たえさんとけんさんの乗り物の乗車回数を比べると，自由行動の時間内にどちらが多く乗車できるのでしょうか。</u>

(3)　次の①～②の問いに答えなさい。

①　［ソ］～［ツ］にあてはまる数を，それぞれ書きなさい。

②　下線部テについて，どちらが多く乗車できるのか，または同じなのか，理由を示しながら書きなさい。ただし，表などを用いてもよいこととする。

令和５年度

適性検査　２―１

問　題　用　紙

1　はくさんとりるさんは，四輪の車が曲がるときのタイヤの進み方について先生と話をしています。会話文をふまえながら，あとの(1)～(3)の問いに答えなさい。ただし，ここでは，車が曲がるとき，タイヤはすべらないものとして考えます。なお，ここで考える車は，４つのタイヤがすべて同じ大きさで，車が曲がるときは，前輪の向きが左右に変わり，後輪の向きは変わらないつくりであるものとします。

また，辺の長さや２つの点を結ぶ直線の長さをAB，BCなどと表し，そのことを使って，次の**例**のように，長さや面積などを式に表すことができることとします。

例

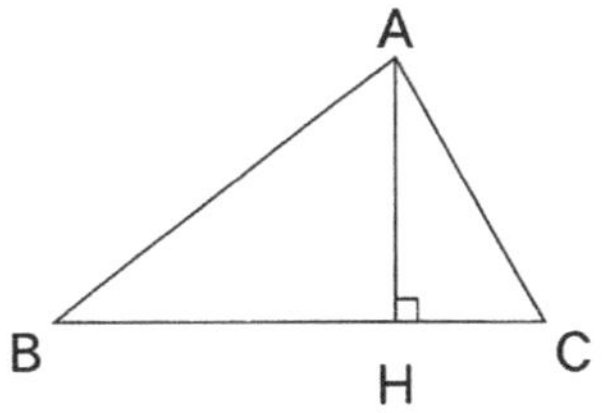

左の三角形ABCの周りの長さは，

AB＋BC＋CA

面積は，

BC × AH ÷ 2

のように，式に表すことができる。

はく：**図１**の砂(すな)の上にできたタイヤのあとを見てください。四輪の車が曲がるとき，４つのタイヤは，それぞれ異(こと)なるところを通るのですね。

りる：本当ですね。今まで，注意して見たことがなかったので，気がつきませんでした。４つのタイヤはそれぞれどのように進むのでしょうか。

はく：**図２**の小さな模型(もけい)の車を動かして調べてみましょう。

りる：タイヤにインクをつけて，紙の上で前輪の向きを左側いっぱいに変えた状態で１周動かしたら，**図２**のように４つの円ができました。４つの円について調べてみると何かわかりそうですね。

はく：４つの円は，大きさは異なりますが，中心は同じ位置にありそうですね。

りる：**図２**の紙を折ってみれば，それらの円の中心を見つけることができますよ。

はく：どのように折るのですか。

りる：円の中心は［ア］ので，［イ］。

はく：これで円の中心は見つかりましたね。次は，円の大きさが異なることについて調べ

図１

図２

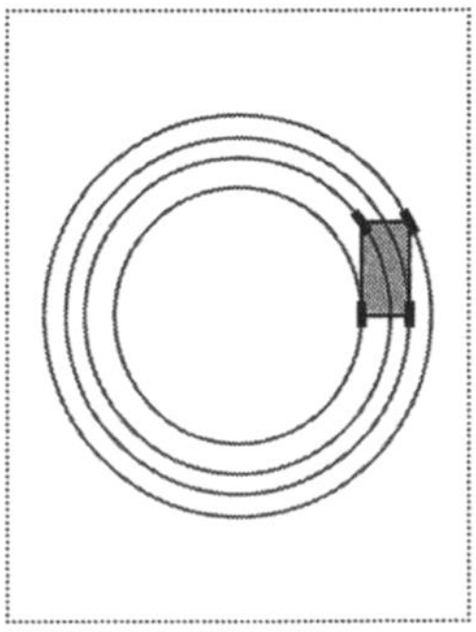

てみましょう。

先生：おもしろいことを調べていますね。タイヤの動きについて考えるには，車のつくりについての知識も必要になるので，私（わたし）も少し手伝いましょう。

はく：お願いします。私は，左右のタイヤの進み方のちがいについて気がついたことがあります。それは，前輪どうし，後輪どうしで比べると，右側のタイヤが通る円より，左側のタイヤが通る円の方が小さいということです。

先生：そうですね。円の大きさを半径で比べてみましょう。次の**図 3** の長方形 ABCD を見てください。タイヤが地面に接している面の中心を，右の前輪から順に A，B，C，D とし，4 つのタイヤが通る円の中心を O とすると，OA，OB，OC，OD が，それぞれ 4 つの円の半径になります。

図 3

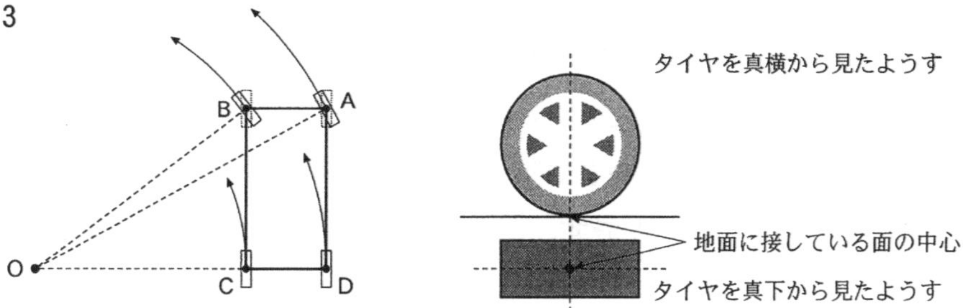

りる：後輪どうしでは，左側のタイヤと右側のタイヤの間の長さ，つまり CD の分だけ左側のタイヤが通る円の半径が短いですね。

はく：前輪どうしでは，［ ウ ］の分だけ左側のタイヤが通る円の半径が短くなります。半径が短い分，$_{\text{エ}}$<u>タイヤが通る円の円周も短くなりますね。</u>

先生：そのとおりです。

(1)　次の①～③の問いに答えなさい。

①　［ ア ］にあてはまる円の性質を書きなさい。また，［ イ ］にあてはまる紙の折り方と円の中心の見つけ方の説明を書きなさい。

②　［ ウ ］にあてはまる式を書きなさい。ただし，直線の長さは**図 3** に示したアルファベットを使って表すこと。

③　下線部**エ**について，**図 3** の前輪どうしでは，左回りに 1 周する間に左側のタイヤが回転する回数は，右側のタイヤが回転する回数の何倍になるか，式に表しなさい。ただし，直線の長さは**図 3** に示したアルファベットを使って表すこと。また，必要があれば，円周率を 3.14，タイヤが 1 回転で進むきょりを a として式に表すこと。

りる：今度は，前後のタイヤの進み方のちがいについて考えてみます。**図2**（1ページ）を見て，左側のタイヤどうし，右側のタイヤどうしで比べると，前輪が通る円よりも後輪が通る円の方が小さいことがわかります。

先生：そうですね。**図2**のように左回りをしているときの左側の前輪と後輪の通る円の半径の差を内輪差といいます。内輪差は右回りでも生じます。

はく：交通安全教室で聞いたことがあります。左折や右折をする車の内側を通行するときは，内輪差に気をつけるようにと話がありました。

先生：そうですね。内輪差は，トレッド，ホイールベース，最小回転半径とよばれる3つの長さを使えば，計算で求めることができます。**図4**の長方形ABCDを見てください。トレッドは，左右のタイヤの間の長さで，**図4**ではABとCDです。ホイールベースは，前後のタイヤの間の長さで，**図4**ではADとBCです。最小回転半径は，ハンドルをいっぱいに左や右に回した状態で車が進むときの，外側の前輪が通る円の半径で，**図4**ではOAです。これら3つの長さは，車の種類ごとに，設計によって決まっています。

図4

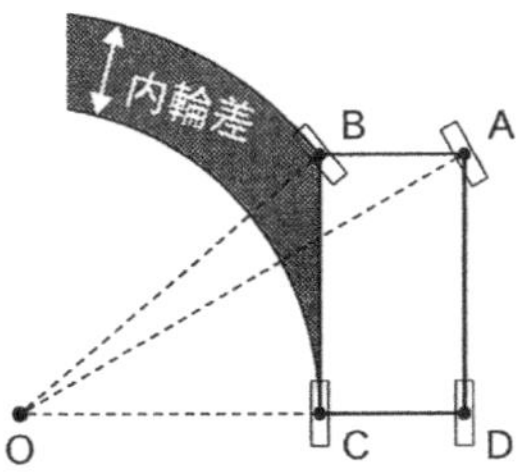

はく：**図4**の内輪差は，OB－OCですから，それら3つの長さを使ってOBやOCの長さを求めることができるのですね。

先生：そのとおりです。では，**図4**の車のトレッドを1.6 m，ホイールベースを2.8 m，最小回転半径を5.7 mとして，具体的な長さで考えてみましょう。これは，普通（ふつう）の乗用車くらいのサイズです。このように3つの長さが具体的にわかっていれば，次の**図5**，**図6**のような，**図4**の三角形AODと三角形BOCの縮図（しゅくず）をかくことができます。この縮図を使って考えましょう。

図5

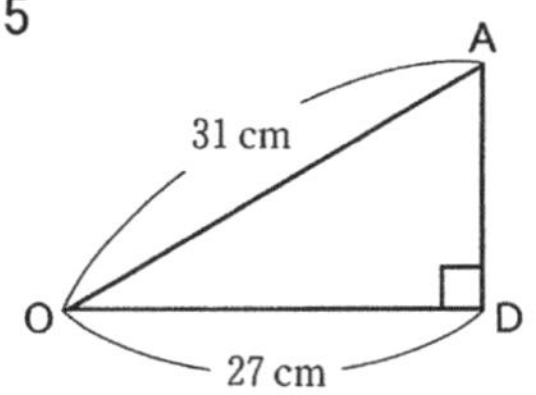

図6

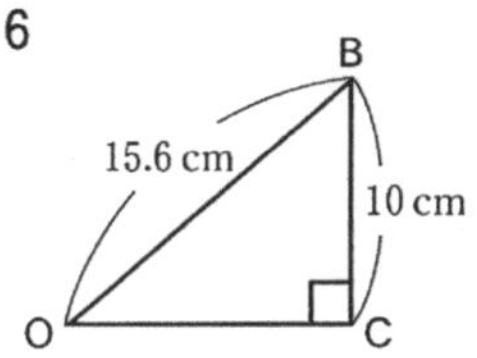

りる：わかりました。**図4**では，OB＝ **オ** m，OD＝ **カ** m，OC＝ **キ** m になります。そうすると，**図4**の車の内輪差は， **ク** mですね。

先生：そのとおりです。次は，**図7**の長方形EFGHを見てください。**図7**を，トレッドが1.7 m，ホイールベースが4.4 m，最小回転半径が7.2 mの小型バスくらいの車とみて，内輪差を計算してみましょう。今度は，縮図を使わずに，直角三角形の性質を使って，実際の長さのまま計算する方法を紹介（しょうかい）します。

図7

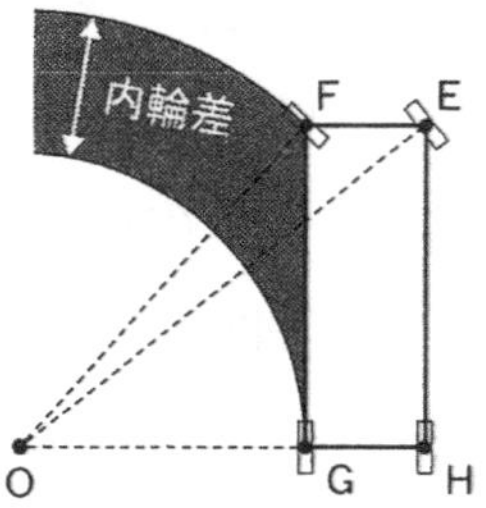

はく：直角三角形の性質とは，どのような性質ですか。

図8

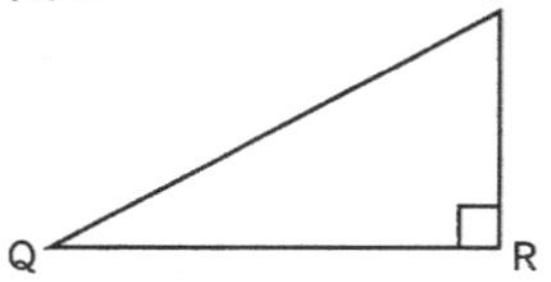

先生：**図8**の直角三角形PQRを例にすると，直角三角形には，直角を作る2辺PR，QRと，直角の向かいにある辺PQの間に，(PR × PR) + (QR × QR) = (PQ × PQ)という関係があります。**図7**の直角三角形に，この性質を使ってみましょう。

りる：三角形FOGにこの性質を使っても，今わかっているトレッド，ホイールベース，最小回転半径の長さだけではOFの長さはわかりませんね。

はく：では，三角形EOHに直角三角形の性質を使って，OGから考えてみましょう。(OH × OH) + (EH × EH) = (OE × OE)で，今わかっている長さを使うと(OH × OH) + (4.4 × 4.4) = (7.2 × 7.2)となります。このことから，OH × OH = [ケ] がわかります。OHは，2回かけ合わせて [ケ] となる数を探（さが）せばよいので，およそ [コ] mです。したがって，OGは， [サ] mです。

りる：これでOGの長さがわかったので，三角形FOGに直角三角形の性質を使って，OFの長さは，およそ5.95 mになることがわかりますね。つまり，このバスの内輪差は， [シ] mです。

先生：そのとおりです。

(2) 次の①～③の問いに答えなさい。

① [オ] ～ [ク] にあてはまる数をそれぞれ書きなさい。ただし，必要に応じて四捨五入（ししゃごにゅう）し，いずれも小数第二位まで書きなさい。

② [ケ] ～ [シ] にあてはまる数をそれぞれ書きなさい。ただし， [コ] は小数第一位までの数で最も近い数を書きなさい。

③ 先生が示した直角三角形の性質を使って辺の長さを求めることができるのはどのようなときか，はくさんとりるさんがOFの長さを求めた手順をふまえて書きなさい。

◇M3(182—37)

先生：さて，これで内輪差を計算することができましたが，車の動きを想像するためには，図をかいてみるとわかりやすいです。

はく：そうですね。では，車が動き出す前の状態を**図9**の㋐として考えてみます。**図9**の㋐は，トレッドとホイールベースで長方形をかき，タイヤがある位置をかきこんだものです。さらに，車体も長方形でかきました。この車が左折するときの内輪差が生じる範囲(はんい)を図に表してみます。

図9

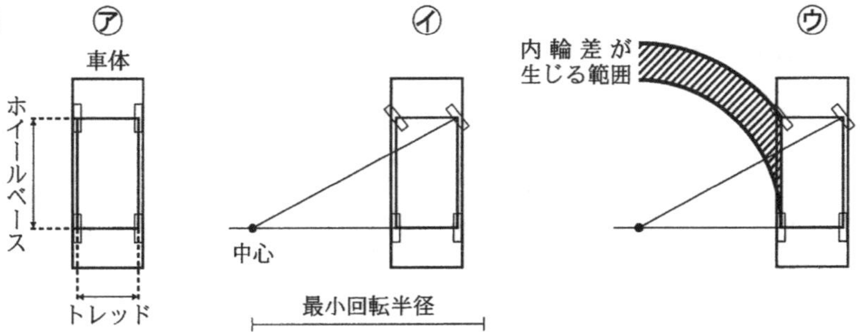

りる：まず，各タイヤが進む円の中心を求めた方がよいですね。後輪のトレッドを左に延長(えんちょう)した直線と，右側の前輪の中心から最小回転半径の長さで引いた直線の交わる点が，各タイヤが進む円の中心になるので，**図9**の㋑がかけますね。

先生：そうですね。では，内輪差が生じる範囲を ▨ のようにななめの線でかいてみましょう。

はく：コンパスを使って，**図9**の㋒のようにかくことができました。

りる：図に表すと，内輪差がよくわかりますね。タイヤの動きにともなって車体も動くわけですから，車体が通過する範囲にも注意が必要ですね。

先生：よく気がつきましたね。特にバスのような大型の車が曲がるときには，内輪差だけでなく，車体のオーバーハングが通過する範囲にも注意する必要があります。

はく：オーバーハングとはなんですか。

先生：**図10**（6ページ）のように，タイヤの中心から前後に出ている車体の部分です。例えば，**図10**のようなバスは，後方のオーバーハングが長いため，曲がるときに後方のオーバーハングが車線をはみ出すことがあります。

りる：**図10**のバスが左折するときの，車体が通過する範囲も調べてみたいです。

先生：それでは，**図11**（6ページ）を見てください。**図11**は，**図10**のバスが駐車場(ちゅうしゃじょう)を少し前進してから道路へと90°左折して進んだようすを上から見た図です。このとき，バスの車体が通過する範囲はどうなるか調べてみましょう。

◇M3(182—38)
2023(R5) 千葉県立中
K 教英出版
【適2

令和五年度

適性検査　二－二

（45分）

（注意事項(じこう)）

一　放送で指示があるまでは、開かないこと。
　その他、すべて放送の指示にしたがいなさい。

二　解答らんは、この用紙の裏側(うらがわ)に印刷されています。とりはずして使用し、答えは、すべて解答用紙に書きなさい。解答用紙は、半分に折って使用してもかまいません。

三　検査問題は、一ページから八ページまで印刷されています。
　検査が始まって、文字などの印刷がはっきりしないところや、ページが足りないところがあれば、静かに手を挙げなさい。

四　問題用紙のあいている場所は、下書きなどに使用してもかまいません。

五　「やめ」の合図があったら、筆記用具を置き、机(つくえ)の中央に解答用紙を裏返(うらがえ)して置きなさい。

2023(R5) 千葉県立中
教英出版

令和五年度　適性検査　二—二　解答用紙

答えは、すべてこの解答用紙に書き、解答用紙だけ提出しなさい。

受検番号

氏名

※

※らんには何も書かないこと。

※100点満点

一

(1) ①　②　③

(2)

(1)４点×３
(2)８点

二

(1) ①　②　③

(2) ①a　①b　②c

(1)４点×３
(2)８点×２

三

(1)

(2) ①　②　③

(1)８点
(2)①８点
　②８点
　③４点
(3)24点

【適】

20 行

15 行

【メモらん】

はく：**図11**のように，バスが90°の左折を1回したときに，左側面がちょうど道路と駐車場の境界線に沿(そ)うようにするためには，どれくらい前進すればよいのでしょう。

りる：$_{ス}$そうですね。では，まず，どれくらい前進する必要があるかを求めましょう。その後，左折にともなって車体が通過する範囲を図に表してみましょう。

図10

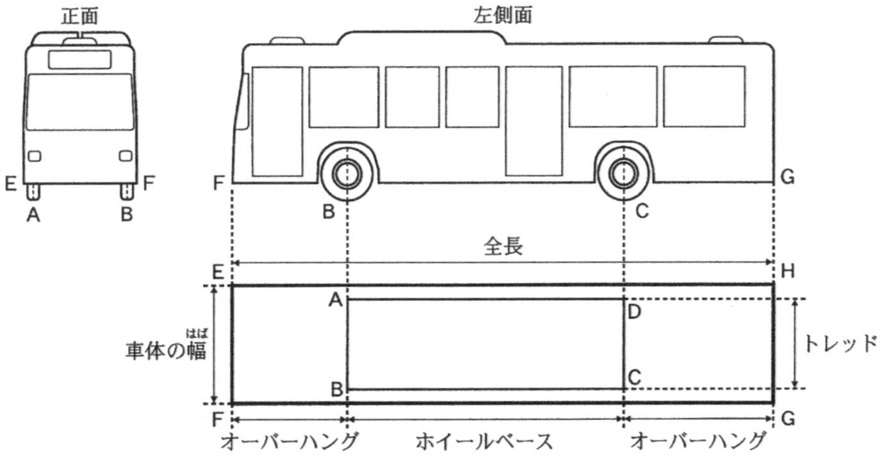

図11

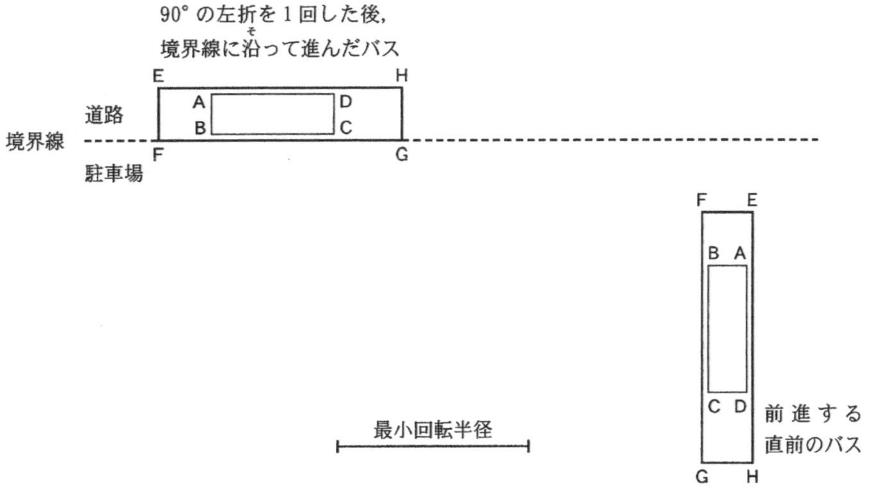

先生：よく考えることができましたね。

(3) 下線部**ス**について，バスが前進した後の車体(長方形EFGH)を，解答らんの図にコンパスと三角定規を使ってかきなさい。また，その後の左折にともなって車体が通過する範囲を，解答らんの図にコンパスと三角定規を使ってかき，その範囲を ▨ のように，ななめの線でかきなさい。なお，バスが左折するときは，車が止まった状態からタイヤの向きを左いっぱいに変えて進むものとし，90°の左折を1回完了(かんりょう)したときにFGが**図11**の境界線と一致(いっち)することとします。ただし，バスの最小回転半径は，**図11**に示された長さを使うこととします。

2　あいさんとこうさんは，フィンランドという国の伝統的なかざりであるヒンメリについて話をしています。会話文をふまえて，あとの(1)～(3)の問いに答えなさい。

あい：ヒンメリは，**図1**のようなフィンランドの伝統的なかざりで，天井（てんじょう）などにつるしてその美しい形を楽しむものです。

こう：とてもきれいですね。

あい：私（わたし）は，クリスマスのかざりとして，**図2**のようなヒンメリを作りました。

こう：すてきですね。複雑な形ですが，どのように作るのですか。

あい：$_{ア}$<u>ヒンメリは，ストローのような筒状（つつじょう）の素材にテグスという丈夫（じょうぶ）な糸を通して，つなぎ合わせて作ります</u>。**図2**は，始めに，同じ長さのストローを15本つなげて**図3**の㋐のような形を作ります。次に，**図3**の㋑のように，始めの1個の正五角形の部分の一辺として使用されているストローを使って，**図3**の㋐と同じ形をもう1個つなげて作ります。その後も同じように，**図3**の㋐と同じ形をつなげていき，最後の1個は，**図3**の㋒のように，始めの1個の正五角形の部分の一辺として使用されているストローを使ってつなげ，輪の形にします。**図2**は，**図3**の㋐の形を7個つなげて輪の形にしたものです。

図1

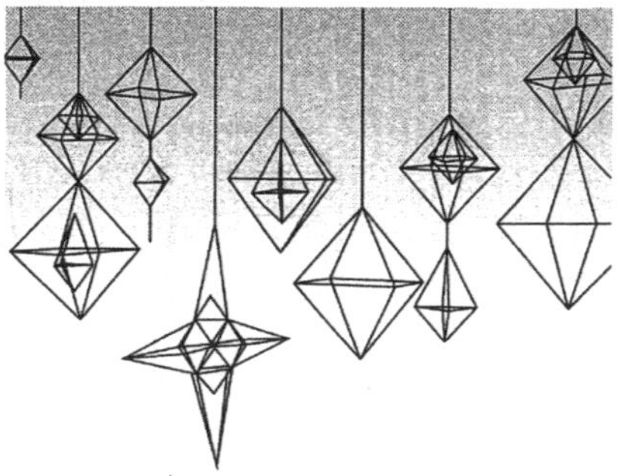

図2

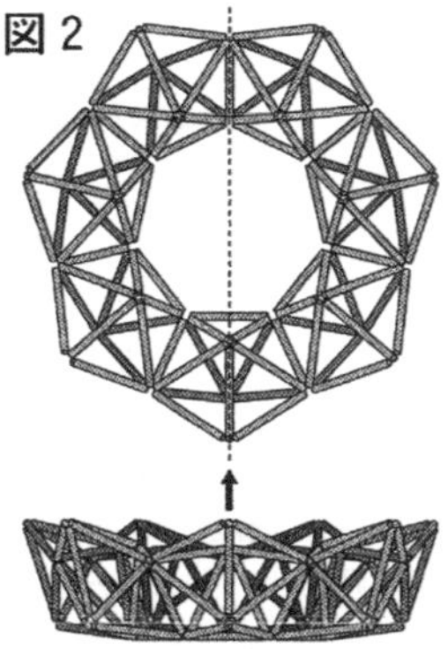

水平な台の上に置いて真上から見たようす

↑の方向から水平に見たようす

図3

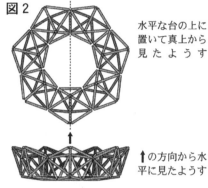

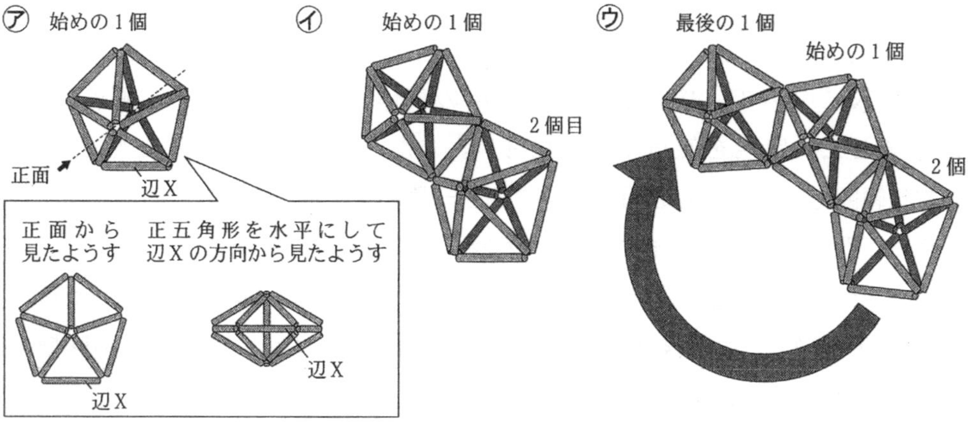

こう：イたくさんのストローを使うことになるので，大変な作業ですね。
あい：そうですね。今回，私は，**図3**の㋐を7個つなげた輪の形を作りましたが，最小で4個，ウ最大で10個つなげた輪の形を作ることができます。

(1) 次の①～③の問いに答えなさい。

① 下線部**ア**について，次の**図4**のヒンメリを，1本のテグスを通して作るときのテグスの通し方を考えます。**図4**のヒンメリは，テグスの結び目を考えないものとすると，どの頂点(ちょうてん)の付近も**図5**のようになっています。**図6**は，**図4**のヒンメリを作る途中(とちゅう)で，テグスの両端(りょうはし)がAとFから出たところまでのテグスの通し方を表したものです。Aから出たテグスとFから出たテグスを，この後どのようにストローに通せばよいか，通す順番をA～Lの記号と→を使ってかきなさい。ただし，テグスは，最後に**図6**の●の位置で引(ひ)き締(し)めて結ぶこととします。

図4

図5

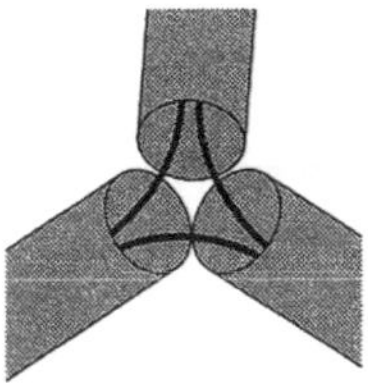

図6

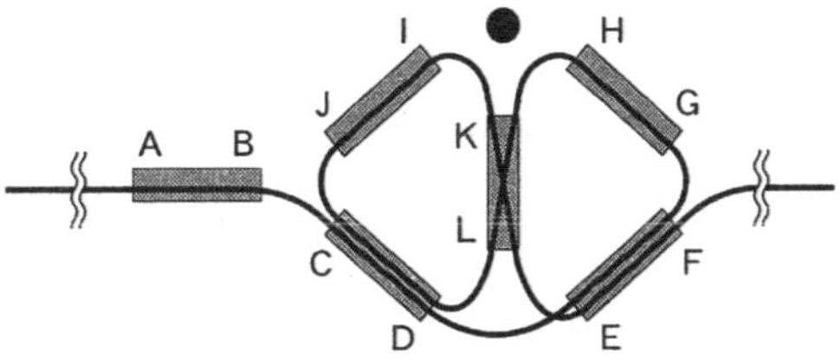

② 下線部**イ**について，**図2**のヒンメリと同じ作り方で，**図3**の㋐の形を9個つなげた輪の形のヒンメリを作るために必要なストローの本数を書きなさい。また，**図3**の㋐の形をa個つなげた輪の形のヒンメリを作るために必要なストローの本数を，aを使って式に表しなさい。ただし，aは4以上，10以下の整数とします。

③ 下線部**ウ**について，**図2**のヒンメリと同じ作り方で，**図3**の㋐の形をつなげて輪の形のヒンメリを作るとき，最大で10個しかつなげることができない理由を書きなさい。ただし，正五角形を10個つなげた**図7**を参考にすること。

図7

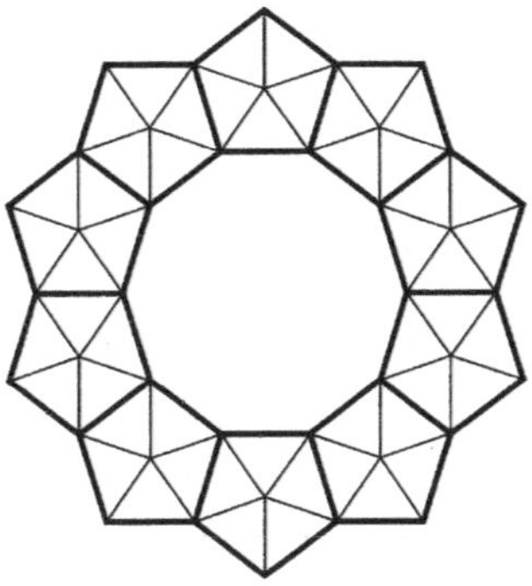

あいさんとこうさんは，**図8**のようなモビールというかざりについて話をしています。モビールは，ヒンメリと同じように天井などにつるすかざりで，それぞれの棒(ぼう)が水平につり合うように作られています。ここでは，モビールに使う棒の重さや糸の長さと重さは考えないものとします。

図8

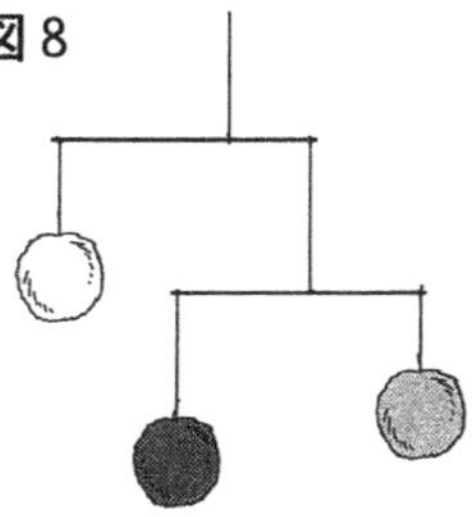

あい：モビールは，ひとつの棒で，てこが水平につり合うときのきまりを使って，支点から力点までのきょりとかざりの重さを考えて作られているのですよね。

こう：はい。そのきまりを使えば，エ**図9**の㋐のように支点の左右が対称(たいしょう)につり合う状態だけでなく，**図9**の㋑のように，支点を棒の中心からずらしても水平につり合う状態や，**図9**の㋒のように，左右につるしたかざりの個数が異(こと)なる状態など，いろいろな形を作ることができるので，おもしろいですね。

図9

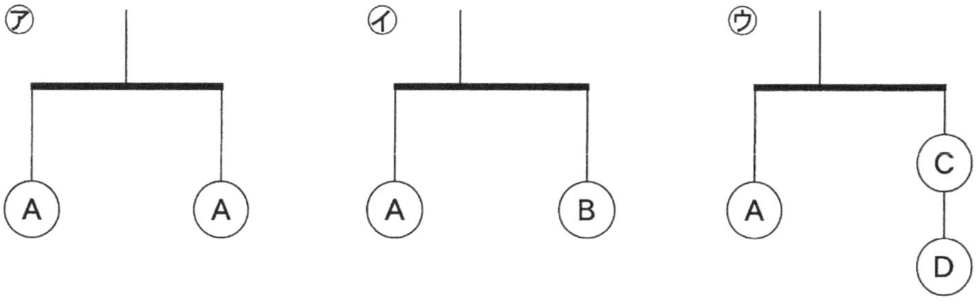

⑵　下線部**エ**について，**図9の㋐**のモビールを，右のような具体的な数で考えます。このとき，**図9の㋐の具体例**の状態から，支点を左右のどちらかにずらし，さらに，右のかざりを2つにしてつり合う状態にする調整の方法を，次の**あ**～**え**のうちから**すべて**選び，その記号を書きなさい。

図9の㋐の具体例

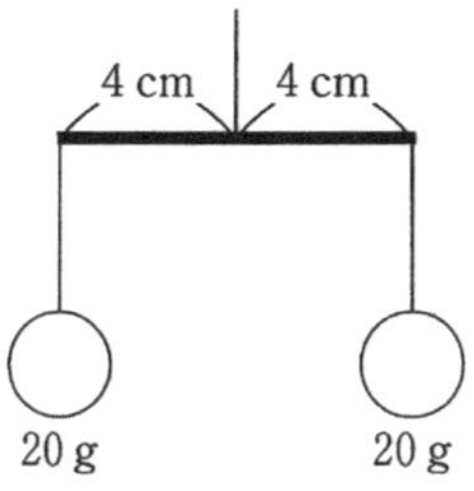

あ　支点を左に1 cmずらして，右のかざりを5 gのかざり2つにかえた。

い　支点を左に1 cmずらして，左のかざりを50 gにかえ，右に10 gのかざりを加えた。

う　支点を右に2 cmずらして，右のかざりを25 gと30 gのかざりにかえた。

え　支点を右に2 cmずらして，左のかざりを15 gにかえ，右に25 gのかざりを加えた。

あいさんとこうさんは，ヒンメリをモビールのようにつるしてかざりを作ろうと考えています。ここでも，モビールに使う棒の重さや糸の長さと重さは考えないものとします。また，ヒンメリに使うテグスの重さも考えないものとします。

こう：ヒンメリをモビールのようにつるしてかざりにするのはどうでしょう。

あい：それはおもしろそうですね。すてきなかざりができそうです。さまざまなつり合いの状態を組み合わせて，例えば，**図 10** のような複雑な形のモビールを作ってみたいですね。

図 10

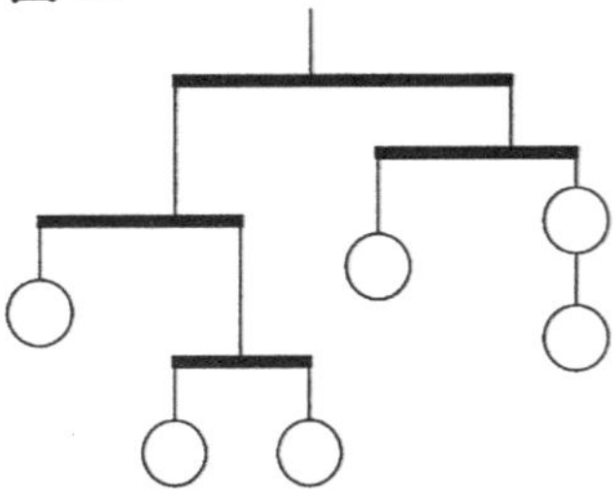

こう：では，私が作った次の**表 1** のヒンメリを使って作りましょう。私は，金属製のパイプを使って，**A 2** から **D 5** までの 12 種類のヒンメリをそれぞれ 1 個ずつ作りました。

表 1

ヒンメリの種類			A	B	C	D
ヒンメリの形				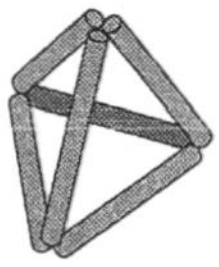		
使用したパイプの本数			3 本	6 本	9 本	12 本
ヒンメリの名前	パイプ 1 本の長さ	2 cm	A 2	B 2	C 2	D 2
		3 cm	A 3	B 3	C 3	D 3
		5 cm	A 5	B 5	C 5	D 5

【使用した材料について】

金属製のパイプ…同じ金属製のパイプから，2 cm，3 cm，5 cm に切り分けたものを，それぞれ 30 本用意して使用した。

あい：それぞれのヒンメリの重さを調べる必要がありますね。

こう：重さを量らなくても **オ** ので，**カ** を使えば，モビールのつり合いを考えることができますよ。

⑶　次の①，②の問いに答えなさい。

①　**オ** にあてはまる説明と，**カ** にあてはまる言葉を書きなさい。

② あいさんとこうさんは，30 cm の棒を 1 本と，糸を十分に用意し，**表 1** のヒンメリをかざりに使ってモビールを作ることにしました。どのようなモビールを作ることができるか，解答らんの方眼を利用して設計図を 1 つかきなさい。ただし，次の設計の条件とかき方の条件にしたがうこと。

設計の条件
- 30 cm の棒から切り分ける棒は 4 本とし，30 cm すべてを使い切る。
- かざりは棒の端(はし)につるし，棒は曲がらないものとする。
- **図 10** のように，支点を棒の中心からずらしたかしょを， 2 かしょ以上作る。
- **図 10** のように，かざりを 2 つ連ねてつなげたかしょを， 1 かしょ以上作る。
- 支点から力点までのきょりの単位は cm を使用し，値(あたい)は整数とする。
- **A 2** から **D 5** までの 12 種類のヒンメリは，それぞれ 1 個しか使用できない。

かき方の条件
- 棒と糸は，三角定規を使って濃(こ)くはっきりと直線でかくこと。
- 支点から力点までのきょりは，方眼を 1 cm と考えて，棒の上に，次の**例 1** のようにかくこと。ただし，糸の長さはかかないこと。

例 1

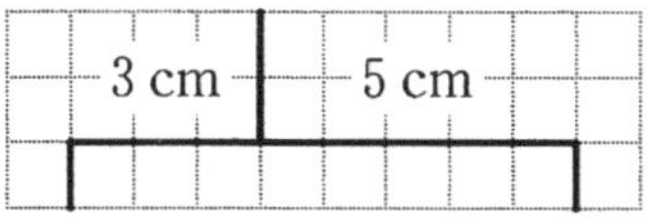

- どのヒンメリも，次の**例 2** のように 4 マス分の○で示し，使用するヒンメリの名前を○の中にかくこと。次の**例 2** は，**B 3** のヒンメリを使用する場合を示している。ただし，ヒンメリを示す○はフリーハンドでかくこと(三角定規やコンパスなどを使わずにかくこと)。

例 2

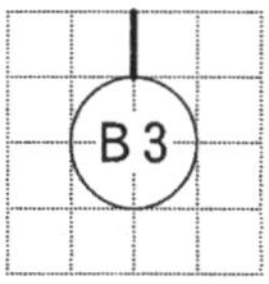

令和五年度

適性検査　二—二

問題用紙

一　放送で聞いた内容から、次の⑴、⑵の問いに答えなさい。

⑴　仁（じん）さんと空（そら）さんは、それぞれ紹介（しょうかい）した本から「今の自分がやるべきこと」と「共通した考え方」を学びました。それを次の〔図〕のようにまとめるとき、①～③にあてはまる言葉を、①、③は**三字以上、六字以内**、②は**七字以上、十三字以内**で書きなさい。

〔図〕

〔仁さんが紹介した本〕
今の自分がやるべきこと
⇧
自分の「才能」を（　①　）こと。

〔空さんが紹介した本〕
今の自分がやるべきこと
⇧
まずは（　②　）こと。

どちらも（　③　）ことでなくてよいという考え方。

⑵　仁さんは、二つの本から「今後、行うとよいこともわかってきた」と言っています。⑴をふまえて、それぞれの本の内容から、「今後、行うとよいこと」について、次の**ア**、**イ**の〔**条件**〕にしたがって、書きなさい。

〔**条件**〕
ア　「才能」「何かをしようとするとき」という言葉を使うこと。
イ　**三行以内**で書くこと。

二　次の【1】は、小説家の有川浩(ありかわひろ)さんが「義務」について述べた文章、【2】は学者の河野哲也(こうのてつや)さんが「何かができるようになりたいという気持ち」について述べた文章です。これらを読んで、あとの⑴、⑵の問いに答えなさい。

【1】

お詫び
著作権上の都合により、文章は掲載しておりません。
ご不便をおかけし、誠に申し訳ございません。
教英出版

（有川浩「自分が楽しいから、好きだからではなく」（宮本恵理子(みやもとえりこ)編著(ちょ)『大人(おとな)はどうして働くの？』所収(しょしゅう)）より）

【2】

何かができるようになりたいという気持ちは、「何かを達成して、自分が世界のなかで※1効力を持てる存在になりたいという気持ち」でもあります。自分を含めただれかの苦しみを取り除きたいとか、だれかに楽しさを与えたいといった目的を持ち、そのために何かができるようになりたいというのが人間の学びへの※2動機になります。

（河野哲也『問う方法・考える方法』ちくまプリマー新書より）

※1　効力……他のものに、効果をおよぼすことができる力。
※2　動機……きっかけ。

(1)　みくさんは、【1】と【2】の文章を読み終えて、【1】の「義務」を果たす中で【2】のようなことが起こる場合があることに気がつきました。それを説明するために、【1】と【2】の文章の関係をノートに整理しました。次は、整理した内容の一部です。①～③にあてはまる言葉を、①は**十二字以内**、②、③は【1】、【2】の文章中の言葉を使って、**三字以内**で書きなさい。

〈みくさんのノート〉

【1】の「働く人」がそれぞれの「義務」を果たすことも、【2】の「何かができるようになりたいという気持ち」を持つことも、どちらも（　①　）ことである。

（　①　）ことによって…

・「働く人」にとって「義務」は（　②　）になる。
・学ぶ（　③　）を見いだし、それが学ぶ動機につながる。

(2)　みくさんは、(1)の〔**みくさんのノート**〕をふまえて、気がついたことをみんなに伝えるための発表原稿（げんこう）を作成しました。次は、その原稿の一部です。これについて、あとの〈**問い**〉に答えなさい。

〔**みくさんの発表原稿**〕

【1】の「義務」を果たす中で【2】のようなことが起こる場合があります。そのことについて具体的に説明します。たとえば、【1】の「働く人」を例に挙げます。（　a　）ために、（　b　）というような場合です。このとき、【2】のようなことが起こるのです。つまり、今挙げた例のように【1】の「働く人」が、自分の「義務」を果たすために（　c　）を必要とする場合があるのです。【2】のようなことがはじめからある人は、【1】によって【2】のようなことが強まることもあると思います。

わたしは、このようにいろいろな人の考え方を知ることで、それぞれの考え方を結びつけて、より深く考えることができました。

〈**問い**〉

①　【1】の「義務」を果たす中で【2】のようなことが起こる場合について、具体的に説明します。【1】に紹介されている「働く人」のうち、いずれか一つを選びなさい。みくさんになったつもりでa、bにあてはまる内容を自分なりに考えて、具体的に書きなさい。ただし、aには選んだ「働く人」を入れて文章を作ること。

②　cに入る言葉を、自分の言葉で**五字以内**で書きなさい。

★教英出版注
音声は，解答集の書籍ＩＤ番号を教英出版ウェブサイトで入力して聴くことができます。

適性検査２－２　放送用ＣＤ台本

これから、適性検査２－２を始めます。外側の用紙が解答用紙です。内側に問題用紙があります。内側の問題用紙は、指示があるまで開いてはいけません。
それでは、外側の解答用紙を開き、受検番号と氏名を書きなさい。

（２０秒後） 書き終わったら元どおり問題用紙を挟んで閉じなさい。

（５秒後）
最初は、放送を聞いて問題に答える検査です。放送はすべて１回だけです。それでは、裏返して「メモらん」と書いてある面を上にしなさい。今から「メモらん」にメモを取ってもかまいません。

（３秒後）
これから、仁（じん）さん、空（そら）さんの会話を放送します。二人は自分の悩みを解決するヒントになる本に出会いました。二人が紹介する本の内容に注意して、放送を聞きなさい。

（５秒後）
では、朗読を始めます。

（３秒後）

仁さん　将来の職業のことで悩んでいたけれど、「才能」に対する考え方について書かれた本に出会って、今やるべきことがわかったよ。読んでみるね。

才能は鍛えることができるものだし、レベルに合わせて違った使い方もできる。たとえば、文章を書けるからといって、全員が文学賞に挑戦する必要はない。大切なのは、才能の度合いではなく、自分にどんな才能があるのかを『具体的に』知ること。」

空さん　わたしの本も仁さんの本と同じように、今やるべきことを教えてくれたよ。「何かをしようとするとき」について書かれた本なの。仁さんの本と共通するところを、紹介するね。

「社会の問題を考え、何かをしようとするとき、いきなりたいしたことができるわけではないですね。最初は、ほんとうにちっぽけな一歩です。それをわきまえつつ二歩三歩と踏み出し続け、その持続のなかで、少しは影響力やら貢献やらができるかもしれない。いま優れた仕事をしている人たちでも変わりませんね。いきなり百歩も千歩も踏み出せると考えてしまうと、結果にがっかりするわけで、ちっぽけな一歩でいいんだ、いまはちっぽけな一歩だけどそれでも続けるんだということ。」

仁さん　たしかに共通しているね。２つの本から、今後、行うとよいこともわかってきたよ。

（キム・スヒョン『私は私のままで生きることにした』、西研、佐藤幹夫『哲学は何の役に立つのか』より作成）

（2秒後）

以上で放送を終わります。それでは、問題用紙を開き、すべての問題に答えなさい。

（6ページに続く）

三 次の文章は、書道家の武田双雲（たけだそううん）さんが「義務感」について述べた文章です。これを読んで、あとの(1)〜(3)の問いに答えなさい。

始めたことを途中（とちゅう）でやめるのは、一般的（いっぱんてき）にはよからぬことと思われがちです。
でも、ちょっと考えてみてください。
渋々（しぶしぶ）、嫌々（いやいや）最後まで終わらせるのと、嫌になったところでいったんやめて、また気分が上がったときに再開するのとでは、最終的に、どちらのほうがいい結果になるでしょうか。
僕（ぼく）は断然、後者だと思います。
なぜなら、渋々、嫌々では雑になってしまうに違いないからです。
それよりも、「あ、また始めたいなぁ」と意欲（いよく）が湧（わ）いたときに、丁寧（ていねい）に味わいながら取り組んだほうが、ストレスなくいいエネルギーでできるでしょう。
そう考えると、※初志貫徹（しょしかんてつ）という言葉もまた、自分を「義務感」でがんじがらめにする呪文（じゅもん）に思えてきます。
人間、「最後までやり抜（ぬ）かなくてはいけないこと」なんて、たぶん、ほとんどありません。
自分がやりたいとき、ワクワクできるタイミングで、やりたいようにやる。
たいていは、それでいい、それがいいはずなのです。
みなさんも自分自身に「義務感」を手放す許可を出してみてください。

（武田双雲『丁寧道（ていねいどう）』より）

※ 初志貫徹 …… 最初に心に決めた目標を最後まで持ち続けること。

(1) 武田双雲さんの考えを、次の〔**図**〕のようにまとめました。**空らん**（くう）にあてはまる言葉を、筆者である武田双雲さんの考えをもとにして、**五字以上**、**七字以内**で書きなさい。

〔図〕

嫌になっても続けていると、取り組みが雑になる。

意欲が湧いたときに行うと、取り組みが丁寧になる。

↓

始めたことを途中でやめるのは、（　　　）ことにつながる。

↓

「義務感」を手放そう。

⑵　次は、みつきさんとゆたかさんが問題二と問題三の文章を読み比べたあとで、おたがいに気がついたことをもとに話し合っている場面です。これを読んで、①〜③にあてはまる言葉を、①、②は問題三の文章中の言葉を使って、**六字以上、十字以内**で書き、③は自分の言葉で**漢字二字**で書きなさい。

みつきさん「武田さんが『義務』ではなく『義務感』という言葉を使うのはなぜなのかな。」
ゆたかさん「（　①　）になっているという感覚を伝えるためだと思うよ。」
みつきさん「なるほど。すると武田さんは、「義務」を果たす必要がない、と言いたいのではなく、（　②　）ことを「義務」だと考えている人にアドバイスしたい思いのほうが強いのかな。」
ゆたかさん「たしかに、武田さんと有川さんの考え方はちがう、と単純（たんじゅん）にとらえることはできないね。二人の考え方を整理してみようよ。」
みつきさん「有川さんは（　③　）の一員という見方で『義務』を取り上げているわ。武田さんは実際に物事に取り組む立場で『義務感』を話題にしているわね。『義務』の取り上げ方がちがうのね。」
ゆたかさん「どちらも、役に立つ考え方だね。うまくちがいを生かして使えるといいね。」

(3) あなたの小学校では、六年生が卒業前に、お世話になった方々へ「感謝の気持ちを伝える活動」を行うことになり、学級ごとにその内容を考えることになりました。そして、あなたはそのために作られた「感謝の気持ちを伝える活動　実行委員会」の委員に立候補し、進んで活動します。問題二、問題三の文章をふまえて、次の**ア**、**イ**の〔**条件**〕にしたがって、あなたの考えを書きなさい。

〔**条件**〕

ア　以下の指示にしたがい、三つの段落に分けて書くこと。

一段落目…あなたの学級は、だれに向けて、どのような感謝の気持ちを、どのような方法で伝えるのかを具体的に書き、その方法に決めた理由を説明すること。ただし、伝える相手は、自分の学校の先生や子どもたち以外とする。

二段落目…問題二【1】の考え方を使って、実行委員としてあなたは、どういうことを大切にして活動しようと考えるのかを、具体的に書くこと。

三段落目…実行委員として学級の活動を進めていく中で、問題三の考え方をどのように取り入れるのかを書くこと。

イ　解答らんを**縦書き**で使い、**十五行以上**、**二十行以内**で書くこと。ただし、一行に書く字数は特に指定しない。各段落の先頭は一文字分あけ、文字や言葉づかいを正しく、ていねいに書くこと。

令和４年度

適性検査　１―１

（45分）

（注意事項）

1　「始め」の合図があるまでは，開かないこと。

2　解答らんは，この用紙の裏側に印刷されています。とりはずして使用し，答えは，すべて解答用紙に書きなさい。解答用紙は，半分に折って使用してもかまいません。

3　検査問題は，１ページから11ページまで印刷されています。

検査が始まって，文字や図などの印刷がはっきりしないところや，ページが足りないところがあれば，静かに手を挙げなさい。

4　問題用紙のあいている場所は，下書きや計算などに使用してもかまいません。

5　「やめ」の合図があったら，筆記用具を置き，机の中央に解答用紙を裏返して置きなさい。

千葉県立千葉中学校
東葛飾中学校

令和４年度　適性検査　１―１　解答用紙

※100点満点

答えは，すべてこの解答用紙に書き，解答用紙だけ提出しなさい。

※らんには何も書かないこと。

受検番号		氏　名	

※

1

(1)

① あ ×A → い

② う ×B → え

③ え ÷ い → お

④ お ÷ C → 約 2,226 円

(2) か

(3) き

(4) く（10）

(5) け（10）だけでなく（10）

(6)

(7) こ（5）（10）

(8)

① ア・イ・ウ

② A・B・C

③（20）（40）

2022(R4) 千葉県立中
教英出版

令和４年度

適性検査　１—１

問　題　用　紙

1　なおさんたちは，社会科での産業の発展の学習をきっかけに「日本の情報通信技術」について興味を持ちました。会話文をふまえながら，あとの(1)～(8)の問いに答えなさい。

なお：昨日，自動販売機に付いている電光掲示板に，市役所からの情報が表示されていたよ。

かず：自動販売機は，夜中や休みでお店が閉まっていても，いつでもものが買えたり，サービスが利用できたりして便利ですよね。

先生：では，自動販売機について考えてみましょう。自動販売機の普及※台数と自動販売機の年間の販売金額について，**資料1**と**資料2**を見てください。

※普及：広く行きわたること。

資料1　自動販売機の普及台数

［自動販売機の総台数］約494万台（2016年）

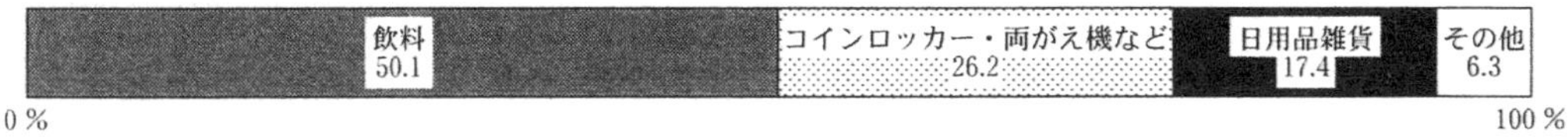

資料2　自動販売機の年間の販売金額

［自動販売機の総販売金額］約4兆7,000億円（2016年）　　※2016年はうるう年のため366日

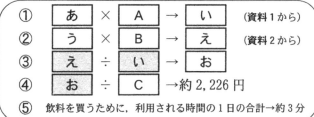

（**資料1**，**資料2**　日本自動販売機工業会「自販機普及台数及び年間自販金額2016年（平成28年）版」より作成）

なお：自動販売機は約494万台もあるのですね。自動販売機は実際に飲料を買うお客さんによって，どのくらい利用されているのでしょうか。

先生：**資料1**と**資料2**から，飲料自動販売機の販売金額や利用時間を求めることができます。考えてみましょう。

ゆう：はい。**資料3**のように，順を追って①～④の計算をすると，飲料自動販売機1台あたりの1日の販売金額約2,226円が，求められます。<u>か その販売金額を使って考えると，飲料を買うために，飲料自動販売機が利用される時間の1日の合計が，約3分になることがわかります。飲料1本の金額を120円，飲料1本の販売に利用される時間を10秒として，考えてみました。</u>

資料3　飲料自動販売機1台あたりの1日の販売金額と利用時間の求め方

①	あ	×	A	→	い	（**資料1**から）
②	う	×	B	→	え	（**資料2**から）
③	え	÷	い	→	お	
④	お	÷	C	→約2,226円		
⑤	飲料を買うために，利用される時間の1日の合計→約3分					

かず：自動販売機は24時間動いているのに，約3分間しか飲料を買う人に利用されていないのですね。

(1) **資料**3の［あ］～［お］にあてはまる言葉として最も適当なものを，次の**ア**～**オ**のうちからそれぞれ1つずつ選び，その記号を書きなさい。また，［A］～［C］にあてはまる数を，それぞれ書きなさい。

ア　飲料自動販売機の総台数

イ　自動販売機の総台数

ウ　飲料自動販売機の年間の総販売金額

エ　自動販売機の年間の総販売金額

オ　飲料自動販売機1台あたりの年間の販売金額

(2) 下線部**か**について，ゆうさんは，飲料を買うために，飲料自動販売機が利用される時間の1日の合計を，どのように求めたのか書きなさい。ただし，求め方の手順を説明すること。

なお：最近では，自動販売機に関する新しい技術やしくみが開発されています。**資料4**に，情報に関わる自動販売機の機能についてまとめてみたよ。

資料4　情報に関わる自動販売機の機能

① 電光掲示板
表示されたニュースやお知らせをわかりやすく知ることができるよ。

② インターネット接続
だれでもスマートフォンやタブレットを利用してインターネットに接続することができるよ。

③ 防犯カメラ
いつも町のみんなの安全につながっているよ。

④ 住所表示ステッカー
今いる場所を素早く正確に知ることができるよ。

なお：**資料4**の①の機能のおかげで，4月にお祭りがあることがわかったよ。

かず：**資料4**を見ると，自動販売機には，本来の使い方である飲料などの商品を購入（こうにゅう）することができるだけではなく，［き］ことがわかるね。

先生：日ごろ何気（なにげ）なく使っている自動販売機の新たな価値（かち）に，気づくことができましたね。

かず：他にも，情報に関わる便利なものが，身近にあるか考えてみよう。

---

(3) ［き］にあてはまる言葉を書きなさい。ただし，「どのような人」が，「どのような使い方」をすることができるのか書くこと。

なお：私は QR コード※ を使うことがあるよ。スマートフォンのカメラなどを使って，QR コードを読み取ることで，すぐにホームページなどにつながるのでとても便利です。

先生：QR コードは，最近いろいろな使い方がされていますよね。

ゆう：旅行に行ったときに，スマートフォンに表示された QR コードを，お父さんが乗り口の読み取り機にタッチして飛行機に乗りました。

かず：スマートフォンだけで，飛行機に乗ることができたのですか。

ゆう：はい，そうです。**資料 5** を見て。航空券を買ってから飛行機に乗るまでの手順を，ホームページで QR コード航空券を買う場合と，窓口で航空券を買う場合とで説明するね。

※QR コード：模様に文字・数字などの情報を入れる技術，またはその模様のこと。

資料 5　航空券を買ってから飛行機に乗るまでの手順

<ホームページで QR コード航空券を買う場合>

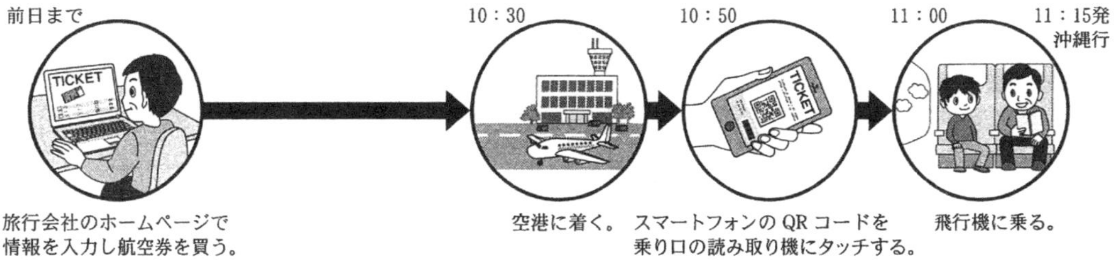
前日まで
10：30
10：50
11：00
11：15発
沖縄行
TICKET
TICKET
旅行会社のホームページで
情報を入力し航空券を買う。
空港に着く。
スマートフォンの QR コードを
乗り口の読み取り機にタッチする。
飛行機に乗る。

<窓口で航空券を買う場合>

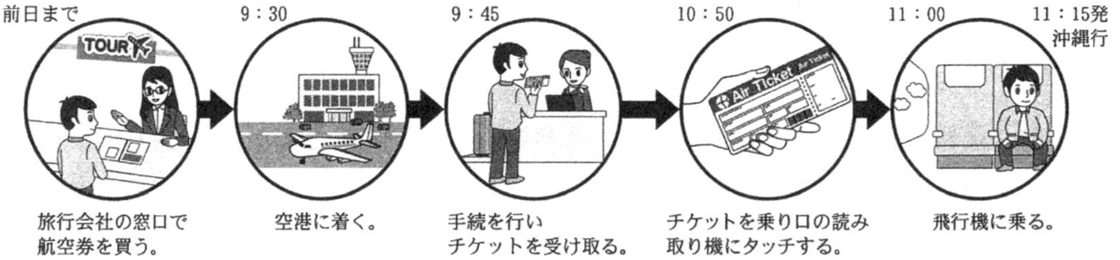
前日まで
9：30
9：45
10：50
11：00
11：15発
沖縄行
TOUR
Air Ticket
旅行会社の窓口で
航空券を買う。
空港に着く。
手続を行い
チケットを受け取る。
チケットを乗り口の読み
取り機にタッチする。
飛行機に乗る。

なお：ホームページで QR コード航空券を買う場合は，窓口で航空券を買う場合よりも，［　く　］することができるということですね。

ゆう：そのとおりです。だから，飛行機に乗るまでのよゆうができたよ。

(4)　［　く　］にあてはまる言葉を，**10 字以内**で書きなさい。

ゆう：さらに，旅行会社から QR コード航空券以外にもいろいろな情報につながる QR コードが送られてきて，とても役に立ったよ。**資料 6** は，旅行会社と利用客の情報のやりとりのイメージについてまとめたものです。

資料 6　旅行会社と利用客の情報のやりとりのイメージ

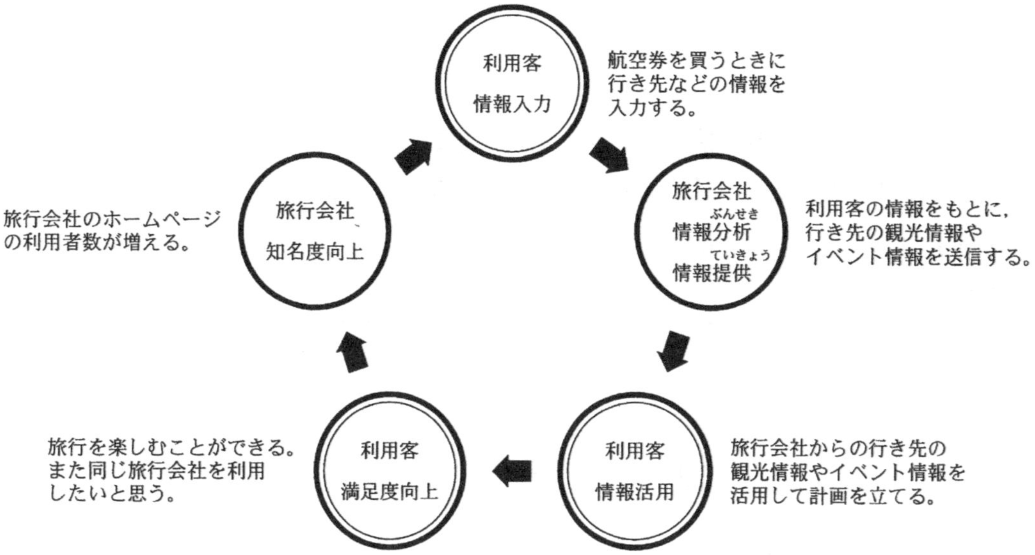

かず：旅行会社は，インターネットや QR コードを活用して，利用客から得られた情報を整理し，行き先に関する情報を，利用客に送っているのですね。

先生：**資料 6** のように，情報の分析や提供，活用がくり返されることで，［　け　］にも結びついているということです。

ゆう：世の中では，たくさんの情報がやりとりされているのですね。

なお：ところで，みんなが大量に情報のやりとりをするようになると困ってしまうことはないのかな。

(5)　［　け　］にあてはまる言葉を書きなさい。ただし，解答らんにしたがい，それぞれ **10 字以内**で書くこと。

かず：お母さんがコンサートのチケットを予約しようとしたとき，インターネットにつながりませんでした。

先生：それは，輻輳が起こっていたのかもしれませんね。

かず：「輻輳」とは何ですか。

先生：「輻輳」という言葉は，本来，多くのものが一か所に寄り集まることを意味します。情報通信技術において「輻輳」とは，通信が混み合って，なかなかつながらないということです。

なお：輻輳が起こったら，どうなるのですか。

先生：インターネットに接続する際，輻輳が起こると，**資料**７のようにインターネットに接続するための通信を減らすことで，輻輳はコントロールされます。

資料７　インターネット接続時の輻輳コントロールのイメージ

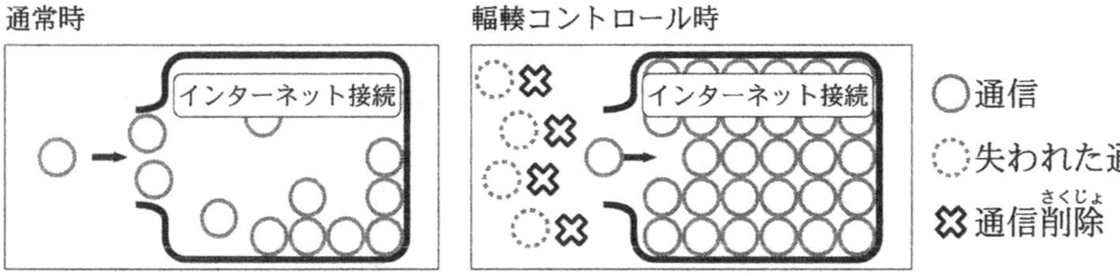

かず：だから，お母さんはインターネットにつながらなかったのですね。

ゆう：通信がつながらないのは，困ってしまいますよね。もし，災害時に電話の通信で輻輳が起こってしまったら，大変だと思います。

先生：よいところに着目しましたね。災害時に，被災地へ向けた電話の通信による輻輳が起こった場合は，**資料**８のような方法でコントロールされます。

資料８　災害時の電話の輻輳コントロールのイメージ

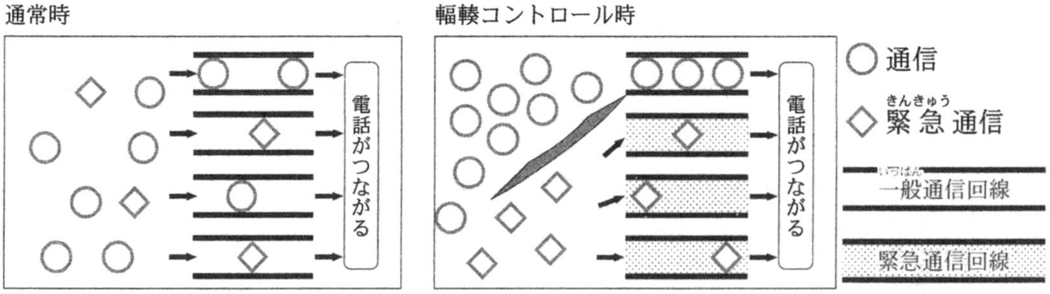

かず：輻輳がコントロールされなければ，電話が混み合ったままになり，すべてつながらなくなってしまうということですね。

なお：**資料**７と**資料**８をもとに，輻輳コントロールの方法と目的について，**資料**９にまとめました。

令和４年度

適性検査　１―２

（45分）

（注意事項）

1 「始め」の合図があるまでは，開かないこと。

2 解答らんは，この用紙の裏側に印刷されています。とりはずして使用し，答えは，すべて解答用紙に書きなさい。解答用紙は，半分に折って使用してもかまいません。

3 検査問題は，１ページから11ページまで印刷されています。
検査が始まって，文字や図などの印刷がはっきりしないところや，ページが足りないところがあれば，静かに手を挙げなさい。

4 問題用紙のあいている場所は，下書きや計算などに使用してもかまいません。

5 「やめ」の合図があったら，筆記用具を置き，机の中央に解答用紙を裏返して置きなさい。

令和４年度　適性検査　１―２　解答用紙　※100点満点

答えは，すべてこの解答用紙に書き，解答用紙だけ提出しなさい。　※らんには何も書かないこと。

受検番号		氏　名	

※

1	(1)	①	ア	% 以上		4
		②	イ			6
		③	ウ			6
	(2)	①	適切であるもの		適切でないもの	2×
			読み取れないもの			
		②				4
		③	エ	図４ 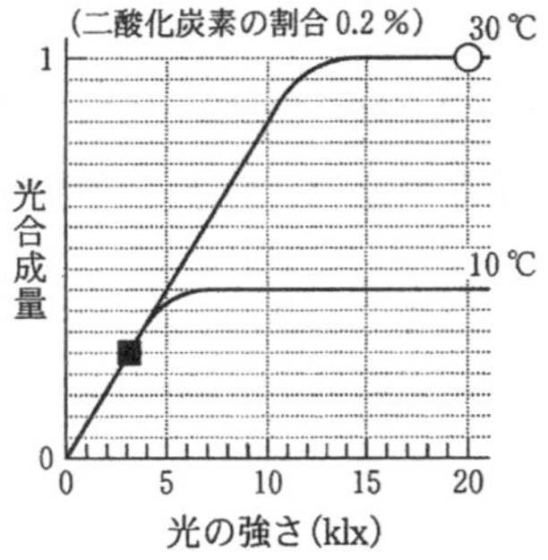 図５ 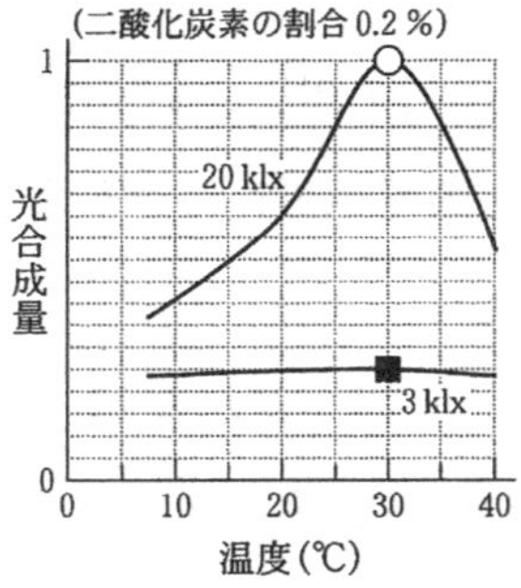	要　因	3×
	(3)	①				4
		②				4
		③	オ			7

◇M2(255―17)

【適

資料9　輻輳コントロールの方法と目的

種　類	方　法	目　的
インターネット	通信の数を減らす。	こ するため
災害時の電話	通信を制限する。	

ゆう：なるほど。輻輳コントロールのおかげで，インターネットにも電話にもよい効果が生まれるのですね。

かず：輻輳コントロールは，［こ］するために有効な手段(しゅだん)なのですね。

先生：そのとおりです。輻輳コントロールは，情報通信技術において必要なことなのです。

ゆう：情報通信技術には，いろいろな方法やしくみがあることがわかりました。

なお：さ今度行う学習発表会に向けて，情報通信技術を活用してみたいな。

(6)　情報通信技術における輻輳についての説明として最も適当なものを，次の**ア**～**エ**のうちから１つ選び，その記号を書きなさい。

ア　輻輳が起こると，情報通信機器は故障(こしょう)する。

イ　インターネットの輻輳コントロールでは，被災地へ向けた通信が優先(ゆうせん)される。

ウ　災害時の電話での通信は，輻輳が起こるとすべてつながらなくなる。

エ　輻輳が起こる原因は，通信が集中することによるものである。

(7)　［こ］にあてはまる言葉を，**5字以上10字以内**で書きなさい。

(8)　下線部**さ**について，なおさんたちは，情報通信技術を活用して，下の【目標】の達成を目指しました。これらの【目標】を達成するにあたって考えられる課題を書きなさい。ただし，①～③の指示にしたがい，句読点を含(ふく)めて，**20字以上40字以内**で書くこと。

【目標】
ア　地域(ちいき)のより多くの人々に学習発表会について，伝えられるようにする。
イ　参加希望者に申し込(こ)みをしてもらい，連絡(れんらく)先を取りまとめられるようにする。
ウ　参加希望者の連絡先を利用して，連絡や質問などのやりとりができるようにする。

①　解答らんにしたがい，**ア**～**ウ**のうちから，達成したい目標を１つ選び，○をつけること。

②　解答らんにしたがい，このとき活用する情報通信技術の特徴(とくちょう)を次の**A**～**C**のうちから１つ選び，○をつけること。

A　**資料4**からわかる特徴

B　**資料5**，**資料6**からわかる特徴

C　**資料7**，**資料8**からわかる特徴

③　①で選んだ【目標】の達成を目指し，取り組むときに考えられる課題を，②で選んだ情報通信技術の特徴にふれながら，書くこと。なお，①，②ともにいずれを選んでも，得点にえいきょうはありません。

2 ともさんたちは，平均を求める学習をきっかけに「データのあつかい方」に興味を持ち，考えてみることにしました。会話文をふまえながら，あとの(1)～(8)の問いに答えなさい。

とも：**資料1**を見てください。５人の友達のある１日の活動時間を，３つの活動に分類して，表にまとめてみました。

先生：**資料1**にある１次活動とは，「睡眠(すいみん)，身の回りの用事，食事」，２次活動とは，「通勤(つうきん)・通学，仕事，学業，家事など」，３次活動とは，「趣味(しゅみ)，スポーツなどの余暇(よか)※活動」のことですね。

※余暇：仕事などの合間や，終わったあとの自由な時間。

資料1　ある１日の５人の活動時間を示した表

	１次活動の時間【分】	２次活動の時間【分】	３次活動の時間【分】
Aさん	635	あ	372
Bさん	636	416	388
Cさん	637	420	383
Dさん	640	413	387
Eさん	641	417	382

しま：表にすると，５人の活動時間のすべての値(あたい)がわかるね。

さわ：そうですね。どの活動の時間も人によって，多少のちがいがあります。でも，**資料1**のように近い値が並(なら)んでいると，そのちがいが見えづらいね。

とも：**資料2**を見て。**資料1**のデータを使って，円グラフを作成してみたよ。これならどうですか。

資料2　ある１日の５人の活動時間を示した円グラフ

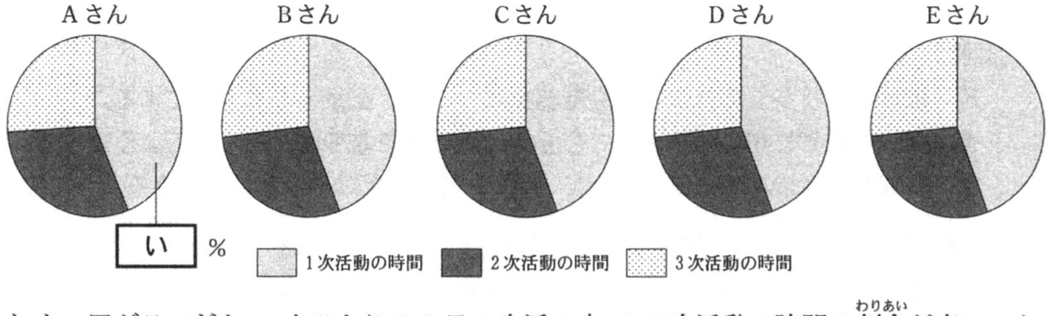

しま：円グラフだと，一人ひとりの１日の生活の中で，１次活動の時間の割合(わりあい)が高いことが一目でわかるね。ただ，５人を比べてみると，３つの活動時間のそれぞれの割合は，ほとんど変わらないように見えてしまうな。

とも：どのように表せば，ちがいが見えやすくなるかを考えてみよう。

(1)　**資料1**の あ ，**資料2**の い にあてはまる数を，それぞれ書きなさい。ただし， あ は整数で， い は四捨五入(ししゃごにゅう)して，小数第１位まで書くこと。

先生：では，**資料３**の①と②を比べてみましょう。**資料３**の①と②は，**資料１**のデータを使って作成したものです。

資料３　ある１日の５人の活動時間を比べた棒(ぼう)グラフ

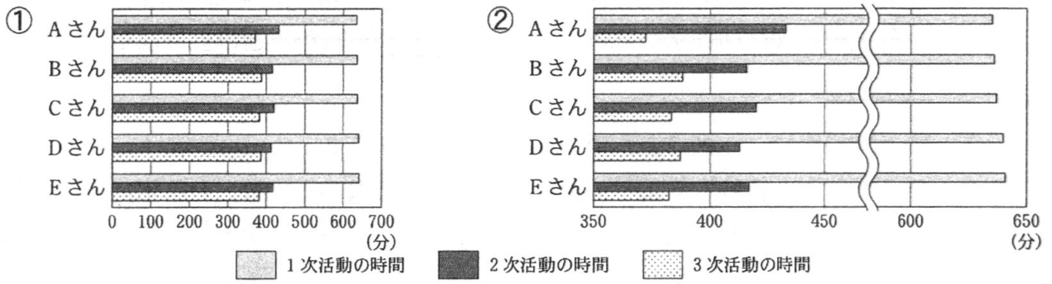

さわ：**資料３**の①は，どの活動時間も５人とも同じように見えるけれど，②は，５人のそれぞれの活動時間のちがいが大きく見えます。

しま：**資料３**の①と比べて，**資料３**の②は，［う］ことによって，ちがいが見えやすくなったのですね。

先生：そのとおりです。何を見せたいかによって，グラフの示し方が変わります。

さわ：１次活動，２次活動，３次活動それぞれの活動時間のちがいについて見てきましたが，３つの活動時間はたがいに関係があるのかな。

先生：よいところに気がつきましたね。では，次に**資料４**を見てください。これは散布図(さんぶず)といいます。

資料４　３つの活動時間の関係を示した散布図

１次活動と２次活動の関係

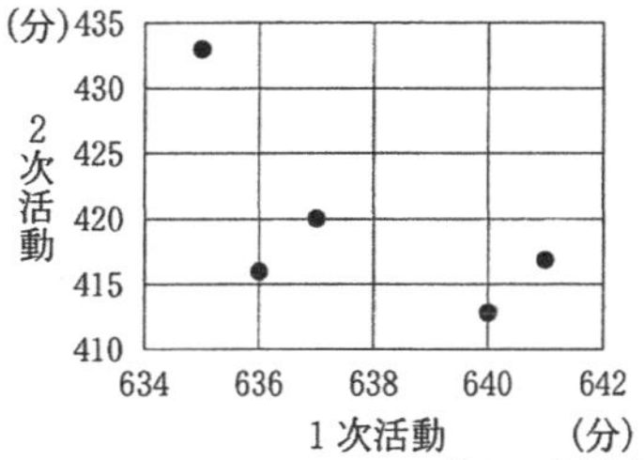

２次活動と３次活動の関係

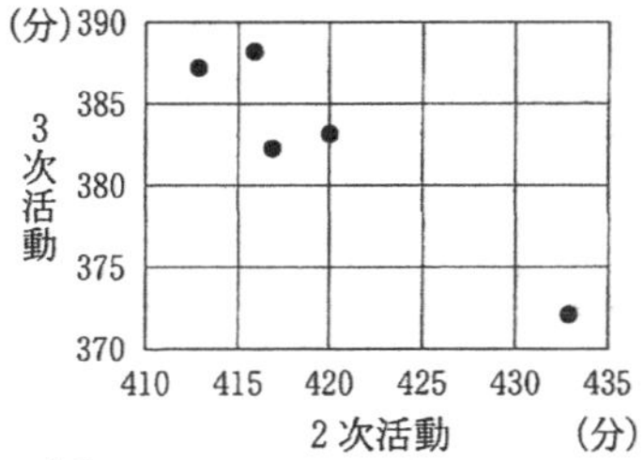

３次活動と１次活動の関係

［え］

とも：散布図は，横軸(じく)の項目(こうもく)と縦軸(たて)の項目の関係性を示したいときに使うのですね。

しま：同じデータから作ったグラフでも，伝えたいことによって示し方が異(こと)なるのは，おもしろいですね。

(2)　［う］にあてはまる言葉を，具体的な数を使って書きなさい。

(3)　**資料４**の［え］にあてはまる散布図として最も適当なものを，次の**ア**～**エ**のうちから１つ選び，その記号を書きなさい。

ア

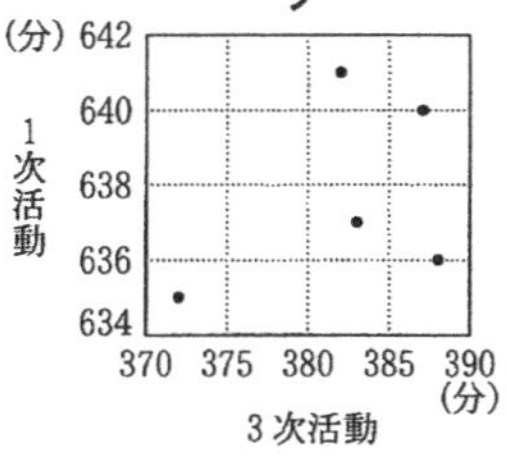

イ

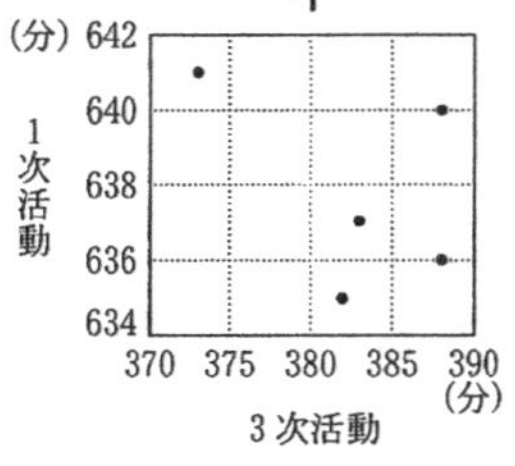

ウ

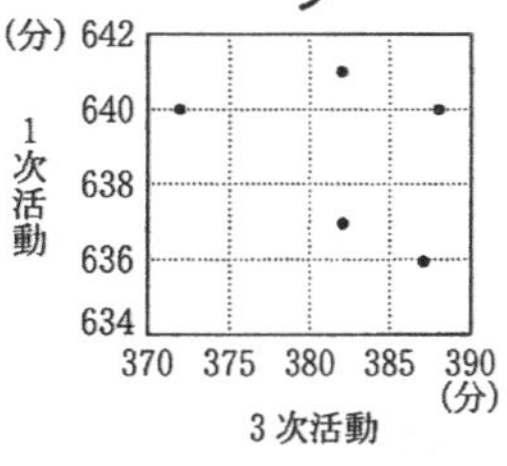

エ

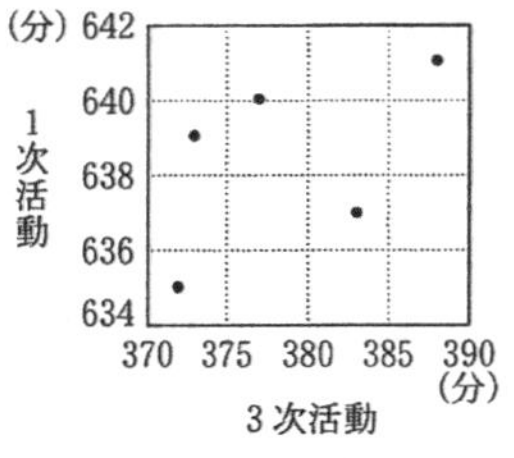

先生：散布図で示すことによって，どのようなことがわかるのか，次の例で考えてみましょう。**資料5**を見てください。この散布図では，横軸は，各都道府県の総人口を，縦軸は，各都道府県のゴミの総排出量を表しています。また，関東地方の7都県の値を散布図の中に示してあります。おこの散布図からどのようなことが読み取れますか。

しま：散布図の点は，一列に並んでいるようにみえますね。

先生：そうですね。**資料5**のように散布図の点が，ななめに直線的に並ぶとき，「相関関係がある」といいます。反対に，それぞれの点がばらばらに広がっているとき，「相関関係がない」といいます。「相関関係」とは，一方が変化すると，他方もそれにともなって変化するという関係のことです。散布図からは，2つの項目の関係についての傾向を読み取ることができます。

資料5　各都道府県の総人口と各都道府県のゴミの総排出量の関係を示した散布図

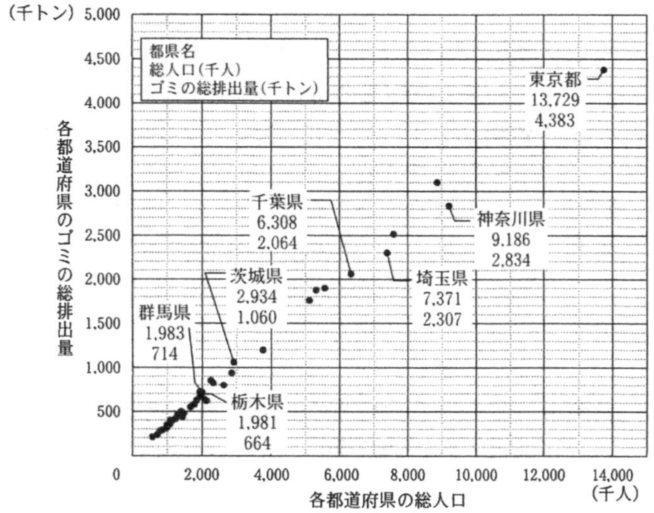

(総務省統計局「一般廃棄物処理事業実態調査(平成30年度)」より作成)

さわ：**資料5**からは，各都道府県の総人口と，各都道府県のゴミの総排出量との間に，相関関係があるといえますね。

とも：そうですね。つまり，［か］なる傾向がみられます。

しま：散布図は，2種類のデータについて，ただ数を並べるだけでは見つけることのできない関係をつかむことができるのですね。

⑷　下線部**お**について，**資料5**から読み取れることとして**適切でないもの**を，次の**ア**～**エ**のうちから1つ選び，その記号を書きなさい。

ア　総人口が600万人をこえる都道府県は，6つある。

イ　総人口が400万人に満たない都道府県のゴミの総排出量は，すべて100万トン以下である。

ウ　人口1人あたりのゴミの排出量は，東京都より茨城県の方が多い。

エ　関東地方の7都県のうち，栃木県が総人口，ゴミの総排出量ともに最も少ない。

⑸　［か］にあてはまる言葉を，解答らんにしたがい，それぞれ書きなさい。

とも：１次活動，２次活動，３次活動それぞれの活動時間には，たがいに相関関係があるのかな。

先生：では，**資料６**を見てください。**資料６**は，都道府県別の，１次活動のうち「睡眠」，２次活動のうち「通勤・通学」，３次活動の「余暇」，それぞれの平均時間の関係をまとめた散布図です。それぞれの傾向をみてみましょう。

資料６　睡眠時間と通勤・通学時間，余暇時間の関係を示した散布図

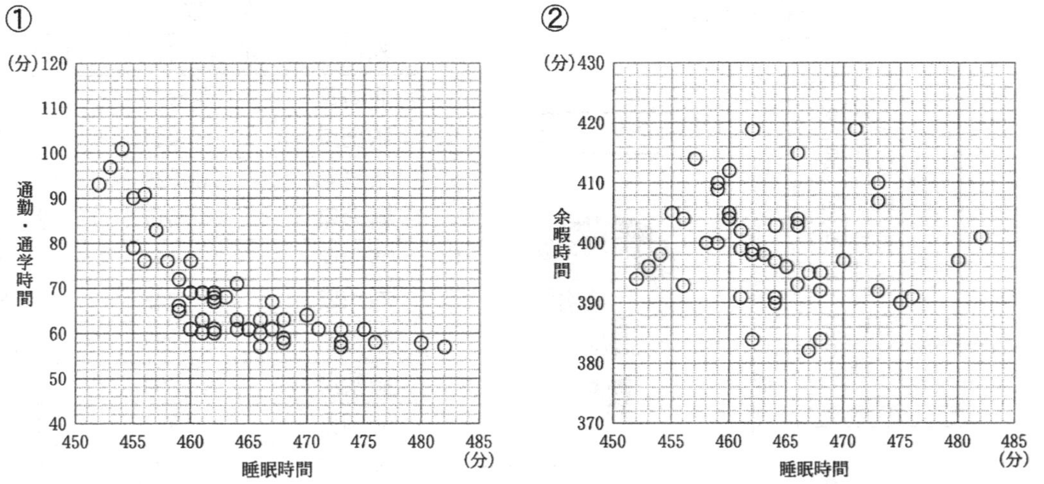

（総務省統計局「社会生活基本調査（平成28年度）」より作成）

さわ：**資料６**の①からは，［き］という傾向を，②からは，［く］という傾向を読み取ることができます。

先生：そのとおりです。３人ともよく考えられましたね。伝えたいことによって，用いる表やグラフでの示し方はさまざまなのですね。

(6)　［き］，［く］にあてはまる言葉を，散布図の特徴（とくちょう）をふまえて，それぞれ書きなさい。

後日，ともさんたちは，先生から47都道府県のすし店の事業所数と人口のデータをもらいました。そこで，これまで学習したことを生かして，伝えたいことをグラフでどのように示すか，話し合っています。

しま：47都道府県のデータをもとに，伝えたい内容を**資料7**の表とグラフで示そうと思います。表は，ある値を大きい順に並べて，その上位10都道県を示したものだよ。さらに，このあと，グラフの特徴を生かして，棒グラフを作ろうと思います。**資料8**は，この10都道県のデータだよ。

資料7　しまさんが伝えたい内容

［ け ］の順位

順位	都道県
1	山梨県
2	石川県
3	東京都
4	福井県
5	静岡県
6	富山県
7	北海道
8	新潟県
9	長崎県
10	秋田県

資料8　**資料7**の10都道県のすし店の事業所数と人口

都道県	事業所数	人口(千人)
北海道	1,229	5,400
秋田県	224	1,037
東京都	3,620	13,390
新潟県	517	2,313
富山県	244	1,070
石川県	346	1,156
福井県	183	790
山梨県	255	841
静岡県	850	3,705
長崎県	302	1,386

(総務省政策統括官「生徒のための統計活用～基礎編～(平成28年5月発行)」より作成)

とも：**資料8**のデータをそれぞれ並べかえても，**資料7**の順位にはならないよね。**資料7**は，何の順位なのですか。

しま：［ け ］の順位です。

さわ：なぜ，円グラフや散布図ではなく，棒グラフを使用するのですか。

しま：［ こ ］

さわ：おもしろいね。複数のデータをもとに考えると，伝えたい内容を新たに見つけることができて，さらにグラフで示すことによって，わかりやすく伝えることができるね。

とも：私も他にどのような示し方ができるか，考えてみよう。

(7)　［ け ］にあてはまる言葉を書きなさい。

(8)　［ こ ］にあてはまる内容を書きなさい。ただし，棒グラフ，円グラフ，散布図のそれぞれの特徴にふれながら，書くこと。

2	(1)	あ	分		3点×2
		い	%		
	(2)	う			6点
	(3)	え			4点
	(4)	お			4点
	(5)	か	人口が □ 都道府県ほど，ゴミの排出量が □		完答 4点
	(6)	き			6点×2
		く			
	(7)	け			6点
	(8)	こ			8点

令和４年度

適性検査　1―2

問　題　用　紙

◇M2(255―18)

1　ゆきさんは，植物の成長について先生と話をしています。会話文をふまえながら，あとの(1)~(3)の問いに答えなさい。

ゆき：植物は，動物のように食べ物を食べていないのに，からだが大きくなることが不思議です。

先生：そうですね。動物は成長するために必要なものをからだに取り入れていますが，植物はどうしていると思いますか。

ゆき：前にアサガオを育てたときは，太陽の光に当てなかったり，水をやらなかったりすると，枯(か)れてしまいました。光や水が，植物にとっての食べ物なのかな。

先生：そのとおりです。図1のような黒いシートが畑で使われているのを見たことがありますか。これは，雑草が生えないように，つまり，黒いシートの下の植物が成長できないようにするためのものです。

図1

ゆき：黒いシートが太陽の光をさえぎって，植物が成長できないようにしているのですね。

先生：そうです。日なたに育つ植物が成長するために必要な光の強さは，少なくとも500 lx※です。それ以上の光が，黒いシートを通ってしまうと，シートの下で植物が成長してしまいます。最も光が強い時期の，晴れたときの光の強さは10万 lxにもなります。では，そのときに黒いシートの下の植物を成長させないためには，シートはどれくらいの光をさえぎればよいのでしょうか。

※　lx：ルクス。明るさ(光の強さ)をあらわす単位。

ゆき：黒いシートは［ア］%以上の光をさえぎればよいのですね。植物の成長に光が大きく関わっているのですね。理科の授業で，植物は，水や二酸化炭素を吸収(きゅうしゅう)して酸素を放出していることを学習しましたが，水や二酸化炭素も植物の成長に関わっているのですか。

先生：そのとおりです。植物は，水や二酸化炭素をもとに，光を受けて，デンプンなどをつくり，デンプンや根から吸収した養分を使って，からだを成長させています。

ゆき：植物はすごいですね。では，雑草をどんどん成長させて，植物による二酸化炭素の吸収量を増やしたら，空気中の二酸化炭素の量を減らすことができるのではないですか。

先生：そう簡単にはいきません。雑草は，二酸化炭素を吸収しますが，1年の間に枯れてしまうものがほとんどです。枯れてしまった雑草は，ミミズなどの小さな生物の食べ物になります。雑草が吸収した二酸化炭素とほぼ同じ量の二酸化炭素が，枯れた植物を食べた小さな生物などの呼吸によって空気中にもどってしまいます。大きな木も雑草と同じように，枯れてしまえば小さな生物の食べ物になります。ただし，<u>イ 成長する植物が雑草ではなく，森をつくる大きな木であれば，空気中の二酸化炭素の量を減らすことにつながる</u>可能性があります。

ゆき：とても興味深いです。そういえば，年輪から植物の育った環境がわかるという新聞記事を見ました。

先生：日本のような四季があるところでは，木には年輪がつくられます。木は，季節によって成長の速さがちがい，成長がおそくなると，輪のような色の濃い部分がつくられます。このようにして1年に1本の輪が外側に新しくでき，10年で10本の輪となります。

ゆき：色の濃い輪と輪の間が1年分の成長ですね。

図2

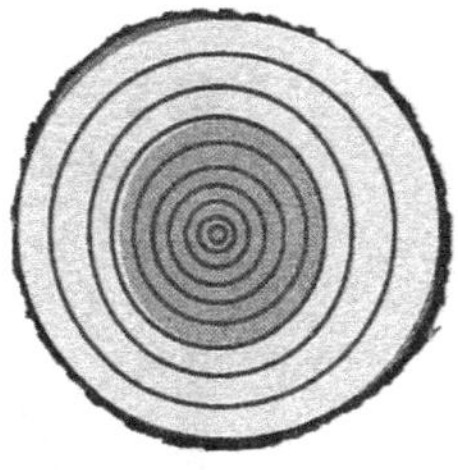

先生：そのとおりです。年輪の幅，つまり色の濃い輪の間隔は一定ではなく，せまいところもあれば，広いところもあります。**図2**は，最近切られたスギの木の断面です。スギなどの植物は，春先の期間の気温が高い年は，年輪の幅が広くなり，春先の期間の気温が低い年は，年輪の幅がせまくなることがわかっています。年輪の幅に関わっている環境の変化は，他にもいくつかありますが，気温以外の影響を考えないとすると，**図2**のスギが育った環境はどのように変化したと考えられますか。

ゆき：**図2**のスギの育った環境は，［ ウ ］と考えました。

先生：そのとおりです。植物の成長には，光や二酸化炭素，気温が関わっていることがわかりましたね。植物が，水と二酸化炭素をもとに，光を受けて，デンプンと酸素をつくるしくみである「光合成」について考えると，さらにくわしくわかります。

(1) 次の①～③の問いに答えなさい。

① ［ ア ］にあてはまる数を書きなさい。

② 下線部**イ**について，そのように考える理由を，雑草と大きな木のちがいにふれながら説明しなさい。

③ ［ ウ ］にあてはまる説明を，本文中の内容をふまえて書きなさい。

ゆき：植物の光合成について，くわしく知りたいです。

先生：**図3**～**図5**を見てください。これは，ある植物について，光の強さ，空気中の二酸化炭素の割合（わりあい），温度の3つの条件をいろいろと変えて，光合成とどのように関わっているのかを調べたものです。水は十分にあるものとします。光合成がどのくらい起こったかを表す量，すなわち光合成量は，二酸化炭素の吸収量で表すことができます。**図3**を見てください。温度が30℃のもとで，空気中の二酸化炭素の割合が変化すると，光合成量がどう変わるかを，光の強さが3 klxと20 klxの場合について示したグラフです。**図4**と**図5**は，二酸化炭素の割合が0.2％のもとで，光の強さや温度の値（あたい）が変化すると，光合成量がどう変わるかを，それぞれ2つの条件の場合について示したグラフです。グラフ上のそれぞれの「○」は，二酸化炭素の割合が0.2％，光の強さが20 klx，温度が30℃の条件にしたときの光合成量を表す点です。縦軸（たてじく）は，このときの光合成量を1としたときの割合で示しています。

図3

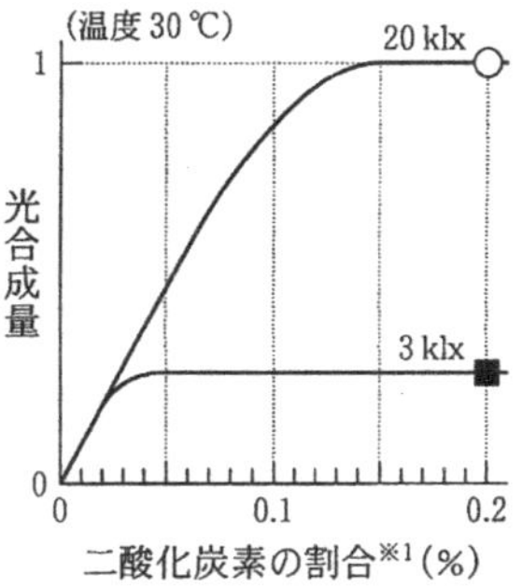

図4

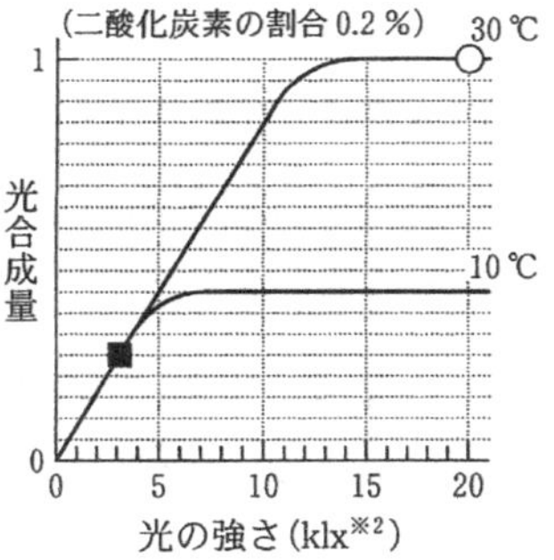

図5

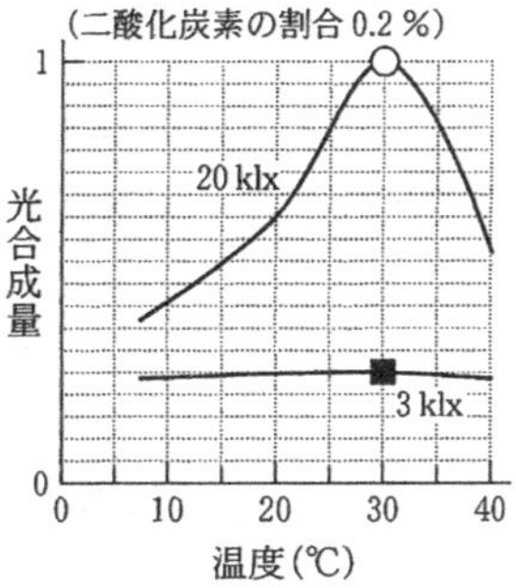

※1　二酸化炭素の割合：**図3**～**図5**では空気中の二酸化炭素の割合のこと。

※2　klx：キロルクス。1 klx = 1000 lx。

ゆき：二酸化炭素の割合や光の強さを大きくしたり，温度を高くしたりすると，光合成量が増加していますね。でも，ある値から一定になったり，減少したりしています。

先生：よいところに気がつきましたね。**図3**～**図5**からわかるように，光合成量には，3つの条件が大きく関わっています。例えば，二酸化炭素の割合が0.2％，光の強さが3 klx，温度が30℃のとき，光合成量をさらに増加させる要因※3は，3つの条件のうちどれになるか，わかりますか。

※3　要因：物事が起こるおもな原因。

ゆき：図3～図5に，そのときの光合成量を示す点を「■」でかいてみました。図4を見ると，光の強さを3 klxより大きくすると光合成量が増加することがわかるので，光合成量をさらに増加させる要因は，光の強さだと考えました。

先生：そのとおりです。ある条件における光合成量をさらに増加させるための要因は，3つの条件のうち1つであることがわかっています。3つの条件のうち，ある1つの条件を増加させたときに，光合成量も増加していれば，その条件が光合成量をさらに増加させる要因です。

ゆき：でも，グラフ上に点がかけない条件のときは，どうすればよいのですか。

先生：新しいグラフをかけば，考えることができますよ。例えば，図4で，この植物の温度の条件だけを5℃や20℃に変えたときのグラフは，10℃や30℃の温度のグラフの形を参考にすると，図4にどのように表すことができるでしょうか。

ゆき：最初は光が強くなるほど，10℃や30℃のときと同じ傾（かたむ）きで光合成量が増加していき，ある光の強さ以上では増加せず一定となると考えました。

先生：そのとおりです。光合成量が一定となるときの光の強さの値は，温度が低いほど小さくなります。

ゆき：エ<u>図4に新しいグラフを考えてみたら，このグラフ上に点をかくことで，光合成量をさらに増加させる要因がわかりました</u>。

(2) 次の①～③の問いに答えなさい。

① 図3～図5からわかることをまとめたものとして，「適切であるもの」，「適切でないもの」，図3～図5からだけでは「読み取れないもの」を，それぞれ次の**あ**～**え**のうちから**すべて**選び，その記号を書きなさい。

あ この植物の光合成が最もさかんとなる二酸化炭素の割合は，0.1％である。

い この植物の光合成が最もさかんとなる光の強さは，10 klxである。

う この植物の光合成が最もさかんとなる気温は，30℃である。

え この植物は，気温が0℃のときにも光合成をおこなうことができる。

② 二酸化炭素の割合が0.03％，光の強さが20 klx，温度が30℃のとき，光合成量をさらに増加させる要因を書きなさい。

③ 下線部**エ**について，図4，図5をもとに，二酸化炭素の割合が0.2％，光の強さが15 klx，温度が15℃のときの光合成量を示す点を解答らんの図に「●」でかき，「●」をかくために必要となる点を解答らんの図のグラフ上に「＋」でかきなさい。また，この条件のとき，光合成量をさらに増加させる要因を書きなさい。

ゆき：光合成には，光と二酸化炭素と温度が関わっていることがよくわかりました。もっとくわしく光合成のしくみを知りたくなりました。

先生：**図6**を見てください。これは，植物のからだの内側でおこなわれている光合成のしくみを，**しくみ㋐**と**しくみ㋑**で簡単に示したものです。**図6**の左側の**しくみ㋐**は，光を受けて，植物が根などから吸収した水が変化して酸素がつくられるしくみです。

ゆき：**図6**の右側の**しくみ㋑**は，二酸化炭素や水が変化した△や◎から，水とデンプンと□がつくられ，□と二酸化炭素から△がつくられるという流れがくり返されているしくみですね。

図6

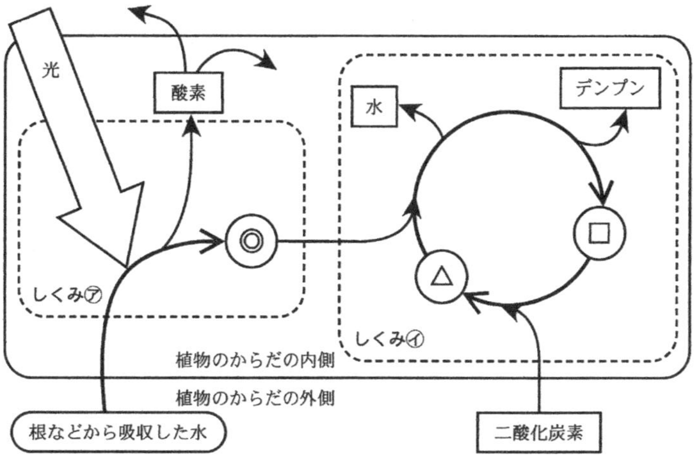

先生：そのとおりです。

しくみ㋐と**しくみ㋑**の関係はどうなっているでしょうか。

ゆき：**しくみ㋑**の流れがくり返されるためには，**しくみ㋐**で水から変化してできた◎が必要なので，**しくみ㋐**も大事なのですね。**しくみ㋐**が動くためには，**しくみ㋑**も大事なのかな。

先生：よい質問ですね。**しくみ㋐**と**しくみ㋑**の関係を調べるためには，どのような実験をしたらよいと思いますか。ただし，水は十分にあるものとして考えてみましょう。

ゆき：**しくみ㋐**は光，**しくみ㋑**は二酸化炭素が重要なので，光，二酸化炭素の条件を変えてみたら，**しくみ㋐**と**しくみ㋑**の関係がわかるのかな。

先生：よく気がつきましたね。ある植物を，気体がもれないように閉（と）じられた容器の中に入れて実験をしました。ただし，実験開始時には，**図6**の△のみがあるものとします。**図7**（次ページ）は，光や二酸化炭素の条件を一定時間ごとに，A，B，C，Dの順で，連続して変えていったときの光合成量を調べた結果です。縦軸が光合成量，横軸が時間を示しています。

2022(R4) 千葉県立中
教英出版

【適

令和４年度

適性検査　２―１

（45分）

（注意事項）

1　「始め」の合図があるまでは，開かないこと。

2　解答らんは，この用紙の裏側に印刷されています。とりはずして使用し，答えは，すべて解答用紙に書きなさい。解答用紙は，半分に折って使用してもかまいません。

3　検査問題は，１ページから11ページまで印刷されています。

検査が始まって，文字や図などの印刷がはっきりしないところや，ページが足りないところがあれば，静かに手を挙げなさい。

4　問題用紙のあいている場所は，下書きや計算などに使用してもかまいません。

5　「やめ」の合図があったら，筆記用具を置き，机の中央に解答用紙を裏返して置きなさい。

令和４年度　適性検査　2―1　解答用紙

※100点満点

答えは，すべてこの解答用紙に書き，解答用紙だけ提出しなさい。　※らんには何も書かないこと。

受検番号		氏　名		※

1

(1)
- ① ア
- ② イ　あ　cm²　い　cm　う　cm²　え　cm　お
- ③ ウ　エ　cm²
- ④ オ　か　き　く
- ⑤ カ　cm²　キ

(2)
- ① ク
- ② 理由

(3) ケ

図８

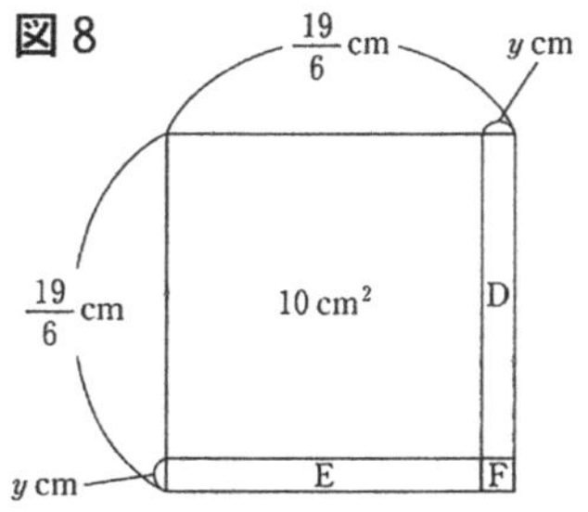

◇M3(255―32)

ゆき：Aの時間帯と同じ条件なのに，Cの時間帯は二酸化炭素の吸収が起こっていますね。

図7

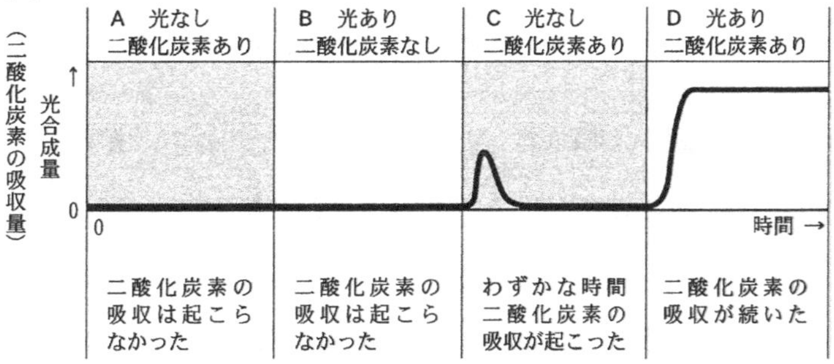

先生：そうですね。Cの時間帯に，光がないのに二酸化炭素の吸収が起こっているのはどうしてだと思いますか。

ゆき：**しくみ㋐**，**しくみ㋑**と，**図7**のそれぞれの時間帯の条件をふまえて，［　**オ**　］だと考えました。

先生：そのとおりです。

ゆき：植物のからだの内側で，このような複雑なしくみが働くことが，植物の成長につながるのですね。

⑶　次の①～③の問いに答えなさい。

①　**図7**の**D**のあとに続けて「光あり・二酸化炭素なし」の条件にして，実験をおこなったとき，**図6**の◎，△，□のうち，一時的に増加するものの記号をかきなさい。ただし，「二酸化炭素なし」にしたとき，二酸化炭素が関わる変化以外はしばらく続くものとします。

②　次の**あ**～**か**の説明のうち，**図6**，**図7**の両方から，光合成についてわかることを**すべて**選び，その記号を書きなさい。

あ　光合成では，**しくみ㋐**が先に起こり，**しくみ㋑**が後に起こる。

い　光合成では，**しくみ㋑**が先に起こり，**しくみ㋐**が後に起こる。

う　光合成では，**しくみ㋐**と**しくみ㋑**の間に順序はない。

え　植物に光をあたえるだけで，光合成の変化のすべてが起こる。

お　光合成で発生する酸素は，吸収した水が変化したものである。

か　光合成で発生する酸素は，吸収した二酸化炭素が変化したものである。

③　［　**オ**　］にあてはまる説明を，本文中の内容をふまえて書きなさい。ただし，**図6**の◎，△，□の記号を使うこと。

2 れんさんとりささんは，着物などに使われている模様について先生と話をしています。会話文をふまえながら，あとの(1)～(3)の問いに答えなさい。

先生：**図１**の模様は，日本の伝統的な文様で，植物のアサの葉に似ていることから，「麻の葉文様」と呼ばれています。アサは成長が早く，また，まっすぐにのびるため，この文様は赤ちゃんの着物などに使われています。

図１　麻の葉文様

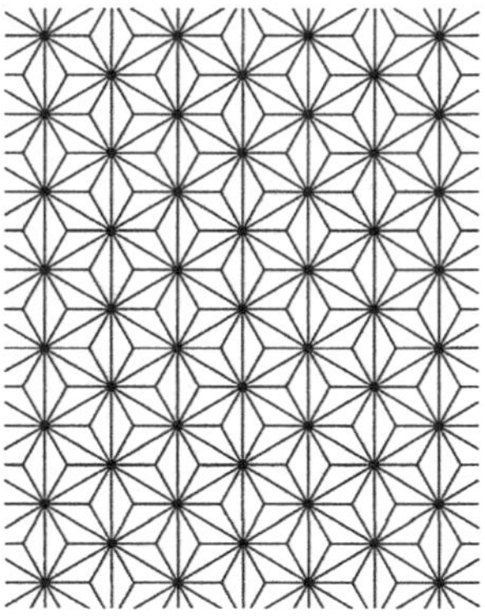

れん：昔の人は，文様をどのようにかいていたのですか。

先生：麻の葉文様のように昔から伝わる文様は，「分廻し」と呼ばれる竹製のコンパスと定規を使ってかいていました。麻の葉文様をかく方法の１つに，正六角形をつくってかく方法があります。

りさ：やってみます。**図２－１**のように，円をかき，半径と同じ長さに開いたコンパスで，その円の周りを順に区切って６個の点をとりました。**図２－２**のように，この６個の点を結んで正六角形をつくり，６個の同じ形の二等辺三角形で区切ると，麻の葉文様の一部がかけました。

図２－１

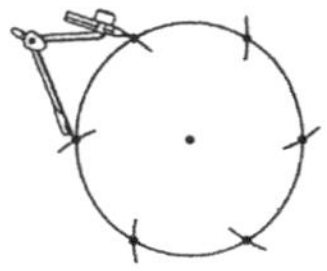

図２－２

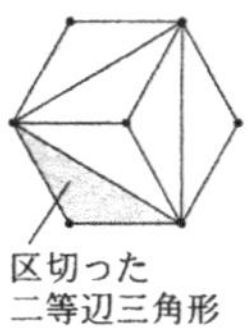

れん：**図３**の中に**図２－２**の正六角形が全部で［ア］個あるので，**図２－２**の一部分を重ねながら**図３**をかいたのですね。**図３**で**図２－２**の正六角形が重なった部分の面積は，区切った二等辺三角形［イ］個分ですね。

図３

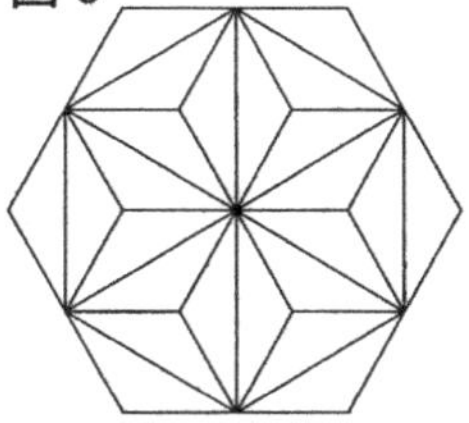

先生：そのとおりです。この「区切った二等辺三角形」と同じ形の三角形を「基本の三角形」と呼びましょう。

りさ：**図２－２**を見ると，基本の三角形は３個集まると正三角形になりますね。ということは，基本の三角形の３つの角の大きさは，それぞれ［ウ］度です。麻の葉文様は，基本の三角形が集まってできているね。

れん：**図１**には，基本の三角形が集まった，いろいろな大きさの正六角形があるよ。例えば，基本の三角形の一番長い辺の長さを１とすると，**図４**のように一辺の長さ

図４

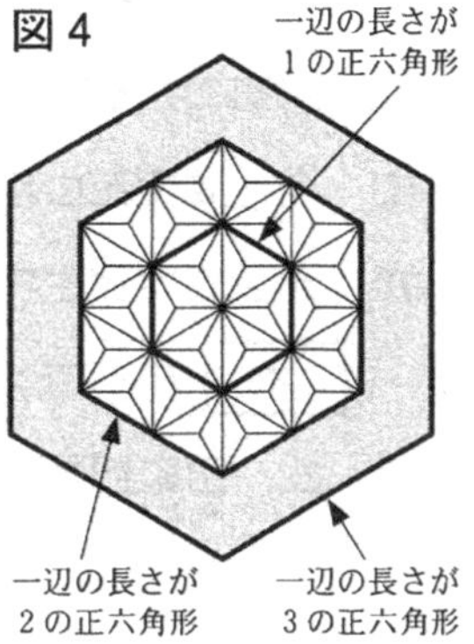

が1や2の正六角形をみつけたよ。一辺の長さが2の正六角形の周りに，基本の三角形をすき間なく ［エ］ 個かくと，一辺の長さが3の正六角形になるよ。

りさ：麻の葉文様は，対称(たいしょう)な図形がたくさんあるから，周りに加える三角形の個数も，工夫(くふう)して数えることができるね。

先生：2人とも，そのとおりです。では，線対称な図形について考えてみましょう。**図5**では，正六角形の中に麻の葉文様をかき，基本の三角形に**あ**～**つ**の名前をつけています。**図5**の中には線対称な図形がたくさんあります。基本の三角形は，これらの図形の対称の軸(じく)で折ったときに，重なった基本の三角形に移動することにします。例えば，**し**は**そ**まで，**し**→**あ**→**い**→**う**→**え**→**お**→**そ**と，対称の軸を6回変えると移動することができます。

図5

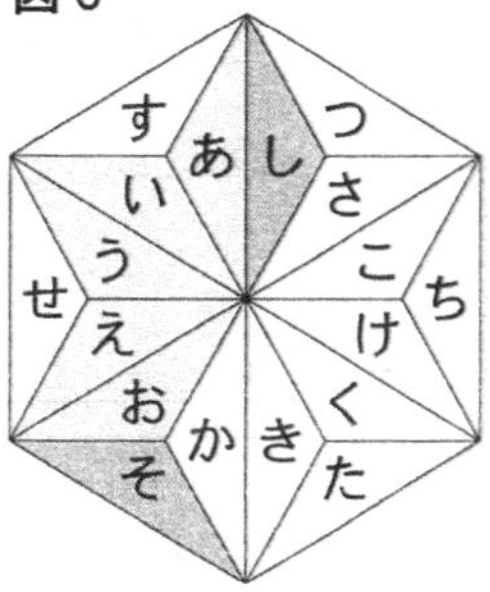

れん：**あ**と**い**の間の線を対称の軸にすれば，**し**→**う**と移動することもできますね。**し**を**そ**まで移動する他の方法を考えると，対称の軸を最小 ［オ］ 回変えると移動することがわかりました。

先生：そのとおりです。

りさ：線対称になっているということは，紙を折った折り目を使って，麻の葉文様をつくることができるのではないかな。調べてみます。

(1) 次の①～③の問いに答えなさい。

① ［ア］ ～ ［エ］ にあてはまる数をそれぞれ書きなさい。

② 基本の三角形の一番長い辺の長さを1とします。右の図のように，一辺の長さがxの正六角形の周りに，基本の三角形を何個かかくと，一辺の長さが$(x+1)$の正六角形になりました。一辺の長さがxの正六角形の周りにかいた基本の三角形の個数を，xを使った式に表しなさい。

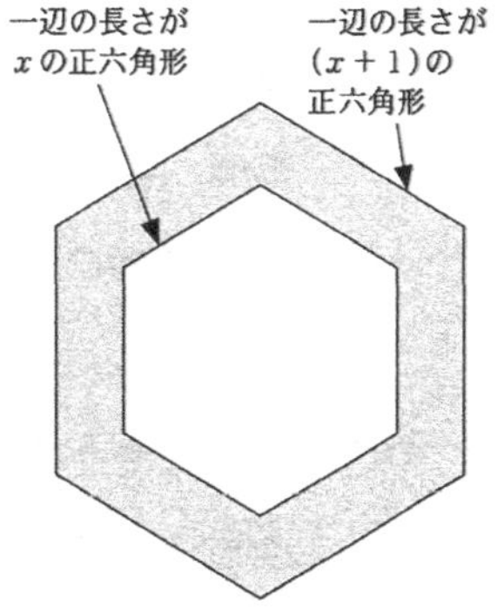

③ ［オ］ にあてはまる数を書きなさい。また，最小の回数での移動の方法を，**あ**～**つ**のあてはまる文字と矢印→を使って，**すべて**書きなさい。

◇M2(255—26)

れん：図書館で折り紙について調べてみたよ。折り紙を折り，はさみで切って文様をつくる「紋切り遊び」という遊びをみつけたよ。

りさ：おもしろそうだね。やってみたいな。

先生：それでは，麻の葉文様を折る前に，簡単な型の切りぬきをおこなってみましょう。**図6**を見てください。㋐～㋓のように，折った折り紙を切って三角形を切りはなし，色のついた部分を開いてみましょう。

図6　㋐　㋑　㋒　㋓

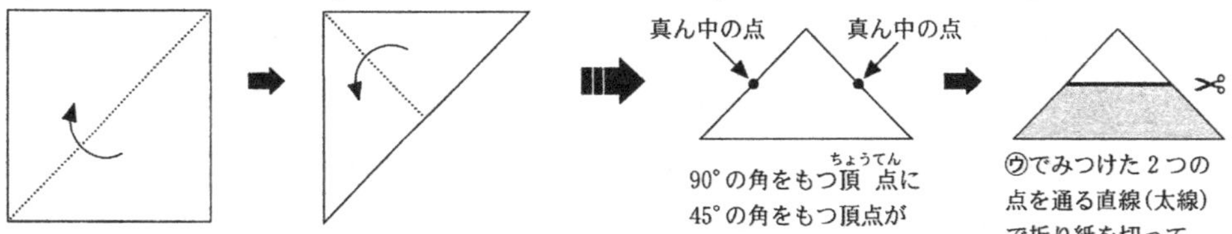

㋐ 半分に折って，二等辺三角形をつくる。

㋑ 半分に折って，二等辺三角形をつくる。㋑は1回以上おこなう。

㋒ 90°の角をもつ頂点に45°の角をもつ頂点がそれぞれ重なるように折り，辺の真ん中の点をみつける。

㋓ ㋒でみつけた2つの点を通る直線（太線）で折り紙を切って三角形を切りはなし，色のついた部分を開く。

れん：㋑を1回おこなったときと，2回おこなったときは，**図7**，**図8**になったよ。

りさ：㋑を3回おこなったら**図9**になったよ。どれも対称できれいだね。

図7

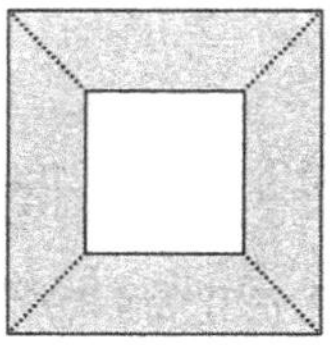

㋑を1回
点線……は折り目

図8

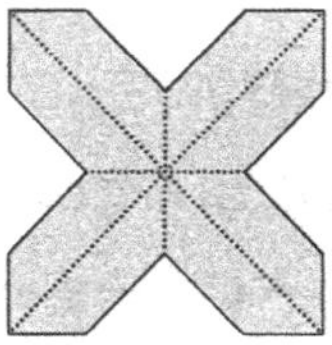

㋑を2回
点線……は折り目

図9

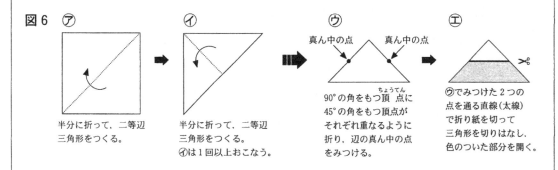

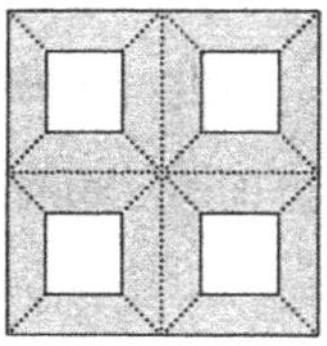

㋑を3回
点線……は折り目

㋑を4回おこなったときもつくってみたかったのだけれど，紙が厚くなってうまく折れなかったよ。

れん：紙を42回折ると，その厚さは月まで届くと聞いたことがあるよ。きまりを考えれば，実際に折れなくても形がわかるのではないかな。例えば，**図7**の図形の面積は，最初の正方形の面積の［カ］倍だね。㋑を何回おこなっても，開いた図形の面積は，必ず最初の正方形の面積の［カ］倍になることが㋓からわかるよ。

りさ：確かにそうだね。では，折り目がついていく様子を調べてみるね。最初の正方形の辺と㋑を1回おこなったときの折り目との間の角は45°だね。切って開いた**図7**，**図8**，**図9**に，折り目などをかき足して，切る前の正方形を考えてみたよ。

キ<u>最初の正方形の辺と㋑をおこなったときの折り目との間の角は，㋑を何回おこなっても必ず45°か90°のどちらかになる</u>ことがわかったよ。

れん：りささんの考えを参考に，㋐のあとに㋑を４回おこなったときの折り目をかくと，**図 10** のようになったよ。紙が厚くなって折れなかった㋑を４回おこなったときは，㋓で切っているから，**図 11** のようになることがわかったよ。

りさ：実際に折らなくてもわかったね。では，切り取り線を，**図 12** のように，90° の角をもつ頂点（ちょうてん）に 45° の角をもつ頂点が重なるように折ってつけた線（**図 12** の太線）に，変えたときを考えてみよう。
ク㋑を４回おこなって，**図 12** の太線で切って三角形を切りはなし，色のついた部分を開くときを，考えることができたよ。

れん：すごいね。では，こんな問題はどうかな。**図 12** の太線で切って三角形を切りはなし，色のついた部分を開くと，**図 13** のように正方形の穴（あな）があいていました。この穴が 64 個あるとき，㋑を何回おこなったでしょうか。りささん，解けるかな。

りさ：㋑をおこなった回数や，折り目のつき方，それから，正方形の穴のでき方などを考えると，㋑を［ケ］回おこなったのではないかな。

れん：そのとおりです，りささん。実際にできないことをいろいろ調べてみたいね。

先生：２人ともよくできました。

図 10

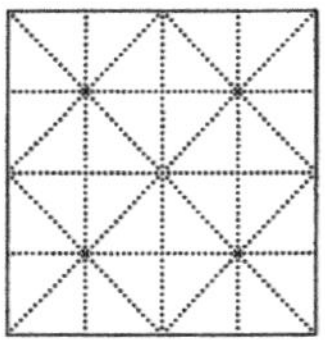

㋑を４回
点線……は折り目

図 11

㋑を４回

図 12

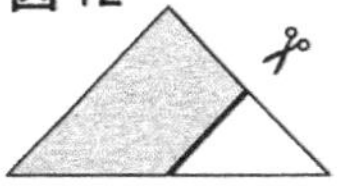

図 13

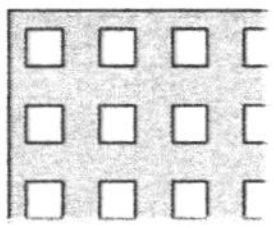

(2) 次の①～④の問いに答えなさい。

① ［**カ**］にあてはまる分数を書きなさい。

② 下線部**キ**について，最初の正方形の辺と㋑をおこなったときの折り目との間の角が 90° になるのはどのようなときか，㋑をおこなった回数にふれながら書きなさい。

③ 下線部**ク**について，色のついた部分を開いたときの図形を，次の**あ**～**え**のうちから **2つ**選び，その記号を書きなさい。

あ

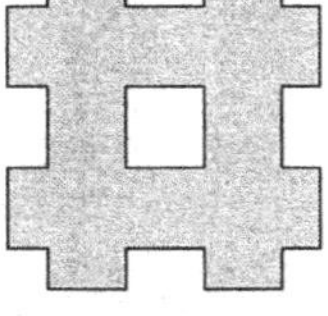

い

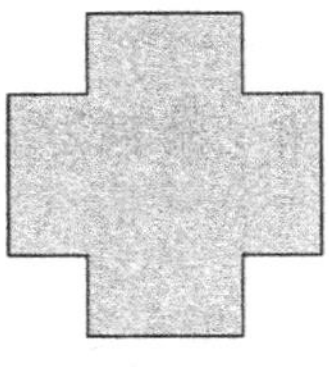

う

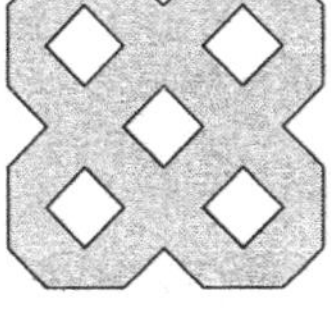

え

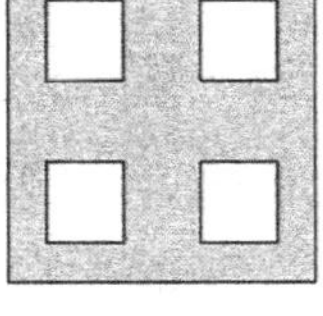

④ ［**ケ**］にあてはまる数を書きなさい。

先生：いよいよ，**図14**のように折り紙を折って，麻の葉文様をつくってみましょう。

図14

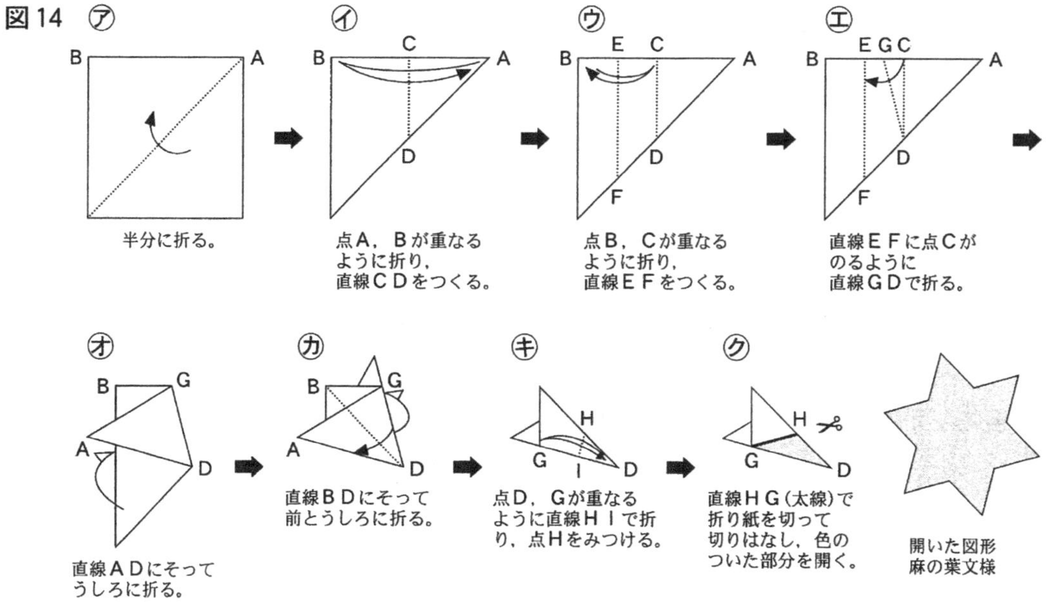

㋐
B
A
半分に折る。
㋑
C
B
A
D
点A，Bが重なるように折り，直線CDをつくる。
㋒
E C
B
A
D
F
点B，Cが重なるように折り，直線EFをつくる。
㋓
EGC
B
A
D
F
直線EFに点Cがのるように直線GDで折る。
㋔
B
G
A
D
直線ADにそって
うしろに折る。
㋕
B
G
A
D
直線BDにそって前とうしろに折る。
㋖
H
G
I
D
点D，Gが重なるように直線HＩで折り，点Hをみつける。
㋗
H
G
D
直線HG(太線)で折り紙を切って切りはなし，色のついた部分を開く。
開いた図形
麻の葉文様

りさ：麻の葉文様ができました。㋗の色のついた部分を開くと麻の葉文様ができているから，三角形HGDは基本の三角形ですね。確かに<u>㋗の三角形HGDの3つの角の大きさも，それぞれ［　ウ　］度</u>(コ)(7ページ)になっています。これは，㋓や㋔で折ったときに同じ角度ができるので，㋕の角Dの大きさが，180°÷3で60°になるからですが，なぜ㋐～㋔の折り方で㋕の角Dの大きさが60°になるのでしょうか。

先生：よく考えられました。なぜ60°になるかは，中学校で習う三角形の性質を使って説明できます。今日は60°になることだけをおさえておきましょう。

りさ：わかりました。れんさん，中学校で三角形の性質を勉強して，説明できるようになりたいね。

れん：そうだね。他にも，身の回りのことがなぜそうなるかを考えていきたいね。

(3) 次の①，②の問いに答えなさい。

① 右の図で，点線┈┈は**図14**の㋐で折ったときにできた折り目で，太線**━**は㋗の切り取り線です。㋔で折ったときにできた折り目を，解答らんの図にかきなさい。ただし，折り目は点線ではなく，直線──でかいてかまいません。

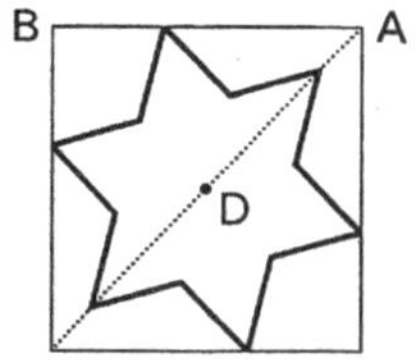

B
A
D

② 下線部**コ**について，**図14**の㋕，㋖のように折ることで，下線部**コ**になることの説明を，線対称の性質にふれながら完成させなさい。ただし，㋕の角Dの大きさが60°であることを使ってかまいません。

大問	小問	番号	記号	解答欄			配点
2	(1)	①	ア	個			3点
			イ	個			3点
			ウ	角の大きさ	度	度	度 完答3点
			エ	個			4点
		②					5点
		③	オ	回			完答5点
			移動の方法				
	(2)	①	カ	倍			4点
		②	キ				5点
		③	ク				完答5点
		④	ケ	回			5点
	(3)	①		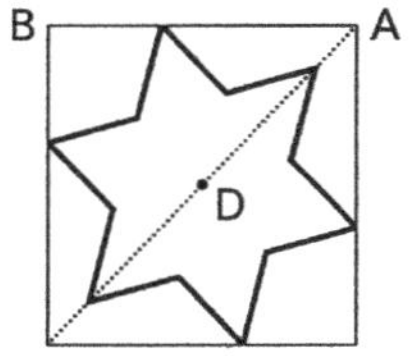			3点
		②	コ	三角形 HGD について, 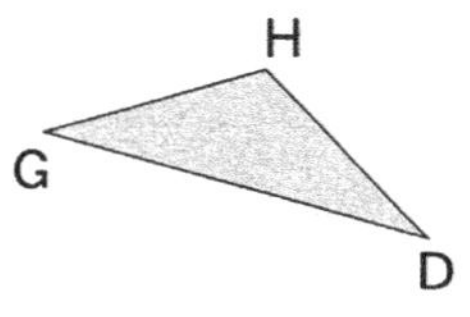			5点

令和４年度

適性検査　２―１

問　題　用　紙

1 しんさんとなつさんは，1 cm の方眼を利用してかいた正方形について話をしています。会話文をふまえながら，あとの(1)～(3)の問いに答えなさい。ただし，ここでは，例えば小数 2.34 の 2 と 0.3 と 0.04 を，それぞれ「一の位の値（あたい）」，「小数第一位の値」，「小数第二位の値」などと呼（よ）ぶこととします。

しん：私（わたし）は，**図 1** のように，面積が $1\ cm^2$，$4\ cm^2$，$9\ cm^2$ の正方形をかきました。

なつ：**図 2** のように，面積が $2\ cm^2$ の正方形もかけますね。

図 1

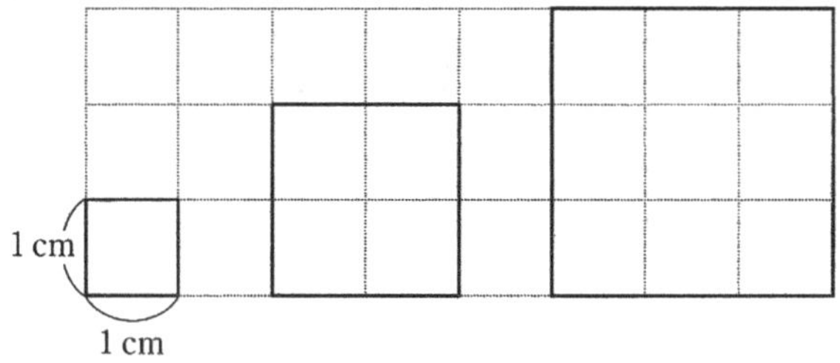

図 2

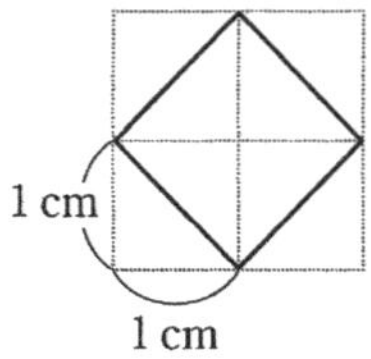

しん：なるほど。ア <u>工夫（くふう）をすれば，他にもいろいろな正方形がかけますね。</u>ところで，面積が $2\ cm^2$ の正方形の一辺の長さはいくつなのでしょう。

なつ：ものさしで測ると 1.4 cm くらいです。でも，1.4 × 1.4 は 2 になりませんね。

先生：面白（おもしろ）い発見をしましたね。では，面積が $2\ cm^2$ の正方形の一辺の長さがいくつになるか，考えてみましょう。

なつ：イ <u>**図 1** の正方形と比べると，面積が $2\ cm^2$ の正方形の一辺の長さは，1 と 2 の間の数だとわかるので，一の位の値は 1 でまちがいないはずです。</u>

先生：そうですね。では，小数第一位以下の位の値がいくつになるかを考えてみましょう。**図 3** のように，面積が $2\ cm^2$ の正方形を，長方形や正方形に分けてみます。**図 3** の x，y，z は，それぞれ一辺の長さの小数第一位の値，小数第二位の値，小数第三位以下の値を表しています。

図 3

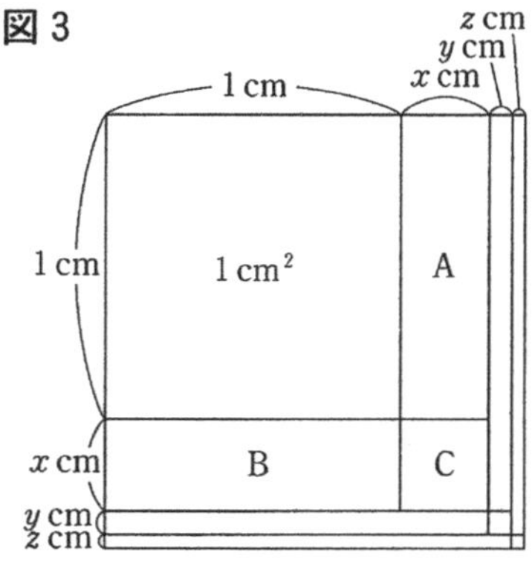

なつ：図に表すとわかりやすいですね。x cm の辺をもつ図形は，長方形 A と長方形 B と正方形 C ですね。$2\ cm^2$ から一辺が 1 cm の正方形の面積をひくと残りは $1\ cm^2$ ですが，ものさしで測ったように x の値を 0.4 とすると，x cm の辺をもつ図形の面積の合計は $0.96\ cm^2$ になり，$1\ cm^2$ には足りないのですね。

しん：でも，xの値を［ウ］とすると，x cmの辺をもつ図形の面積の合計は［エ］cm^2となって$1\,\text{cm}^2$をこえてしまうので，xの値は0.4でよいと思います。足りない分の面積は，y cmやz cmの辺をもつ図形をすべて合わせた部分の面積だと思います。

先生：そのとおりです。では，さらにyの値を求めてみましょう。

なつ：同じように，オ<u>y cmの辺をもつ図形の面積の合計</u>が［カ］cm^2をこえないようにできるだけ大きいyの値を見つければよいですね。そうすると，yの値は［キ］になるはずです。

先生：そうですね。よくできました。

しん：この，一辺の長さを**位ごとの値に分ける方法**なら，小数第三位以下の値も同じようにくり返して，一けたずつ確実に一辺の長さを求めることができますね。

(1) 次の①～⑤の問いに答えなさい。

① 下線部**ア**について，解答らんの1 cmの方眼を利用して，面積が$5\,\text{cm}^2$の正方形をかきなさい。

② 下線部**イ**について，例えば面積が$13\,\text{cm}^2$の正方形の一辺の長さの一の位の値がいくつになるかを，次のように考えます。［あ］～［お］にあてはまる整数をそれぞれ書きなさい。

> 面積が$13\,\text{cm}^2$の正方形の一辺の長さは，面積が［あ］cm^2の正方形の一辺の長さの［い］cmより長く，面積が［う］cm^2の正方形の一辺の長さの［え］cmより短いので，一の位の値は［お］になると考えることができる。

③ ［ウ］，［エ］にあてはまる数をそれぞれ書きなさい。

④ 下線部**オ**について，しんさんとなつさんは，y cmの辺をもつ図形の面積の合計を，yを使って異（こと）なる式に表しました。［か］～［く］にあてはまる式をそれぞれ書きなさい。ただし，xの値を0.4として考えることとします。

<しんさんの式>	**<なつさんの式>**
(［か］)×2＋［き］	y×(［く］)

⑤ ［カ］，［キ］にあてはまる数をそれぞれ書きなさい。

次に，しんさんは，体積が $2\,\mathrm{cm}^3$ の立方体の一辺の長さも**位ごとの値に分ける方法**を使って求めることができるのではないかと考えました。

しんさんは，体積が $2\,\mathrm{cm}^3$ の立方体の一辺の長さは，１と２の間の数で，一の位の値が１になることを発見したあと，小数第一位以下の値について，次のように考えました。

<しんさんの考え>

体積が $2\,\mathrm{cm}^3$ の立方体は，一辺の長さの小数第一位の値を x，小数第二位以下の値を y とすると，**図４**のように，㋐～㋒の立体に分けることができます。

図４

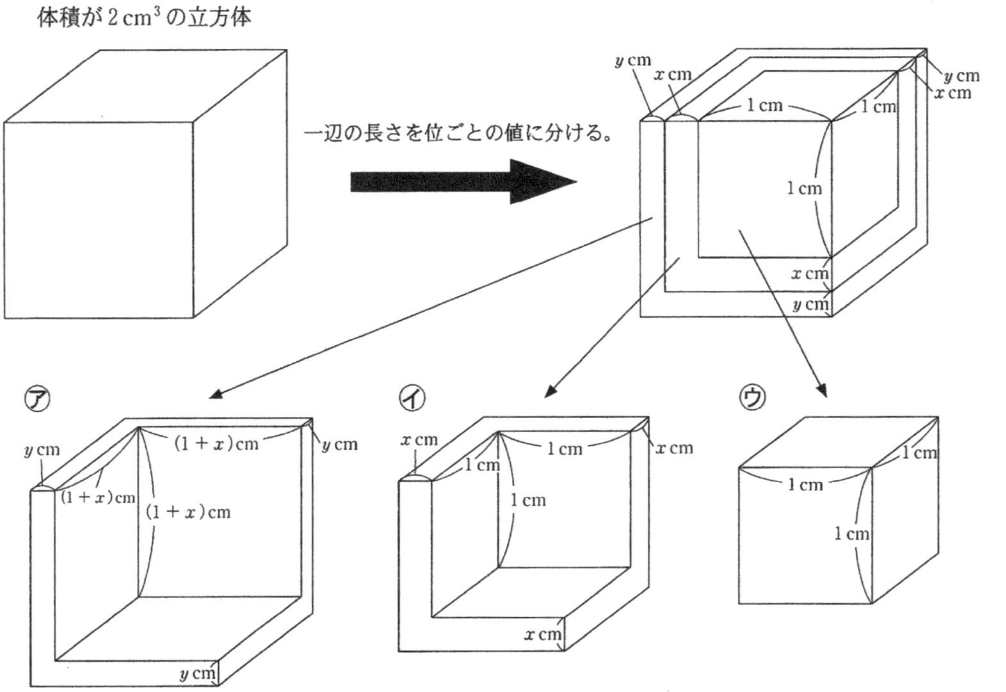

小数第一位の値 x について考えます。**図４**の㋑の立体は，**図５**のように，x cmの辺をもつ直方体や立方体に分けることができるので，x を使って体積を式に表すと，［　**ク**　］になります。

図５

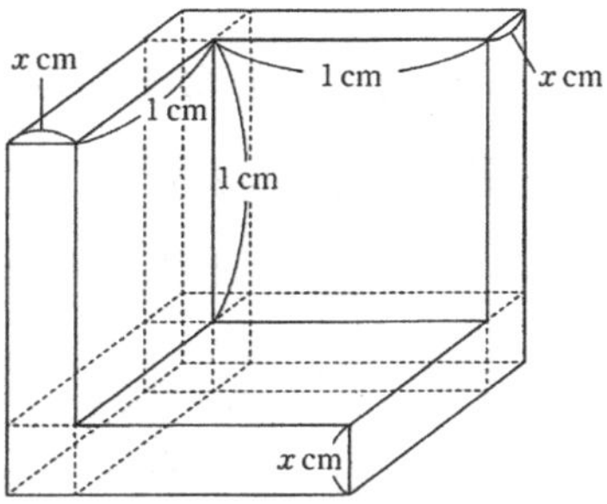

┌╌╌╌╌╌╌╌╌╌╌╌╌╌╌╌┐

理　由

└╌╌╌╌╌╌╌╌╌╌╌╌╌╌╌┘

このことから，x の値は0.2になることがわかります。

⑵　次の①，②の問いに答えなさい。

①　**ク** にあてはまる式を書きなさい。

②　**理　由** にあてはまるように，x の値が 0.2 になる理由を，**図４**の㋑の立体の体積についてふれながら書きなさい。

（5 ページに続く）

しんさんとなつさんが，面積が 10 cm^2 の正方形の一辺の長さについて考えています。

まず，２人は，一辺の長さを**位ごとの値に分ける方法**を使って小数第四位まで求め，3.1622 であることを発見しました。

次に，２人は先生といっしょに，**位ごとの値に分ける方法**とは異なる方法で一辺の長さを求めようとしています。

先生：正方形の面積から一辺の長さを求める方法として，**古代ギリシャ時代に考案された方法**を紹介します。この方法では，まず，面積が 10 cm^2 の正方形を**図６**のように，長方形や正方形に分けて考えます。

図６

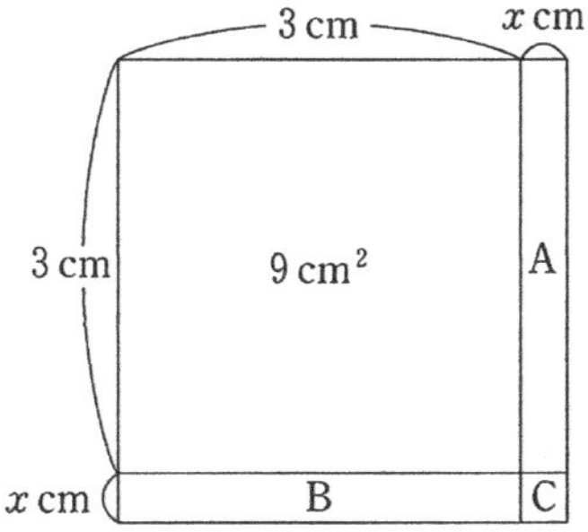

しん：一辺の長さを，一の位の値の３と小数第一位以下の値を x として２つの値に分けたのですね。x の値を求めるためには，長方形Ａと長方形Ｂと正方形Ｃの面積の合計が，10 cm^2 から 9 cm^2 をひいた残りの 1 cm^2 になることを使う必要がありますね。

先生：それについて，この方法では，辺の長さを２つに分けるとき，今回のように３に対して x の値が十分に小さくなるように分けます。そうすると，正方形Ｃ１つ分の面積は，長方形Ａと長方形Ｂの面積の和に対してとても小さくなるので，長方形Ａと長方形Ｂの面積の和を 1 cm^2 と考えて x の値を求めるのです。

なつ：なるほど。つまり，**図７**のように考えるわけですね。

図７

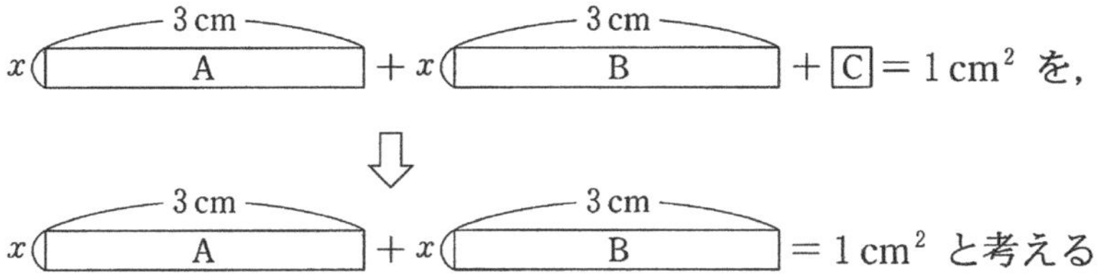

そうすると，長方形Ａと長方形Ｂは，どちらも面積が $1 \div 2 = \frac{1}{2}$ cm^2 で，縦 x cm，横 3 cm の長方形と考えることができるので，x の値は $\frac{1}{2} \div 3 = \frac{1}{6}$ になりますね。

しん：でも，その x の値は，長方形Ａや長方形Ｂの本当の面積よりも少し大きい値を使って求めているので，本当の値よりも少し大きいはずですね。

令和四年度

適性検査　二―二

（45分）

（注意事項）

一　放送で指示があるまでは、開かないこと。
　その他、すべて放送の指示にしたがいなさい。

二　解答らんは、この用紙の裏側に印刷されています。とりはずして使用し、答えは、すべて解答用紙に書きなさい。解答用紙は、半分に折って使用してもかまいません。

三　検査問題は、一ページから八ページまで印刷されています。
　検査が始まって、文字などの印刷がはっきりしないところや、ページが足りないところがあれば、静かに手を挙げなさい。

四　問題用紙のあいている場所は、下書きなどに使用してもかまいません。

五　「やめ」の合図があったら、筆記用具を置き、机の中央に解答用紙を裏返して置きなさい。

教英出版

令和四年度　適性検査　二―二　解答用紙

答えは、すべてこの解答用紙に書き、解答用紙だけ提出しなさい。

受検番号

氏名

※

※らんには何も書かないこと。

※100点満点

一

(1) ①

(1) ②

(2)

(1)４点×２
(2)10点

二

(1) ①

(1) ②

(1) ③

(2) ①

(2) ②

(1)８点×３
(2)８点×２

三

(1) ①

4

(1) ②

10

(2)

(1)①４点
　②８点
(2)４点
(3)26点

二

⑶ 楽しい運動会にするための案　原稿(げんこう)

20行　15行

【メモらん】

【適

なつ：そうですね。一辺の長さを $3+\frac{1}{6}=\frac{19}{6}$ cm と考えると，$\frac{19}{6}$ を小数で表したときの小数第四位までの値は 3.1666 だから，**位ごとの値に分ける方法**で求めた 3.1622 と比べても少し大きいですね。でも，小数第二位までは一致しています。

しん：ケ<u>ここまでに求めた $\frac{19}{6}$ という値をもとにして，一辺の長さのより正確な値を求めることはできないかな。</u>

なつ：それなら，コ<u>面積が 10 cm² の正方形の一辺の長さが $\frac{19}{6}$ cm より y cm 短いと考えて，**図8**をもとに考えてみてはどうかな。</u>

図8

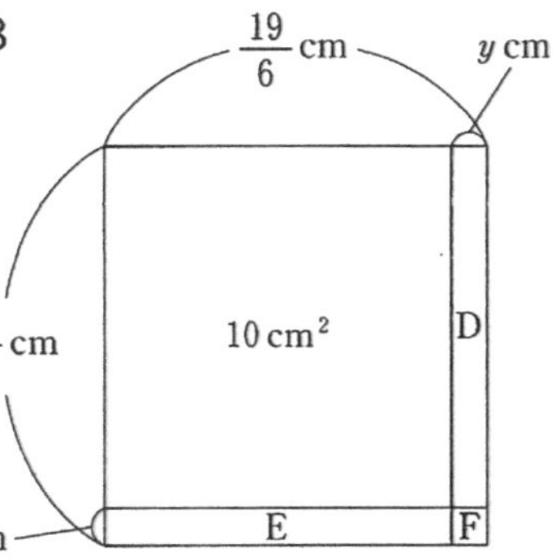

(3) 下線部**ケ**について，次の条件 1 ～ 3 にしたがって，一辺の長さのより正確な値を求めます。どのように求めたらよいか，求め方を説明しなさい。

（条件 1） **古代ギリシャ時代に考案された方法**を活用すること。

（条件 2） 下線部**コ**の提案を生かし，**図8** を活用すること。

（条件 3） **位ごとの値に分ける方法**で求めた 3.1622 を使って，新たに求めた一辺の長さの値が $\frac{19}{6}$ よりも正確な値であることを確かめること。

（7 ページに続く）

2 けんさんとりんさんは，LED(発光ダイオード)と光の性質について先生と話をしています。会話文をふまえながら，あとの(1)~(3)の問いに答えなさい。

先生：授業用に80 V 型のテレビを学校に設置することになりました。

けん：画像が大きく見えますね。

先生：80 V 型とは，**図1**の矢印のように，テレビの液晶(えきしょう)画面の対角線の長さが80インチのテレビのことです。また，テレビの液晶画面の横と縦(たて)の比は，テレビの液晶画面の大きさによらず，16：9で一定です。

図1

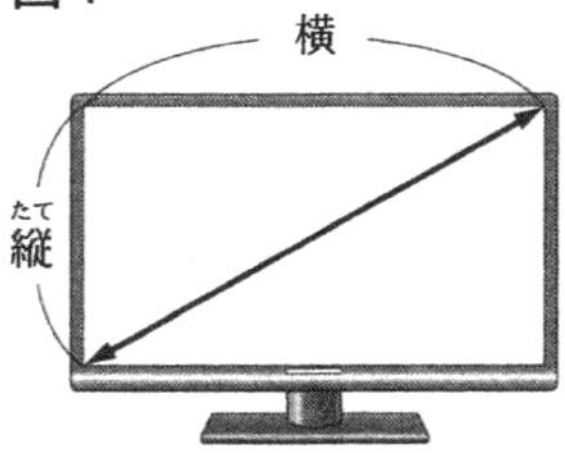

けん：すると80 V 型のテレビの液晶画面の面積は，私(わたし)の家の20 V 型のテレビの液晶画面の面積の [ア] 倍です。

先生：そのとおりです。

りん：4K 放送対応テレビの4K とは，どのような意味ですか。

先生：テレビなどの画像を構成している最小単位を画素と呼(よ)びます。4K のK は1000を表しているので，4K は4000画素という意味です。今のテレビ放送が2K 放送(横に約2000画素，縦に約1000画素)ですので，4K 放送(横に約4000画素，縦に約2000画素)の画素数は，2K 放送の画素数の何倍ですか。

けん：[イ] 倍です。

図2

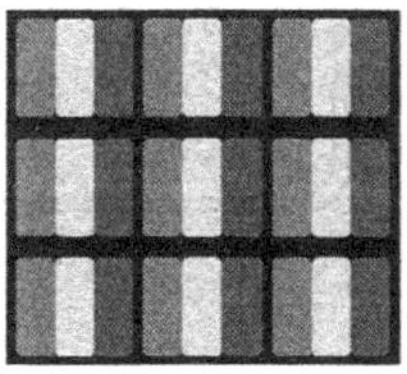

先生：そのとおりです。

りん：テレビなどの液晶画面にガラス玉を当てて見ると，ガラス玉の中央付近は**図2**のように見えます。

先生：そうですね。液晶画面には，RGB カラーフィルターが使われています。R，G，B とは光の三原色である赤，緑，青の英語の頭(かしら)文字(もじ)で，R(赤：レッド)，G(緑：グリーン)，B(青：ブルー)のことです。

けん：R，G，B が画素数に関係しているのですね。

先生：そのとおりです。テレビなどの液晶画面が高性能になってきたのは，青色のLED が発明されたおかげです。

りん：3人の日本人研究者が，2014年にノーベル賞を受賞しましたよね。

先生：そうですね。光の三原色のLEDがそろったことで，LEDの光を使用して表現できる色の種類が増えました。また，LEDのように自ら発光するものを使い，R，G，Bの光を重ねて色を作る方法では，**表1**のように色が表現されます。

表1

RのLED	GのLED	BのLED	表現される色
発光する	発光する	発光する	白
発光する	発光しない	発光しない	R
発光しない	発光する	発光しない	G

りん：R，G，Bの3色の光が重なると白色の光に見えるのですね。白色の光を発するLED電球などの製品は，青色のLEDの発明のおかげですね。

先生：そうですね。R，G，Bの3つのLEDが発光しない，すなわち光がない場合は，電源（でんげん）を入れていない液晶画面のように，表現される色は黒色です。**表1**の組み合わせをすべて考えると，この3色でいくつの色を表現できますか。

りん：［ウ］色の表現ができます。

先生：そのとおりです。

けん：テレビやパソコンは，もっとたくさんの色で画像が表現されていませんか。

先生：そうですね。R，G，Bそれぞれの明るさなどに差をつけて，少しずつ異（こと）なった色に見えるようにしています。この明るさなどの段階（だんかい）の数を「階調」という言葉で表します。R，G，Bそれぞれの階調が同じであるとすると，最大512色が表現できるとき，R，G，Bそれぞれの階調はいくつですか。

りん：階調は［エ］ですね。

先生：そのとおりです。パソコンは，R，G，Bのそれぞれに0～255の段階をつけて，R(20)，G(40)，B(30)のようにして，1つの色を表現しています。

けん：それでは，このパソコンで表現できる色の数は<u>オ16,777,216色</u>ですね。

先生：そのとおりです。

(1) 次の①，②の問いに答えなさい。

① ［ア］～［エ］にあてはまる数をそれぞれ書きなさい。

② 下線部**オ**について，表現できる色の数を16,777,216色と求めた方法を書きなさい。

りん：図3のように，光は鏡に当たると，当たる角度と同じ角度で反射(はんしゃ)する性質がありました。

先生：そうですね。それでは，光の進む様子が確認(かくにん)できる縦80 cm，横100 cm，高さ20 cmの直方体の箱を用意して，箱の内側のすべての側面に鏡を取りつけて光を反射させる実験をします。図4は，箱を上から見たもので，直方体の箱の10 cmの高さの断面を長方形WXYZと表しています。次の条件1～3で赤色と青色のLEDが発光し，その光が頂点(ちょうてん)W，X，Y，Zのいずれかにたどり着くまでの様子を見ましょう。各頂点には，光が当たると反応するセンサーが取りつけてあります。

図3

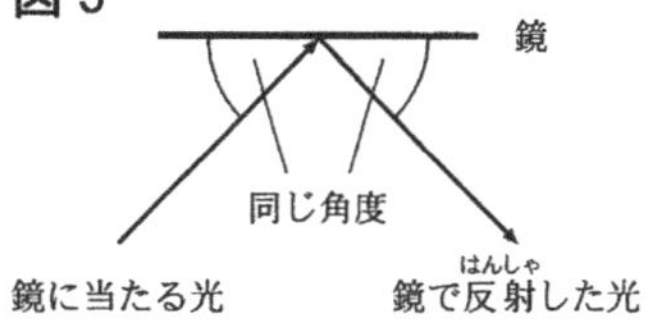

図4

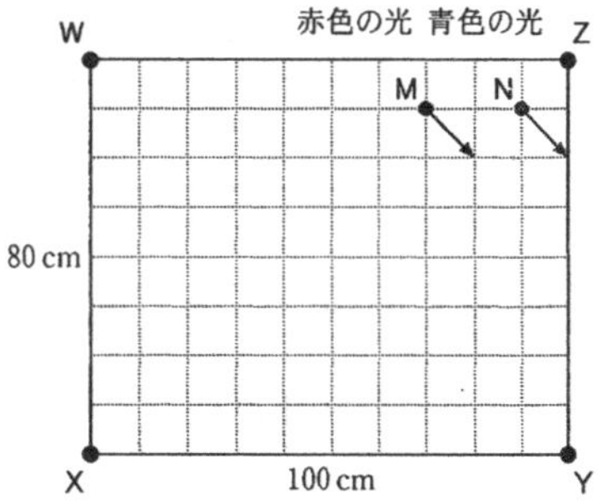

（条件1） 赤色のLEDはMの位置で，青色のLEDはNの位置でそれぞれ発光し，それぞれの光は辺YZに45度の角度で当たる。

（条件2） 各頂点とM，Nの位置は同じ高さである。

（条件3） それぞれの光は発光した高さのまま消えることなく進み，箱の内側の各側面で反射をくり返し，頂点のいずれかにたどり着く。

けん：赤色の光は4回反射して，頂点Yにたどり着きました。

りん：青色の光は［カ］回反射して，頂点［キ］にたどり着きました。

先生：そのとおりです。さらに緑色のLEDが，図5のあ～きのいずれかの位置から，M，Nと同じ高さで発光します。その光が辺YZに向けて辺YZに対して垂直(すいちょく)に進むとき，3色の光が重なって白色で見える位置が3つあります。緑色のLEDが発光する位置と白色で見える位置は，それぞれどこですか。

図5

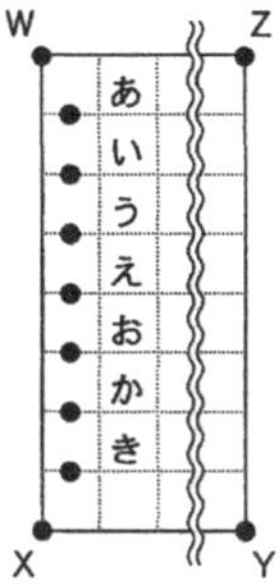

けん：緑色のLEDが［ク］の位置で発光するときで，ケ<u>白色で見える位置は，図に●でかきました</u>。

先生：そのとおりです。このような技術などを利用して，指定した場所に指定した色を表現できるようになりました。

次は，プログラムを使って，LEDを発光させる実験をします。次の条件1～5のとき，どのように発光して見えるでしょうか。

(条件1)　R，G，BのLEDから出る光が1つの点で重なるように設置する。
(条件2)　R，G，BのLEDを，同時に発光させる。
(条件3)　RのLEDを，2秒に1回発光するようにプログラミングする。
(条件4)　GのLEDを，3秒に1回発光するようにプログラミングする。
(条件5)　BのLEDを，5秒に1回発光するようにプログラミングする。

りん：最初に同時に発光したときを0秒として，そのあと1分間にRのLEDは30回，GのLEDは20回発光しますね。

先生：そうですね。RとGのLEDのみが同時に発光して重なると黄色で見えます。最初に同時に発光したあと，1分間に黄色に発光して見えるのは何回ですか。

けん：［コ］回です。このとき，白色で2回，青色で4回発光して見えました。

先生：そのとおりです。では，LEDの発光する時間の間隔(かんかく)を変えてみましょう。

りん：R，G，Bのうち，サいずれか1つのLEDの発光する時間の間隔を2秒増やしてみました。

けん：今回は，最初に同時に発光したあと，1分間に白色で1回，青色で3回発光して見えますね。条件を少し変えるだけで，発光して見える様子が変わりますね。

先生：そうですね。このような技術の向上が，スムーズな画像処理(しょり)を可能にし，小型化された画面であっても，きれいな画面表示を可能にしています。

(2)　次の①～④の問いに答えなさい。

①　［カ］にあてはまる数を書きなさい。また，［キ］にあてはまる記号として最も適当なものを，**図4**の**W**～**Z**のうちから1つ選び，その記号を書きなさい。

②　［ク］にあてはまる記号として最も適当なものを，**図5**の**あ**～**き**のうちから1つ選び，その記号を書きなさい。また，下線部**ケ**について，白色で見える位置を，解答らんの図に●でかきなさい。

③　［コ］にあてはまる数を書きなさい。

④　下線部**サ**について，どのLEDの発光する時間の間隔を2秒増やしたのか。白色で1回，青色で3回発光して見えたことにふれながら説明しなさい。

りん：LED 電球は，使用期限が長く，長時間使用すると白熱電球の費用に比べて安いという利点があると聞いたことがあります。

表2

	白熱電球	LED 電球
電球の使用期限(時間)	800	40000
電球1個の価格(円)	200	2200
電球を1時間使用したときの電気料金(円)	1	0.2

けん：同じ明るさの白熱電球とLED 電球について，**表2**のようにまとめました。使用期限は，決められた条件で使用することのできる時間です。

りん：白熱電球は，電球1個の価格は安いですが，電球を1時間使用したときの電気料金は高いです。一方，LED 電球は，電球1個の価格は高いですが，電球を1時間使用したときの電気料金は安いです。

けん：**表2**の価格と電気料金だけでは，使用時間が何時間をこえると，LED 電球の費用が白熱電球の費用より安くなるのかを，簡単(かんたん)に比べることができません。

先生：そうですね。それでは，それぞれの電球を**表2**のとおり購入(こうにゅう)して使用する費用を，グラフを用いて調べましょう。

図6

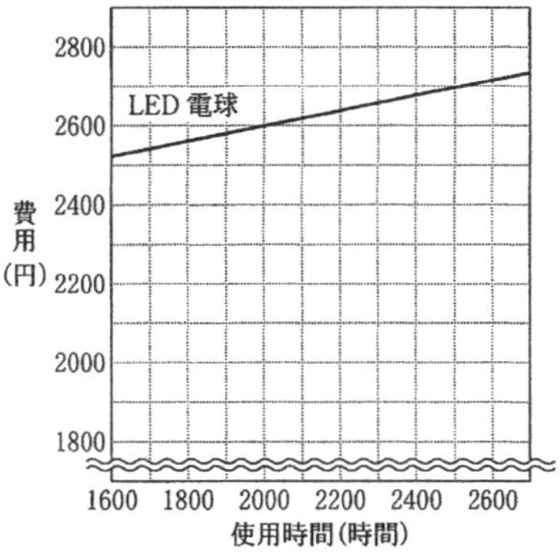

りん：白熱電球を使用期限ごとに購入しながら使用するものとして，とりあえず1600時間までそれぞれの費用を比べたところ，白熱電球の方が，費用が安くなることがわかりました。

けん：1600時間からのそれぞれの費用を比べるために，**図6**のように，LED 電球の使用時間と費用の関係をグラフにしました。

りん：グラフに白熱電球の使用時間と費用の関係をかき加えたところ，使用時間が［ シ ］時間をこえると，LED 電球の方が，費用が安くなることがわかりました。

先生：そうですね。長時間使用するとLED 電球は費用が安く，「20世紀は白熱電球が世界を照らし，21世紀はLED 電球が世界を照らす」と言われています。

(3) 次の条件1，2にしたがって示しなさい。また，［ シ ］にあてはまる数を書きなさい。

（条件1） 使用時間が1600時間のときの白熱電球の費用を求めた方法を書く。
（条件2） 白熱電球の使用時間と費用の関係を表すグラフをかく。

2							
	(1)	①	ア	倍	イ	倍	3点×4
			ウ	色	エ		
		②	オ				5点
	(2)	①	カ	回	キ		完答3点
		②	ク		ケ	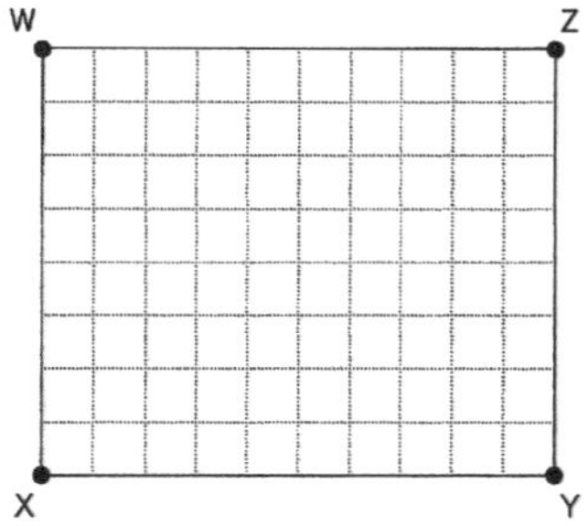	完答5点
		③	コ	回			5点
		④	サ				8点
	(3)	条件1					
		条件2	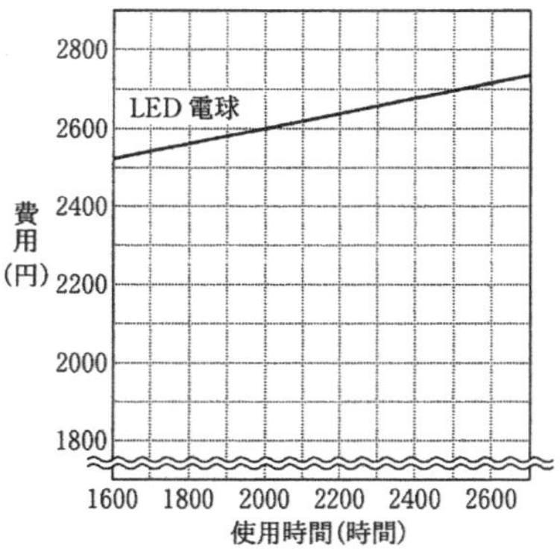				12点
					シ	時間	

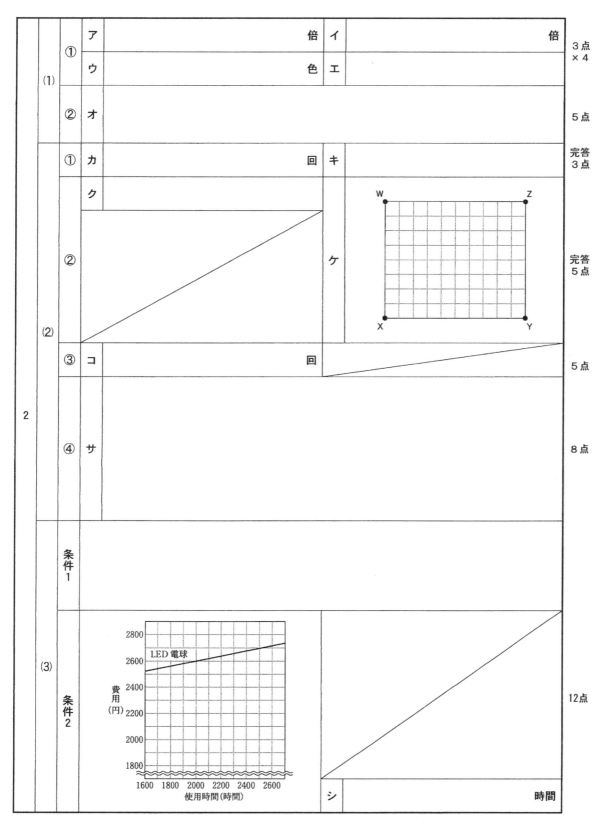

令和四年度

適性検査　二―二

問題用紙

一　放送で聞いた内容から、次の(1)、(2)の問いに答えなさい。

(1)　竹宮惠子さんの考えをふまえ、「ヒット作品」が生まれるまでを、〔図I〕のようにまとめました。①には、あてはまる言葉を十一字以内で書き、②には、あてはまる言葉として最も適当なものを、あとのア～エのうちから一つ選び、その記号を書きなさい。

〔図I〕

《作者》

伝えたいこと

↓通じる言葉

伝わった内容に同感する《読者》

＋

（　①　）

＝　共同作業

↓

ヒット作品

ヒット作品は、作者の伝達力に加え、読者が（　②　）な読みを行ったときに生まれる。

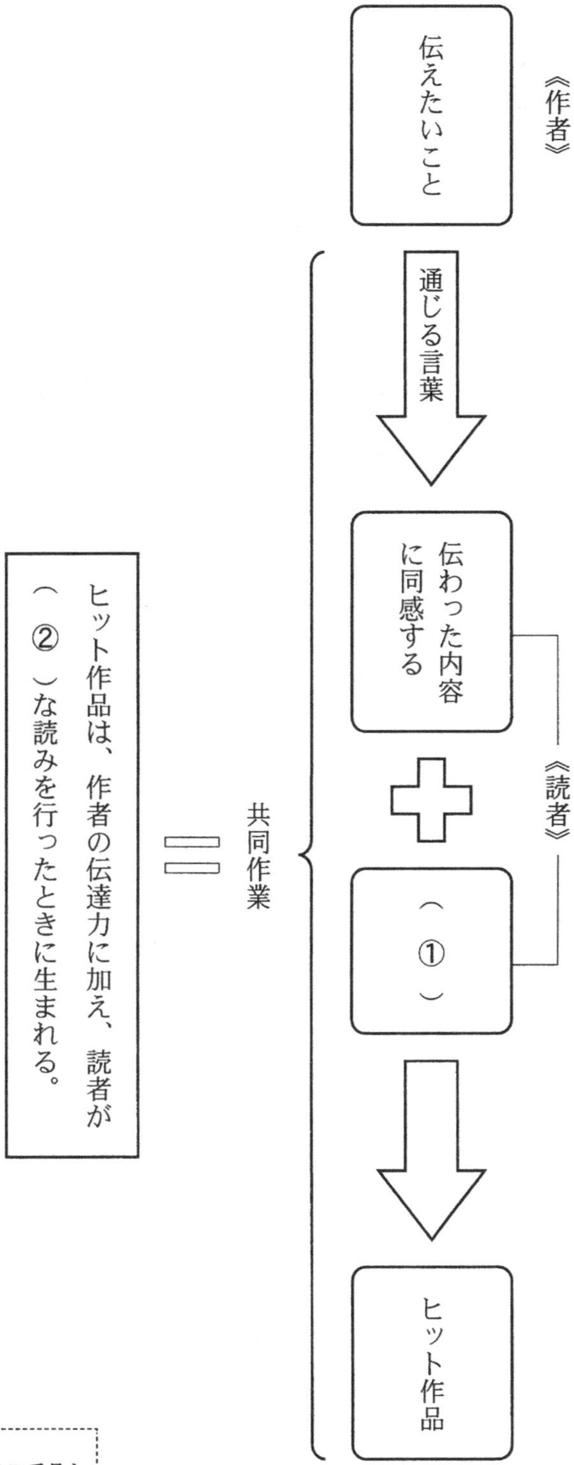

〔②に使う言葉〕

ア　協力的　　イ　主体的　　ウ　論理的（ろんり）　　エ　先進的

(2) 次の〔**補足資料**〕は、放送した内容のあと、竹宮さんが語ったことの一部です。これを読み、あとの**問い**に答えなさい。

〔**補足資料**〕

漫画は直接言葉を使わなくても、絵で差別や暴力を表現できます。たとえば、ある人をからかったり、石を投げたりするシーンを描くと「石の数をあと四個減らしてください」と出版社からわけのわからない注文がつくこともあります(笑)。若い頃は「それに何の意味があるんだ」と嚙み付いたりもしましたが、結局は※1折衝することに意味があると納得するようになりました。折衝することで、その表現がどこまで許されるか、※2編集部が何を恐れているかが見えてくる。そうして自分の知識が広がっていくのです。

(竹宮惠子「世界を変える漫画の方法」桐光学園大学訪問授業『高校生と考える人生のすてきな大問題』より)

※1 折衝する……意見が一致しない相手と話し合う。交渉する。
※2 編集部……竹宮さんの作品に「注文」をつけた出版社で、竹宮さんの作品を出版する部署。

〔**問い**〕〔**補足資料**〕にある竹宮さんと編集部とのやり取りは、(1)〔**図Ⅰ**〕のいずれかの段階で起こる出来事です。このやり取りは、「ヒット作品」を生み出すうえでどのような役割を果たしているのかを、〔**図Ⅰ**〕を参考にして、説明しなさい。

二　国語の授業で、星さんの班は「もの作り」をテーマに各自でレポートを書くことになりました。そこで、星さんは次に挙げる【1】と【2】の文章を参考にすることにしました。【1】は、作家の今関信子さんが土器との「対話」について述べたもの、【2】は、建築家の西沢立衛さんが建築に対する考えを述べたものです。これを読んで、あとの(1)、(2)の問いに答えなさい。

【1】

あるときわたしは、風野さんから興味深い話を聞いた。
「土器のかけらは、よくしゃべりますよ」
言っている意味がわからなくて、わたしが目をぱちぱちさせたら、
「外国人と、外国語で会話するときと似ているんですよ。
単語をたくさん知っているほうが、深く話せるし、よく聞きとれて、通じる会話ができるじゃないですか。
土器もね、つくり方とか、もようとか、形とかいう単語をもっているんですよ。ぼくはなかなか、うまく会話できないんですがね」
「まだまだ、勉強がたりないのでしょう」
わたしがからかったら、風野さんは赤くなって、頭をかいた。
「そうはっきり言われると、はずかしいんですが……」
風野さんは、どちらかといえばひかえめだ。たぶん、そうとう勉強しているにちがいない。
「土器と対話すると、それを使っていた人の情報をたくさん手に入れることができるんです。」

（今関信子『弥生人の心にタッチ！』より）

【2】

やっぱり住宅を作ると、例えばキッチンを作ると、※1レイアウトとか、設備の配置とか、空間の寸法とか、いろんなことを通して「こういうキッチンが良いよ」っていうことになっちゃうんです。キッチン空間が、こういうキッチンはどうか、という空間的な提案になるのです。ベッドルームを地下に作れば、やはりそれは、寝るなら静かで暗いところで寝た方が良いよっていうことになってしまう。

要するに何を作っても、社会もしくは※2施主へ、こういう住宅はどうか、こう生きるのはどうか、と提案することになってしまう。その提案というのがどこから来ているのかなというと、もちろん社会の※3ニーズとかもあるんでしょうけど、やっぱり自分が良いと思うかどうかというところだと思うんですね。

でも、そこは自分だけの価値観だけじゃなくて、社会に対して提案する、住まい手の人に対して提案するわけですから、他者が共有できる※4普遍性というか、他者性があるかどうかっていうことは、重要なことだと思います。それは開かれていなければいけないと思うのです。で、そのもとには、まず提案する人が良いと思っているかどうか、本当に住めると思って提案しているかどうかというのがすごく大きいと思います。

建築というのはやはり、人間の在りようみたいなものを空間的に描くと思います。こうやって食べるべきだとか、こうやって寝るのがよいとか、そういうようなことを通して人間の生というか、人間の在り方みたいなものを、建築は提示するのです。

（名和晃平・西沢立衛・宮島達男「歴史の中に自分をどう位置付けていくのか」『アーティストになれる人、なれない人』より）

※1　レイアウト　……　配置。配列。
※2　施主　……　建築、設計などの注文主。
※3　ニーズ　……　要求。必要。
※4　普遍性　……　すべてのことに通じる性質。

★教英出版注
音声は，解答集の書籍ＩＤ番号を教英出版ウェブサイトで入力して聴くことができます。

適性検査２－２　放送用ＣＤ台本

　これから、適性検査２－２を始めます。外側の用紙が解答用紙です。内側に問題用紙があります。内側の問題用紙は、指示があるまで開いてはいけません。
　それでは、外側の解答用紙を開き、受検番号と氏名を書きなさい。

（２０秒後）書き終わったら元どおり問題用紙を挟んで閉じなさい。

（５秒後）
　最初は、放送を聞いて問題に答える検査です。放送はすべて１回だけです。それでは、裏返して「メモらん」と書いてある面を上にしなさい。今から「メモらん」にメモを取ってもかまいません。

（３秒後）
　これから、漫画家の竹宮惠子(たけみやけいこ)さんが子どもたちに向けて語った内容を紹介します。内容は「大ヒット漫画」が生まれるまで、です。大ヒット漫画はどのようにして生まれるのかという点に注意して、放送を聞きなさい。

（５秒後）
　では、朗読を始めます。

（３秒後）

　誰もが知っているような大ヒット漫画は、伝えたいことと伝える努力が揃っています。ひとつの作品で人気を保ちつづけることの大変さは、やってきた人間からするとわかります。並大抵でない努力があ

ヒット作品には、ヒットするための要素が一生懸命揃えられていて、毎回毎回が挑戦なのだと、そういう気持ちで向き合ってみてください。熱意ある作品は、当然ながら読む人をしらけさせません。伝えたい事が明確で、通じる言葉をもっている。そのふたつが揃うと、ものすごいパワーが生まれます。

漫画には双方向の力があります。作者の発信力と、読者の受け取る力です。世界中の読者が作品に同感してくれたから、自分の経験で補いながら読み取ってくれたから、ヒットが生まれる。漫画は共有することで成り立っているということをみなさんもぜひ考えてみてください。

（竹宮惠子「世界を変える漫画の方法」　桐光学園大学訪問授業『高校生と考える人生のすてきな大問題』より）

以上で放送を終わります。それでは、問題用紙を開き、すべての問題に答えなさい。

(1)　星さんは【1】と【2】を読み解くなかで、二つの文章は、作られた「もの」について同じ意見をもっていることに気がつきました。次の文章は、星さんが気がついたことを班員に対して説明するために用意した文章です。①〜③にあてはまる言葉を、①は自分の言葉で**三字以内**で書き、②、③は【2】の文章中から、それぞれ**六字**で**ぬき出して**書きなさい。

〔**星さんが用意した文章**〕

> 【1】は「もの」を通じて「使っていた人」のことがわかると述べています。【2】では「もの」を作るときに「自分が良いと思う」ことを重視(じゅうし)しています。ですから【1】のように【2】の「もの」と「対話」するならば、（　①　）の考え方が見えてくると思います。
> さらに、【2】の「自分が良い」の「良い」には、（　②　）にとって「良い」という意味も含(ふく)まれています。つまり、【1】も【2】も「もの」を通じて（　③　）がわかると述べているのです。これをもとに、わたしは『もの作り』に必要な『もの』との対話」というテーマでレポートを書こうと思います。

(2)　星さんはより説得力のあるレポートにするため、例として身近な「もの」を挙げ、「対話」を通してわかったことを書くことにしました。星さんになったつもりで、次の〔**レポートの一部分**〕の文章を完成させなさい。ただし、①には「もの」の名前をその特ちょうとあわせて書き、②には「対話」から読み取ったことを、使う人の情報を含めて**二行以内**で書くこと。

〔**レポートの一部分**〕

> ここで、「もの作り」をするときに「もの」との対話が必要な理由について、身近な例を挙げて具体的に説明します。
> （　①　）を例に挙げます。これとの「対話」を通して見えたのは、（　②　）ということでした。
> このように、「もの」と向き合い、「対話」を行う習慣をつけることで、「もの」を作るときに大切な視点を学ぶことができるのです。

三　次の文章は、大学教授の梶谷真司さんが「対話」の効果について述べた文章です。これを読んで、あとの(1)~(3)の問いに答えなさい。

同類の人たちで行う対話は、※1緻密かもしれないが、全体としては退屈なことが多い。価値観が似ていて、基本的な※2前提を問い直すことがないため、大枠では意見が一致しやすいからだ。

問題になるのは細かい違いだけで、それが大事なこともあるが、冷静に考えるとどうでもいいことも多い。いずれにせよ、根本的なことは問われない。これは※3哲学を専門とする人でも変わらない。

他方、いろんな立場の人たちが集まっていっしょに考えると、それぞれが普段自分では問わなかったこと、当たり前のように思っていたことを※4おのずと問い、考えるようになる。前提を問う、※5自明なことをあらためて考える――それはまさしく哲学的な「体験」だろう。

誰がどのような体験をするのか、どんなことに気づき、何を問い直すのか、どのような意味で新しい見方に出会うのかは、その場にいる人によっても違う。ある人は、その人にしか当てはまらない個人的なことに気づくかもしれない。あるいは、誰もが目を開かれるような深い※6洞察に、参加者みんなで至るかもしれない。

（梶谷真司『考えるとはどういうことか』より）

※1　緻密　……　細かいところまで注意が行き届いて、きちんとしている様子。
※2　前提　……　ある考えのもとになるもの。
※3　哲学　……　梶谷さんは「哲学」とは「考えること」を体験することであり、「問い、考え、語り、聞くこと」だと述べている。
※4　おのずと　……　自然に。ひとりでに。
※5　自明　……　何らかの証明を必要とせず、それ自身ですでにはっきりしていること。
※6　洞察　……　ものごとを見ぬくこと。見とおすこと。

(1) 問題二【2】（4ページ）をもとに、人のために何かを作り出すときに大切なことを考えます。そのために問題三の「対話」の効果を、次の〔図II〕に示すように活用することにします。①、②にあてはまる言葉を、①は問題三の文章中の言葉を使って、**四字以上、六字以内**で書き、②は「一人」という言葉を使って、**十字以上、十五字以内**で書きなさい。

〔図II〕

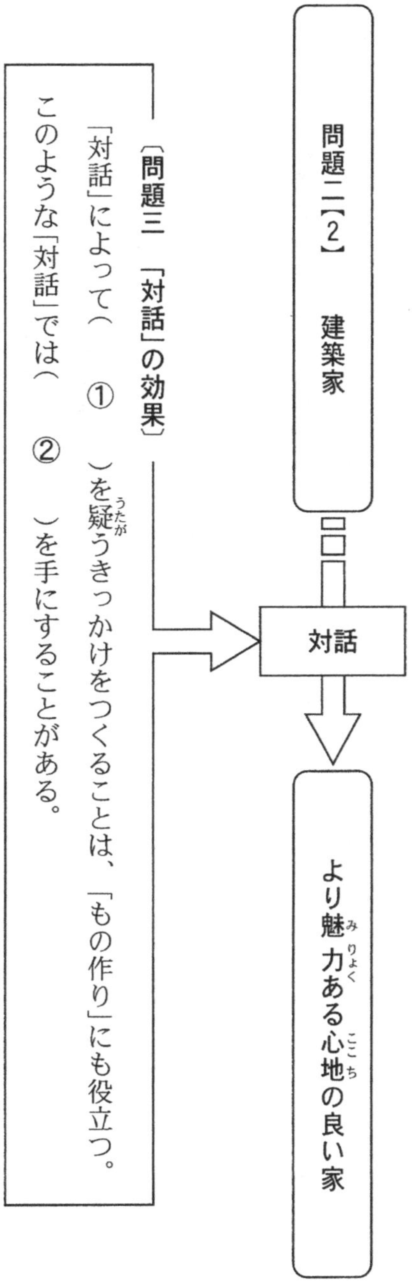

問題二【2】　建築家
対話
より魅力ある心地の良い家
〔問題三　「対話」の効果〕
「対話」によって（　①　）を疑うきっかけをつくることは、「もの作り」にも役立つ。
このような「対話」では（　②　）を手にすることがある。

(2) (1)をふまえて、建築家が「対話」を活用して作り上げる「良い家」の条件を、問題二【2】の文章中の言葉を使って、書きなさい。

(3) あなたの通う学校では、楽しい運動会にするための案を募集することになりました。採用された人は実行委員長として、自分の案を、ほかの実行委員と一緒に、さらに良いものへと作り上げていくことになります。次の**ア**～**ウ**の〔**条件**〕にしたがって、応募するための案を書きなさい。

〔**条件**〕

ア ていねいな言葉づかいを考えて書くこと。

イ 以下の指示にしたがい、三つの段落に分けて書くこと。

一段落目…問題**二**【**2**】の「提案」に対する考え方を使って、実行委員長として「楽しい運動会」にするための案を示しなさい。ただし、「楽しい」の内容を具体的に説明すること。

二段落目…一段落目で示した案を実行に移すうえで、現時点で解決すべきだと考える課題を一つ挙げなさい。

三段落目…二段落目で挙げた課題を解決するために、あなたはどのような人を実行委員に加えたいですか。問題**三**の「対話」の効果を活用して具体的に一人挙げなさい（対話する相手の情報を示すこと）。ただし、その人を選んだ理由もあわせて書くこと。

ウ 解答らんを**縦書き**で使い、**十五行以上**、**二十行以内**で書くこと。ただし、一行に書く字数は特に指定しない。各段落の先頭は一文字分あけること。また、文字やかなづかいを正しくていねいに書き、漢字を適切に使うこと。

令和３年度

適性検査　１―１

（45分）

（注意事項）

1　「始め」の合図があるまでは，開かないこと。

2　解答らんは，この用紙の裏側に印刷されています。とりはずして使用し，答えは，すべて解答用紙に書きなさい。解答用紙は，半分に折って使用してもかまいません。

3　検査問題は，１ページから11ページまで印刷されています。
　検査が始まって，文字や図などの印刷がはっきりしないところや，ページが足りないところがあれば，静かに手を挙げなさい。

4　問題用紙のあいている場所は，下書きや計算などに使用してもかまいません。

5　「やめ」の合図があったら，筆記用具を置き，机の中央に解答用紙を裏返して置きなさい。

千葉県立千葉中学校
東葛飾中学校

令和３年度　適性検査　１―１　解答用紙　※100点満点

答えは，すべてこの解答用紙に書き，解答用紙だけ提出しなさい。　※らんには何も書かないこと。

受検番号		氏　名		※

1	(1)	あ	倍	い	倍	完4
	(2)	う		え		完4
	(3)	お	ha			4
	(4)	か				4
		き	5　10			4
	(5)	く	きはだ地区 / まそほ地区 / あさぎ地区			完4
			あおに地区 / こうろ地区			
	(6)	け	まちの魅力(みりょく)が 向上したことで，まちをおとずれる人の まちへの（ ① ）が高まり，観光客数や宿泊者数が増え，（ ② ）者数の 増加にもつながった。地域(ちいき)にくらす人にとっては，地域の 生活かんきょうへの（ ① ）が上がった。 ※ただし，２つある（ ① ）には同じ言葉が入る。 （①）　　（②）			3×
	(7)	こ				4×
		さ	15			
	(8)	し				4×
		す	10　15			

◇M1(703—2)

令和３年度

適性検査　１―１

問　題　用　紙

1 菜の花小学校６年１組のはるさんたちは，社会科での林業の学習をきっかけに「木材と木材の利用」について調べています。会話文をふまえながら，あとの(1)～(8)の問いに答えなさい。

はる：木材は，実際に家などの建築物に利用されています。

先生：資材とよばれる建築物の材料である木材，鉄，コンクリートの強度を比べてみましょう。「強度」とは，材料が変形や破壊に対して，どれだけたえることができるのかを表したものです。**資料１**は，力のかかり方のちがいによる木材，鉄，コンクリートの比強度と１ cm^3 あたりの重さを示した表です。「比強度」とは，それぞれの強度を数で比べられるように条件をそろえたものです。比強度を表す数が大きいほど材料の強度も大きくなります。

資料１　木材，鉄，コンクリートの比強度と１ cm^3 あたりの重さ

	比強度(kg/cm^2※)		重さ(g)
	曲げ　おす	圧縮　おす→　←おす	１ cm^3 あたり
木材	2800	950	0.40
鉄	182	445	7.85
コンクリート	7	100	2.00

（社団法人日本林業技術協会発行誌より作成）

※kg/cm^2：面積あたりにかかる力の大きさを表す単位。

資料２　建物にかかる力

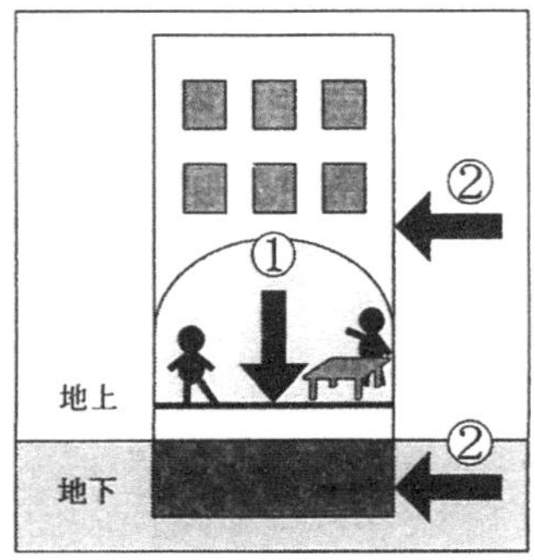

りく：「曲げに対する比強度」を比べると，木材は，鉄の [あ] 倍大きくて，コンクリートの [い] 倍大きいのですね。

先生：では，建築物にかかる力を考えましょう。例えば，木材，鉄，コンクリートのうち１種類だけを使って同じ家を建てたとします。床には，**資料２**の①のように建物や家具，人の重さによって，曲げの力がかかります。かべには，**資料２**の②のように風や土がおす力がかかります。また，かべや床が曲げられたり，おされたりすると，支えとなる柱には，かべや床による引っ張る力がかかります。

れい：つまり，家の重さや比強度を考えると，木材の建築物は，鉄やコンクリートと比べて [う] わりに，外からの力には [え] 建築物ができるのですね。

(1) [あ]，[い] にあてはまる数を，それぞれ書きなさい。ただし，必要に応じて，四捨五入して，整数で書くこと。

(2) [う]，[え] にあてはまる言葉を，それぞれ**２字以内**で書きなさい。

りく：資材として利用するために植林していると聞きました。

先生：植林した森林を「人工林」といいます。**資料3**を見てみましょう。日本全体の人工林の齢級別面積を示したグラフです。「齢級」とは，木の年令の表し方の一つです。１齢級の木とは，木を植えてから５年目までの木を合わせた５年分の木です。つまり，５齢級の木とは，木を植えてから，21年目から25年目までの木ということです。**資料3**では，91年目以上の木は19齢級以上として，まとめています。木の種類によってちがいはありますが，木材として利用可能な齢級は，９齢級，または10齢級以上が多いそうです。

資料3　４つの年度における人工林の齢級別面積

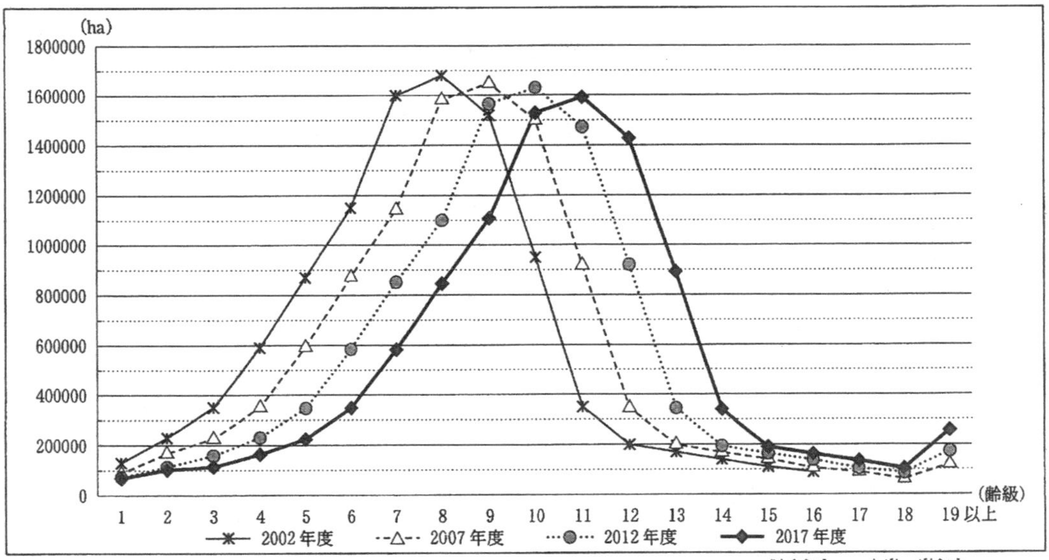

(林野庁「森林資源の現況」より作成)

はる：2012年度の８齢級の人工林の面積は，約 [お] haということがわかるね。

りく：2017年度の10齢級から14齢級までの人工林の面積の合計は，どのように求めるのかな。

れい：**資料3**から [か] という手順で求めればよいと思います。

先生：そのとおりです。では，年度ごとの人工林の面積の合計を比べてみましょう。

はる：**資料3**のグラフに示された４つの年度について，10齢級以上16齢級以下の人工林の面積の合計の移り変わりをみると， [き] 傾向があるといえるね。

先生：なるほど。**資料3**から，移り変わる様子をとらえることができましたね。最近では，木材は，まちづくりに多く利用されるようになってきたそうですよ。

(3)　[お] にあてはまる数を書きなさい。

(4)　[か]，[き] にあてはまる言葉を，それぞれ書きなさい。ただし，[か] は，手順を説明すること。また，[き] は，**5字以上10字以内**で書くこと。

先生：A 市では，地域の人々が気持ちよく生活できるまちづくりを目指し，景観を整えています。「景観」とは，まちを構成する自然や建築物，遠くの景色など，まちなみや目に見える風景のことです。まず，土地利用の様子を見ていきましょう。

りく：**資料4**は，A 市の現在の土地利用の様子を示しているね。

はる：くもい地区のまわりの<u>く 5つの地区はそれぞれ特徴的だね。</u>

資料4　現在のA 市のくもい地区周辺の土地利用の様子

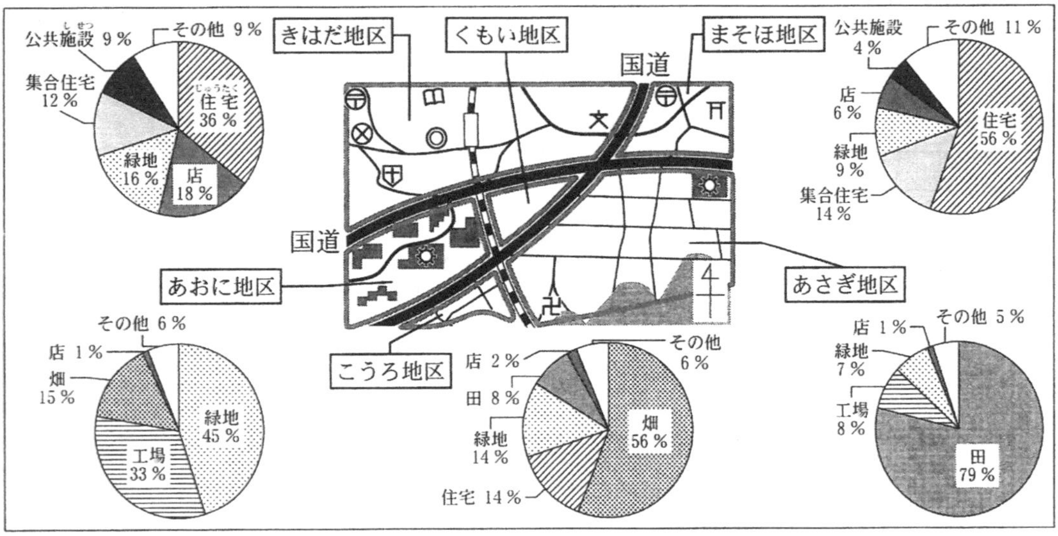

先生：今後，A 市では，くもい地区に，集客するための新しい建物を建設する予定です。くもい地区を中心としたまちづくりが計画されています。

はる：くもい地区は交通量の多い国道にはさまれ，駅も近くて行きやすそう。

れい：それでは，<u>け まちづくりが進むと，どのような良いことがあるのかな。</u>

先生：**資料5**にある他の市の成功した例を見ると，わかりますよ。

資料5　他の市のまちづくりの重点と成功によってもたらされた効果の例

都市名	重　点	成功によってもたらされた効果
f 市	生活環境の魅力向上	引っこして来る人の増加。まちのくらしやすさ・便利さの向上。
g 市	地域産業をもり上げる	観光客数の増加。
h 市	観光・交流の推進	宿泊者数，観光客数の増加。
i 市	住民満足度の向上	観光客数の増加，まちなみの快適性の向上。

(5)　下線部くについて，次の**ア**～**オ**のカードは，**資料4**のくもい地区以外の5つの地区の特徴をまとめたものです。それぞれの地区を示すカードを1つずつ選び，その記号を書きなさい。

ア
- 2つの大きな道路にはさまれる。
- 交通の便のよい工業団地。

イ
- 花や野菜のさいばいがさかん。
- 住宅と緑地の割合が同じ。

ウ
- 水田が広がる。
- 寺院がある。
- 地区の西側に鉄道が通っている。

エ
- 市役所などの公共施設が多い。
- 他地区に比べて店の割合が高い。

オ
- 地区の半分以上が集合住宅や戸建て住宅である。

2021(R3) 千葉県立中
教英出版
【適1

(6) 下線部けについて，**資料5**は，他の市のまちづくりの成功例である。**資料5**から，「まちづくりに成功した市にもたらされた効果」について，解答用紙の解答らんの（ ① ），（ ② ）にあてはまる言葉を，それぞれ**漢字2字**で書きなさい。

先生：B市の地域の人々と市役所職員は，「B市の歴史と関わりのあるものや自然を守り，建物の形や色が調和したまちなみを育て，整備した景観を活用する」ことを地区計画作成の重点としたまちづくりに取り組みました。**資料6**は地区計画実施の前と後とをそれぞれ表した図です。

資料6　B市の地区計画実施前後の様子

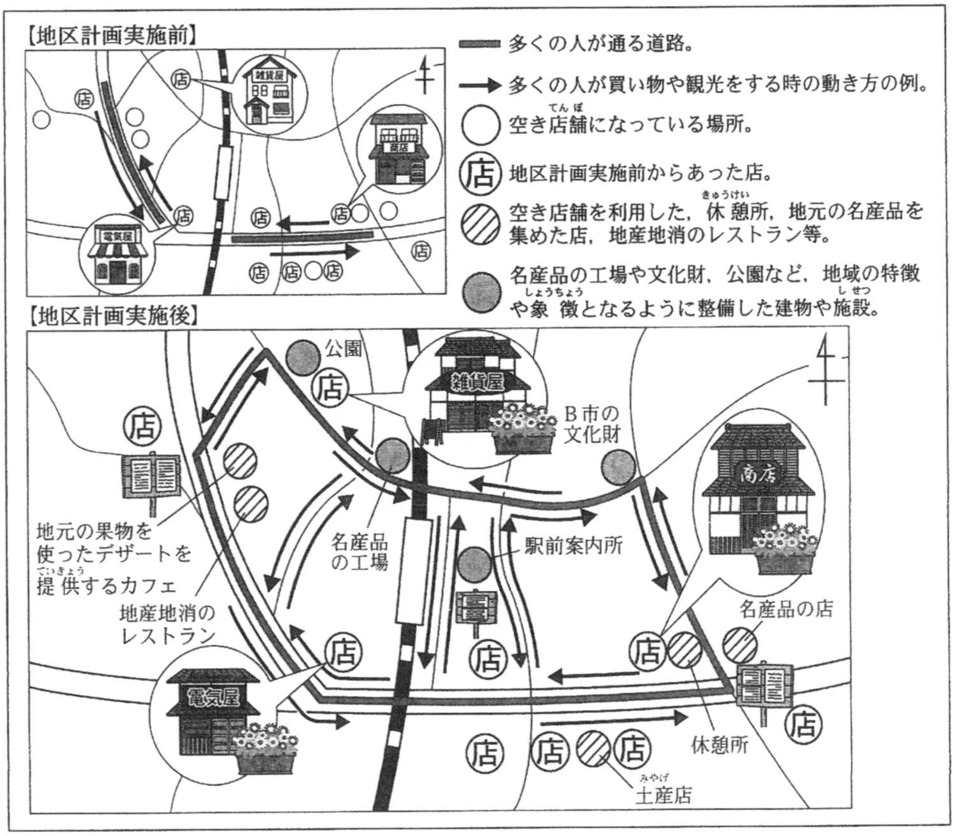

りく：地区計画実施後は，それぞれのお店の前に同じ植物を置いたり，お店の外観や市内案内の看板を，木材を使ったデザインにしたりしているね。

はる：まちの雰囲気がそろうから，［ こ ］感がうまれたね。

れい：休憩所や公園などもあるから，B市を訪れた人が，散策中に，まちなみをゆっくり楽しむこともできるね。

りく：**資料6**の人の動き方を合わせて考えると，地区計画作成の重点とした［ さ ］してもらうことができ，地域が活性化※していったのですね。

※活性化：ものごとの活動がさかんになるようす。

(7) ［ こ ］，［ さ ］にあてはまる言葉を，それぞれ書きなさい。ただし，［ こ ］は**漢字2字**で，また，［ さ ］は「地域」という言葉を使って，**15字以内**で書くこと。

れい：Ｂ市のまちづくりは，どのように進んだのですか。

先生：では，**資料７**を見てみましょう。①から⑥の順に進められました。

資料７　Ｂ市のまちづくりの実際の様子「商店街のリニューアル（改装（かいそう））」

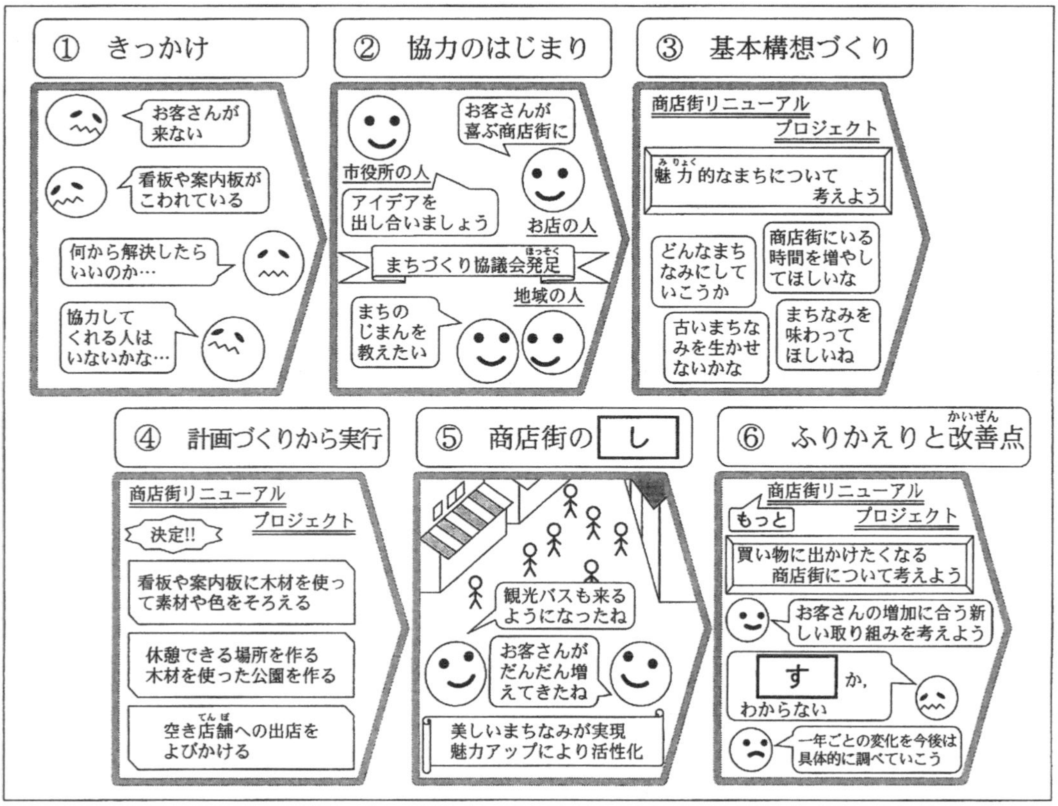

りく：③のまちづくりの基本構想が立てられた後，商店街のリニューアルにどのように取り組んでいくのかを考えて，④のように計画を立て，実行したことが分かります。さらに，⑤，⑥のように進められました。

れい：⑥のふりかえりでは，まちづくりに関する新たな課題をみつけているね。

はる：⑥の「［す］か，わからない」という課題の解決のために会議の記録を見ると「買い物客や観光客でにぎわい，活性化した」としか書かれていないな。

りく：計画をふりかえるときには，取り組みに関するアンケートなどで情報収集（しゅうしゅう）をしておけば，商店街リニューアルプロジェクトの実際の様子と改善（かいぜん）点をとらえられて，新しい取り組みに役立てられそうだね。

はる：菜の花市ももっと魅力（みりょく）的で，みんなが来たがるまちにできるといいな。

⑻　**資料７**のまちづくりが進む様子について，**資料７**中の［し］，［す］にあてはまる言葉を，それぞれ書きなさい。ただし，［し］は漢字２字，［す］は10字以上15字以内で書くこと。

2 菜の花小学校６年１組のあいさんが，いろいろな地域(ちいき)のことについてお父さんと話しています。会話文をふまえながら，あとの(1)～(6)の問いに答えなさい。

あい：日本にも海外にも行ってみたい場所がたくさんあるんだ。日本から出国※1する人や海外から日本を訪(おとず)れる人はどのくらいいるのかな。

父　：2018年に日本から出国した日本人は約1895万人いたそうだよ。**資料８**は，2018年の日本人の出国率※2上位５都府県についてまとめた表だよ。

あい：2018年の千葉県の日本人人口のうち，出国した日本人の数は約 [あ] 万人だとわかるね。

父　：そうだね。2018年に日本を訪れた外国人旅行者は約3119万人いたそうだよ。

あい：2018年に日本から出国した日本人の約 [い] 倍だね。外国人旅行者たちは，どのような都道府県を訪れているのかな。

父　：**資料９**は2018年に日本を訪れた外国人旅行者の訪問率(ほうもんりつ)※3上位５都府県についてまとめた表だよ。訪問率の合計が100％をこえているのは，１人の旅行者が同じ旅行中に，２つ以上の都道府県を訪れることがあるからだよ。

あい：あれ，**資料９**を見ると47都道府県の訪問率の合計に対して，上位５都府県の訪問率の割合(わりあい)がすごく高くなっているね。

父　：よく気づいたね。う<u>47都道府県の訪問率の合計を100％と考えて，上位５都府県の合計がしめる割合を円グラフに表す</u>と，わかりやすいかもしれないよ。

あい：つまり，外国人旅行者の訪問が少ない都道府県もあるということだね。

※１　出国：外国に行くためにその国を出ること。
※２　出国率：(各都道府県の日本人出国者数)÷(各都道府県の日本人人口)×100で求めたもの。
※３　訪問率：(今回の旅行中に各都道府県を訪問したと答えた回答者数)÷(全回答者数)×100で求めたもの。

資料８　日本人の出国率上位５都府県の状況(じょうきょう)(2018年)

都府県名	各都府県の日本人人口(万人)	出国率
東京都	1334	30.2％
神奈川県	899	21.8％
大阪府	863	17.8％
千葉県	614	17.4％
京都府	253	17.3％

(法務省「住所地別日本人出国者数の推移(すいい)」，総務省「人口推計(すいけい)(2018年)」より作成)

資料９　訪日(ほうにち)外国人旅行者の訪問率上位５都府県(2018年)

都府県名	訪問率
東京都	45.6％
大阪府	36.6％
千葉県	35.6％
京都府	25.8％
福岡県	10.4％
47都道府県の訪問率の合計	243.4％

(観光庁(かんこうちょう)「訪日外国人消費動向調査」より作成)

(1) [あ]，[い] にあてはまる数を，それぞれ書きなさい。ただし，四捨五入(ししゃごにゅう)して，[あ] は整数で，[い] は小数第１位まで書くこと。

(2) 下線部うについて，解答用紙の解答例にしたがって円グラフに表しなさい。ただし，割(わ)り切れない場合は四捨五入して，整数で書くこと。

あい：日本の各地域には，それぞれに良さがあるのに，もったいないな。各地域を知ってもらうための良い方法はないのかな。調べてみたいな。

父　：それは良いね。ところで，「道の駅」って聞いたことはあるかな。

あい：名前は聞いたことがあるけれど，どのようなところなの。

父　：道の駅は，国の機関である国土交通省の認定を受けて登録された**資料**10のような場所だよ。道路ぞいにあり，登録には**資料**10の機能などが必要なんだよ。

あい：おもしろそう。連れて行ってよ。

（数日後，道の駅を訪れた帰り道）

あい：道の駅で買ったお弁当がおいしかったな。もらったパンフレットを見ると，道の駅は全国に1180か所あり，千葉県にも29か所あるね。

父　：ほかにも，日本全国にある，特徴的な道の駅の様子ものっているよ。**資料**11にはA県の道の駅のお弁当売り場の様子と利用者の話が，**資料**12にはB県の道の駅の施設の様子と利用者の話がそれぞれのっていたよ。

資料10　道の駅の様子と機能

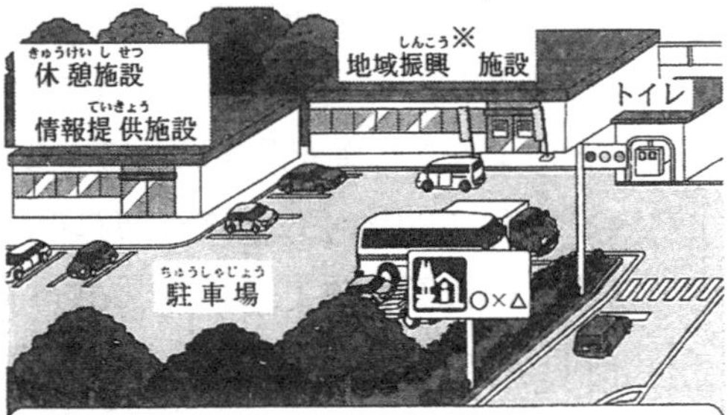

休憩機能
24時間無料で利用できる十分な大きさの駐車場，清潔なトイレ，子育て応援施設（ベビーコーナーなど）

情報発信機能
道路情報，地域の観光情報，緊急医療情報など

地域連携機能
文化施設（歴史資料館など）や地域の特産品販売所などの地域振興施設

※振興：ものごとがさかんになること，さかんになるようにすること。

（国土交通省「道の駅案内」ホームページより作成）

資料11　お弁当売り場と利用者の話

この地域でとれた野菜が入っている，おいしいお弁当です。大きな駐車場ときれいなトイレもあり，ゆっくりと休むことができるので，通るたびに道の駅を利用しています。

資料12　道の駅の施設と利用者の話

（道の駅白川郷ホームページより作成）

雪の多い地域にくらす人々の，昔からの生活の工夫や努力についてよくわかる施設です。実際に家の中に入ることができ，家の造りや使用した道具の紹介もされています。

あい：お弁当売り場はわかるけど，**資料**12はどのような施設なの。

父　：**資料**12は地域の昔の建物の展示や紹介をしている施設だよ。ほかにも地域の特産物の収穫体験ができる道の駅もあるそうだよ。

あい：つまり，**資料** 10～**資料** 12 とお父さんの話から考えると，道の駅には休憩したり，買い物したりする以外に，利用する人が **え** ことができる良さがあるね。ほかにはどのような良さがあるのかな。調べてお父さんにも教えてあげるね。

父　：ありがとう。さらに調べてみると新しい発見があるかもしれないね。楽しみにしているよ。

(3) **え** にあてはまる言葉を書きなさい。ただし，「地域」という言葉を使い，**15 字以内**で書くこと。

あい：道の駅で食べたお弁当も**資料** 11 のお弁当も，それぞれの地域でとれた材料を使って作られていたよ。さらに「6 次産業化」という言葉も見つかったよ。

父　：6 次産業化ってどのようなことなのか教えてくれるかな。

あい：**資料** 13，**資料** 14 を見てね。**資料** 13 は 6 次産業化の様子を図に表したものだよ。**資料** 14 は道の駅での 6 次産業化の取り組みに関して説明したものだよ。

父　：**資料** 13 の中の 1 次産業とは，原材料などの生産に関わる産業で，主なものに農林水産業があるね。2 次産業とは，原材料を加工し，製品を作り出す産業だね。3 次産業とは，1 次産業と 2 次産業以外の産業で，主なものに飲食業，スーパーマーケットやコンビニエンスストアなどの小売り業などがあるね。

あい：つまり，**資料** 13，**資料** 14 から考えると，6 次産業化とは，生産者が **お** ことなんだよ。道の駅が地域のために活用されているんだね。

資料13　6 次産業化のイメージ図

(政府広報オンライン「農林漁業の 6 次産業化とは？」ホームページより作成)

資料14　C 県の道の駅での 6 次産業化

例 1　地域の生産者 X さん（農家）が，野菜を生産。
→X さんが，道の駅の直売所※で，生産した野菜を販売。

例 2　地域の生産者 Y さん（農家）が，果物を生産。
→Y さんが，道の駅の施設で，収穫した果物を加工して作った飲み物を販売。

※直売所：品物をつくった人が市場や商店を通さずに，消費者に直接売る場所のこと。

(農林水産省「めざせ 6 次産業化」ホームページ，「6 次産業化取組事例集」より作成)

(4) **お** にあてはまる言葉を書きなさい。ただし，**10 字以上 15 字以内**で書くこと。

父　：６次産業化した農業などは，どのように移り変わってきたのかな。

あい：**資料 15**～**資料 18** を見て。６次産業化した農業と漁業について，販売額（はんばいがく）と事業体数の両方を読み取れる情報から，**資料 15** と **資料 16** を作ったよ。**資料 15** には販売額を，**資料 16** には事業体数を，それぞれ年度ごとにならべたよ。ここでいう事業体とは，農業と漁業，それぞれに関わる会社や組織のことなんだ。**資料 17** はＤ県，**資料 18** はＥ県で行われている６次産業化の取り組み内容や変化をまとめたものだよ。

父　：よく調べたね。**資料 15**～**資料 18** からは，か６次産業化の移り変わりがわかるね。

資料15　６次産業化した農業関連事業，漁業関連事業の販売額の移り変わり

農業関連事業の加工と直売の販売額の移り変わり

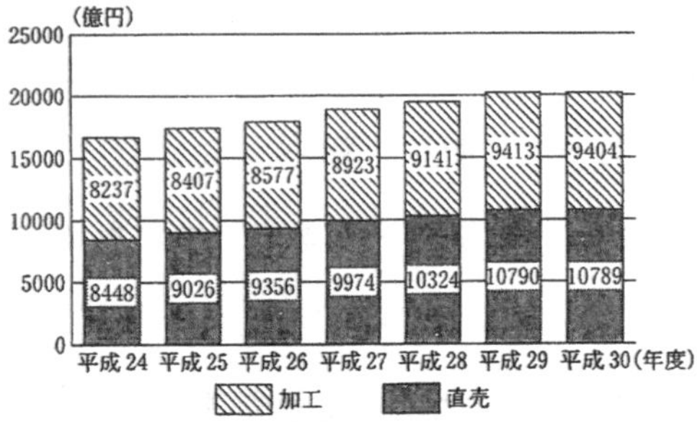

漁業関連事業の加工と直売の販売額の移り変わり

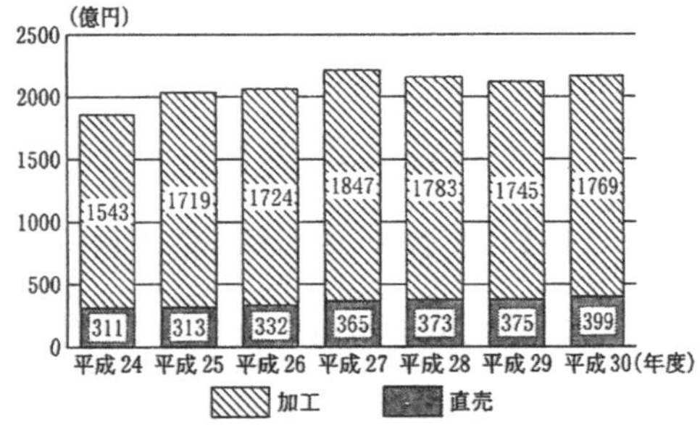

資料16　６次産業化した農業関連事業体数と漁業関連事業体数の移り変わり

年　度	平成 24	平成 25	平成 26	平成 27	平成 28	平成 29	平成 30
農業関連事業体数	66350	66680	60400	60780	61290	62040	61970
・加　工	30390	30590	26660	26990	27640	27920	27870
・直　売	23560	23710	23710	23590	23440	23940	23870

年　度	平成 24	平成 25	平成 26	平成 27	平成 28	平成 29	平成 30
漁業関連事業体数	2170	2100	2130	3490	3560	3500	3680
・加　工	1560	1490	1490	1530	1540	1520	1520
・直　売	610	610	640	660	680	680	830

（資料 15，資料 16　農林水産省「６次産業化総合調査」より作成。
ただし，加工と直売は農業関連事業体数，漁業関連事業体数，それぞれの事業体数の一部である。）

資料17　Ｄ県の農協の取り組み例

- 形が悪く，そのままでは出荷（しゅっか）できない果物を有効に活用するため，加工品にして商品の価値（かち）を上げる。
- 商品の開発に取り組み，村の名前をつけた商品を販売し，村の名前をアピールする。
- 大学と共同で研究した，果物の種を活用した化粧品（けしょうひん）の開発と販売をする。
- 売上高　約１億円（平成元年）→約 30 億円（平成 29 年）
- 職員数　　19 人（平成元年）→92 人（平成 29 年）

資料18　Ｅ県の会社の取り組み例

- よく眠（ねむ）れるようになったり，リラックスしたりする効果がある，地域の伝統野菜を加工し，製薬会社へ販売する。
- 商品の価値（かち）を上げるために，自分の会社で，おかしなどの加工品を製造し，販売する。
- 地域の他の会社と協力し，バスツアーを計画し，経営する観光農園へ来園者をまねく。
- 売上高 1500 万円（平成 23 年）→3280 万円（平成 29 年）
- 職員数　　３人（平成 23 年）→６人（平成 29 年）

（資料 17，資料 18　農林水産省「６次産業化の推進（すいしん）について」より作成）

あい：6次産業化によって，1次産業に興味をもつ人が増えたり，6次産業化を実現する場として，道の駅がさらに活用されたりするかもしれないね。

父　：そうだね。おかげでお父さんもとても勉強になったよ。

あい：今回，お父さんと学んで，道の駅は，利用する人にとっても，<u>き地域に住む人にとっても良さがある</u>とわかったよ。全国にあって，身近な存在（そんざい）である道の駅を通して，日本のさまざまな地域の良さをより多くの人に知ってもらいたいな。

父　：最近は，身近な地域を訪れる旅の形であるマイクロツーリズムという言葉も注目を集めているよ。人々が道の駅を訪れる機会も増えていくかもしれないね。

(5) 下線部**か**について，**資料**15～**資料**18からわかることを，次の**ア**～**エ**のようにまとめました。その内容として，適切なものには○を，適切でないものには×を，**資料**15～**資料**18からだけでは読み取れないものには△を，それぞれ書きなさい。

ア 平成24年度から平成30年度までの販売額をみてみると，どの年度においても農業関連事業の加工と直売のいずれの販売額も，漁業関連事業の加工と直売を合わせた販売額の2倍以上となっている。また，農業関連事業，漁業関連事業ともに加工と直売のいずれの販売額も，年度を追うごとに増加している。

イ 平成30年度の農業関連事業と漁業関連事業，それぞれの加工と直売の1事業体あたりの販売額をみてみると，加工を行う漁業関連事業体の1事業体あたりの販売額が最も大きい。

ウ 平成25年度から平成26年度にかけて，農業関連事業体数が減少しているのは，同じ期間に，漁業関連事業体数が増加したことと，農業で働く若（わか）い人たちの数が減少したことが主な理由である。

エ D県，E県の取り組み例をみてみると，いずれも売上高，職員数ともにそれぞれ2倍以上に増加している。また，いずれも大学または他の会社と協力した取り組みを行っている。

(6) 下線部**き**について，7ページから10ページの会話文や資料からわかる，道の駅と地域が結びつくことによってもたらされる良さを，地域に住む人の立場で，解答らんにしたがって書きなさい。ただし，「地域」という言葉を使い，句読点を含（ふく）めて，**30字以上35字以内**で書くこと。

3 菜の花小学校6年1組では，市役所の職員の方を交え，それぞれが学んできたことをもとにして，まとめの学習をしています。会話文をふまえながら，あとの(1)，(2)の問いに答えなさい。

職員：菜の花市では，市内の山林から生産される竹の良さを知ってもらうための取り組みをしているのですよ。

あい：**資料**17，**資料**18（9ページ）を参考にして，竹を加工して［あ］ものを紹介したり，販売したりできないかな。

職員：良い考えですね。では次に，**資料**19を見てください。菜の花市では道の駅を**ア**の場所に作る計画があります。今までの学習をもとにして，竹以外の地域の特徴を生かした道の駅になるようなアイデアを出してみてください。

先生：まず，**資料**12（7ページ）の具体例が，**資料**10（7ページ）のどの機能にあてはまるかを考えましょう。次に，その機能を使って，**資料**19から読み取れる菜の花市の特徴を生かして，**資料**5（3ページ）にある効果が得られるようなアイデアを出してみましょう。

はる：あいさんとの話し合いで，い先生の説明から良いアイデアを思いつきました。

先生：すばらしい。今まで学習したことが生かせましたね。

資料19　菜の花市のイラスト地図

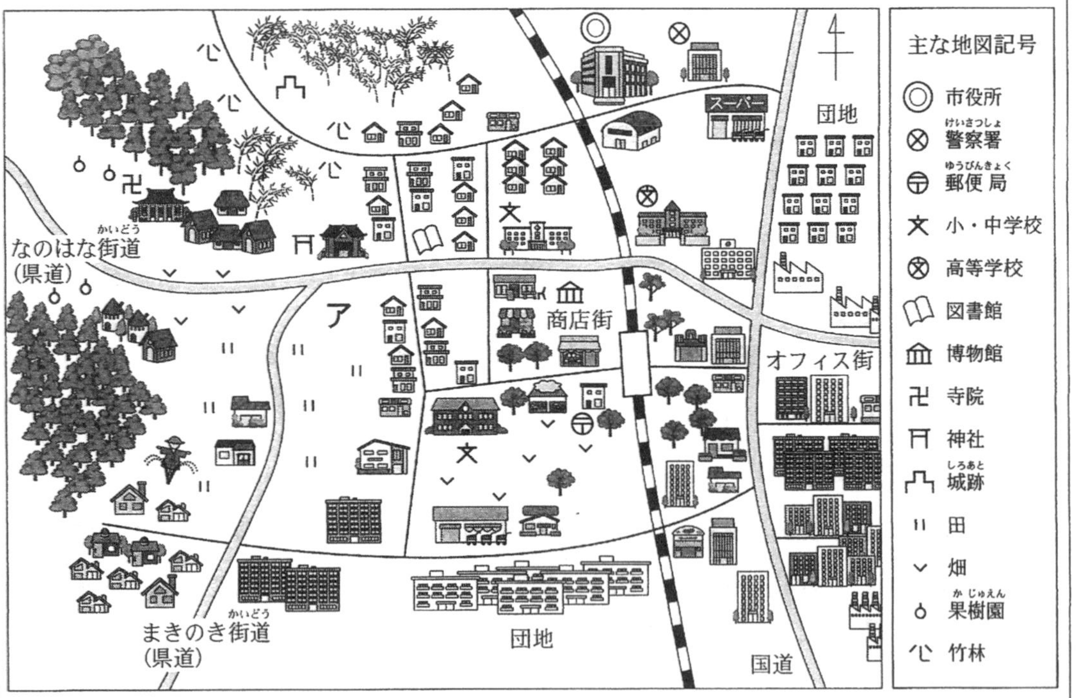

(1)［あ］にあてはまる言葉を書きなさい。ただし，**5字以上10字以内**で書くこと。

(2) 下線部**い**について，どのような内容が考えられるか，**資料**5，**資料**10，**資料**12，**資料**19をもとにして具体的に書きなさい。ただし，「どの機能」を使って，「どのような効果を得られるのか」にふれながら，句読点を含めて，**40字以上50字以内**で書くこと。

◇M1（703—14）
2021(R3) 千葉県立中
教英出版
【適1

大問	小問	記号		解答欄	配点
2	(1)	あ		万人	4点×2
		い		倍	
	(2)	う		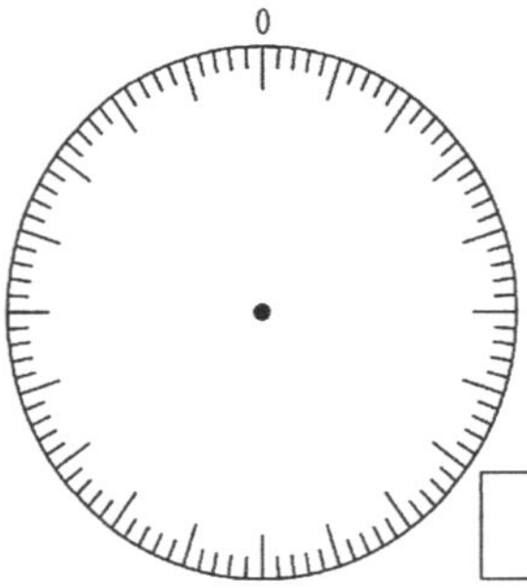 □ %	4点
				解答例 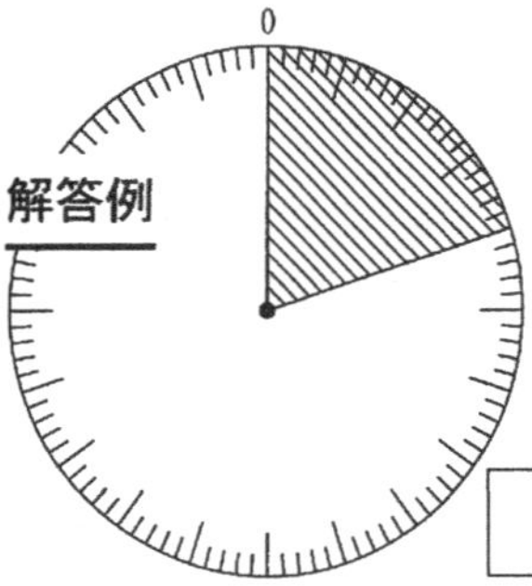 20 % ・解答が20%の場合は，20%分を斜線（しゃせん）で示す。 ・□に数字を記入する。	
	(3)	え		15	4点
	(4)	お		10 15	4点
	(5)	か	ア		4点×4
			イ		
			ウ		
			エ		
	(6)	き		30 35 ことができる良さ。	6点
3	(1)	あ		5 10	4点
	(2)	い		40 50	8点

令和３年度

適性検査　1—2

（45分）

（注意事項）

1 「始め」の合図があるまでは，開かないこと。

2 解答らんは，この用紙の裏側に印刷されています。とりはずして使用し，答えは，すべて解答用紙に書きなさい。解答用紙は，半分に折って使用してもかまいません。

3 検査問題は，1ページから11ページまで印刷されています。

検査が始まって，文字や図などの印刷がはっきりしないところや，ページが足りないところがあれば，静かに手を挙げなさい。

4 問題用紙のあいている場所は，下書きや計算などに使用してもかまいません。

5 「やめ」の合図があったら，筆記用具を置き，机の中央に解答用紙を裏返して置きなさい。

令和３年度　適性検査　１―２　解答用紙　※100点満点

答えは，すべてこの解答用紙に書き，解答用紙だけ提出しなさい。　※らんには何も書かないこと。

受検番号		氏　名	

※

1	(1)	①	ア　mm	イ　mm	3点×2
		②	<接眼レンズの１めもりが示す長さ>　mm	<生き物の長さ>　mm	4点×2
		③			4点
	(2)	①			4点
		②	ウ		3点
	(3)	①	エ　（通り）		4点
		②	オ		3点
		③	カ　□□□□4		4点
		④	キ		3点
	(4)		<淡水の中で生活する魚>	<海水の中で生活する魚>	完答4点
	(5)	①	<淡水の中で生活する魚>	<海水の中で生活する魚>	完答3点
		②			4点

令和３年度

適性検査　１―２

問　題　用　紙

◇M2(703―18)

1 まいさんは，池の水の中にいた生き物について先生と話をしています。会話文をふまえながら，あとの(1)～(5)の問い に答えなさい。

まい：池の水の中にいた小さな生き物を顕微鏡（けんびきょう）で見ました。
この生き物はどれくらいの大きさなのでしょうか。

先生：大きさを測ってみましょう。まず，**図1**のように等間隔（とうかんかく）のめもりがついた接眼レンズをセットします。次に，ステージの上に長さ1mmを100等分しためもりがついたスライドガラスを置き，ピントを合わせます。その後，接眼レンズのめもりの線とスライドガラスのめもりの線がそろう2か所を見つけ，両方のめもりの線がそろった2か所の間のめもりの数をそれぞれ数えます。

図1

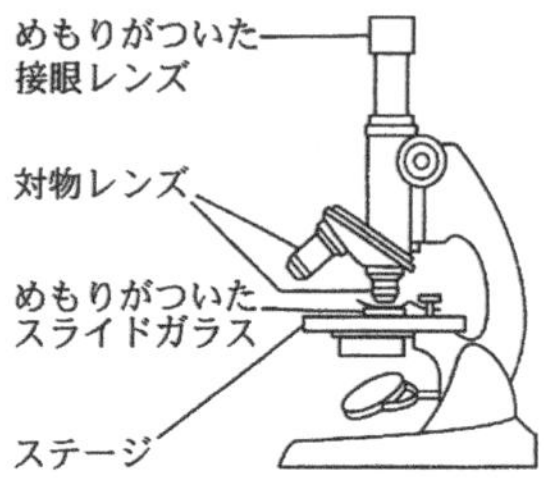

まい：**図2**のように両方のめもりが見えました。
そろった2か所の間のめもりの数は，接眼レンズは25めもり，スライドガラスは40めもりです。

図2

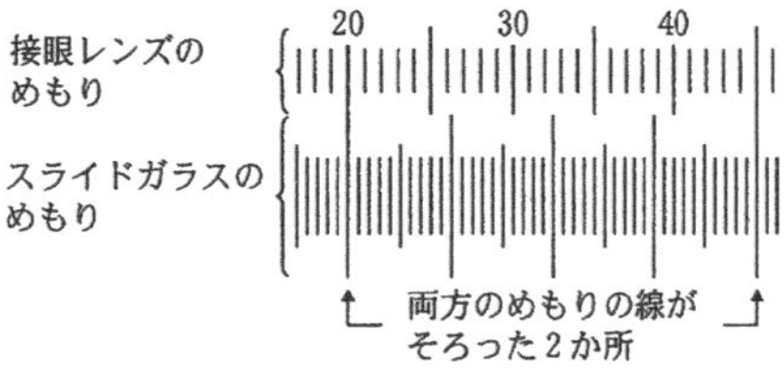

先生：そろった2か所の間の長さは何mmですか。

まい：スライドガラスの1めもりは［ア］mmだから，そろった2か所の間の長さは［イ］mmです。

先生：そうですね。そこから接眼レンズの1めもりが示す長さを求めます。その後，めもりがついたスライドガラスをはずして，生き物をのせたスライドガラスをステージにのせて，見えるように調節すると，生き物と接眼レンズのめもりの両方が見えます。

図3

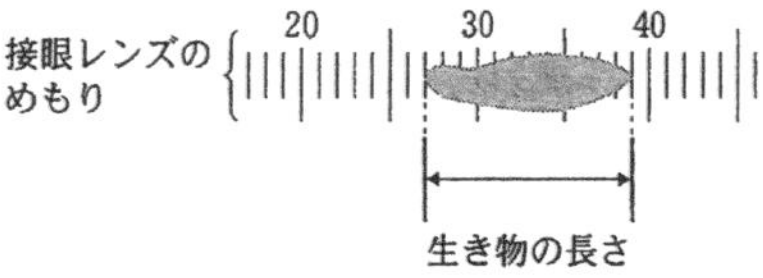

まい：**図3**のように見えました。

(1) 次の①～③の問いに答えなさい。

① ［ア］，［イ］にあてはまる数をそれぞれ書きなさい。

② **図2**の接眼レンズの1めもりが示す長さと，**図3**で見えた生き物の長さを，それぞれ小数で書きなさい。

③ 接眼レンズはかえずに，対物レンズの倍率だけをかえて観察すると，接眼レンズのめもりの間隔の見え方は変わりませんでしたが，**図3**で見えた生き物は大きく見えました。このとき接眼レンズの1めもりが示す長さは，対物レンズの倍率をかえる前と比べてどのようになっているか，書きなさい。

まいさんは，**図3**で見えた生き物について，さらにくわしく観察しています。

まい：これは何という生き物ですか。内部でさかんに動いているところがあります。

先生：これはゾウリムシ(**図4**)という生き物です。内部でさかんに動いているところは体内の水分を調節していて，浸透という現象が関係しています。砂糖水を例にして説明します。浸透とは，**図5**の**A**のように，水は通すけれども，とけた砂糖の粒は通さない，とても小さい穴があいた膜(半透膜)で水と砂糖水を仕切ったとき，水が砂糖水側に移動するような現象です。このとき，押し寄せる水によって砂糖水側が受ける力を浸透圧といいます。浸透圧は，水溶液が濃いほど大きくなります。

図4

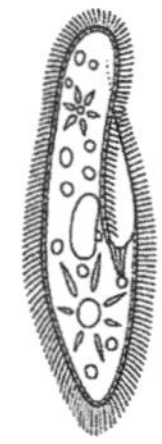

図5

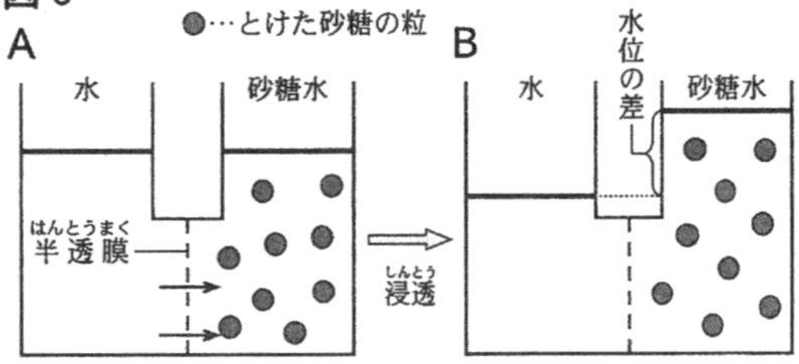

まい：そうなのですね。

先生：生き物のからだは，細胞とよばれる小さい部屋からなり，部屋の壁は半透膜の性質をもっています。ゾウリムシのからだは1つの細胞からできています。細胞の中は水で満たされていて，そこにはさまざまな物質がとけているので浸透圧があります。池の水にもさまざまな物質がとけているので浸透圧があります。しかし，細胞の中の水と細胞の周りにある池の水を，同じ体積で比べると，細胞の中の水の方が，物質が多くとけているため，浸透圧が大きく，水の移動が起こります。このとき，ゾウリムシはどのようにしてからだの浸透圧を一定に保っているかわかりますか。

まい：ゾウリムシは，［ ウ ］ことで，からだの中の浸透圧を一定に保っています。

先生：そのとおりです。

(2) 次の①，②の問いに答えなさい。

① **図5**の**A**が，浸透によって**図5**の**B**のようになっているとき，**B**の砂糖水の濃さは，**A**のときの砂糖水の濃さと比べてどのようになっているか，書きなさい。

② ［ ウ ］にあてはまる言葉として最も適当なものを，次の**あ**～**え**のうちから1つ選び，その記号を書きなさい。

あ　水が細胞の中に移動してくるので，細胞の外から中に水を取り込む

い　水が細胞の中に移動してくるので，細胞の中から外に水を出す

う　水が細胞の外に移動していくので，細胞の外から中に水を取り込む

え　水が細胞の外に移動していくので，細胞の中から外に水を出す

まいさんは，ゾウリムシの浸透圧の調節のしくみに興味を持ち，先生に質問しました。

まい：浸透という現象は，どのようにして起こるのですか。

先生：それでは，浸透という現象を知るために，まず，水にとけた砂糖の粒がどのように広がっていくのかを考えていきましょう。**図6**の**C**～**F**は，とけた砂糖の粒が時間とともに広がっていく様子を表しています。水をマスで，とけた砂糖の粒を○で表し，1マスには○が1つ入ることができることとします。また，太線の枠(わく)はとけた砂糖の粒が広がった水の範囲(はんい)を表しています。とけた砂糖の粒は**C**（2マス）→**D**（4マス）→**E**（6マス）→**F**（9マス）と広がっていきます。それでは，それぞれの粒は区別せずに，

図6

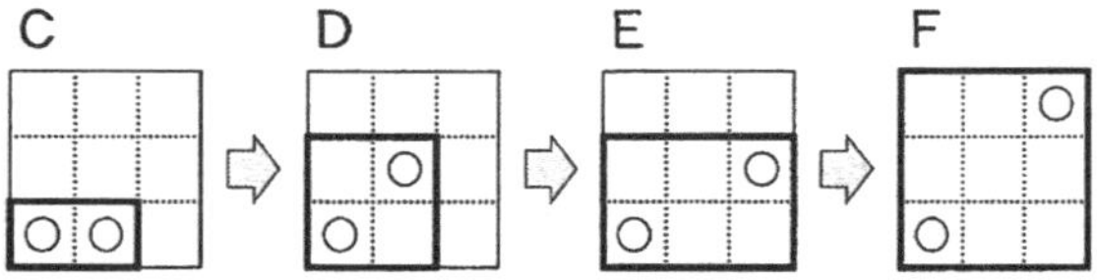

C～**F**のときの，とけた砂糖の粒が動ける位置の組み合わせの数を考えましょう。**C**は2マスに2つの粒が入っているので，粒の位置の組み合わせは1通りです。**D**は**図7**のように考えることができます。1つの粒を左下に置くと，もう1つの粒は左上，右上，右下の3通りです。次に，1つの粒を左上に置くと，もう1つの粒は右上，右下の2通り，

図7

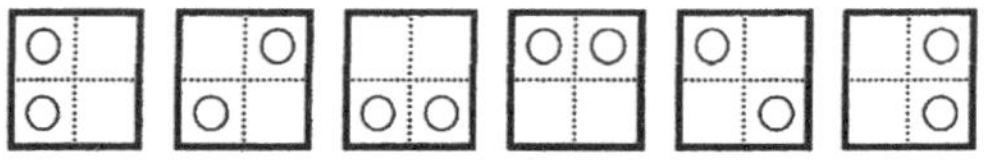

さらに，1つの粒を右上に置くと，もう1つの粒は右下の1通りです。このように数えると，**D**は6通りです。同じように考えると，**E**，**F**は何通りですか。

まい：数えてみると，**E**は［**エ**］通り，**F**は36通りになります。水にとけた砂糖の粒が広がっていくと，砂糖の粒が動ける位置の組み合わせの数が増えていくのですね。

先生：よくできました。次に，浸透について考えていきます。**図8**を見てください。二重線は半透膜を表しています。水の量は全体で12マスとし，浸透による水の移動は二重線の移動でおきかえます。半透膜の左側と右側は小さい穴でつながっているので，しばらく置いておくと両側は同じ濃さになり，浸透圧が等しくなります。濃さは水の量に対するとけた砂糖の粒の量の割合(わりあい)で考えましょう。両側の浸透圧が等しくなるのは二重線の位置がどこにくるときですか。

図8

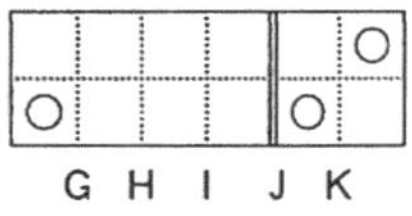

まい：二重線が［**オ**］の位置のときです。

先生：そうですね。さらに，水にとけた砂糖の粒が広がっていく様子を考えたときと同じようにして，二重線の左側と右側それぞれの，とけた砂糖の粒が動ける位置の組み合わせの数を考えていきましょう。

まい：**図8**で二重線がJにあるときは，左側は8通り，右側は6通りです。二重線をG，H，I，Kにずらしてそれぞれ数えることで，**表**をうめることができました。

表

二重線の位置	G	H	I	J	K
左側の砂糖の粒の位置の組み合わせの数〔通り〕	2	4	6	8	10
右側の砂糖の粒の位置の組み合わせの数〔通り〕	45	28	エ	6	1

先生：よくできました。今度は二重線の左側と右側を1つとして，全体で考えましょう。もう一度**図8**を見てください。二重線がJにあるとき，全体での砂糖の粒の位置の組み合わせの数は，二重線の左側の○が左下にあるとき，右側の2つの○の位置の組み合わせの数は6通り，同じように二重線の左側の○が左上にあるときも右側の2つの○の位置の組み合わせの数は6通り，…と考えて求めることができます。

まい：そうすると，二重線がG～Kのとき，それぞれの全体での砂糖の粒の位置の組み合わせの数は，**表**の「左側の砂糖の粒の位置の組み合わせの数」と「右側の砂糖の粒の位置の組み合わせの数」の［カ］で求めることができるのですね。全体で考えると，二重線が［キ］の位置のときに組み合わせの数が最大になります。

先生：よくできました。

まい：あっ，そういうことなのですね。半透膜があるときも全体で考えると，砂糖の粒が動ける位置の組み合わせの数が増えるように水が移動するのですね。水にとけた砂糖の粒が広がっていくことも，両側の浸透圧が等しくなることも，同じ考え方で説明できるのですね。

先生：よく理解することができましたね。

(3) 次の①～④の問いに答えなさい。

① ［エ］にあてはまる数を書きなさい。

② ［オ］にあてはまる最も適当な記号を，**図8**のG～Kのうちから1つ選び，その記号を書きなさい。

③ ［カ］にあてはまる言葉を**4字以内**で書きなさい。

④ ［キ］にあてはまる最も適当な記号を，**図8**のG～Kのうちから1つ選び，その記号を書きなさい。

まいさんは，ほかの生き物のからだのしくみにも疑問をもちました。

まい：周りの水を出し入れすることで，からだの中の浸透圧を調節している生き物は，ゾウリムシのほかにどのような生き物がいますか。

先生：例えば，からだが多数の細胞からなる魚です。川や湖，沼などの塩分が極めて少ない淡水の中で生活する魚※1は，淡水よりも体液（からだの中にある液体）の浸透圧が大きいため，また，海水の中で生活する魚※2は，海水よりも体液の浸透圧が小さいため，どちらもからだの表面やえら※3などを通して水の出入りがあります。魚は，体液の浸透圧を一定に保つためのしくみがゾウリムシよりも発達しており，体内のさまざまな活動がスムーズに進むようになっています。

※1　淡水の中で生活する魚：例としてコイ，フナなど。
※2　海水の中で生活する魚：例としてサンマ，タイなど。
※3　えら：血液中に水中の酸素を取り入れ，血液中の二酸化炭素を水中に出すはたらきのほかに，水にとけているさまざまな物質を出し入れするはたらきがある。

⑷　淡水の中で生活する魚と，海水の中で生活する魚の，体液の浸透圧を保つためのしくみとして適当なものを，次の**あ**～**か**のうちからそれぞれ３つずつ選び，その記号を書きなさい。ただし，**う**，**え**の「水以外のさまざまな物質」は，呼吸に関わる酸素，二酸化炭素をのぞきます。

あ　周りの水を多量に飲む。
い　周りの水をほとんど飲まない。
う　水中の水以外のさまざまな物質を，えらから吸収する。
え　体内に入ってきた水以外のさまざまな物質を，えらから外に出す。
お　体液と濃さが同じ尿を少量，外に出す。
か　体液より濃さがうすい尿を多量に外に出す。

先生は，生き物のからだのしくみについて，グラフを使って説明しています。

先生：**図９**の太線は，外液（からだの周りの海水や淡水などの液体）の浸透圧が変化したときに，海と川を行き来する魚※4の体液の浸透圧が，どのように変化するかを調べ，グラフにしたものです。グラフ中の浸透圧は，陸からはなれた海の水の浸透圧を１としたときの割合で表しています。陸からはなれた海は，川からの流れ込みなどによる影響が小さいため，海水の濃さの変化は小さくなっています。

図９

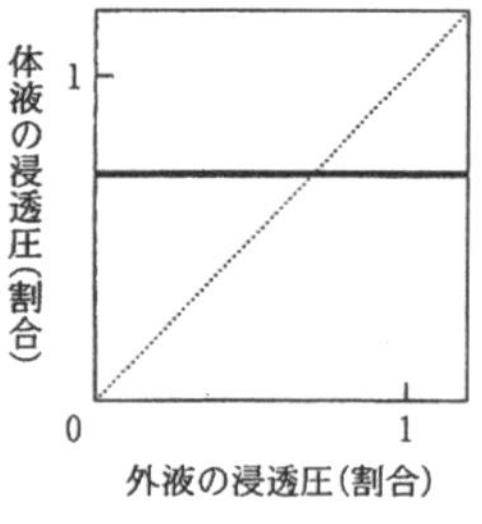

※4　海と川を行き来する魚：例としてウナギ，サケなど。

まい：ななめの点線は何ですか。

先生：外液の浸透圧と体液の浸透圧が等しいことを示した線です。太線がななめの点線にそって示されているときは，体液の浸透圧をうまく調節できていない状態を表します。生き物のからだは，体液の浸透圧が大きく変化すると，体内のさまざまな活動がスムーズに進まなくなってしまいます。

まい：グラフの見方がよくわかりました。

先生：では，**図９**のグラフからこの生き物について何かわかることはありますか。

まい：海と川を行き来すると，外液の浸透圧が大きく変化しますよね。海と川を行き来する魚は，外液の浸透圧が変化しても体液の浸透圧を一定に保つことができるので，周りの浸透圧が大きく変化する，海と川を行き来する生活ができるのですね。

先生：よくできました。

(5)　次の①，②の問いに答えなさい。ただし，①，②におけるグラフ中の太線は，生き物が生きられる範囲を示したものとして考えることとします。

①　淡水の中で生活する魚と，海水の中で生活する魚の，外液の浸透圧の変化と体液の浸透圧の変化の関係を表すグラフとして最も適当なものを，次の**き**～**け**のうちからそれぞれ１つずつ選び，その記号を書きなさい。

き

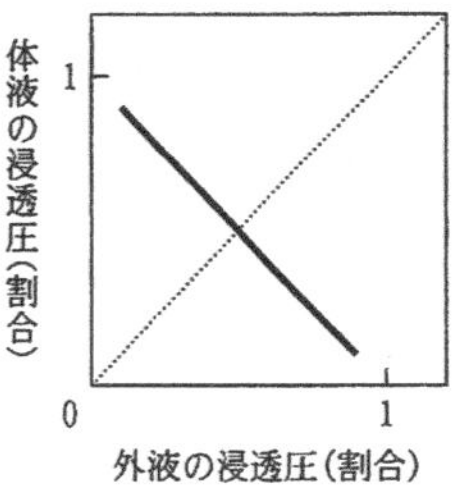

く

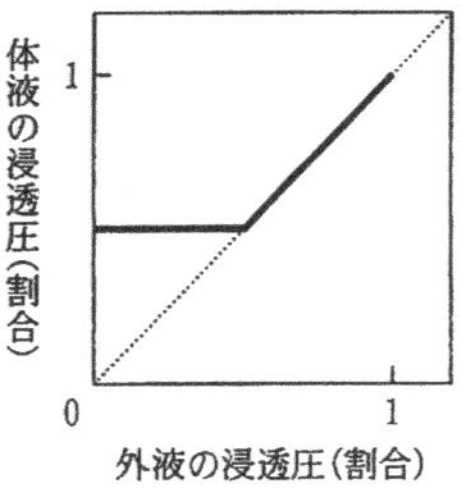

け

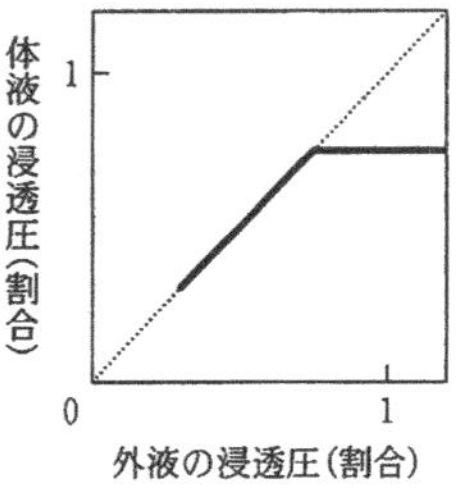

②　**図10**は，陸からはなれた海の中で生活するカニの，外液の浸透圧と体液の浸透圧の関係をグラフに表したものです。このカニが陸からはなれた海の中で生活している理由を，下線部を参考にして，体液の浸透圧の調節のしくみと，生活する環境（かんきょう）の浸透圧の変化にふれながら説明しなさい。ただし，海水の濃さ以外の条件は考えないものとします。

図10

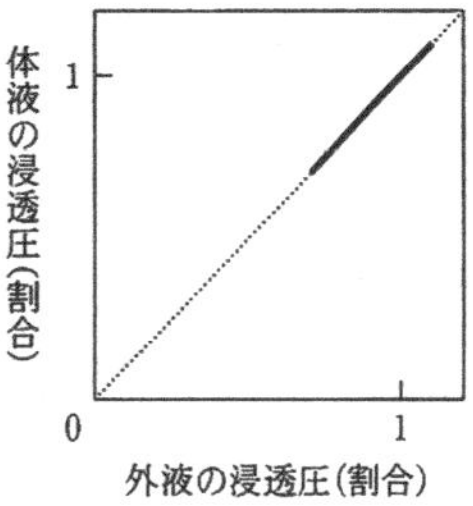

2 なおさんは，音について先生と話をしています。会話文をふまえながら，あとの(1)～(4)の問いに答えなさい。

なお：**図1**のピアノを見ると，右側の弦（げん）ほど短いです。弦の長さと音の高さには関係があるのですか。

図1

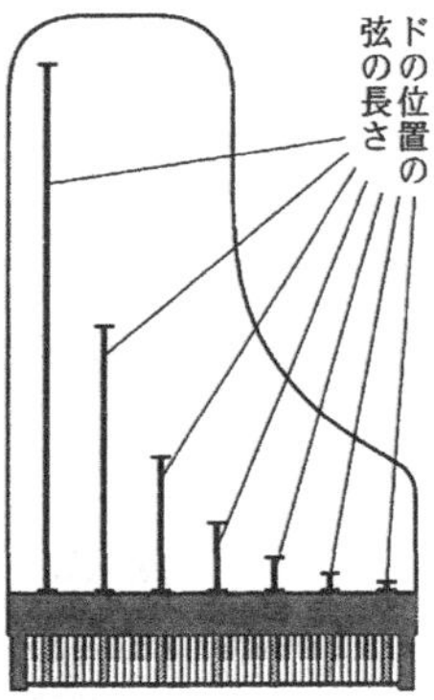

先生：弦によって音を出す楽器は，弦の長さ以外の条件が同じならば，弦が短くなるにしたがって音が高くなります。**図2**のピアノの鍵盤（けんばん）で説明すると，ド，ド#，レ，レ#，ミ，…の順に弦の長さは短くなり，シの次のⓓの弦の長さはドの弦の長さの $\frac{1}{2}$ になります。このように，弦の長さが $\frac{1}{2}$ になるⓓを，ドの「1オクターブ上」の音といいます。同じように，ある音に対して，その音の弦の長さを $\frac{1}{2}$ にしたときに出る音を「1オクターブ上」の音といい，同じ音の名前がつきます。

図2

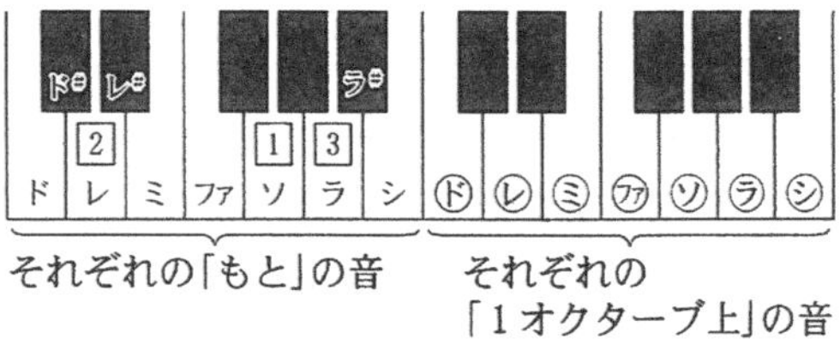

図2のド～シの12個の音を「もと」の音とすると，ドの弦の長さが81 cmのとき，この12個の音の弦の長さは81 cm以下で40.5 cmより長い範囲（はんい）にあります。

なお：**図2**の中の[1]～[3]の番号は何ですか。

先生：[1]～[3]の番号は，ピタゴラス音律（おんりつ）という弦の長さの決め方で，**図2**のドの弦の長さを最初の基準にして，弦の長さを決めた順番を途中（とちゅう）まで示したものです。

なお：ピタゴラス音律とは，どのような弦の長さの決め方ですか。

先生：昔の弦の長さの決め方で，基準にした弦の長さを $\frac{2}{3}$ の長さにする方法です。$\frac{2}{3}$ の長さにした弦の長さが，「もと」の音の範囲である81 cm以下で40.5 cmより長い範囲にない場合，さらに2倍して求めます。では，**図2**のドの弦の長さを最初の基準にしたときの[1]の弦の長さはわかりますか。

なお：ドの弦の長さ81 cmの $\frac{2}{3}$ は54 cmです。これは，「もと」の音の範囲にあるので，[1]の弦の長さは54 cmです。

先生：そのとおりです。[2]からは，1つ前の番号の弦の長さを基準にして求めていきます。[2]と[3]の弦の長さはわかりますか。

なお：[2]の弦の長さは［　ア　］cm，[3]の弦の長さは［　イ　］cmです。このまま続けていくと，ドとⓓの間に音が限りなくできませんか。

◇M2(703—25)
2021(R3) 千葉県立中
K 教英出版
【適1

先生：そのとおりです。そこで11番目に決まった弦の長さを$\frac{2}{3}$にした弦の長さが，最初の基準にしたドの弦の長さの$\frac{1}{2}$に近かったことから，最初のドを含めた12個の音を，弦の長い順に並べ直してド～シの音としました。

(1) ア ，イ にあてはまる数をそれぞれ書きなさい。

先生：現在は，平均律という弦の長さの決め方で，ド，ド#，レ，レ#，ミ,…と音を高くするたびに，弦の長さを0.9439…倍しています。では，平均律の決め方で作られたピアノの**図3**のレの弦の長さを100 cm，音を高くするたびにかける数を0.94とし，**図3**の中のド#とミの弦の長さを求めてみましょう。

図3

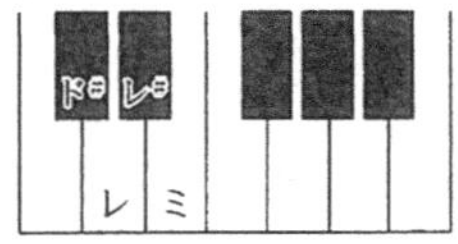

なお：ド#の弦の長さは ウ cmで，ミの弦の長さは エ cmです。

先生：よくできました。弦の長さと音の高さの関係がわかりましたね。

(2) ウ ，エ にあてはまる数を四捨五入して，それぞれ小数第1位まで書きなさい。

なお：なぜ，弦の長さを短くすると高い音が出るのですか。

先生：同じ時間で考えたとき，弦の震える回数が増えるからです。音の高さは，音を出すものが1秒間に何回震えたかによって決まります。ここから，音を出すものが「1秒間に震えた回数」を「振動数」ということにします。

なお：弦の長さと「振動数」の関係をくわしく教えてください。

先生：**表**を見ましょう。弦の長さが$\frac{1}{2}$，$\frac{1}{3}$，…の長さになると，「振動数」が2倍，3倍，…となります。弦が短いほど，弦の1回震える時間が短くなるので「振動数」が増え，高い音が出ます。例えば，ラの「振動数」を440回としたとき，弦が$\frac{1}{2}$の長さになった「1オクターブ上」の㋶の「振動数」は，2倍の880回です。

表

弦の長さ〔cm〕	120	60	40	30
振動数〔回〕	200	400	600	800

なお：そうなのですね。「振動数」は，音の大きさで変わりますか。

先生：「振動数」は，音の大きさとは関係ありません。

なお：わかりました。では，音は空気中をどのように伝わるのですか。

先生：図４のスピーカーを使って説明しましょう。図５のＡ～Ｃは，スピーカーの震える面が動くことで，空気が伸(の)び縮(ちぢ)みする様子を表した図です。Ａは，音が出ていないときのスピーカーの前の空気を同じ体積でわけました。音を出し，Ｂのように震える面が前に出ると近くの空気がおし縮められ，Ｃのように震える面が後ろに下がると近くの空気が引き伸ばされます。これがくり返され，空気の伸び縮みが次々と起こることで音が伝わるのです。

図４

図５

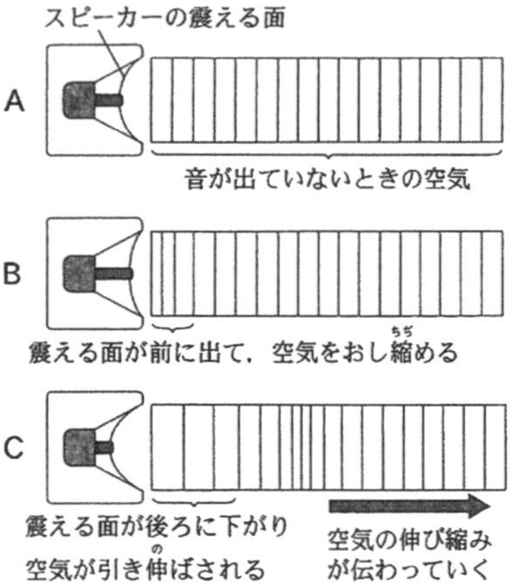

なお：そうなのですね。

先生：図６は，震えが連続で起き，音が伝わっていく様子を表した図です。空気が一番縮んだ所を「密(みつ)」ということにします。スピーカーの震える面が１回前後すると，「密」が１個できます。図６の直線上には，それぞれの「密」の位置を「•」で表し，スピーカーから各点までの距離(きょり)を示してあります。図６の 0.2～2.6 m の中にある「密」の数は，両端(りょうはし)の「密」を $\frac{1}{2}$ 個として数え，全部で３個になります。

図６

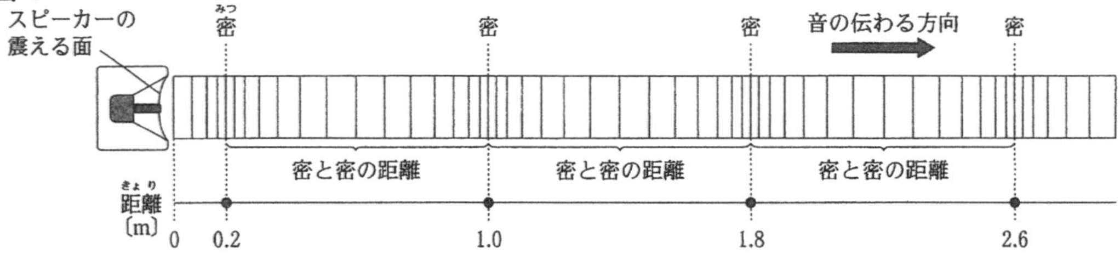

「密」は同じ間隔(かんかく)で現れます。このことを使って，図６の音の「振動数」が 425 回のとき，音の伝わる速さを求めてみましょう。

なお：１回震えると「密」が１個できるので，図６の「密と密の距離」から１回震えると「密」が 0.8 m 伝わることがわかります。１秒間に音が伝わる距離は，0.8 m が 425 回分なので，計算して 340 m になります。ですから，音の伝わる速さは秒速 340 m です。

先生：そのとおりです。音は，一般的(いっぱんてき)に空気の温度が 15 ℃のとき秒速 340 m で伝わります。「振動数」と「密と密の距離」と「音の伝わる速さ」の関係がわかりましたね。

(3) 次の①，②の問いに答えなさい。ただし，音の伝わる速さは秒速 340 m とします。

① スピーカーが，**図6**で出している音の「1オクターブ上」の音を出したときの「密」の位置を，解答らんの数直線上に「●」で**すべて**かきなさい。ただし，すでに「●」は1つだけ示してあります。

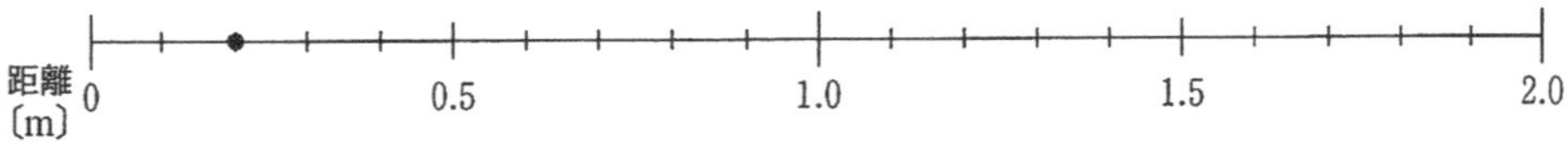

② スピーカーが，**図6**の音を出し続けたとき，**図6**の状態から 1.1 秒後の「密」の位置を，解答らんの数直線上に「●」で**すべて**かきなさい。

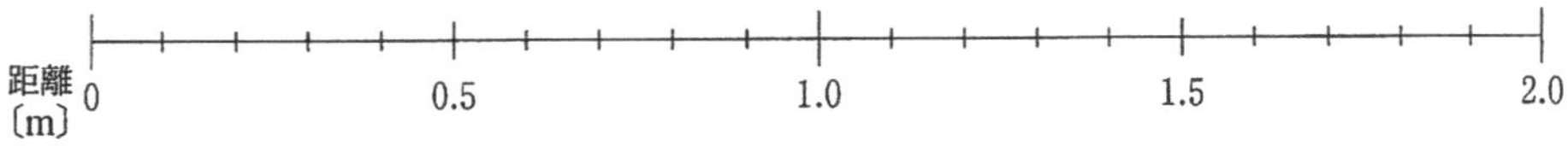

なお：電車で移動中，踏切（ふみきり）を通り過ぎる前後で，警報機（けいほうき）の音が変わって聞こえるのも「振動数」と関係があるのですか。

先生：関係があります。ここから，電車は直線上を走り，音を出すものは，その直線上にあるものとして考えます。警報機の音の伝わる様子を表した**図7**のD，Eを見てください。

「密」を「）」で表しました。例えば，Dのように，音を聞いている人がその場に止まっている場合は，「警報機が1秒間に出す「密」の数」と，

図7

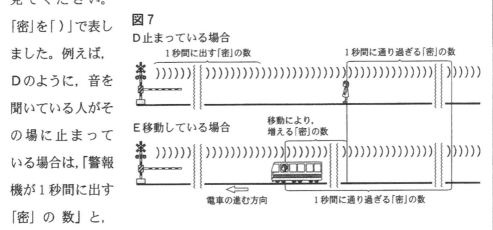

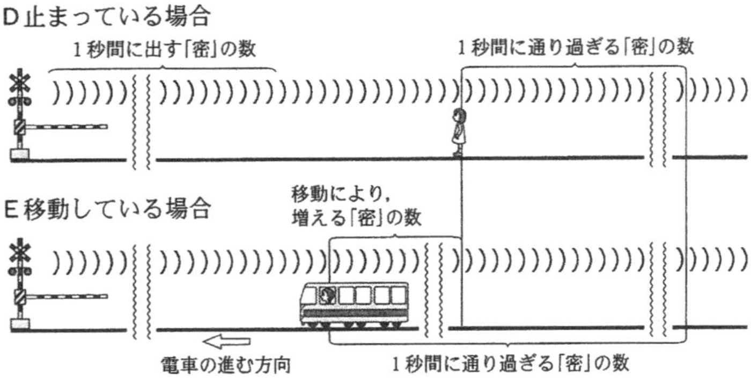

「聞いている人を1秒間に通り過ぎる「密」の数」は同じになります。しかし，Eのように，音を聞いている人が電車に乗って警報機に向かって移動している場合は，止まっているときよりも，1秒間に移動した距離の分だけ，「聞いている人を1秒間に通り過ぎる「密」の数」は増えます。このとき，移動している人が聞く音の高さは，止まっている人に比べてどうなりますか。

なお：移動している人が聞く音の「振動数」は **オ** ので，音は **カ** なります。

先生：そうです。具体的に考えていきましょう。警報機の音の伝わる速さが秒速 340 m で，「振動数」が 680 回ならば，1 m の中には何個の「密」がありますか。

なお：**キ** 個の「密」があります。

先生：そうです。では，音を聞いている人が電車に乗って秒速 17 m で警報機に近づくと，その人に聞こえた音の「振動数」は何回になりますか。

なお：聞こえた音の「振動数」は **ク** 回です。

先生：よくできました。今度は，電車 A と電車 B がすれ違うことを考えます。それぞれの電車の長さは 75 m で，電車 A は秒速 15 m で走っていることにします。すれ違う様子を表した**図 8** を見てください。電車 A と電車 B が，ちょうど警報機がある地点ですれ違い始め，その 6 秒後にすれ違い終わりました。すれ違い終わったときの電車 A の最後尾の位置と，すれ違っている間の電車 B の速さはわかりますか。

図 8

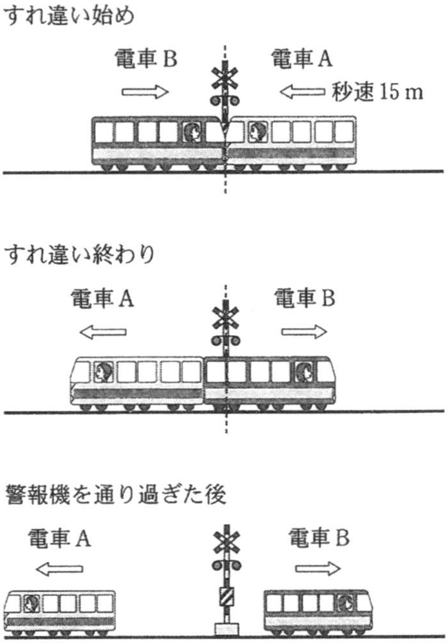

なお：電車 A の最後尾は，すれ違い始めた地点から **ケ** m はなれた位置にあります。また，電車 B の速さは秒速 **コ** m です。

先生：そのとおりです。電車 B がこの速さで走り続けたとき，**図 8** の警報機を通り過ぎた後，電車 B に乗っている人に聞こえた音の「振動数」は何回になりますか。**図 8** の警報機も，音の伝わる速さは秒速 340 m，「振動数」は 680 回とします。

なお：電車 B に乗っている人に聞こえた音の「振動数」は **サ** 回です。

先生：よくできました。音を出すものに対する移動方向や速さが変わると，観測する「振動数」が変わるので，車の安全運転装置などにこのしくみが利用されています。

(4) 次の①～③の問いに答えなさい。

① **オ** ，**カ** にあてはまる言葉をそれぞれ書きなさい。

② **キ** ，**ク** にあてはまる数をそれぞれ書きなさい。

③ **ケ** ～ **サ** にあてはまる数をそれぞれ書きなさい。

2	(1)	ア		cm	4点×2
		イ		cm	
	(2)	ウ		cm	4点×2
		エ		cm	
	(3)	①	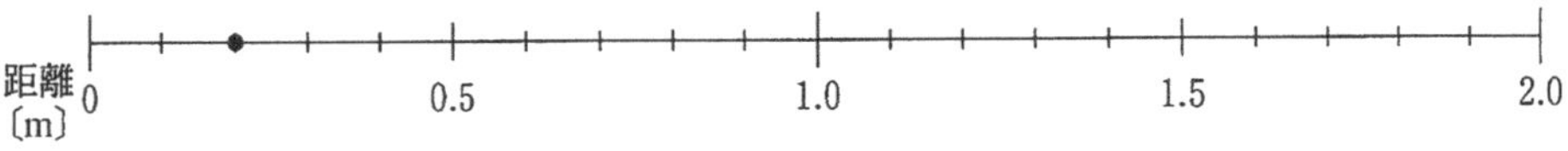		完答5点
		②	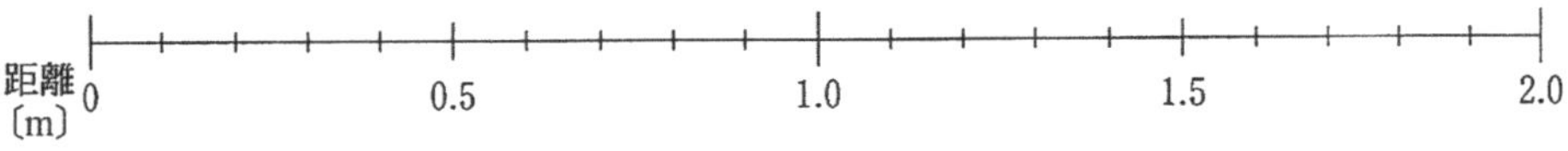		完答5点
	(4)	①	オ	カ	完答4点
		②	キ	個	4点×2
			ク	回	
		③	ケ	m	4点×3
			コ　秒速	m	
			サ	回	

令和３年度

適性検査　2―1

（45分）

（注意事項）

1　「始め」の合図があるまでは，開かないこと。

2　解答らんは，この用紙の裏側に印刷されています。とりはずして使用し，答えは，すべて解答用紙に書きなさい。解答用紙は，半分に折って使用してもかまいません。

3　検査問題は，１ページから11ページまで印刷されています。
　検査が始まって，文字や図などの印刷がはっきりしないところや，ページが足りないところがあれば，静かに手を挙げなさい。

4　問題用紙のあいている場所は，下書きや計算などに使用してもかまいません。

5　「やめ」の合図があったら，筆記用具を置き，机の中央に解答用紙を裏返して置きなさい。

令和３年度　適性検査　２―１　解答用紙

※100点満点

答えは，すべてこの解答用紙に書き，解答用紙だけ提出しなさい。　※らんには何も書かないこと。

受検番号		氏　名	

※

1	(1)	①	ア	イ	完答 4点
		②	球 b_1 点		2点×3
			球 b_2 点		
			球 b_3 点		
		③	ウ（5）		5点
	(2)	①	エ	オ	完答 5点
			カ　cm		4点
		②			5点
		③	キ		完答 5点
	(3)		ク　秒		4点
			ケ	コ　秒	完答 4点
			サ	シ　秒	完答 4点
			図		4点

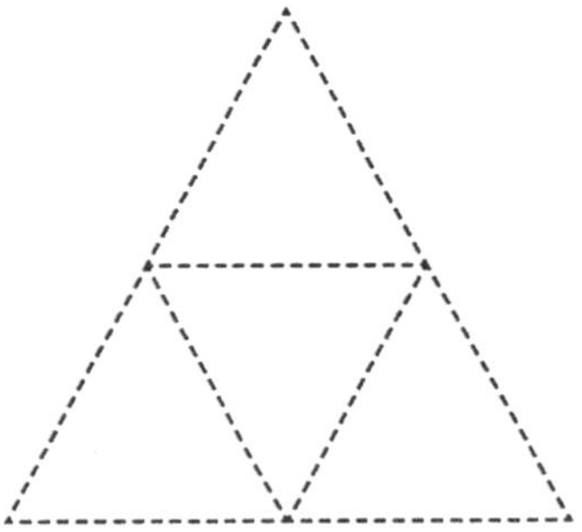

令和３年度

適性検査　２—１

問　題　用　紙

1　せんさんたちは，ものが衝突することについて先生と話をしています。会話文をふまえながら，あとの(1)～(3)の問いに答えなさい。

せん：**図1**はカーリングのストーンを滑らせている様子だね。

図1

よう：氷の上はよく滑るのに，衝突のとき，投げたストーンが止まることがあるよ。どうしてかな。

先生：とても滑りのよいなめらかな直線上で，同じ材質，同じ大きさ，同じ重さの２つの硬いものが衝突するときは，衝突の瞬間に２つのものの速さが入れ替わると言えます。そのため，投げたストーンが止まることがあります。

よう：実際に滑らせて確かめてみたいです。

先生：氷とストーンの代わりに，とても滑りのよいなめらかなレールと硬い材質の球ａを使った**図２**の装置で，ストーンが衝突する様子について考えます。

図２

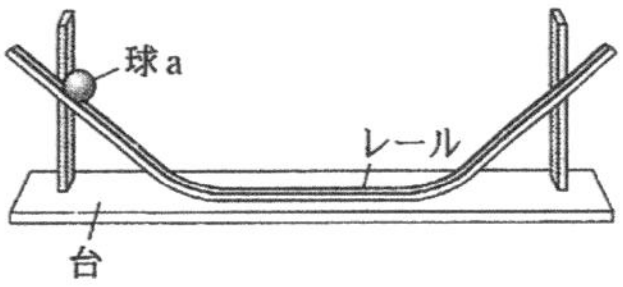

図２の装置を簡単に表したものが**図３**です。**図３**で，点Ｂを通過する球ａの速さが毎回同じ速さになるように，球ａは必ず斜面Ｋ上の点Ａから静かに滑らせます。このとき，球ａは点Ａと同じ高さの点Ｇまで滑って一瞬止まってから点Ａに戻ります。その後も球ａはレールの上をくり返し往復するものとして考えましょう。

図３

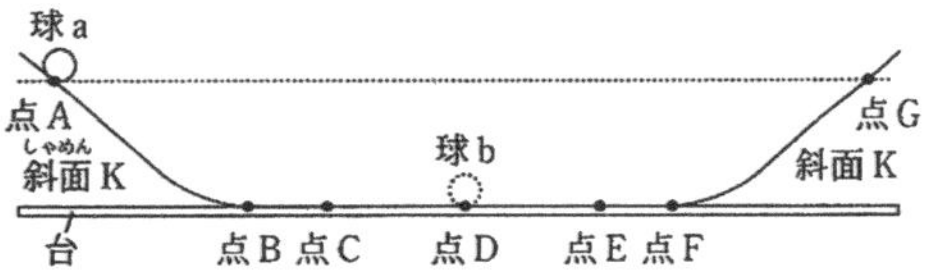

よう：ストーンの衝突を考えるために，球ａと同じ材質，同じ大きさ，同じ重さの球ｂを点Ｄに置きます。球ａを滑らせると，衝突後に球ａは点Ｄ付近で止まり，球ｂは球ａだけを滑らせたときと同じで，点Ｇまで滑って一瞬止まってから下りました。

先生：そうですね。球ａだけを滑らせたときと，球ａと衝突した後の球ｂが，点Ｅを通過する速さが同じ速さなので，同じ高さまで滑ります。止まっている球の速さを秒速０ｍとすると，衝突直後の球ａ，ｂの速さは，衝突直前の球ａ，ｂの速さと，どのような関係があると言えますか。

けん：衝突直後の球ａの速さは衝突直前の［　ア　］の速さで，衝突直後の球ｂの速さは衝突直前の［　イ　］の速さであると言えます。

先生：そのとおりです。次は，ストーンが連続して衝突する様子を，**図4**のように3個の球bを，球b_1，球b_2，球b_3として点C，D，Eにそれぞれ置き，球aを滑らせてみましょう。

図4

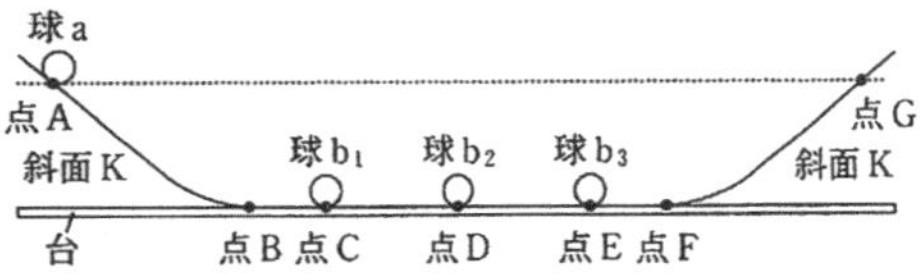

せん：各球が，<u>衝突後に最初に止まった位置</u>がわかりました。

先生：しっかり観察できましたね。次は，**図4**から球b_1，b_3を取り，**図5**のように，点Fの右側の斜面Kを，同じ材質のレールで作った，曲がり方の異(こと)なる斜面L，M，Nに変えた装置で，それぞれ球aを滑らせて球b_2に衝突させました。点Fから斜面を滑って一瞬止まる点までの，斜面を滑る距離(きょり)と，どの高さまで上がるのかを調べた結果が**表1**です。

図5

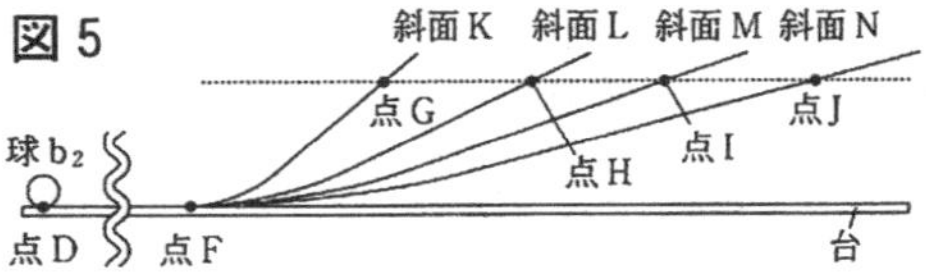

表1

斜面の種類	斜面を滑る距離〔cm〕	滑って止まった点
L	29	H
M	36	I
N	48	J

よう：斜面L，M，Nのように斜面を滑る距離が長くなっても，点Gと同じ高さまで上がったのですね。

先生：そのとおりです。**表1**よりさらに斜面を滑る距離が長くなり，斜面がゆるやかになっていっても，滑って止まる点の高さについては，同じ結果になります。

けん：つまり，斜面の曲がり方に関わらず，球aを点Aから滑らせて点Dに置いた球b_2に衝突させると，球b_2は斜面を［ウ］高さまで滑って一瞬止まってから下るということですね。

先生：そのとおりです。今回の条件や結果とは異なり，私(わたし)たちの生活の中では，移動するものには移動することをさまたげる力がはたらきます。しかし，その力をコントロールする工夫(くふう)もたくさんあり，生活を豊かにしています。

(1) 次の①～③の問いに答えなさい。

① ［ア］，［イ］にあてはまる言葉をそれぞれ書きなさい。

② 下線部について，球b_1，球b_2，球b_3が衝突後に最初に止まった位置として最も適当なものを，点A～点Gのうちからそれぞれ1つずつ選び，その点を示す記号A～Gを書きなさい。ただし，点A～点Gにちょうど止まらない場合は，最初に止まった位置に最も近い点を選ぶこと。

③ ［ウ］にあてはまる言葉を**5字以内**で書きなさい。

よう：斜面Kを高さの調節ができる台に取り付け，球aを点Aから滑らせると，点Bから飛び出して落下した後，**図6**のように床に衝突して，はね返っていたわ。

けん：飛び出す高さが床から90 cmのとき，初めて床ではね返った高さの最高点を10回測定し，小数第1位まで記録したものが**表2**だよ。また，**表3**のはね返った高さは，台の高さを調節し，それぞれの飛び出す高さで，10回の測定結果を足して10で割った数を四捨五入して小数第1位まで表したものだよ。

よう：**表2**の7回目はどうしたの。

けん：黒板に書いてあった結果をノートに写し忘れたけれども，**表2**と**表3**から7回目のはね返った高さに入る数の範囲は，

エ 以上 **オ** 未満だね。

図6

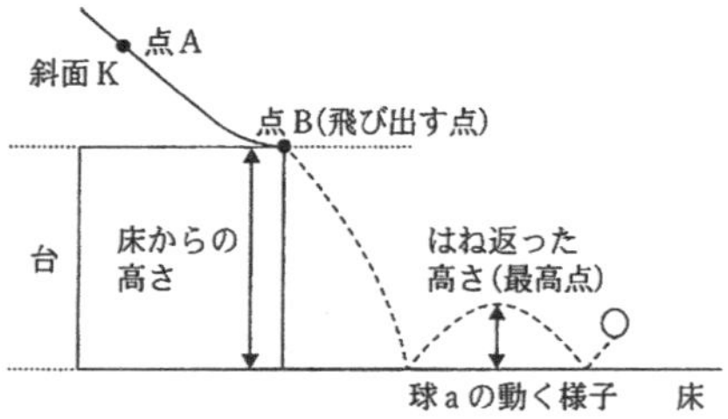

表2

回	はね返った高さ〔cm〕
1	30.7
2	29.4
3	29.7
4	30.2
5	29.9
6	30.0
7	
8	30.4
9	30.3
10	30.2

表2のはね返った高さは，小数第1位までを測定したもの。

表3

飛び出す高さ〔cm〕	はね返った高さ〔cm〕
90	30.0
75	25.0
54	18.0
36	12.0
18	6.0

表3のはね返った高さは，10回の測定結果を足して10で割った数を四捨五入して小数第1位まで表したもの。

先生：そのとおりです。黒板に書いてあった結果は29.4でした。けんさんの考えた範囲にありますね。

せん：**表3**を見ると，飛び出す高さが2倍，3倍になると，はね返った高さも2倍，3倍になっているので，はね返った高さは飛び出す高さに比例していますね。

先生：そうですね。比例していることを使うと，はね返った高さが45.0 cmになるとき，飛び出す高さはいくつであると考えられますか。

よう：**表3**から，飛び出す高さは **カ** cmです。

先生：そのとおりです。また，床の状態を変えると，はね返る高さが変わります。部屋では目的によって床の上にマットなどを敷いて，床の状態を変えていますね。

せん：デパートなどのキッズコーナーに敷いてあるマットは，フワフワしています。

先生：子どもがケガをしないように工夫しているのですね。

よう：**図6**の台と斜面Kを使い，床の上にいろいろなマットを敷いて，それぞれのマットではね返る高さを調べましょうよ。

けん：点Bの高さがマットから90 cmのとき，球aが点Bから飛び出して落下した後に，初めてマットではね返った高さの最高点を，それぞれのマットで測定して，平均した結果は**表4**のとおりだよ。球aがそれぞれのマットと何度も衝突を続けたときにも，床のときと同じように，落下を始めた高さとはね返った高さには，「比例の関係」があったよ。

表4

マットの種類	はね返った高さ〔cm〕
赤	63.0
青	54.0
緑	45.0
黄	36.0
白	27.0

表4のはね返った高さは，10回の測定結果を足して10で割った数を四捨五入して小数第1位まで表したもの。

よう：マットによって，はね返った高さが異なるわね。

けん：白のマットを2枚（まい），他の色のマットは1枚ずつ用意して，**図7**のように白のマットを2枚，X～Zには赤，青，緑，黄のマットから3枚を選んで，段差（だんさ）が出ないように敷いたよ。また，球aがマットから90 cmの高さの点Bから飛び出して，必ずそれぞれのマットで，1回ずつはね返るように調節したよ。

図7

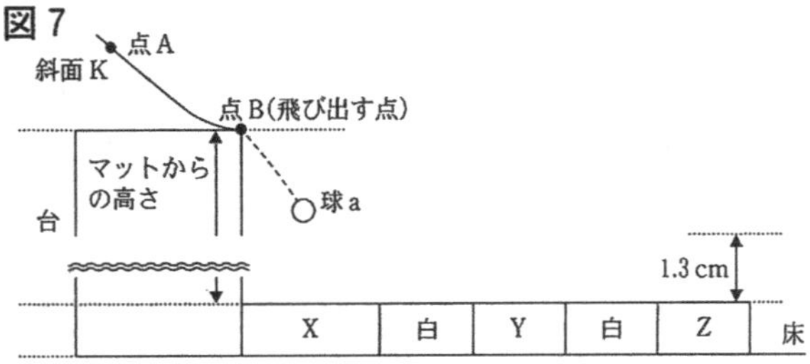

よう：はね返る回数が増えると，はね返る高さは低くなっていくね。Zに敷いたマットから，はね返る高さの最高点を測定したときに，1.3 cmより高くなるマットの組み合わせはあるのかな。

せん：今回も比例していることを使うと，**表4**から，1.3 cmより高くなるマットの組み合わせは［キ］です。

先生：そのとおりです。しっかり考えることができましたね。

(2) 次の①～③の問いに答えなさい。

① ［エ］～［カ］にあてはまる数をそれぞれ書きなさい。

② 例えば，XとYとZに「赤と青と緑」と敷いても，「青と緑と赤」と敷いても，Zに敷いたマットではね返る高さが同じになります。このように，同じマットの組み合わせを選んだとき，敷いた場所に関係なく，Zに敷いたマットではね返る高さが同じになることは，計算に関する性質でも説明することができます。高さが同じになることを，「かけ算」という言葉を使って説明しなさい。

③ Zに敷いたマットではね返る高さが同じものを1つの組み合わせとして，［キ］に入るマットの組み合わせを**すべて**書きなさい。ただし，②の表し方にならって，マットの種類を示す色と色の間を「と」でつなぐものとします。

せん：球aが飛び出した後，床と何度も衝突を続けるとき，床に衝突してから次に衝突するまでの時間はどのようになるかな。

けん：ストップウォッチを使って測定し，平均した結果は**表5**のようになったよ。

表5

床に衝突する回数	間隔〔秒〕
飛び出してから1回目	0.3
1回目～2回目	0.5
2回目～3回目	0.25
3回目～4回目	0.125
4回目～5回目	0.0625

表5の間隔は，測定結果の平均。

せん：床に衝突する回数が多くなると，球aが床ではね返る様子がほとんど見えないね。5回目以降の間隔は正確に測定ができなかったよ。

先生：**表5**の1回目以降の間隔は同じ割合で減少しています。これを利用して，測定ができなかった5回目～6回目の間隔を求めてみましょう。

せん：わかりました。5回目～6回目の間隔は［ ク ］秒です。

先生：そのとおりです。とても細かい動きなので，測定は難しいですね。

けん：飛び出してから床に何度も衝突して，球aが全くはね返らなくなるまでの経過時間は，どのようにしたら求められるのかな。

よう：「0.3＋0.5＋0.25＋0.125＋…」のように，間隔をすべて足せば求められるけれども，いつはね返らなくなるか正確にわからないから，求められないわ。

先生：良い点に気がつきましたね。今回の場合，答えの正確な数はわかりません。しかし，同じ割合で減少する1回目以降の間隔の和「0.5＋0.25＋0.125＋…」は，図形を利用すると，ある数に限りなく近づくことがわかります。

図8－Ⓐ

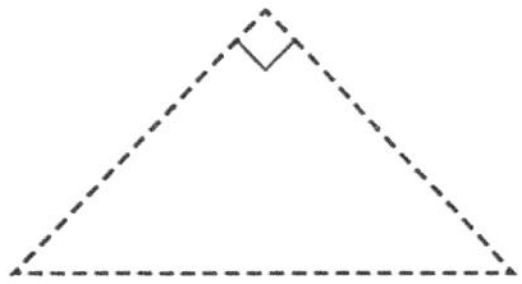

よう：すごいですね。どのようにするのですか。

先生：測定結果の「間隔」を図形の「面積」とみて考えます。まず，**図8－Ⓐ**の大きな直角二等辺三角形の面積を1として，その三角形を**図8－Ⓑ**のように塗ったとき，㋐の三角形の面積は0.5です。次に，**図8－Ⓒ**のように塗ったとき，㋑の三角形の面積は0.25です。この塗られた㋐，㋑の面積は，どの間隔とみることができますか。

図8－Ⓑ

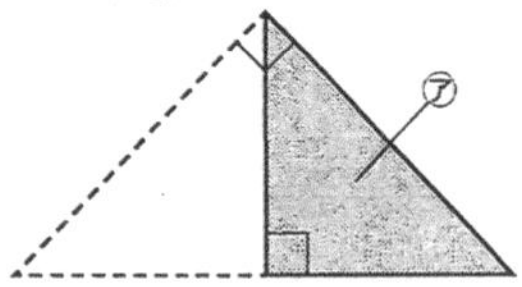

図8－Ⓒ

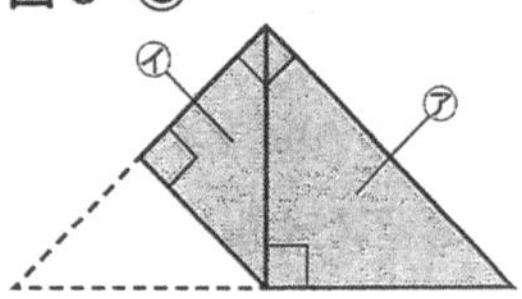

よう：**表5**に同じ数があります。㋐，㋑の面積はそれぞれ，床に衝突する回数の，1回目～2回目，2回目～3回目の間隔とみることができますね。

令和三年度

適性検査　二―二

（45分）

（注意事項）

一　放送で指示があるまでは、開かないこと。
　その他、すべて放送の指示にしたがいなさい。

二　解答らんは、この用紙の裏側に印刷されています。とりはずして使用し、答えは、すべて解答用紙に書きなさい。解答用紙は、半分に折って使用してもかまいません。

三　検査問題は、一ページから八ページまで印刷されています。
　検査が始まって、文字などの印刷がはっきりしないところや、ページが足りないところがあれば、静かに手を挙げなさい。

四　問題用紙のあいている場所は、下書きなどに使用してもかまいません。

五　「やめ」の合図があったら、筆記用具を置き、机の中央に解答用紙を裏返して置きなさい。

令和三年度　適性検査　二―二　解答用紙

答えは、すべてこの解答用紙に書き、解答用紙だけ提出しなさい。

受検番号

氏名

※

※100点満点

※らんには何も書かないこと。

一

(1) ①

8点

(2) ②

8点

二

(1) ①

4点

②

4点

(2) A ③

8点

B ④

8点

三

(1) ①

8点

②

8点

(2) ③

8点

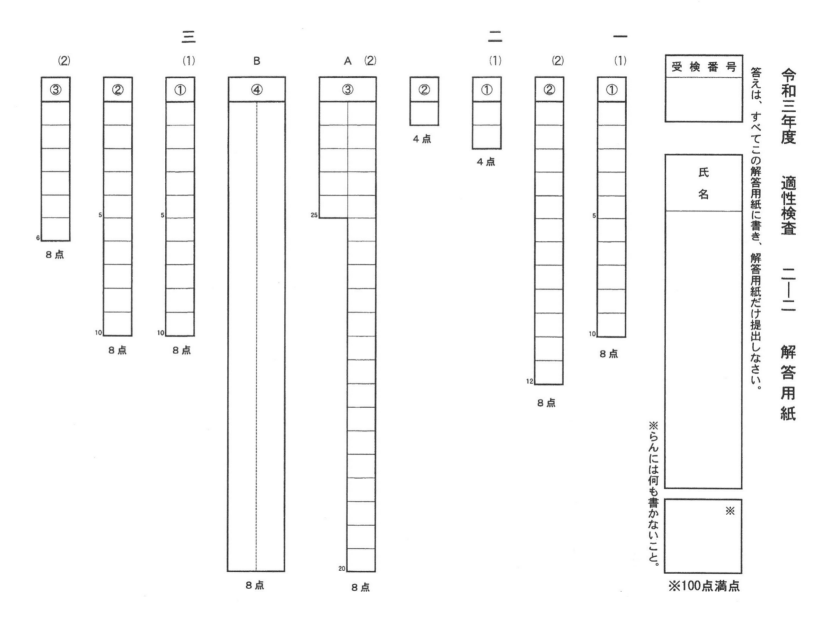

一

(3) 発表原稿(げんこう)

20行

15行

36点

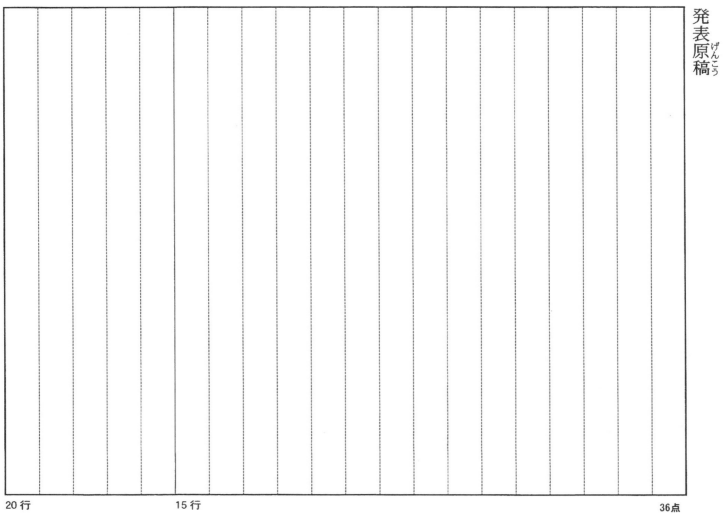

【メモらん】

先生：そうですね。では，㋐の面積と㋑の面積を合わせた，**図8**-Ⓒの塗られた図形の面積は何を表すことになりますか。

けん：合わせた面積なので，床に衝突する回数が1回目から3回目までの間隔の和です。

先生：そうです。床に衝突する回数が3回目以降の「間隔」も図形の「面積」とみて，**図8**-Ⓒの続きを塗り続けることで，限りなく近づく数がわかります。この数を，1回目以降の間隔の和として，経過時間を求めましょう。

よう：図形で表すと，計算がわかりやすくなりました。塗った図形から，限りなく近づく数は［ケ］なので，球aが飛び出してから，はね返らなくなるまでの経過時間は［コ］秒です。

先生：そのとおりです。

よう：限りなく数を足し続けるのに，和を一定の数とみてよいなんて不思議だわ。

けん：他の条件は変えず，球だけを変えて測定し，平均した結果は**表6**です。3回目以降の間隔は，正確に測定ができなかったので，測定不能としました。今回も直角二等辺三角形を利用して考えたらよいですか。

表6

床に衝突する回数	間隔〔秒〕
飛び出してから1回目	0.15
1回目～2回目	0.25 ㋐
2回目～3回目	0.0625 ㋑
3回目～4回目	測定不能 ㋒
4回目～5回目	測定不能

表6の間隔は，測定結果の平均。

先生：直角二等辺三角形でもできますが，今回は**図9**の大きな正三角形の面積を1として考えましょう。2回目以降の間隔は，同じ割合で減少していて，一つ前の間隔を4で割った数です。まず，3回目～4回目の間隔を求めて，㋐～㋒にあたる部分を塗りましょう。その後，4回目以降の間隔も塗り続けることで，限りなく近づく数と経過時間を求めましょう。

図9

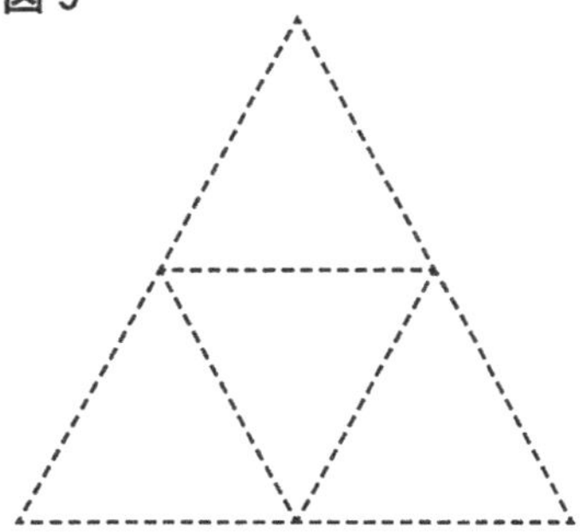

同じ大きさの正三角形を4つ合わせた大きな正三角形。

せん：限りなく近づく数は［サ］なので，この数を，1回目以降の間隔の和とすると，はね返らなくなるまでの経過時間は［シ］秒です。

先生：そのとおりです。いろいろな考え方を活用するとわかりやすいですね。

(3)　［ク］～［シ］にあてはまる数をそれぞれ書きなさい。ただし，［サ］は分数で，［シ］は四捨五入して小数第2位まで書きなさい。

　また，**表6**の「㋐～㋒の間隔」を図形の「面積」とみて，**図8**-Ⓒの表し方にならって，㋐～㋒にあたる部分を解答らんの図にそれぞれ塗り，どの部分が㋐～㋒にあたるのかがわかるように，㋐～㋒の記号をそれぞれ書きなさい。

2 ともさんとりつさんは，壁にタイルをはることについて先生と話をしています。あとの(1)～(3)の問いに答えなさい。ただし，壁にタイルをはるとき，タイルを壁一面にすき間なくはることとします。

とも：今度，家の壁のタイルをはりかえることになって，使うタイルをどうするか，家族で相談しているところなんだ。

りつ：どんな案が出ているの。

とも：家の壁は，縦 2 m，横 2.4 m の長方形で，今は 1 辺 8 cm の正方形のタイルだけを使って，壁一面にはっているんだ。次も「1 種類」の正方形のタイルだけを使うことにしたのだけれど，タイルの大きさが決まっていないんだ。基本のタイルは 1 辺 1 cm で，辺の長さを 1 cm きざみで長くできるそうだよ。

りつ：今より小さい 1 辺 7 cm の正方形のタイルだけでは，壁一面にはることはできないね。さらに小さいタイルだと 1 辺 [ア] cm の正方形のタイルだけを使えば，はることができるね。

とも：今より大きいタイルも含めて，使えるタイルを全部みつけたいな。

りつ：正方形のタイルの辺の長さは，壁の辺の長さの公約数になることを考えてみつけようよ。

先生：そうですね。では，最初に壁の辺の長さの最大公約数，つまり使えるタイルのうち一番大きいタイルの 1 辺の長さを求めましょう。今回は図で考える方法を紹介します。まず，**図 1** のように，ともさんの家の壁をできるだけ大きい正方形で区切ります。次に，**図 1** の残った白い長方形を，再びできるだけ大きな正方形で区切ります。

図 1 ともさんの家の壁

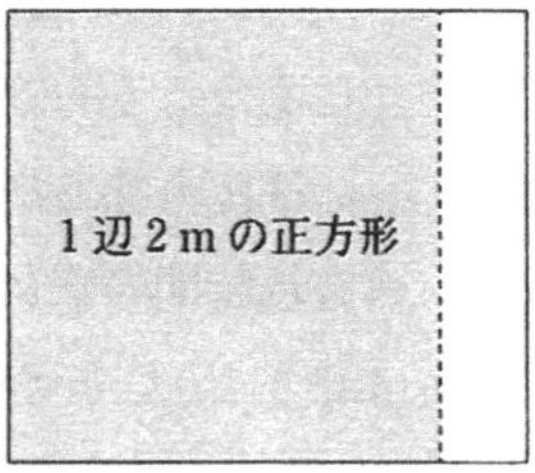

りつ：白い長方形は 1 辺 [イ] cm の正方形で余りなく区切ることができるので，壁一面にはこの大きさのタイルを全部で [ウ] 枚はることになります。なるほど。この正方形が，使える一番大きいタイルですね。

とも：辺の長さの最大公約数がわかったので，次にその最大公約数の約数を考えると，使える正方形のタイルが 8 種類あることがわかりました。この 8 種類のタイルから，使う「1 種類」のタイルを選びたいと思います。

◇M3(703—40)
2021(R3) 千葉県立中
教英出版
【適 2-

先生：2人ともよくできました。このように，できるだけ大きな正方形で区切っていくことで，壁一面にはることのできる一番大きいタイルをみつけることができます。では「1種類」の正方形のタイルだけを使って，縦 326 cm，横 654 cm の長方形の壁一面にはるとき，一番大きいタイルの1辺の長さを求めてみましょう。

とも：どうしよう。最大公約数を図を使わずに求めてみたのですが，みつかったタイルが，本当に一番大きいタイルなのか自信がありません。

りつ：図を使って考えたら，1辺 **エ** cm のタイルが一番大きいことがわかったよ。つまり，使える正方形のタイルは **オ** 種類あり，この中から使う「1種類」のタイルを選ぶことになりますね。

先生：そのとおりです。

とも：1つの解き方だけではなく，いろいろな解き方を知ることは楽しいですね。先生，図を使って考えてみるので，何か問題を出してください。

先生：では，$\frac{7917}{11687}$ をこれ以上約分できない分数にする問題はどうでしょう。

とも：約分も最大公約数を考えて解いてみます。図を使って一番大きいタイルを求めて考えると，約分した分数は **カ** になりました。でも，図を使う考え方はとてもわかりやすかったのですが，かくのが少し大変でした。

りつ：そうだね。だから，図を使って最大公約数を求める方法を，式にすることができないか考えてみたよ。余りがあるとき，四角形の縦と横の長さの関係を，

【割(わ)られる数＝割る数×商＋余り】

という式で表し，この式の **キ** を **ク** で割って，割り切れれば，その **ク** が最大公約数になることがわかったよ。

先生：そのとおりです。2人ともよくできました。図を使わずに，式を使って解いてみるのもいいですね。

(1) 次の①～③の問いに答えなさい。

① **ア** にあてはまる数を**すべて**書きなさい。

② **イ** ～ **カ** にあてはまる数をそれぞれ書きなさい。

③ **キ** ，**ク** にあてはまる言葉として最も適当なものを，次の**あ**～**え**のうちからそれぞれ1つずつ選び，その記号を書きなさい。

あ 割られる数　　**い** 割る数　　**う** 商　　**え** 余り

いろいろな大きさの壁に，大きさの決まっているタイルを壁一面にはることができるかどうかについて話をしています。

りつ：いろいろな壁やタイルを考えてみよう。タイルの大きさが決まっているときは，「1種類」のタイルだけを使って，壁一面にはることができない場合もあるよね。

先生：良いことに気がつきましたね。では，壁は正方形または長方形とし，1辺の長さをcmの単位を使って整数で表すことにします。まず，**図2**のように1辺1cmの正方形2個をつなげた大きさの長方形のタイルを使うときを考えます。タイルは，この向きのままでも，90°回転させて使ってもかまいません。**図2**のタイルをできる限り多く使いましょう。では，**図3**をヒントに考えてみてください。

図2

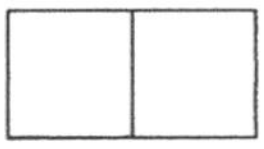

図3

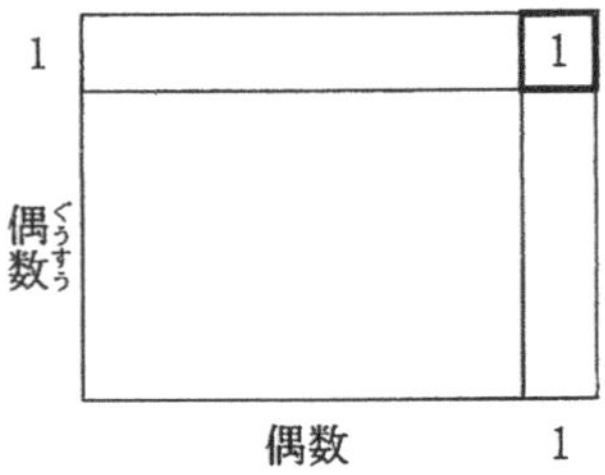

とも：壁の辺の長さを，偶数（ぐうすう）や奇数（きすう）の場合にわけて考えます。辺の長さが片方（かたほう）でも偶数のときは，**図2**のタイルだけを使って壁一面にはることができます。辺の長さがどちらも奇数のときは，**図2**のタイルだけを使って壁一面にはることができないので，**図3**の太線内にはるために，1辺1cmの正方形のタイル1枚を用意する必要があることがわかりました。

りつ：辺の長さを偶数，奇数で表したのは，2で割った余りが0または1になる場合を考えたからなのですね。正方形3個をつなげたタイルを使うときも調べたいです。

先生：では，次にタイルの形を変えて，**図4**のように1辺1cmの正方形3個をつなげた大きさのタイル，㋐，㋑を使うときを考えます。タイルは90°または180°回転させて使ってもかまいません。**図4**のタイルをできる限り多く使いましょう。

図4

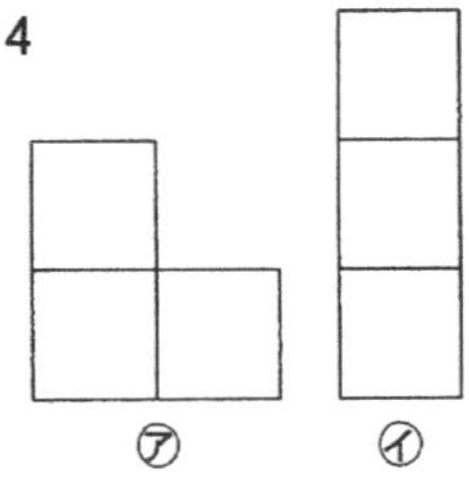

りつ：今度は，壁の1辺の長さを3で割った余りが0または1または2になる場合を考えればよいですね。正方形3個をつなげた**図4**のタイルだけを使って壁一面にはることができないときは，正方形2個をつなげたタイルか，正方形1個のタイル1枚を用意する必要があります。また，考えている中で，壁が正方形のときは辺の長さに関係なく，用意した「**図4**のタイル」「正方形2個をつなげたタイル」「正方形1個のタイル」の3種類の大きさのタイルのうち，「正方形2個をつなげたタイル」を使うことはないことがわかりました。

先生：よく考えることができましたね。

(2) 次の①，②の問いに答えなさい。ただし，**図4**のタイルは，㋐，㋑の両方を使ってもよいこととします。

① 縦 160 cm の壁一面に，「**図4**のタイル何枚かと，正方形2個をつなげたタイル1枚」をはりました。このとき，壁の横の辺の長さを3で割った余りがいくつになるか書きなさい。

② 下線部について，りつさんは，壁が正方形のとき，「正方形2個をつなげたタイル」を使うことはないことを説明しました。**《りつさんの説明》**を，**図5**の**太線内にはるタイルについてふれながら**，完成させなさい。ただし，壁の1辺の長さは2cm 以上とします。

《りつさんの説明》

正方形のかべについて，

・辺の長さを3でわった余りが0のとき，
　図4のタイルだけを使います。

・辺の長さを3でわった余りが1のとき，

図5

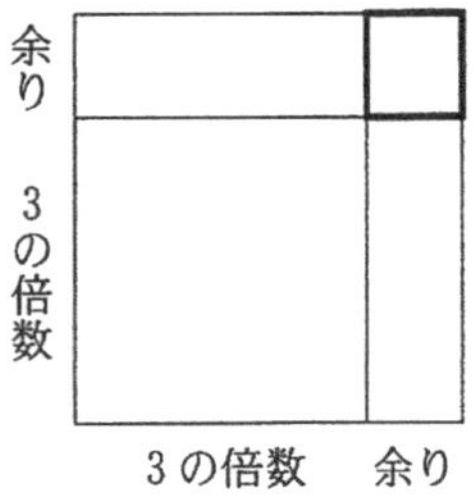

これらのことから，かべが正方形のとき，「正方形2個をつなげたタイル」を使うことはありません。

壁にタイルをはる考え方を，さらに他の問題に使う話をしています。

とも：大きさの決まったタイルを壁にはることを考えてきましたが，これは，**図6**のように壁の辺の長さをＡとＢ，使うタイルの大きさをＣとして，「ＡをＣで割った余り」と「ＢをＣで割った余り」から，「Ａ×ＢをＣで割った余り」を求めることに応用できますね。

図6

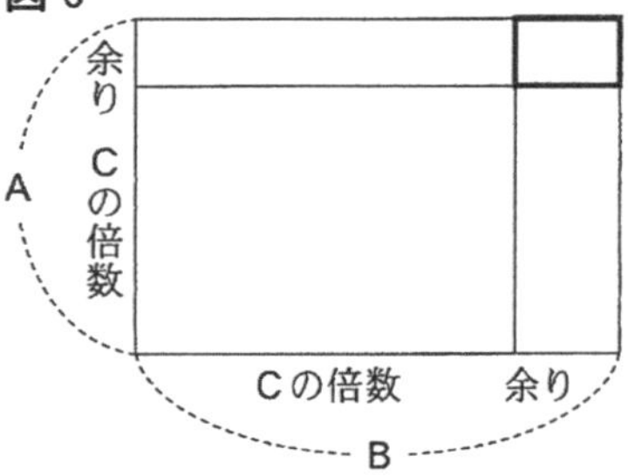

先生：ではこの考え方を使って，「**(2を125回かけた数)×(3を124回かけた数)を5で割った余りはいくつになるか**」を解いてみましょう。

りつ：まず，「(2を125回かけた数)を5で割った余り」を求めようと思いますが，こんなに何回もかけるのは大変です。どう考えればよいですか。

先生：2を2回以上かけたときを考えましょう。2を2回かけた数は4なので，5で割った余りは4です。このあと，2を3回，4回，5回と何回かけていっても5で割った余りは0にはなりません。考え方のポイントは，2を2回以上かけた数のうち，5で割った余りが1になる数をみつけることです。

とも：りつさん，2を［ケ］回かけた数を5で割ると余りが1になるよ。

りつ：そうか。縦の長さも横の長さも，2を［ケ］回かけた数の四角形を考えてみるね。この四角形を，「Ａ×ＢをＣで割った余り」の考え方にあてはめると，2を［コ］回かけた数を5で割った余りが［サ］になることがわかるよ。図を使って余りを求めることをくり返せば，「(2を125回かけた数)を5で割った余り」は，［シ］になることがわかるね。だから，余りが1になる数をみつけたのか。

とも：「(3を124回かけた数)を5で割った余り」も同じように考えればいいね。ということは，先生が出した問題「**(2を125回かけた数)×(3を124回かけた数)を5で割った余りはいくつになるか**」の答えは，［ス］です。

先生：そのとおりです。2人ともよくできました。

とも：今回，考えてきたことは，どれも，わかったことを発展(はってん)させ，さらに別の問題に活用していたのですね。

(3) 次の①，②の問いに答えなさい。

① ［ケ］にあてはまる数のうち，最も小さい数を書きなさい。

② ［コ］～［ス］にあてはまる数をそれぞれ書きなさい。

2	(1)	①	ア				完答 4点
		②	イ	cm			4点
			ウ	枚			4点
			エ	cm	オ	種類	完答 4点
			カ				4点
		③	キ		ク		完答 4点
	(2)	①					4点
		②	《りつさんの説明》 正方形のかべについて， ・辺の長さを 3 でわった余りが 0 のとき， 図 4 のタイルだけを使います。 ・辺の長さを 3 でわった余りが 1 のとき， これらのことから，かべが正方形のとき，「正方形 2 個をつなげたタイル」を使うことはありません。				6点
	(3)	①	ケ	回			4点
		②	コ	回	サ		完答 4点
			シ				4点
			ス				4点

図 5

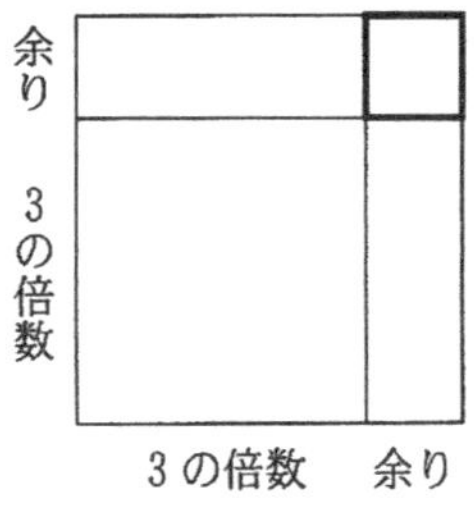

令和三年度

適性検査　二―二

問題用紙

一　放送で聞いた内容から、次の⑴、⑵の問いに答えなさい。

⑴　玄田有史さんは、「人から話を聞く」とき、自分の本気を伝えるためには、質問する際に注意が必要だと言っています。それを次の二点にまとめました。①にあてはまる言葉を、**五字以上、十字以内**で書きなさい。

> ・下調べをしっかりして、本人に（　①　）ことはさけて、失礼にならない質問を準備する。
> ・話をしてくれる相手への敬意を忘れないという姿勢でのぞむようにする。

⑵　「人から話を聞く」から「本当の『考える』」への流れを次のようにまとめました。②にあてはまる言葉を、**十二字以内**で書きなさい。

「人から話を聞く」

↓

知りたい気持ちが高まるという変化がおきる。

↓

（　②　）とよいのか、どの本で調べるとよいのかと考え始めるという変化に向かい合う。それが「本当の『考える』」である。

★教英出版編集部注
問題音声は教英出版ウェブサイトで。
リスニングＩＤ番号は解答集の表紙を参照。

二 研究者である浜田寿美男(はまだすみお)さんは、「発達の大原則」について、次のように述べています。これを読んで、あとの(1)、(2)の問いに答えなさい。

著作権に関係する弊社の都合により
本文は省略いたします。

教英出版編集部

(苅谷剛彦(かりやたけひこ) 編著(へんちょ)『いまこの国で大人になるということ』より)

※1　手持ちの力……自分のものとして持っている力。
※2　アクセントをおく……強調する。
※3　身も蓋もない……はっきり言いすぎて、おもしろみがない。

(1)　文章から読み取れる人間についての考えを、次のようにまとめました。①には、あてはまる言葉を**二字以内**で書き、②には、あてはまる言葉として最も適当なものを、あとの**ア**～**エ**のうちから一つ選び、その記号を書きなさい。

> 人間は何をするにしても（　①　）持っている力を使って生きていく。したがって、常に（　①　）を（　②　）と考えて生きるしかない。

〔②に使う言葉〕　**ア**　日常　**イ**　特別　**ウ**　準備　**エ**　本番

（4ページに続く）

◇M4(703—51)
2021(R3) 千葉県立中
K 教英出版
【適2—

⑵ あなたは音楽クラブに入っている同級生から次のような相談をうけ、それに応えるために、文章中で説明された「発達の大原則」の考え方を使うことにします。あとのA、Bに答えなさい。

《相談内容》
わたしは先週から、同じ楽器を担当(たんとう)する後はいに、楽器の手入れの仕方を教えている。でも、わたしがやり方をきちんと伝えられないので、後はいは、楽器の手入れの仕方をなかなか覚えられない。昨年、わたしを教える担当だった先ぱいは、とても説明が上手で、わかりやすく教えてくれた。先ぱいと比べると、わたしの説明はわかりづらいようだ。どうしたらよいだろうか。

A あなたはまず、相談に応える前に、教える力について次のようにまとめ、自分の考えを整理しました。2ページの文章中の言葉を用いて、③にあてはまる言葉を、句読点を含(ふく)めて**二十字以上、二十五字以内**で書きなさい。

> 教える力は（　③　）可能性がある。したがって、先ぱいと比べる必要はない。

B あなたは次に、同級生の相談に対して文章中の「できなさをそのままに引き受けて、適当にやりくりする」という考え方を用いて、応えようと思います。《相談内容》にあうように、④にあてはまる言葉を**二行以内**で書きなさい。ただし、「やりくり」の内容は、〔**資料**〕を参考にして書くこと。なお、あなたならどうするのかを具体的に書くこと。

> （　④　）などして対応しよう。

★教英出版編集部注
問題音声は教英出版ウェブサイトで。
リスニングＩＤ番号は解答集の表紙を参照。

適性検査２－２　放送用ＣＤ台本

これから、適性検査２－２を始めます。外側の用紙が解答用紙です。内側に問題用紙があります。内側の問題用紙は、指示があるまで開いてはいけません。
それでは、外側の解答用紙を開き、受検番号と氏名を書きなさい。

（２０秒後） 書き終わったら元どおり問題用紙を挟んで閉じなさい。

（５秒後）
最初は、放送を聞いて問題に答える検査です。放送はすべて１回だけです。それでは、裏返して「メモらん」と書いてある面を上にしなさい。「メモらん」にメモを取ってもかまいません。

（３秒後）
これから、大学教授の玄田有史（げんだゆうじ）さんが「人から話を聞く」ことについて書いた文章を紹介します。玄田さんは「人から話を聞く」ことが「本当の『考える』」ということにつながると言います。次の２点に注意して聞いてください。１つ目は、どんな心構えで「人から話を聞く」と良いのかという点、２つ目は「人から話を聞く」ことはなぜ「本当の『考える』」ということにつながるのか、という点です。

（３秒後）
では、朗読を始めます。

（３秒後）

自分がちょっと気になる人に、ほんの少しの勇気を持って「お話をうかがいたいんです」と声をかけたり、電話したり、手紙を書いたり、電子メールを書いたりすればいいんです。
そのときいちばん大切なのは、うまく伝えようとすることでなく、できるだけ素直に自分の思いを伝

と素直にたずねる人が来れば、私は歓迎したい。一緒に考えようと思います。

それから、自分の本気を伝えるためにも、前もって自分で調べられることは調べておいてください。たとえば小説家に「これまでどんな小説を書いたのですか」と聞いてはいけません。そんなことは自分で図書館に行ったり、インターネットで調べようと思えば、本人に聞かなくてもわかることです。できるはずの準備をしない人は、誰も相手にしてくれない。

本気を伝えるためのもう一つのコツは、相手に対して「お話を聞かせていただいている」という気持ちを持つことです。清掃の仕事を一所懸命している方に「そんな汚い仕事の何が楽しいんですか」なんて聞くのは、素直というものではなく、ただの失礼です。反対に、相手への敬意のまなざしさえ忘れなければ、少々言葉遣いが悪かったり、敬語がうまくなくても、許されるものです。後は、全身全霊で相手の話に耳を傾ければいいだけです。

話を聞くことによって、今まで知ることのなかった新しい発見や驚きが何かある。少しだけ、自分の世界が広がった感覚が湧いてくる。

それにもう一つ、自分のなかに変化が起こります。聞いてしばらくすると、新しく知りたいことが生まれてくるものなんです。わかっていたつもりだったのが、実はわかっていなかった自分に出会うことになる。あれは何だったのだろうと。もっと知りたいという衝動が起こる。もう一度話を聞きに行くか、別の人に話を聞くか、それともまずは同じ疑問を持つ人の書いた本を調べてみようか。

自分のなかのこの変化に向かい合うことが、実は本当の「考える」ということなんです。

（玄田有史『１４歳からの仕事道（しごとみち）（増補改訂）』より）

以上で放送を終わります。それでは、問題用紙を開き、すべての問題に答えなさい。

〔資料〕国語辞典より

〔「やりくり」の意味〕
いろいろ工夫(くふう)して、どうにか都合をつけること。

（6ページに続く）

◇M4(703—53)

2021(R3) 千葉県立中
教英出版

三　次の文章は、演出家である栗山民也さんの文章です。栗山さんは、三年制の俳優研修所で研修生（俳優を目指す人）を育てることに力を注いでいます。そこで、研修生に必要な力はどのように育つのかということについて、次のように述べています。これを読んで、あとの(1)〜(3)の問いに答えなさい。

せりふを※1小器用にこなし、※2敏捷に身体を動かせたりすることではなく、基本的にその人間としての輝きを見ること、その輝きが消えることのない情熱によるものとしか答えようがありません。三年間の基礎訓練のなかで、その人が自分をどう見つめ、鍛えていくのか、その後、より大きくなったその人がプロの俳優としてどのような方向へ進んでいくべきなのか、それも同時に考えておくべきことなのです。

また、俳優としての基本的な技術だけを身につけても、それだけではまだ俳優ではありません。自分自身の表現のための確かな演技力と同時に、人間への観察と※3洞察を続け、世界への理解を深めていかなければ「俳優」にはなれないのです。

音楽家が楽器を使いこなす技術を身につけたうえで、そこから自分の音楽をつくり上げていくように、俳優にも技術力と同時に、表現力と想像力が必要になってくるのです。そこで毎回違った自分と出会うためのレッスンが持続的に必要となり、粘土細工のように一つのカタチをつくってはその歪みに気づいて崩すという作業が繰り返され、いろいろな表現の可能性の幅を広げていくことが、新しい作品と出会うたびに求められるのです。

（栗山民也『演出家の仕事』岩波新書より）

※1　小器用　……　何でもひととおりは、うまくこなすさま。
※2　敏捷　……　動作のすばやいこと。
※3　洞察　……　物事をよく観察して、その奥底まで見ぬくこと。

⑴　「違った自分と出会うためのレッスン」について、栗山さんの文章をふまえながら、「喜んでいる人」の演技を例として次のようにまとめました。①、②にあてはまる言葉を、それぞれ**五字以上、十字以内**で書きなさい。ただし、①は「喜ぶ」または「喜び」という言葉を使って書くこと。

《違った自分と出会うためのレッスン》

【例　「喜んでいる人」の演技】

○「粘土細工」のたとえ…
レッスンのたびに前回と
（　①　）ことで
表現の幅が広がる。

↓ さらに表現力をつけるために

○日常生活を送るなかで
（　②　）の表情や身ぶりに関心をもち、「喜び」にかぎらず、感情をどのように表現しているのかを知る。

⑵　**問題一**の聞き取りと**問題二**、**問題三**の文章の関係を次のようにまとめます。次の③には、まとめたもののなかにあるⓐとⓘの内容の共通点が入ります。③にあてはまる言葉を**六字以内**で書きなさい。

問題一　ⓐ　人から話を聞く
問題三　ⓘ　「違った自分と出会う」ようにする
→ 積極的に（　③　）を取り入れる

問題二　ⓤ　「発達の大原則」
→ 「手持ちの力」の働き

→ 自分の可能性を広げる

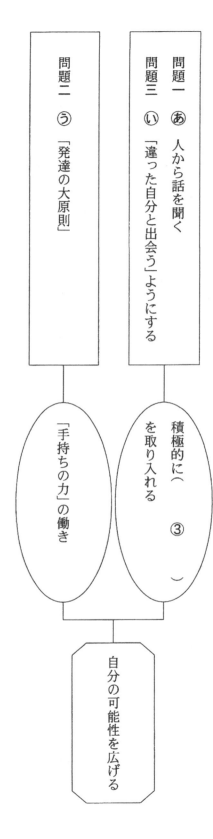

(3) あなたの学級では、学級活動で「自分の可能性を広げるために」というテーマで一人ずつ発表することになりました。あなたは、問題一の聞き取りと問題二、問題三の文章をふまえて自分の考えを発表します。そこで、問題三の(2)でまとめたことを参考に自分の体験を紹介して「可能性」の話題につなげることにしました。次のア〜ウの(条件)にしたがって、発表原稿を書きなさい。

(条件)

ア 学級活動で皆に向けて実際に話すつもりで言葉づかいを考えて書くこと。

イ 以下の指示にしたがい、三つの段落に分けて書くこと。

一段落目…あなたが自分について、いままで気づかなかったけれど、新たに気づいた一面を具体的に一つあげ、その一面が、日常生活で役立った体験を書きなさい。

二段落目…一段落目の体験について、㋒をふまえて「自分の可能性を広げる」うえで、どのようなことが大切なのかを書きなさい。

三段落目…二段落目をふまえて「自分の可能性」を広げるために、どのような取り組みが考えられるか、㋐と㋑の両方、またはどちらかにふれながら具体的に書きなさい。

ウ 解答らんを**縦書き**で使い、**十五行以上**、**二十行以内**で書くこと。ただし、一行に書く字数は特に指定しない。各段落の先頭は一文字分あけること。また、文字やかなづかいを正しくていねいに書き、漢字を適切に使うこと。

令和２年度

適性検査　１―１

（45分）

（注意事項）

1　「始め」の合図があるまでは，開かないこと。

2　解答らんは，この用紙の裏側に印刷されています。とりはずして使用し，答えは，すべて解答用紙に書きなさい。解答用紙は，半分に折って使用してもかまいません。

3　検査問題は，1ページから11ページまで印刷されています。
　検査が始まって，文字や図などの印刷がはっきりしないところや，ページが足りないところがあれば，静かに手を挙げなさい。

4　問題用紙のあいている場所は，下書きや計算などに使用してもかまいません。

5　「やめ」の合図があったら，筆記用具を置き，机の中央に解答用紙を裏返して置きなさい。

千葉県立千葉中学校
　　　　東葛飾中学校

令和２年度　適性検査　１―１　解答用紙

答えは，すべてこの解答用紙に書き，解答用紙だけ提出しなさい。

1	(1)	あ	%	4点×3
		い	%	
		う	%	
	(2)	え	お　　か	完答 4点
	(3)	き		4点
	(4)	く	（15字）	完答 4点
		け	（15字）	
	(5)	こ		4点×3
		さ		
		し		
	(6)		共同配送をすることにより（20字）することができ，必要な人手も二酸化炭素排出量も減る。	4点
	(7)	す	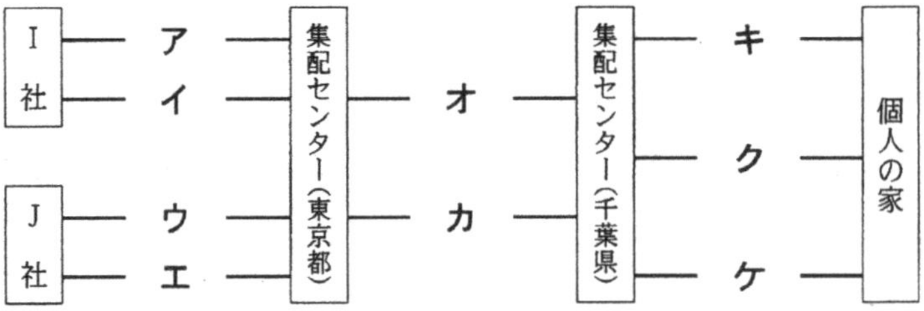	4点
	(8)	せ	配送する立場　　受け取る立場	3点×2

令和２年度

適性検査　１―１

問　題　用　紙

1 ゆうさんたちは，総合的な学習の時間に「日本の貨物輸送の現状」について調べています。会話文をふまえながら，あとの(1)～(8)の問いに答えなさい。

ゆう：国内では，工業製品や食品など，たくさんの貨物が輸送されているね。

さき：主な輸送手段(しゅだん)として船，鉄道，自動車が使われていて，平成28年度の3つの輸送手段の国内総輸送重量は，約48億tもあるね。

かい：国内総輸送重量について距離(きょり)別，輸送手段別に，国内輸送の状況(じょうきょう)を調べてみたよ。**資料1**は，距離別の輸送重量の割合(わりあい)，**資料2**は，**資料1**の各項目(こうもく)を輸送手段別に見たもののグラフだよ。**資料1**と**資料2**は，船，鉄道，自動車のみの情報で作ってあるから，「全輸送」とは，この3つの輸送手段に関する情報だけを合わせたものだよ。

ゆう：それぞれの輸送手段には特徴(とくちょう)がありそうね。**資料1**と**資料2**からわかったことを，**資料3**として，表にまとめてみるわ。

資料1　全輸送における距離別の割合

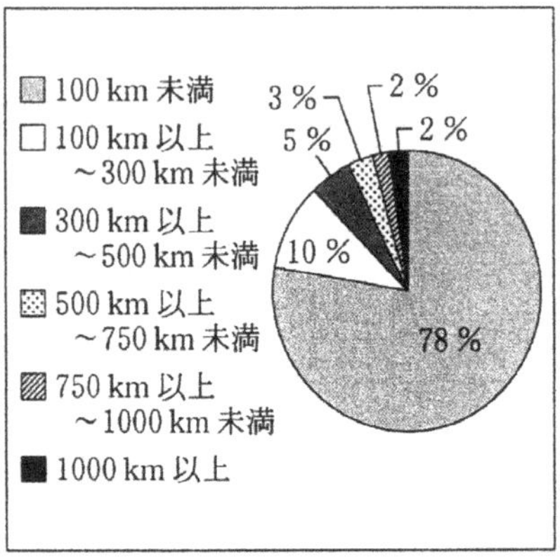

資料2　距離別にみる輸送手段の割合

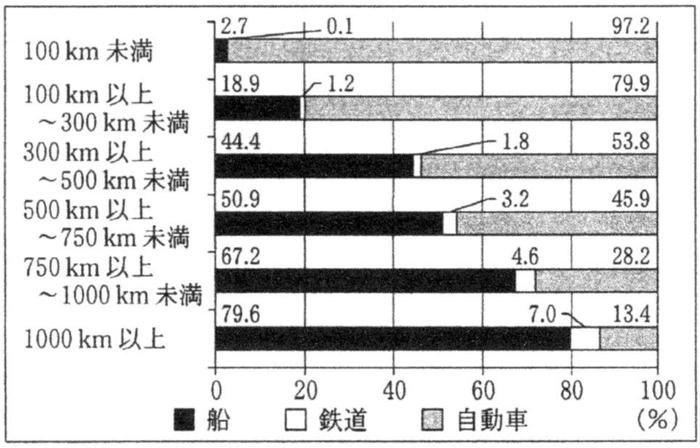

（資料1，資料2　国土交通省「貨物・旅客地域(ちいき)流動調査（平成28年度）」より作成）

資料3　輸送手段の特徴

	全輸送にしめる割合	輸送距離	輸送距離からみた具体的な特徴	まとめ
船	10.7 %	主として遠距離	**資料2**より，750 km以上の輸送における船の割合は［い］%である	［え］
鉄道	［あ］%	近距離～遠距離	**資料2**のすべての項目における鉄道の割合は10 %未満である	［お］
自動車	88.7 %	主として近距離	全輸送における100 km未満の自動車の割合は［う］%である	［か］

(1) [あ]～[う] にあてはまる数を書きなさい。ただし，必要に応じて四捨五入し，答えは，小数第1位まで書くこと。

(2) [え]～[か] に入る最も適当な言葉を，次のア～エのうちからそれぞれ1つずつ選び，その記号を書きなさい。

ア　せまい範囲での輸送に使われることが多い

イ　離れた場所への輸送に使われることが多い

ウ　どの距離でも一番使われている

エ　どの距離でも使われることが非常に少ない

かい：輸送手段によって，特徴が異なっているのですね。

先生：**資料4**は，銚子から東京まで，貨物を運ぶために一番多く使われていた輸送手段の輸送経路と輸送時間を示しています。輸送時間には，荷物を積みおろす時間も含まれます。それぞれの年の輸送手段は，何かわかりますか。

資料4　銚子から東京までで一番多く使われていた輸送手段の輸送経路と輸送時間

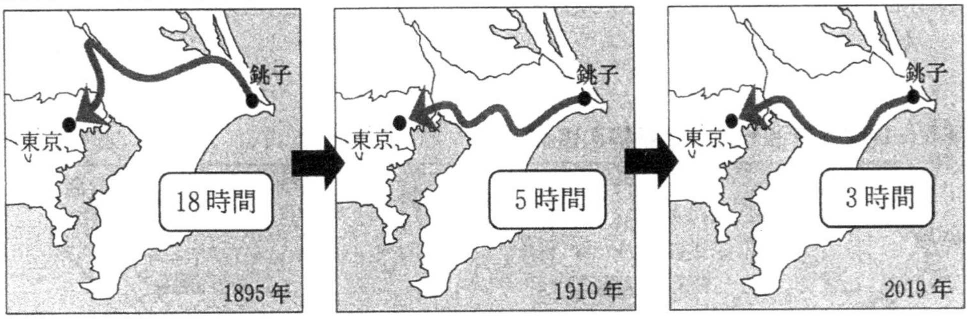

(江戸川区郷土資料室「通運丸と江戸川の水運」より作成)

さき：古い年から順に船，鉄道，自動車だと思います。

先生：そのとおりです。**資料4**から，輸送時間が [き] されたことがわかります。このことが，輸送手段の移り変わりに影響したことなどから，船より鉄道，鉄道より自動車の使用が増えました。

かい：だから，今は**資料3**にあるように，「全輸送にしめる割合」の自動車の割合が88.7％と，自動車が多く使われているのですね。

ゆう：遠い場所への輸送時間は，どうなっているのですか。

先生：**資料5**を見るとわかりますよ。

資料5　現在の東京からの輸送時間（時間）

輸送手段／輸送先	船	鉄道	自動車
北海道（約831 km）	49.9	40.6	24.3
香川（約537 km）	48.0	24.0	11.7
広島（約675 km）	55.8	19.4	13.1

(国土交通省「全国貨物純流動調査報告書平成29年3月」，国土地理院「都道府県庁間の距離」より作成)

さき：あれ？　時間だけを基準に輸送手段を選ぶなら，**資料5**から［く］はずなのに**資料2**を見返してみると，実際は［け］ことがわかりますね。

先生：よく気がつきましたね。輸送手段を選ぶ基準は時間だけではなさそうですね。

(3)　［き］にあてはまる言葉を書きなさい。

(4)　［く］，［け］にあてはまる言葉を，それぞれ**10字以上15字以内**で書きなさい。ただし，どちらも「きょり」という言葉を必ず使うこと。

先生：さらに考えていきましょう。じつは，近年，船や鉄道を今以上に積極的に使って自動車での輸送を減らそうという動きが出てきています。

ゆう：どうしてですか。

先生：その理由を一緒（いっしょ）に考えてみましょう。**資料6**を見てください。貨物600tを**A駅**から**B社**まで貨物列車だけで輸送する場合と，トラックだけで輸送する場合を考えます。このとき，線路は**A駅**から**B社**までつながり，直接**B社**まで運ぶことができるものとします。

資料6　貨物列車とトラックの輸送の様子

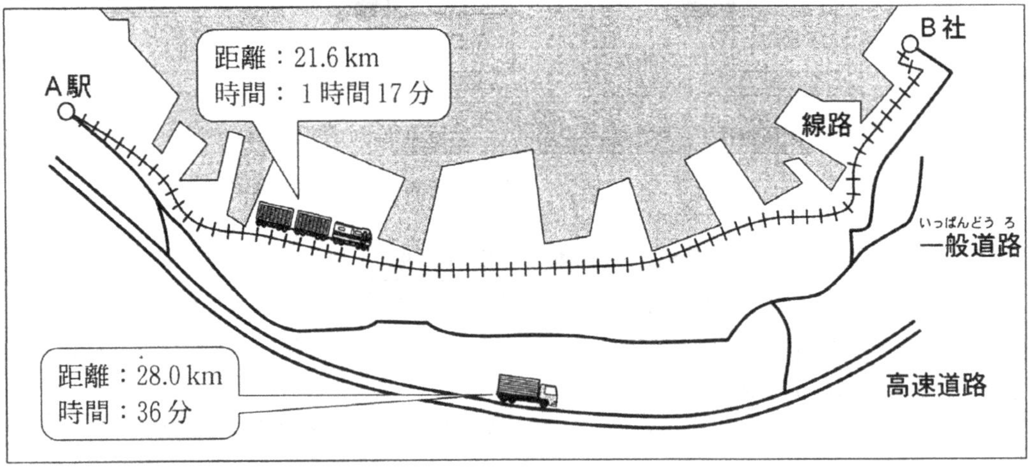

先生：また，トラックでは10tしか運べないので，必要な台数分用意して運び，貨物列車では24t運べる貨車を連結して，一度で運ぶものとします。トラックも貨物列車も運転手は1回につき1人とします。貨物列車で輸送した場合，トラックと比べて運転手の人数などがどのようになるのかを**資料7**（次ページ）にまとめましょう。

資料７　貨物600ｔを運ぶときの貨物列車とトラックの輸送上の違い(ちがい)

	トラックと比べた時の貨物列車の状況
運転手の人数	輸送にかかる人数はすべてのトラックで運んだときの $\frac{1}{\boxed{こ}}$ 倍
輸送時間	時間がかかる
行路状況	渋滞(じゅうたい)がない
二酸化炭素排出量(はいしゅつりょう)	すべてのトラックで運んだときの約 $\frac{1}{\boxed{さ}}$ 倍
輸送重量	トラック１台の［し］倍

二酸化炭素排出量を求める式

［二酸化炭素排出量(g)］＝［１トンキロ※1あたりに排出される二酸化炭素量(g/t･km※2)］×［輸送重量(t)］×［輸送距離(km)］

※１　１トンキロ：1t･kmと書き，1tの貨物を1km輸送したときの輸送量を示す。
※２　g/t･km：1tの貨物を1km輸送したときに排出される二酸化炭素量を表す単位。

［　　］の値を**【鉄道(貨物列車等)】**は「**20**」，**【自動車(トラック等)】**は「**232**」とする。

さき：**資料７**の項目を比べたら，鉄道と自動車の違い(ちがい)を理解できました。

先生：**資料７**からわかる鉄道の利点は何ですか。

かい：人手不足の解消や二酸化炭素排出量(はいしゅつりょう)の増加をおさえることではないでしょうか。

先生：そのとおりです。貨物の輸送を，自動車から鉄道や船にかえることを「モーダルシフト」と言います。輸送の問題を解決するために有効な方法であり，国がすすめている取り組みです。

(5)　［こ］～［し］にあてはまる数を書きなさい。答えが小数の場合は，四捨五入して整数で書きなさい。

先生：「モーダルシフト」の他にも国は，人手不足や二酸化炭素排出量の増加などの問題への対策を進めています。例えば，「共同配送」という，異なる複数の会社が協力をして配送する方法があります。**資料８**では，どの会社も，出発してから集配センターを通って，各店に到着するまで，１台のトラックで配送している様子を示しています。

さき：**資料８**中のＣ社，Ｄ社，Ｅ社から配送先のＦ店，Ｇ店，Ｈ店の各店に貨物を運ぶとき，集配センターで貨物を配送先ごとに積みかえ，他の会社の貨物も一緒に配送先まで届けるということですね。

資料８　共同配送の様子

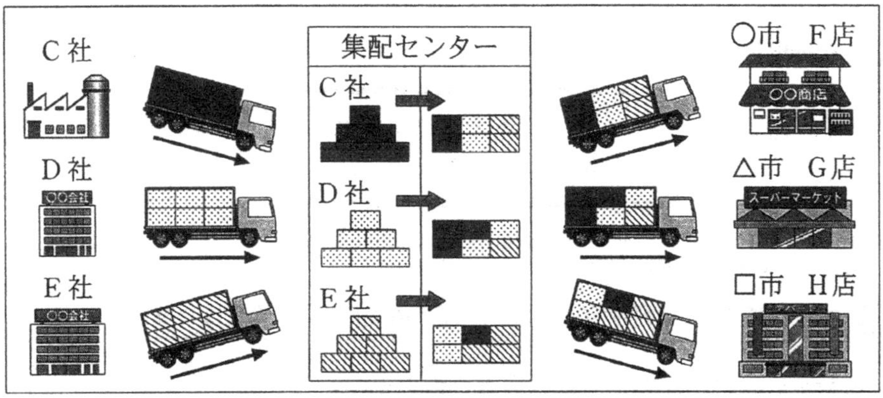

(6)　**資料８**と**図**から，「共同配送」の利点を解答らんにしたがって書きなさい。ただし，具体的な数を使い**15字以上20字以内**で書くこと。

図　共同配送をしない場合

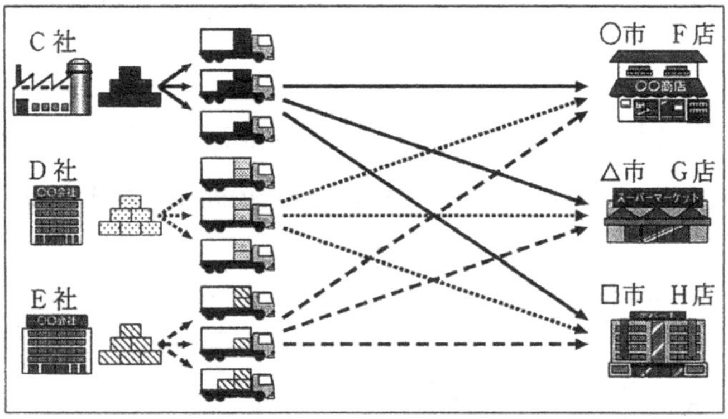

ゆう：実際に「モーダルシフト」や「共同配送」を使って運ぶと，人手や二酸化炭素排出量にどのくらいの違いがあるのかな。

先生：それでは，注文したペットボトル飲料とトイレットペーパーが出荷され，千葉県内の各個人の家に届くまでを考えましょう。輸送経路は複数考えられますが，

令和２年度

適性検査　１―２

（45分）

（注意事項）

1　「始め」の合図があるまでは，開かないこと。

2　解答らんは，この用紙の裏側に印刷されています。とりはずして使用し，答えは，すべて解答用紙に書きなさい。解答用紙は，半分に折って使用してもかまいません。

3　検査問題は，１ページから11ページまで印刷されています。

　検査が始まって，文字や図などの印刷がはっきりしないところや，ページが足りないところがあれば，静かに手を挙げなさい。

4　問題用紙のあいている場所は，下書きや計算などに使用してもかまいません。

5　「やめ」の合図があったら，筆記用具を置き，机の中央に解答用紙を裏返して置きなさい。

令和２年度　適性検査　１—２　解答用紙

答えは，すべてこの解答用紙に書き，解答用紙だけ提出しなさい。

1	(1)	ア	度						3点
	(2)	イ		ウ		(3)	エ		3点×3
	(4)	オ		カ					完答4点
	(5)	キ							2点
	(6)	図	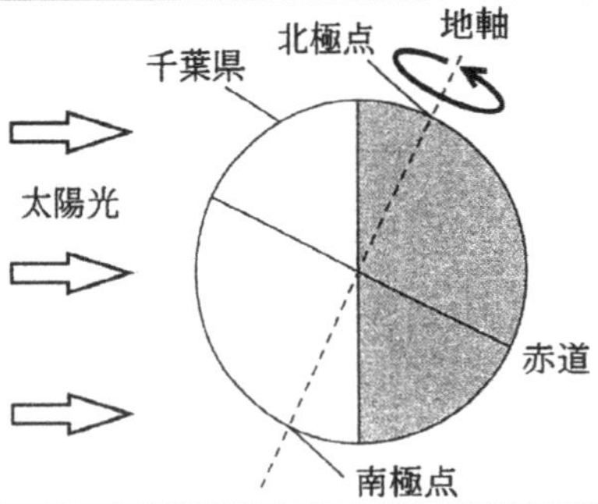						
		説明							完答4点
	(7)	ク		(8)	ケ				4点×2
	(9)		新　月 →　　→　　→　　→						完答4点
	(10)	図	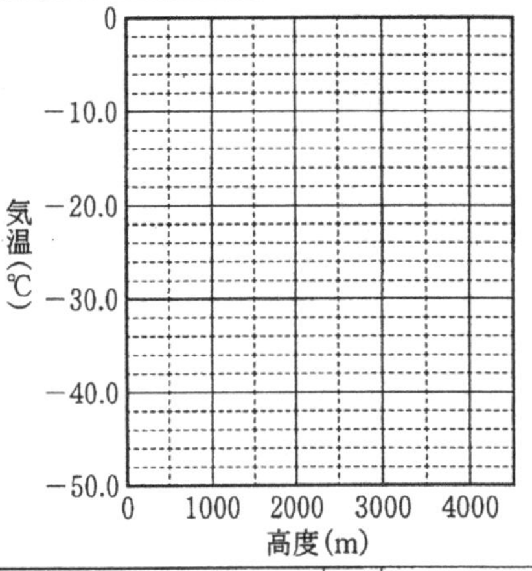						4点
	(11)	コ	m	サ	倍	シ	m		4点×3

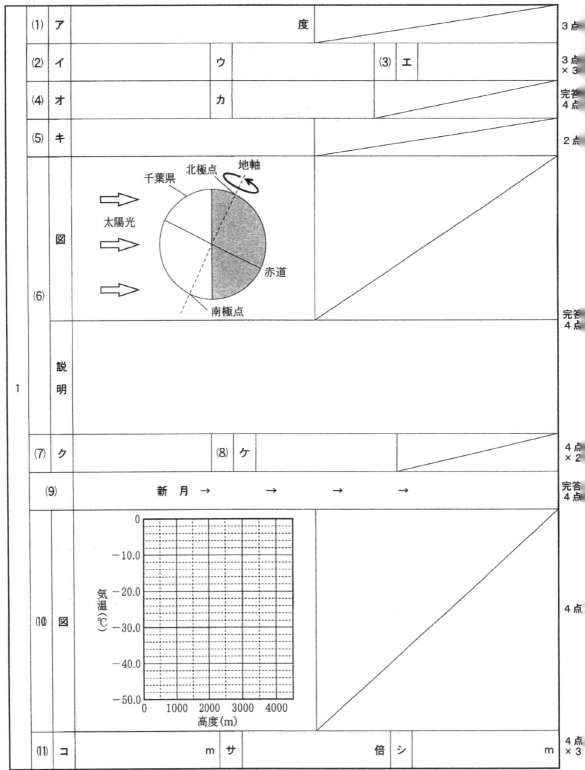

その輸送経路の中から，条件に合わせて，最適な輸送経路を選んでいきます。
資料９では，各個人の中の１軒(けん)に届くまでのおおまかな様子を示していますが，すI社，J社のそれぞれから個人の家まで，最も少ない量の二酸化炭素排出量で，最も人手をかけずに輸送するには，どの経路を選べばよいでしょうか。

資料９　I社，J社から出荷されて個人の家に届くまでのおおまかな様子

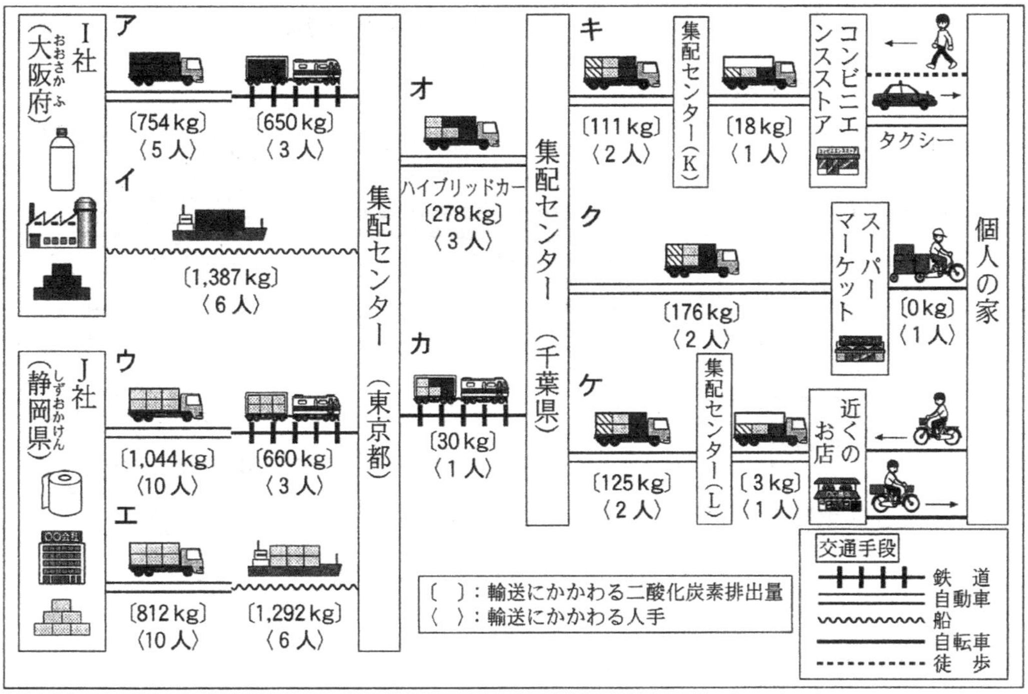

⑺　下線部**す**について，解答らんにしたがい，**資料９**の**ア**～**ケ**のうちから最も適当な記号を選び，すべてに○をつけなさい。

さき：輸送にかかわる二酸化炭素排出量や人手をさらに減らすアイデアが他にあるかな。
先生：千葉県の集配センターから個人が受け取るまでの間で，**資料９**の中の交通手段を使ってアイデアを出してみましょう。
かい：自分だったら，［　せ　］。
ゆう：次は，受け取る立場での取り組みについても調べてみたいな。

⑻　［　せ　］について，解答らんにしたがい，⑺の**キ**～**ケ**で選んだ経路よりも人手を増やさず，二酸化炭素排出量を減らすための方法を，配送する立場と受け取る立場で書きなさい。

2 えりさんとじんさんの学級では，総合的な学習の時間に「世界の水不足問題」の学習をしています。会話文をふまえながら，あとの(1)~(9)の問いに答えなさい。

えり：2020年(令和2年)10月に，熊本市で，「第4回アジア・太平洋水サミット」が開かれるそうですが，どのようなことが話し合われるのですか。

先生：人口増加にともなう水不足，気候変動にともなう洪水被害などが問題になっています。これらの水に関する問題を話し合うことが予定されています。

じん：水不足の状況について調べるために，**資料1**を見つけました。

資料1　国別年間降水量と1人あたりの水資源量

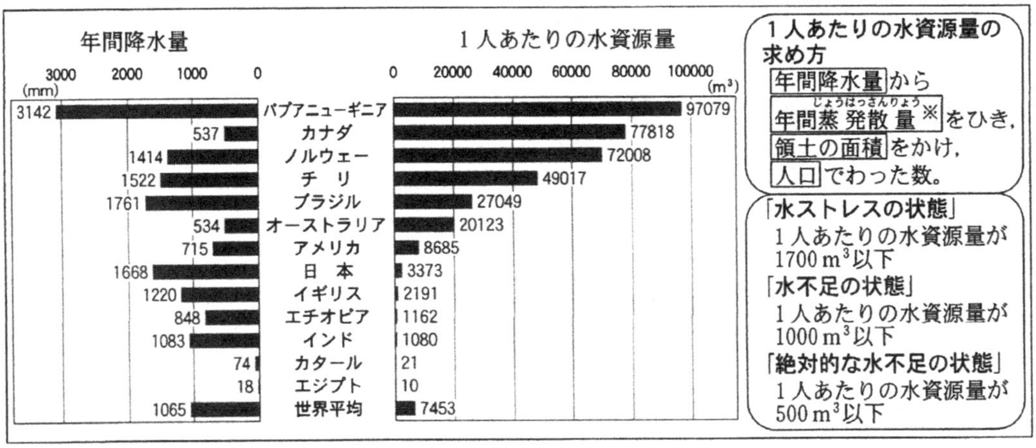

(国際連合食糧農業機関「AQUASTAT」2017年，国土交通省ホームページより作成)

※　蒸発散量：蒸発と蒸散を合わせた水の量。

えり：エチオピアとインドが「水ストレスの状態」，カタールとエジプトが「絶対的な水不足の状態」ね。

じん：日本の1人あたりの水資源量は，世界平均の半分以下だけれど，「水ストレスの状態」ではないね。

えり：<u>あカナダやオーストラリアは日本より年間降水量が少ないのに，1人あたりの水資源量はとても多い</u>わね。**資料2**で比べてみましょう。

資料2　カナダ，オーストラリア，日本の比較

	1人あたりの水資源量(m^3)	年間降水量(mm)	領土の面積(万 km^2)	人口(万人)
カナダ	77818	537	998	3662
オーストラリア	20123	534	774	2445
日本	3373	1668	38	12748

(国際連合食糧農業機関「AQUASTAT」2017年より作成)

じん：1人あたりの水資源量は，都道府県ごとでも出せますか。

先生：出せますよ。千葉県を例に求めてみましょう。千葉県の年間降水量から年間蒸発散量を引いた量は日本の約0.8倍，人口密度は日本の約3.6倍です。

じん：千葉県の1人あたりの水資源量は約［い］m^3で，「［う］の状態」ですね。

(1) 下線部あの理由を，句読点を含めて**12字以内**で書きなさい。

(2) [い]，[う]にあてはまる数や言葉を書きなさい。ただし，[い]は四捨五入して整数で，[う]は**資料1**の言葉を使って答えなさい。

先生：水資源量と実際に使える水は違います。**資料3**を見てみましょう。

じん：「安全な水」とは，どのような水ですか。

先生：水道水や検査に合格した井戸水，販売されている容器入りの水などですね。

えり：**資料1**と**資料3**とでは，パプアニューギニア，エジプト，カタールの状況が大きく違っていますね。

先生：**資料4**を見てみましょう。

資料3　安全な水を利用できない人の割合と人口

安全な水を利用できない人の割合			安全な水を利用できない人口		
順	国名	%	順	国名	万人
1	パプアニューギニア	60.0	1	インド	7578
2	赤道ギニア	52.1	2	中　国	6317
3	アンゴラ	51.0	3	ナイジェリア	5776
4	チャド	49.2	4	エチオピア	4225
5	モザンビーク	48.9	5	コンゴ民主共和国	3391
6	マダガスカル	48.5	6	インドネシア	3229
7	コンゴ民主共和国	47.6	7	タンザニア	2324
8	アフガニスタン	44.7	8	バングラデシュ	2109
9	タンザニア	44.4	9	ケニア	1721
10	エチオピア	42.7	10	パキスタン	1610
⋮	⋮	⋮	⋮	⋮	⋮
	エジプト	0.6		エジプト	59
	⋮	⋮		⋮	⋮
	カタール	0		カタール	0
	日　本	0		日　本	0
	⋮	⋮		⋮	⋮
	世界平均	29.0			

(国際NGOウォーターエイド「水の価値とは？」2017年，日本ユニセフ協会ホームページより作成)

資料4　国別年間取水量と使用目的別割合

	総水資源量※1 (km³)	年間取水量※2 (km³)	総水資源量にしめる年間取水量の割合 (%)	年間取水量にしめる農業用水量の割合 (%)	年間取水量にしめる工業用水量の割合 (%)	年間取水量にしめる生活用水量※3の割合 (%)
イ　ン　ド	1446.000	761.00	52.63	90.41	2.23	7.36
パプアニューギニア	801.000	0.39	0.05	0.26	42.74	57.00
日　本	430.000	81.45	18.94	66.83	14.25	18.92
エチオピア	122.000	10.55	8.65	91.84	0.48	7.68
エジプト	1.000	77.50	7750.00	79.16	6.97	13.87
カタール	0.056	0.44	792.00	59.01	1.80	39.19
世界合計	54741.000	3985.70	7.28	70.00	19.00	11.00

(国際連合食糧農業機関「AQUASTAT」2017年より作成)

※1　総水資源量：「1人あたりの水資源量」に「人口」をかけ，国全体の水資源量を表したもの。
※2　年間取水量：1年間に川や湖などから取った水や地下水をくみ上げた水量。
※3　生活用水量：取水量から農業用水量と工業用水量をのぞいた，生活のための水量。

じん：エジプトとカタールは，総水資源量にしめる年間取水量の割合が100％をこえています。年間取水量が総水資源量を上回るということですね。

先生：総水資源量は，降水量を基準に計算されます。年間取水量が総水資源量を上回るということは，自国に降る雨以外の水源があることを示しています。

えり：水源についてまとめ，**資料5**（9ページ）に**A**～**F**で表してみました。

資料５　水源における取水方法と課題

	取水量に含まれる					取水量に含まれない
	自国の水資源量に含まれる水源（自国の降雨をもとにするもの）		自国の水資源量に含まれない水源（自国の降雨をもとにしないもの）			
	A　川や湖など	B　地下水	C　国をまたぐ川	D　化石水	E　海水	F　雨水
取水方法	自国の川，湖，ダムなどから取水する。	井戸をほって，地中にしみこんだ水を取水する。	上流の国で降った雨を川，ダムなどから取水する。	数万～数億年前に地下深くにとじこめられた水を取水する。	工場で海水を真水にして，取水する。	雨水を直接ためる。水たまりの水をくむ。
課題	技術力がないと，ダムや水道設備を作り管理することができない。	周囲の環境により，水質が悪くなるおそれがある。	技術力がないと，ダムや水道設備を作り管理することができない。国家間での合意がないと運用できない。	え	技術力がないと，工場や水道設備を作り管理することができない。	安全でない水を原因とした病気にかかるおそれがある。

先生：よくまとめられましたね。日本の取水はほとんどが**A**と**B**です。日本の温泉で使われる水は**B**と**D**です。エジプトやカタールは，**A**と**B**だけでなく，**C**，**D**，**E**も利用しています。**A**～**E**で得た水は，取水後にきれいにしたり，検査をしたりして，「安全な水」になります。

⑶　［え］には「化石水」の将来的課題が入ります。解答らんにしたがって書きなさい。ただし，「水」「じゅんかん」という言葉を必ず使うこと。

⑷　次の**ア**～**エ**には，**資料１**～**資料４**に示されている数値を使えば，計算で導き出せるものがあります。それぞれの数値を導き出すために必要な資料番号の**すべて**に○をつけなさい。また数値が導き出せない場合は「**導き出せない**」に○をつけなさい。

ア　パプアニューギニアの人口

イ　日本の年間蒸発散量

ウ　カタールで，年間取水量のうち，海水から取水している量

エ　世界中で，安全な水を利用できない人口

じん：**資料４**と他の資料の数値から，**資料６**を導き出したよ。

えり：WHO※2は，人が生活するのに必要な生活用水量を，少なくとも１人あたり１日50Ｌとしているけれど，エチオピアはそれを下回っているのね。

※１　１人が１日に使う生活用水量：生活用水量を人口でわり，１人が１日に実際に使う水量の平均を表したもの。

※２　WHO：国際連合の機関の１つである世界保健機関のこと。

資料６　１人が１日に使う生活用水量※1

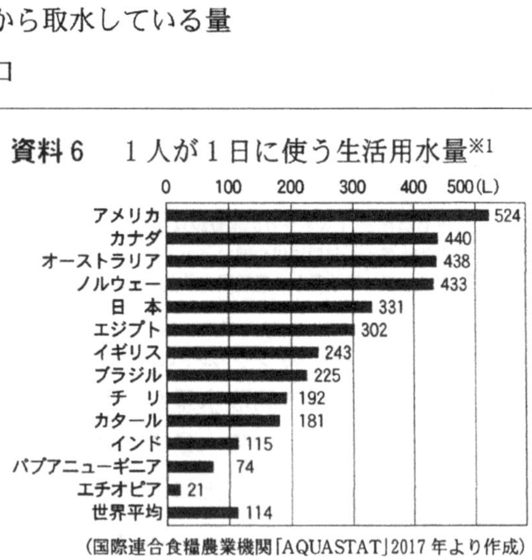

（国際連合食糧農業機関「AQUASTAT」2017年より作成）

じん：日本でシャワーに使われる水の量は，１分間で平均12Ｌと言われているから，エチオピアで１人が１日に使う生活用水量は，日本でシャワーを約［お］秒間使うのと同じだね。

えり：**資料４**を見ると，インドとエチオピアの１人が１日に使う生活用水量が少ないのは，他国と比べて［か］からではないかと予想できるわね。

先生：インドとエチオピア，そしてパプアニューギニアは，生活用水量の不足分を，**資料５**のＦから補(おぎな)っています。このことが安全な水を利用できない原因の１つとなっているのです。

(5)［お］にあてはまる数を書きなさい。

(6)［か］にあてはまる言葉を書きなさい。

えり：水不足の国を世界中で支援(しえん)して，水問題を解決していけるといいわね。

じん：2015年に国際連合で採択(さいたく)された「SDGs※1世界を変えるための17の目標」を見つけたよ。

資料７　SDGs世界を変えるための17の目標

1	貧困(ひんこん)をなくそう	10	人や国の不平等をなくそう
2	飢餓(きが)をゼロに	11	住み続けられるまちづくりを
3	すべての人々に健康と福祉(ふくし)を	12	つくる責任つかう責任
4	質の高い教育をみんなに	13	気候変動に具体的な対策(たいさく)を
5	ジェンダー※2平等を実現しよう	14	海の豊かさを守ろう
6	安全な水とトイレを世界中に	15	陸の豊かさも守ろう
7	エネルギーをみんなにそしてクリーンに	16	平和と公正をすべての人に
8	働きがいも経済(けいざい)成長も	17	パートナーシップ※3で目標を達成しよう
9	産業と技術革新(かくしん)の基盤(きばん)をつくろう		

（外務省ホームページより作成）

※1　SDGs：将来にわたって人間活動が持続できる世界を実現するための，2016年から2030年までの国際目標。
※2　ジェンダー：社会的・文化的に分けられた性区分。
※3　パートナーシップ：SDGsで示されているパートナーシップは，協力する側と協力を受ける側の関係を指す。

えり：水に関するものは「目標６」ですが，他の目標にも関わってきそうですね。

先生：SDGsは，それぞれの目標が関わり合っています。わかりますか。

じん：水不足を解決することで，安全でない水を原因とした病気が減ると考えられます。「目標６」の「安全な水」の達成で，「目標３」の達成に近づく，ということですね。

先生：**資料５**の課題から見つけられたのですね。逆に，き<u>「目標６」の「安全な水」の達成のために「目標９」への取り組みが必要である理由</u>を，同じく**資料５**から考えてみましょう。

(7)　下線部きの理由を，**資料５**の言葉を使い，句読点を含めて**30字以上40字以内**で書きなさい。

先生：JICA※1は，SDGsの総合的な達成を目指して，150以上の開発途上国(かいはつとじょうこく)※2に対してさまざまな国際協力を行っています。

※1　JICA：日本政府が決めた他国への援助を行うための組織。国際協力機構。「ジャイカ」と読む。
※2　開発途上国：開発がゆるやかで経済成長の途中である国。

じん：JICAは多くの開発途上国を支援しているのですね。

先生：逆に，東日本大震災(ひがしにほんだいしんさい)の時には，日本は世界中から支援を受けました。開発途上国からも寄付金や支援物資，応援(おうえん)メッセージがたくさん届(とど)けられたのですよ。

えり：日本の国際協力は，水問題の解決に役立っているのでしょうか。

先生：では，**資料8**を見てみましょう。

じん：技術協力援助とは何ですか。

先生：JICAが開発途上国で行っている国際協力や，日本に開発途上国の人を招いて行っている技術研修などです。

えり：**資料8**から，JICAの技術協力を受けている国は，［く］と言えますね。

先生：ベトナムがJICAの技術協力援助相手国として出ていますが，千葉県も，2007年から，ベトナムの水環境(みずかんきょう)整備に取り組んでいたそうです。

じん：JICAだけでなく，千葉県も国際協力をしていたのですね。

資料8　JICAの技術協力援助相手国の安全な水を利用できない人の割合の変化

日本の技術協力援助相手国(援助額順)		安全な水を利用できない人の割合(%)	
順位	相手国	1992年	➡2017年
1	インド	27.4	5.9
2	ミャンマー	41.4	19.4
3	ベトナム	34.3	2.4
4	インドネシア	28.8	12.6
5	フィリピン	15.5	8.2
6	バングラデシュ	30.3	13.1
7	カンボジア	76.5	24.5
8	ケニア	55.4	36.8
9	エジプト	6.1	0.6
10	ネパール	31.8	8.4

(外務省「2018年版開発協力白書」，国際NGOウォーターエイド「水の価値とは？」2017年より作成)

先生：現在，ベトナムは日本の大きな貿易相手国になっています。また，千葉県は，人手不足問題に備え，ベトナムと人材交流の約束をしています。

えり：日本とベトナム，千葉県とベトナムの関係は，SDGsの「目標17」にある<u>け「目標を達成するためのパートナーシップ」という関係をこえて，次の段階(だんかい)のパートナーシップへ変わりつつある</u>，と言えますね。

(8)　［く］にあてはまる言葉を，句読点を含めて**20字以上25字以内**で書きなさい。

(9)　下線部けを，解答らんにしたがって説明しなさい。

2	(1)	あ	12	4点
	(2)	い	約　　m³	完答 4点
		う	の状態	
	(3)	え	ため， と考えられる。	6点
	(4)	ア	資料1　資料2　資料3　資料4　導き出せない	4点×4
		イ	資料1　資料2　資料3　資料4　導き出せない	
		ウ	資料1　資料2　資料3　資料4　導き出せない	
		エ	資料1　資料2　資料3　資料4　導き出せない	
	(5)	お	約　　秒	4点
	(6)	か		4点
	(7)	き	30　40	4点
	(8)	く	20　25	4点
	(9)	け	という関係をこえて， 関係へ変わりつつある。	4点

受検番号		氏　名	

※

※100点満点　　この※らんには何も書かないこと。

令和２年度

適性検査　1—2

問　題　用　紙

1 まりさんは，南極について興味をもったので，先生に質問しています。会話文をふまえながら，あとの(1)～(11)の問いに答えなさい。

まり：先生，南極について教えてください。

先生：興味があるようですね。**図1**を見てください。これは地球儀を平面で簡単に表した図です。地球は1日におよそ1回転しており，その回転する軸を地軸といいます。南極点とは，地軸と地表が交わる南側の点です。

図1

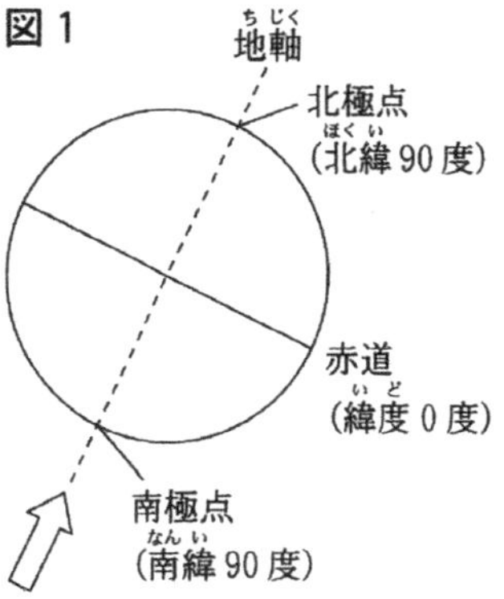

まり：南極には大陸があるのですよね。

先生：そうです。**図2**を見ましょう。これは南極大陸を**図1**の矢印側から見た地図です。南極点を中心に示してあり，地図上では，どこから見ても南極点が南となります。今から約100年前，日本初の南極探検隊は南緯80度05分の**A**地点に到達しました。分とは角度の単位で，緯度05分とは緯度1度を60に分けた5つ分です。小数を使って南緯80度05分を，度で表せますか。

図2

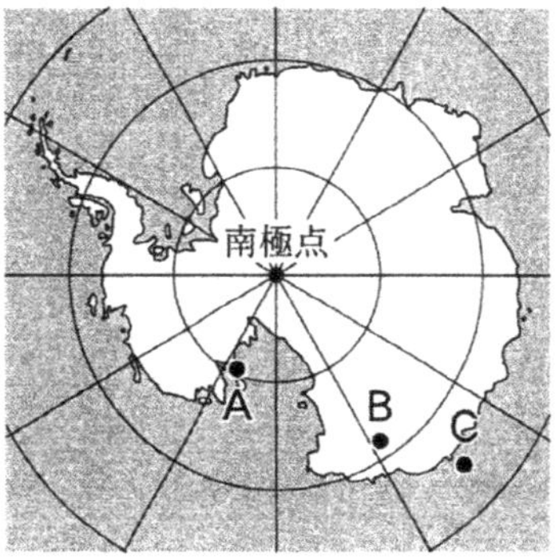

まり：南緯［ア］度です。地球で最も南である南極点まで，あと少しでしたね。

先生：確かに地図上の最も南は南極点です。でも，他の磁石の影響を受けていない方位磁針のS極が実際に指す向きは南極点からずれており，その指す場所を南磁極といいます。今から約100年前の南磁極は**図2**の**B**地点でした。当時の南極探検隊が**A**地点で方位磁針を見たとすると，方位磁針のS極は**B**地点を向いて止まっていたと考えられ，方位磁針をもとに**A**地点で見た方角を表すと，**B**地点は［イ］となり，南極点はほぼ［ウ］になります。

まり：**図2**の地図上の南と方位磁針のS極が指す向きを比べてみると，千葉県にいる人にとっては大きな違いはありませんが，南極大陸にいる人にとっては，場所によっては大きくずれることがあるのですね。

先生：そのとおりです。南磁極の位置は一定ではなく，少しずつ移動しています。約100年前は**図2**の**B**地点でしたが，現在は，**図2**の**C**地点です。**C**地点は**B**地点から見て，地図上では［エ］の方角になります。

(1) [ア] にあてはまる数を，四捨五入(ししゃごにゅう)して小数第２位まで書きなさい。

(2) [イ]，[ウ] にあてはまる方角として最も適当なものを，東・西・南・北のうちからそれぞれ１つずつ選び，書きなさい。ただし，使用した方位磁針は，他の磁石の影響を受けていないものとします。

(3) [エ] にあてはまる方角として最も適当なものを，次の**あ**～**え**のうちから１つ選び，その記号を書きなさい。

あ 北　西　　**い** 北　東　　**う** 南　西　　**え** 南　東

白夜(びゃくや)について，話をしています。

まり：南極では，太陽が一日中沈(しず)まない現象があると聞きました。

先生：よく知っていますね。緯度の高い地域(ちいき)で起こる，太陽光が一日中当たり続ける現象を白夜といいます。**図３**は，ある日の地球の様子を簡単に表した図で，白く示している地域は昼，色をぬって示している地域は夜を表しています。地球は地軸を中心に回転するため，昼と夜が交互(こうご)に訪(おとず)れます。**図３**の日において，千葉県および赤道付近では，それぞれ昼と夜のどちらの時間が長いでしょうか。

図３

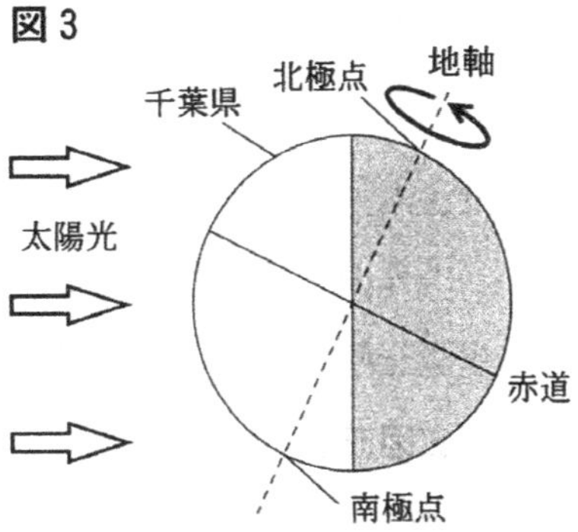

まり：千葉県では [オ] です。赤道付近では [カ] です。

先生：正解です。地軸が一定の傾(かたむ)きを保ったまま，地球は太陽のまわりを回っているため，緯度と時期によって昼と夜の長さが変わります。

まり：昼と夜の長さが**図３**のようになるのは [キ] ですね。

先生：そのとおりです。その時期の南極は，白夜です。

(4) [オ]，[カ] にあてはまる最も適当なものを，次の**お**～**き**のうちからそれぞれ１つずつ選び，その記号を書きなさい。

お　昼の方が長い　　**か**　夜の方が長い　　**き**　昼と夜の長さはほぼ同じ

(5) [キ] にあてはまる月を，３月・６月・９月・12月から１つ選び，書きなさい。

(6) **図３**で，太陽光が一日中，直接当たり続ける地域を，解答らんの図を黒くぬり，作図の方法を説明しなさい。ただし，作図に用いた線などはそのまま残しておくこと。

南極での月の見え方について，話をしています。

まり：南極での月の見え方はどうなるのでしょうか。

先生：図４を見てください。千葉県で月を見ている様子を表しています。月は自ら光を出しませんが，太陽光を反射(はんしゃ)しているので輝(かがや)いて見えます。そのため，太陽と月の位置関係が変わると，輝いている部分の地球からの見え方も変わるのです。

図４

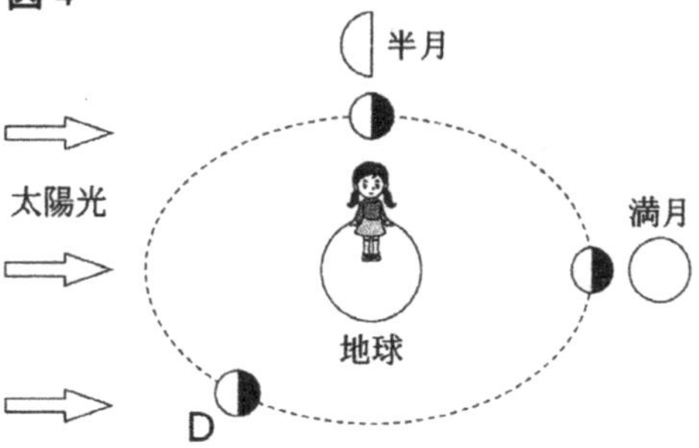

まり：はい。聞いたことがあります。

先生：それでは，月の位置が図４のＤのとき，千葉県では，月はどのような形に見えるでしょうか。

まり：太陽光が当たっている部分だけが輝いて見えるので，［ ク ］のように見えます。

先生：正解です。一方，南極での月の見え方は千葉県とは異(こと)なります。図５を見てください。これは，千葉県の北緯 35.9 度の地点で観察した，右半分が輝いている半月です。同じ日の同時刻(どうじこく)に，経度は同じで南緯 35.9 度の地点から，千葉県と同じように月を観察すると，どのように見えるでしょうか。南半球で観察するので，図６のように逆さになっていると考えてみてください。

図５

図６

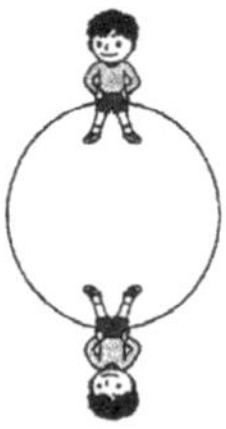

まり：［ ケ ］のように見えます。

先生：正解です。それでは，a南極で見られる月の満ち欠けの順もわかりますか。考え方は先ほどの半月の見え方と同じですよ。

(7)　［ ク ］に入るものとして最も適当なものを，次のく～さのうちから１つ選び，その記号を書きなさい。ただし，白い部分が輝いて見える形とします。

く

け

こ

さ

(8) **ケ** に入るものとして最も適当なものを，次の**し**～**そ**のうちから１つ選び，その記号を書きなさい。

し

す
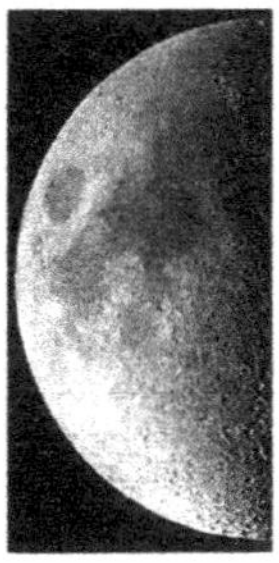
せ
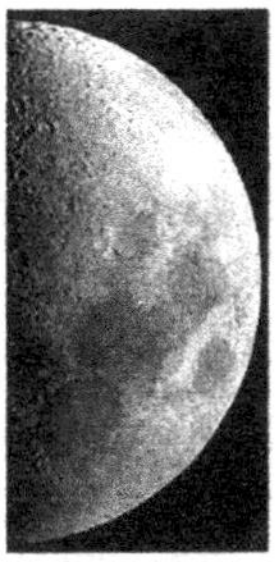
そ
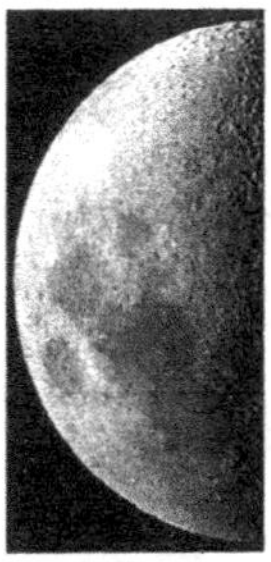

(9) 下線部 a について，**新月**から次の**新月**の間に南極で見られる月の見え方の順を，次の**た**～**て**を正しく並(なら)べ替(か)えて，答えなさい。ただし，白い部分が輝いて見える形とします。

新月

た

ち

つ
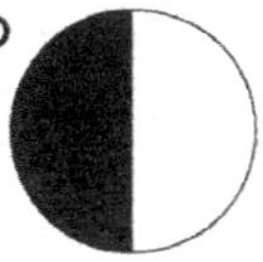
て
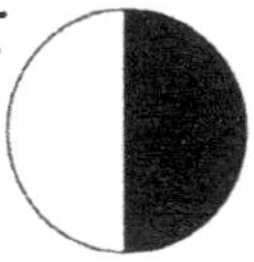

南極の寒さについて，話をしています。

まり：北極と南極では，どちらの方が寒いですか。

先生：北極よりも南極の方が寒く，北極の北緯 83 度 38 分地点の平均気温は －17.7 ℃ ですが，南極内陸部の南緯 78 度 28 分にあるロシアのボストーク基地の平均気温は －55.2 ℃ です。南極がこれほど寒い理由はいくつか考えられますが，北極の海面からの高さ(高度)が数 m 程度であることに対して，ボストーク基地の高度は約 3500 m です。この高度の違いから考えてみましょう。

まり：高度と気温の間には関係があるのですか。

先生：はい。高度が上がるほど気圧が下がり，気圧が下がるほど気温も下がります。気圧とは一定面積あたりの面が空気の重さにより，垂直(すいちょく)に押(お)される力のことで，単位は，hPa(ヘクトパスカル)です。では，高度，気圧，気温の３つの関係から考えてみましょう。**図 8** と**図 9** を見てください。**図 8** は，寒く乾燥(かんそう)し

図 8
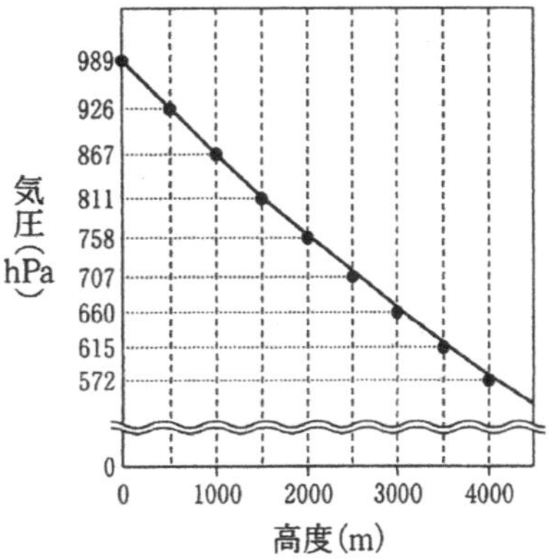

図 9
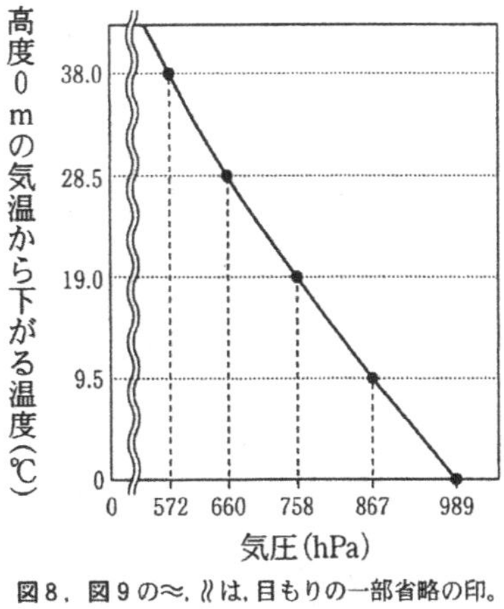

図 8，図 9 の ≈，≀≀ は，目もりの一部省略の印。

た地点における高度と気圧の関係を表したグラフです。ただし，高度０ｍの気温が－10℃のときのものです。**図９**は，**図８**の高度の気圧から，その高度の気温が，高度０ｍの気温から何℃下がるかを計算した結果をもとに，グラフで表したものです。**図８**，**図９**の２つのグラフは，同じ地点について表しているので，ｂ<u>**図10**に，高度と気温の関係を表すグラフをかきましょう。ただし，高度０ｍ地点の気温は，０℃より10℃低いときとします。</u>

図10

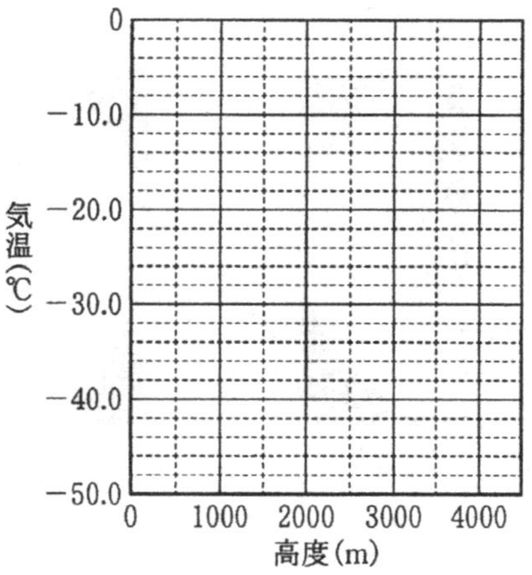

まり：できました。高度が高くなると，こんなに気温が下がるのですね。

先生：そのとおりです。

⑽　下線部ｂについて，高度と気温の関係を表すグラフを，解答らんの図にかきなさい。

南極の氷について，話をしています。

まり：海に浮(う)いている氷山は，大部分が水面下に沈んでいて，見えていないと聞きました。

先生：はい。**図11**は南極海の氷山です。氷山が浮かぶしくみを説明しましょう。氷山の形を単純(たんじゅん)化して，**図12**のような直方体とします。氷山は氷からできていて，同じ重さの海水と氷の体積の比は，97：110です。海水より氷の方が軽いので，氷山は浮かびます。また，氷山の水面下の見えていない部分が押しのけた海水の重さと，氷山全体の重さは等しいのです。**図12**のような氷山があり，水面上に見えている部分の高さが33ｍの場合，水面下の見えていない部分の高さは何ｍですか。

まり：［　コ　］ｍになります。見えていない部分は，そんなに大きいのですね。では，もし南極の陸地にあ

図11

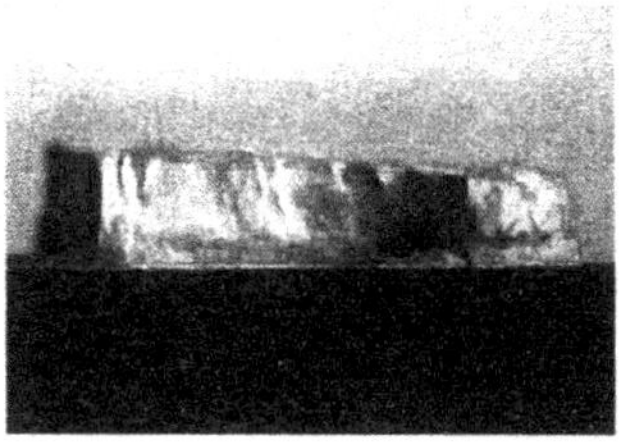

図12

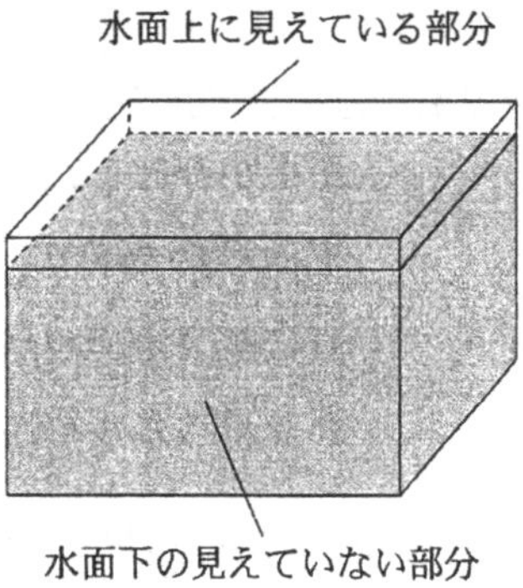

令和2年度

適性検査　2—1

（45分）

（注意事項）

1 「始め」の合図があるまでは，開かないこと。

2 解答らんは，この用紙の裏側に印刷されています。とりはずして使用し，答えは，すべて解答用紙に書きなさい。解答用紙は，半分に折って使用してもかまいません。

3 検査問題は，1ページから11ページまで印刷されています。
検査が始まって，文字や図などの印刷がはっきりしないところや，ページが足りないところがあれば，静かに手を挙げなさい。

4 問題用紙のあいている場所は，下書きや計算などに使用してもかまいません。

5 「やめ」の合図があったら，筆記用具を置き，机の中央に解答用紙を裏返して置きなさい。

令和２年度　適性検査　２―１　解答用紙

答えは，すべてこの解答用紙に書き，解答用紙だけ提出しなさい。

					配点
1	(1)	ア	円	イ　円　ウ　%	3点×3
		式			完答4点
		理由			
	(2)	①	エ　セット	オ　個	完答4点
			カ　の倍数（またはセット）	キ　セット	完答4点
		②	交わる点【　　，　　】		完答4点
			説明		
		③			6点
	(3)	ク	個	ケ　組	4点×2
	(4)	①	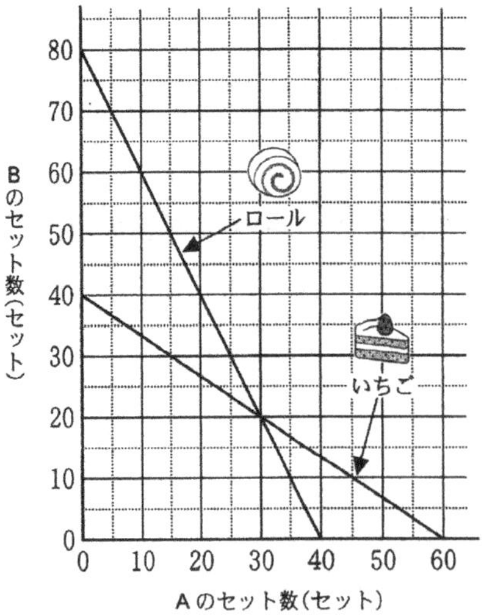	②　コ　分	4点×2（①と
				②　サ　分　シ　組	完答4点
				②　ス　分　セ　秒	完答4点

る氷がすべてとけたとすると，海面はどれくらい上昇(じょうしょう)しますか。

先生：南極の陸地にある氷は，もとは雪なので，とけると水になります。**図13**のように，とけた水の分だけ海水の体積が増えるので，海面が上昇します。それにともない，高度の低い陸地は海に沈み，海洋面積は増えます。海洋面積が広がることで，海面の上昇する高さがどれくらい変化するかを，**図14**のような実験をとおしてイメージしてみましょう。地球は球形ですが，海洋面積を球面ではなく，底が正方形の四角柱の平面として考えることにします。内側の底面が一辺13 cmの四角柱の容器Eに7020 cm^3の氷を入れ，しばらく置くと氷はすべてとけました。次に，容器Eよりも内側の底面の一辺の長さが大きい容器Fに，容器Eの水をすべて移すと，水面の高さは4.2 cmになりました。同じ重さの水と氷の体積の比は，91：100です。容器Fの底面の正方形の一辺の長さは，容器Eの一辺の長さの何倍でしょう。

図13

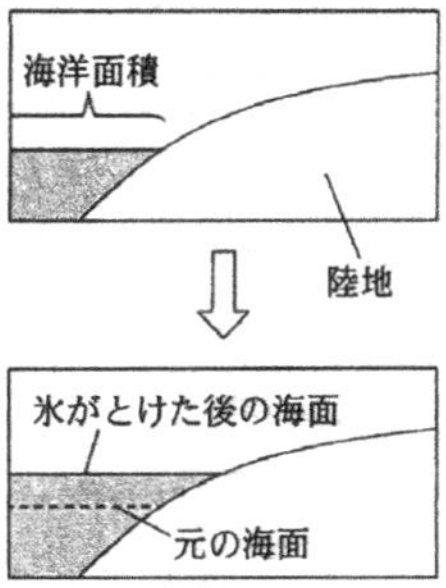

図14

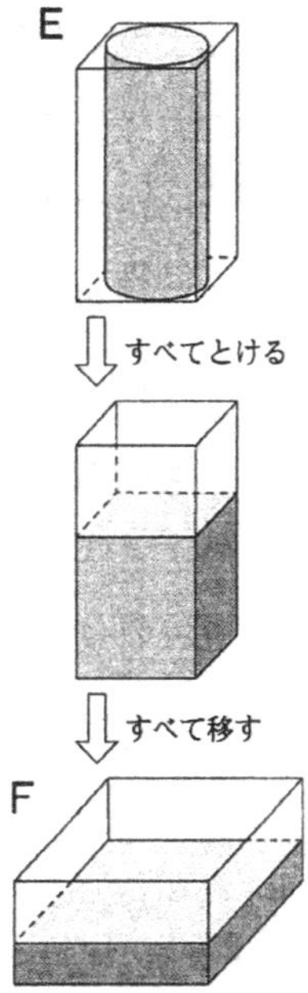

まり：［サ］倍です。底面積が増えると，水面の上昇する高さは，かなり変わるのですね。

先生：そのとおりです。以前読んだ本では，南極の陸地にある氷の全体積は2400万km^3，全世界の海洋面積は3億6400万km^2で，海洋面積を四角柱の底面積として見たとき，氷がとけると底面の正方形の一辺の長さは20％増えるとなっていました。氷がとける前の海洋面積を底面積とした容器Eに氷を入れ，氷がとけると容器Fのように底面積が大きくなると考えると，南極の陸地にある氷がすべてとけたとしたら，海面は何m上昇しますか。今回は，水温の変化による海水の体積変化は考えないことにしましょう。

まり：［シ］mです。海はとても広いのに，こんなに海面が上昇するほど，南極の陸地にある氷の量は多いのですね。

先生：よくできました。私(わたし)もぜひ南極観測隊に参加したいと思っています。

⑾ ［コ］～［シ］にあてはまる数を書きなさい。ただし，［コ］，［シ］は四捨五入して，それぞれ整数で書きなさい。

2 けんさんとはなさんは，身の回りにある数について先生と話をしています。あとの(1)～(3)の問いに答えなさい。

先生：けんさんは，いつも朝何時に家を出ますか。

けん：ぼくは，7時20分に出ます。

先生：7時20分を長針と短針のある**図1**の時計で表してみました。**図1**のような時計は，1～12までの数字で時刻を表しますね。他にも限られた数字の組み合わせで表されているものはありませんか。

はな：カレンダーの日付はどうですか。

先生：いいですね。1～12の数字で月を，1～31の数字で日を表しています。ところで，今日は土曜日です。令和元年(2019年5月1日～12月31日)には土曜日が何回ありますか。**図2**を参考に求めてみましょう。

はな：5～12月の中で，6，9，11月は30日あり，それ以外の月は31日あるので，［ア］回となります。

先生：よくできましたね。「曜日」は日・月・火・水・木・金・土を繰り返しています。他にも「年」を表す「干支」も繰り返しているのは知っていますよね。

けん：はい。順に言うと，子・丑・寅・卯・辰・巳・午・未・申・酉・戌・亥です。今年(2019年)の干支は亥ですが，先生の干支はなんですか。

先生：巳です。ここでクイズです。私の年齢は40代，10月生まれです。私は，西暦何年生まれで，2019年12月7日現在，何歳でしょう。

けん：干支の並び方のきまりを考えれば，西暦［イ］年生まれの［ウ］歳です。

先生：けんさん，正解です。歳がわかってしまいましたね。

図1

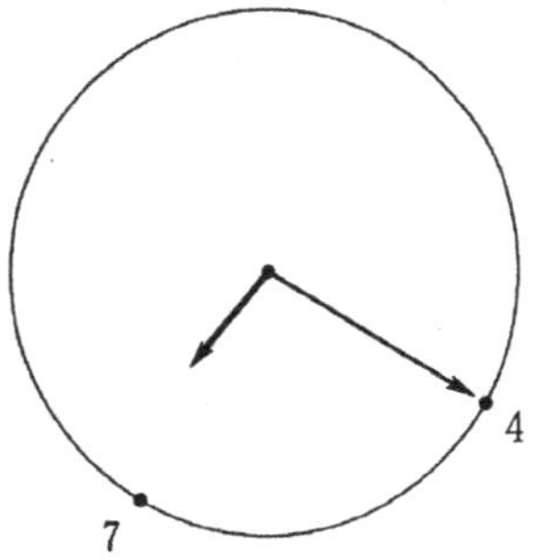

図2

2019年5月

日	月	火	水	木	金	土
			1	2	3	4
5	6	7	8	9	10	11
12	13	14	15	16	17	18
19	20	21	22	23	24	25
26	27	28	29	30	31	

(1) 次の①，②の問いに答えなさい。

① **図1**で，点「•」はそれぞれ円の時計の中心，4時，7時の位置を表しています。このとき，2時と11時の位置を表す「•」を，解答らんの図の円周上にかき，作図の方法を説明しなさい。ただし，1～12の数字は円の周りに等間隔にあるとします。なお，作図に用いた線などは，そのまま残しておくこと。

② ［ア］～［ウ］にあてはまる数を書きなさい。

けんさんとはなさんは，先生と数の表し方について話をしています。

先生：ところで，なぜ「千二百三十四」は「1000200304」と書かないのでしょうか。

けん：そう言われるとなぜでしょう。教えてください。

先生：実は，1234とは，下の□の中の数字を，左から順に並べたものなのです。

1000 × [1] + 100 × [2] + 10 × [3] + 1 × [4]

1000は10 × 10 × 10，100は10 × 10とも表せます。10 ×10 × 10を10[3]，10 × 10を10[2]というように，10を☆回かけたものを10[☆]と表すことにすると，1234は10[3] × [1] + 10[2] × [2] + 10[1] × [3] + 1 × [4]となり，10[☆]のかけ算とそれらの足し算で表されています。

はな：だから□の中には10は入らず，0～9までの10個の数字しか入らないのですね。

先生：そのとおりです。0～9までの10個の数字を使った数の表し方を**【表記1】**とします。□の中に0と1の2個の数字しか入らない数の表し方**【表記2】**もあります。**表1**を見てください。例えば**【表記1】**の13は**【表記2】**では1101となっています。これは下の□の中の数字を，左から順に並べたもので，2[☆]のかけ算とそれらの足し算で表されています。

2[3] × [1] + 2[2] × [1] + 2[1] × [0] + 1 × [1]

表1

【表記1】	1	2	3	4	5	6	7	8	9	10	11	12	13	14	15	…
【表記2】	1	10	11	100	101	110	111	1000	1001	1010	1011	1100	1101	1110	1111	…
【1の個数※】	1	1	2	1	2	2	3	1	2	2	3	2	3	3	4	…

※**1の個数**：**【表記2】**における，それぞれの数に含(ふく)まれる1の個数。

先生：**表1**の**【1の個数】**に1が現れるのは，**【表記1】**を見ると，1回目は1，2回目は2，3回目は4，4回目は8のときです。そこで，**【1の個数】**に10回目の1が現れるのは**【表記1】**ではいくつのときですか。

けん：[**エ**]です。

先生：正解です。では，**表1**の**【1の個数】**に，初めて7が現れるのは，**【表記1】**ではいくつのときですか。きまりを見つけて考えてみましょう。

はな：**【1の個数】**に1が現れるたびに区切ると，きまりがわかるので[**オ**]です。

先生：すばらしいですね。正解です。

(2) [**エ**]，[**オ**]にあてはまる数を書きなさい。

けんさんとはなさんは，先生と算数パズルについて話をしています。

先生：それでは，次の算数パズルにも挑戦してみましょう。

> 3本の棒Ⅰ，Ⅱ，Ⅲがあります。棒Ⅰには，穴のあいた円盤を何枚か重ねてはめておきます。円盤の大きさはすべて異なり，大きい円盤の上に小さい円盤を乗せます。棒Ⅰにあるすべての円盤を棒Ⅲに移動させれば完成です。

一番小さい円盤には①，次に大きい円盤には②，以下大きくなる順に円盤に③，④…と番号をつけておきます。また，使う円盤のうち一番大きい円盤を白，次に大きい円盤を灰色，以下順に交互にぬることにします。さらに，円盤を動かすときに以下の3つの条件を加えます。円盤が3枚（**図3**）のとき，完成までの最少手数※は何手かわかりますか。※手数：円盤を動かす回数。

> （条件1） 1手で1枚だけ円盤を動かす。
> （条件2） 小さい円盤の上に大きい円盤を乗せることはできない。
> （条件3） 棒以外の場所に円盤を置かない。

図3

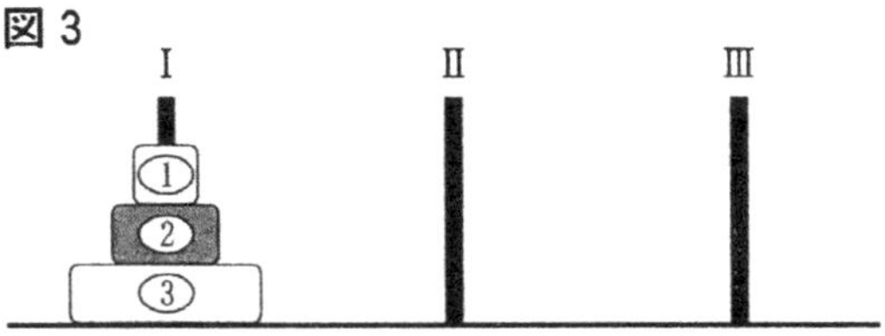

図4　円盤が3枚のときの円盤の動き

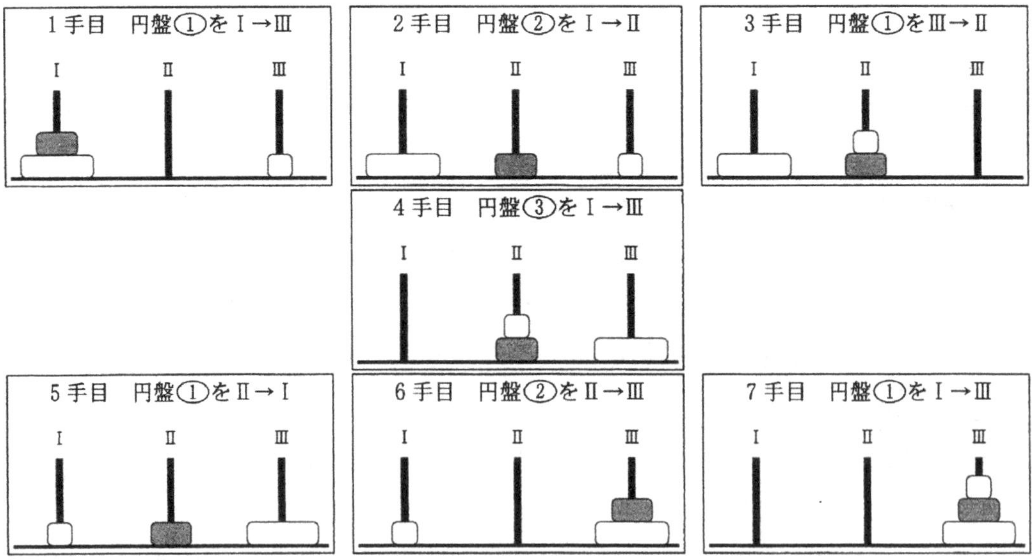

けん：**図4**のように動かしたら7手で完成しました。

はな：私も7手で完成できたよ。きっと7手が最少手数だね。円盤が4枚の場合もやってみたけど，15手で完成できたよ。けんさんは？

けん：ぼくも 15 手だったよ。これらの最少手数には何かきまりがあるのでしょうか。

先生：**表 3** を完成させて，最少手数のきまりを考えてみましょう。

表 3

円盤の枚数(枚)	1	2	3	4	…	8	9	10
完成までの最少手数【**表記 1**】	1	3	7	15	…	**カ**		
完成までの最少手数【**表記 2**】	1	11			…			**キ**

けん：**表 3** を見て，【**表記 1**】だと，「円盤が 1 枚増えたときの完成までの最少手数」は，「円盤が増える前の最少手数 × **ク** ＋ **ケ** 」で表されているよ。

はな：そう言われると，**図 4** の図の並べ方もうまくできているような気がします。

先生：二人ともよいところに気がつきましたね。今後も，完成まで円盤を最少手数で動かすものとします。円盤が 4 枚のときの，それぞれの円盤の動きを**表 4** にまとめました。他にも気づいたことはありますか。

表 4

手　番※ 【表記 1】	手　番 【表記 2】	円盤① 	円盤② 	円盤③ 	円盤④ 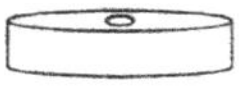
1	1	Ⅰ→Ⅱ			
2	10		Ⅰ→Ⅲ		
3	11	Ⅱ→Ⅲ			
4	100			Ⅰ→Ⅱ	
5	101	Ⅲ→Ⅰ			
6	110		Ⅲ→Ⅱ		
7	111	Ⅰ→Ⅱ			
8	1000				Ⅰ→Ⅲ
9	1001	Ⅱ→Ⅲ			
10	1010		Ⅱ→Ⅰ		
11	1011	Ⅲ→Ⅰ			
12	1100			Ⅱ→Ⅲ	
13	1101	Ⅰ→Ⅱ			
14	1110		Ⅰ→Ⅲ		
15	1111	Ⅱ→Ⅲ			
完成までに動かした合計回数		8 回	4 回	2 回	1 回

※手番：円盤を動かす順番。

けん：小さい円盤ほど，動かす回数が多いです。

先生：そうですね。では，円盤が 10 枚のとき，一番小さい円盤は，完成までに合計何回動かすことになりますか。また，一番大きい円盤は，何手目に動かすことになりますか。**表 4** を参考にして，それぞれを【**表記 2**】で表してみましょう。

けん：一番小さい円盤は完成までに【表記２】で表すと **コ** 回動かすことになります。また，表４から，一番大きい円盤が合計手数のちょうど半分のところで，動かしているので，円盤が 10 枚なら，一番大きい円盤は【表記２】で表すと **サ** 手目に動かすことになります。

先生：そのとおり。今度は，円盤の色にも着目してみましょう。円盤が 10 枚のとき，一番小さい円盤を 300 回動かしたら，その円盤はどの棒にありますか。

はな：白の円盤はⅠ→Ⅲ→Ⅱ→Ⅰ→…，灰色の円盤はⅠ→Ⅱ→Ⅲ→Ⅰ→…というきまりで動かしています。円盤が 10 枚だから，一番小さい円盤の色は **シ** で，300 回動かしたら，棒 **ス** にあります。

先生：正解です。表４の【表記２】の数と，動かしている円盤の大きさにも着目してみましょう。

はな：各円盤を，初めて動かす手番を【表記２】で表したとき，きまりがありそうです。

1 番小さな円盤を，初めて動かすのは【表記２】で表すと　1 手目

2 番目に小さな円盤を，初めて動かすのは【表記２】で表すと　10 手目

3 番目に小さな円盤を，初めて動かすのは【表記２】で表すと　100 手目

4 番目に小さな円盤を，初めて動かすのは【表記２】で表すと　1000 手目

先生：よく気がつきました。これらの性質を使えば，他にもいろいろなことがわかりそうですね。

(3) 次の①～③の問いに答えなさい。ただし，完成まで円盤を最少手数で動かすものとします。

① **カ** ～ **サ** にはあてはまる数を，**シ** にはあてはまる色を，**ス** にはⅠ・Ⅱ・Ⅲのうちからあてはまる記号を１つ書きなさい。

② 円盤が 10 枚のとき，３番目に大きな円盤を，初めて動かすのは何手目か，【表記１】の表し方で答えなさい。

③ 図５にならって，円盤が７枚のとき，66 手目を動かし終わったときの円盤の様子を，解答らんの図にかきなさい。ただし，図中の①から⑦は円盤を表しています。

図５

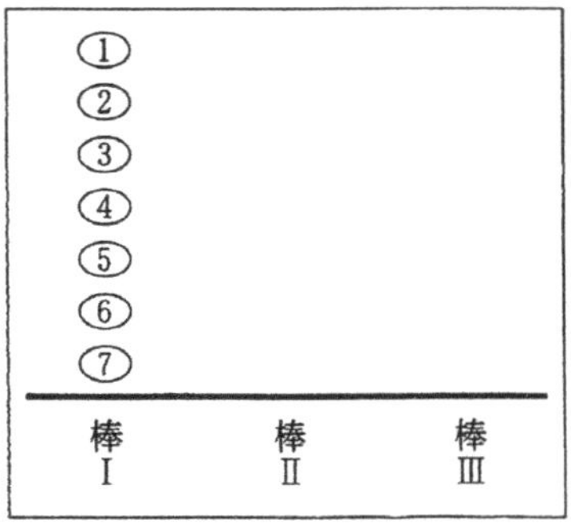

2

(1)

① 図

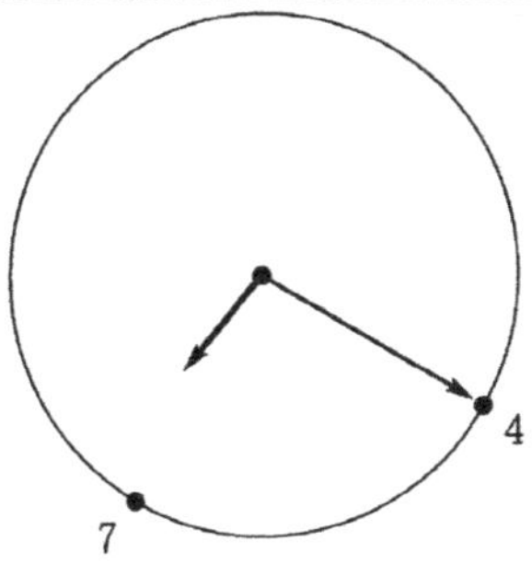

説明

4点×2

② ア　回　3点

イ　年生まれ　ウ　歳　完答3点

(2) エ　オ　3点×2

(3)

① カ　キ　3点×2

ク　ケ　完答4点

コ　回　サ　手目　4点×2

シ　ス　完答4点

② 手目　4点

③

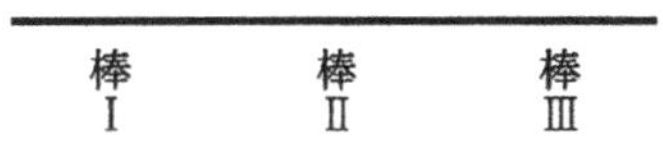

4点

受検番号		氏　名	

※100点満点

※

この※らんには何も書かないこと。

令和２年度

適性検査　２－１

問　題　用　紙

1　れいさんとかずさんは，ケーキ屋について先生と話をしています。あとの(1)~(4)の問いに答えなさい。

れい：かずさんは，将来ケーキ屋を開きたいって，言っていたよね。

かず：そうなんだ。ぼくの作ったロールケーキ(以下「ロール」とする。)といちごケーキ(以下「いちご」とする。)を，たくさんのお客さんに食べてもらいたいんだ。

れい：それなら，2種類のケーキをセットにして売るのはどうかしら。1個ずつ買うよりお得になるように工夫すると，たくさん売れそうね。

かず：そうだね。値段はどうやって決めたらいいかな。先生，教えてください。

先生：一般的には，ケーキを作るときにかかる材料費を，定価の30％までにおさえたほうがよいと言われています。これを参考にしてみてはどうですか。

かず：はい。**表1**のようにケーキが4個ずつ入ったAとBのセットについて，ケーキを作るときにかかる1セットあたりの材料費が，定価の30％になるように考えました。Bのセットは，定価から材料費をひくと595円になりました。れいさん，**表1**のあいているところはわかりますか。

表1

	ロール	いちご	1セットあたりの材料費	定　価
A	2個	2個	210　円	[ア] 円
B	1個	3個	[イ] 円	円

れい：Aの定価は [ア] 円，Bの材料費は [イ] 円にしたのね。

先生：2人とも，よくできました。

かず：お得になるように，この定価から20％引きすると，どうでしょうか。

先生：では値引きについて，考えてみましょう。材料費が定価の30％となるように設定し，定価の20％引きで売った場合，値引き後の値段にしめる材料費の割合は何％になるかわかりますか。

かず：[ウ] ％になります。

先生：よくできました。この割合は，定価がいくらであっても変わりません。

(1)　[ア] ~ [ウ] にあてはまる数を書きなさい。また，定価がいくらであっても常に [ウ] ％となることを求める式を，「0.3」，「0.2」を使って書き，その式になった理由を，数や言葉で書きなさい。

AとBのセット数の組み合わせについて，話をしています。

先生：次に，AとBのセット数について考えてみましょう。ただし，**表 2** のように，セット用に使えるケーキの上限を，ロールは 80 個，いちごは 120 個とします。

表 2

	ロール 	いちご 
A	2 個	2 個
B	1 個	3 個
上限	80 個	120 個

れい：上限に気をつけながら，AとBのケーキのセット数を考えるのは難(むずか)しいです。

先生：そうですね。では，AとBのセット数の関係を表すグラフをかいてみましょう。数字だけを見るよりわかりやすいことがたくさんありますよ。

かず：グラフは，どうやってかけばよいですか。

先生：まず，ロールの個数に注目して表を作り，グラフをかいてみましょう。ただし，ロール 80 個を残らず使い切るときを考え，いちごの上限 120 個については考えないことにします。ここで，AとBのセット数の組み合わせを【Aのセット数，Bのセット数】と表すことにします。例えばAを 1 セット，Bを 3 セット作るときは【1， 3】と表します。では，セット数の組み合わせが【整数，整数】となることに気をつけて，**表 3**（ロールの表）に数字を入れてみましょう。

かず：**表 3** に数字を入れることができました。セット数の組み合わせには，Aが 1 セット増えると，Bが 2 セット減るという特徴(とくちょう)がありました。

表 3

ロール

A（セット）	0	1	2	…	40
B（セット）	80	78	76	…	0

先生：よくできました。特徴に気をつけて**図 1** のように点を打ち，この点を結ぶと**図 2**（3 ページ）のロールの直線になります。次にいちごの個数に注目して表を作り，グラフをかいてみましょう。ただし，いちごを残らず使い切り，ロールの上限については考えません。

図 1

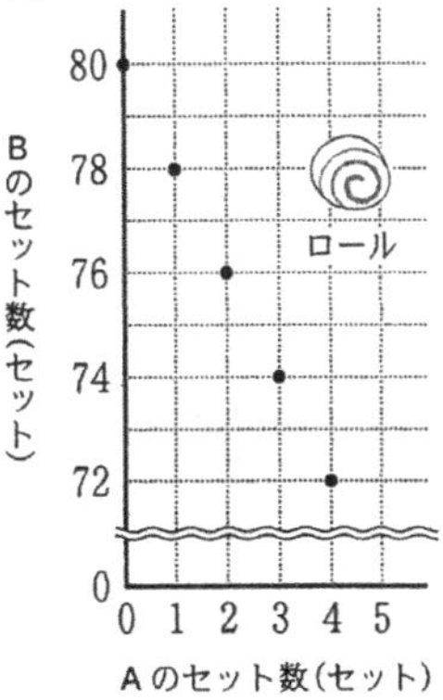

れい：先生，Aを 1 セット作ると，Bは最大 **エ** セット作ることができますが，いちごが **オ** 個余ってしまいます。いちごの表はどうすればよいですか。

先生：とりあえず，余る場合は考えず，いちご120個を残らず使い切る【整数，整数】となるセット数の組み合わせだけを考えましょう。

れい：わかりました。では，Aのセット数として，0の次に［カ］の倍数を順に考えて，使い切るすべてのセット数の組み合わせを考えます。**表4**（いちごの表）ができました。セット数の組み合わせには，Aが［カ］セット増えると，Bが［キ］セット減るという特徴がありました。

表4

A（セット）	0	カ	…		
B（セット）	40		…	キ	0

図2に，いちごの直線もかくことができました。

先生：よくできましたね。これまでロールといちごの上限を別々に考えて**図2**にグラフをかきましたが，AとBのセット数の組み合わせがどうなるか，**図2**から考えてみましょう。

図2

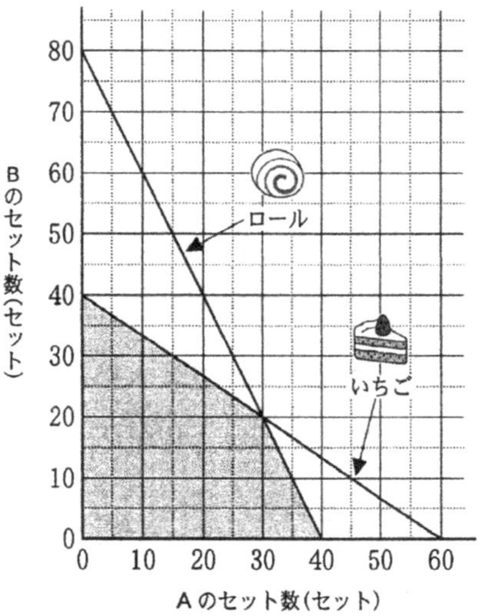

かず：先生，ケーキが余ったり，足りなくなったりするセット数の組み合わせは，どう考えればよいですか。

先生：**図2**の【整数，整数】となる点を考えます。ケーキは単品でも売れるので余ってもかまいません。例えば，**図2**から，【10，0】，【10，1】，…，【10，33】というセットは作れますが，【10，34】，…というセットは，直線との位置関係から，ケーキが足りなくなり作ることができないことがわかります。**図2**の色がぬられている部分，つまり，[a]4本の直線（ロールの直線，いちごの直線，Aのセット数が0になる直線，Bのセット数が0になる直線）で囲まれた四角形の内部と辺上にある【整数，整数】となる点は，それぞれのケーキの個数の上限をこえない，セット数の組み合わせを表しています。

(2) 次の①～③の問いに答えなさい。

① エ ～ キ にあてはまる数を書きなさい。

② 図2で，ロールといちごの2つの直線が交わる点のセット数の組み合わせを書き，その点がどのような点か，「ロール」，「いちご」という言葉を使い説明しなさい。

③ 「ロールが足りず，いちごが余るセット数の組み合わせ」を表す点がすべて含(ふく)まれる部分について，下線部aの書き方を参考にして，言葉で書きなさい。ただし，辺と頂点(ちょうてん)が含まれるかどうかについてもふれること。

作ることのできるセット数の組み合わせを表す点の個数について，話をしています。

かず：グラフをかくことで，セット数の上限とその組み合わせがとてもわかりやすくなりました。ただ，図2の色がぬられた部分には【0，0】という組み合わせもあるので，「Aを15セット以上売る」という目標を立てて考えてみたいです。

先生：わかりました。では，「Aを15セット以上」として，作ることのできるセット数の組み合わせを，図2を使って考えていきましょう。

れい：何組あるかは【整数，整数】となる点を数えれば求められそうですが，点がたくさんあり，数えるのは大変そうです。

先生：では，工夫して求めてみましょう。図3は図2の一部分を拡大(かくだい)したもので，Aを30セット以上作れる【整数，整数】となる点をかいてあります。この点の個数を求めるには，図4のように長方形とその対角線を考えます。長方形の内部と辺上にある点の個数を求め，ここから，長方形の対角線上の点を除(のぞ)くと，対角線によって分けられた2つの部分にそれぞれ含まれる点の個数は，同じになっています。このことに気をつけると，図3の点の個数を計算で求めることができます。

図3

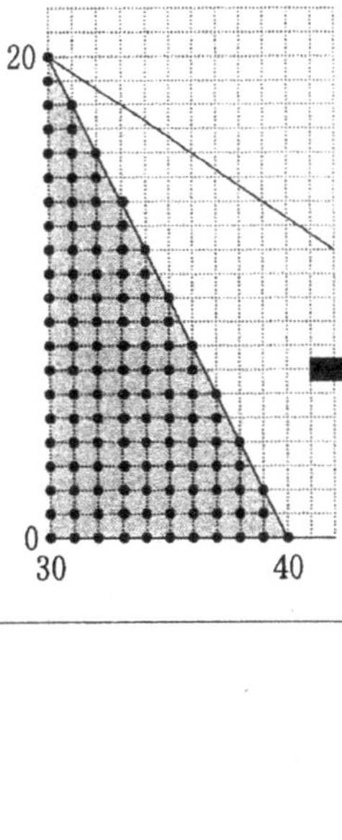

図4

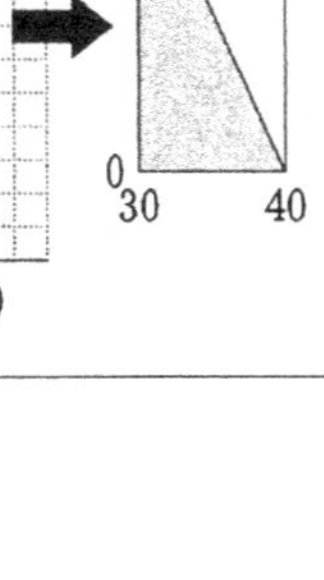

れい：図3の点の個数は ク 個ですね。同じように考えて，「Aを15セット以上」とするときの，作ることのできるセット数の組み合わせが， ケ 組になることがわかりました。

先生：よくできました。

(3) ク ， ケ にあてはまる数を書きなさい。

セットのケーキを箱につめて包装する作業時間について，話をしています。

先生：最後に，作業時間について考えましょう。「Aを15セット以上」として，作ることのできるセット数の組み合わせと作業時間の関係を，**図2**を使って考えます。

れい：作業時間についても，**図2**を使うとわかるのですか。

先生：そうなのです。今回は，セットのケーキを箱につめて包装する作業時間を考えます。ただし，1つの箱にはAとBのどちらか1セットしか入りません(**図5**)。この作業時間を計ったところ，10セットあたりAが8分，Bが10分でした。ただし，1セットにかかる作業時間は，それぞれこの時間の10分の1とします。では，作業時間の合計が20分のときのセット数の組み合わせについて，考えてみましょう。**図6**には**図2**と同じ，ロールといちごの直線がかいてあります。**図6**に，作業時間のグラフをかいてみましょう。

図5

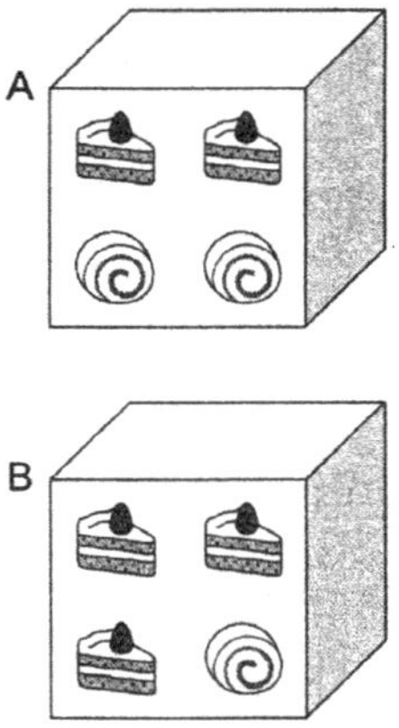

れい：まず「Aを15セット以上」については，考えないことにしました。作業時間の合計が20分のときのセット数の組み合わせの表を考えると，組み合わせには特徴がありました。特徴に気をつけて点を打ち，この点を結ぶと，b<u>**図6**に作業時間の合計が20分のときの直線がかけます。</u>

かず：作業時間の合計についても，直線になるのですね。作業時間の合計が20分のときのセット数の組み合わせのうち，「Aを15セット以上」となる組み合わせは，直線上の点の個数から，3組あることがわかります。

図6

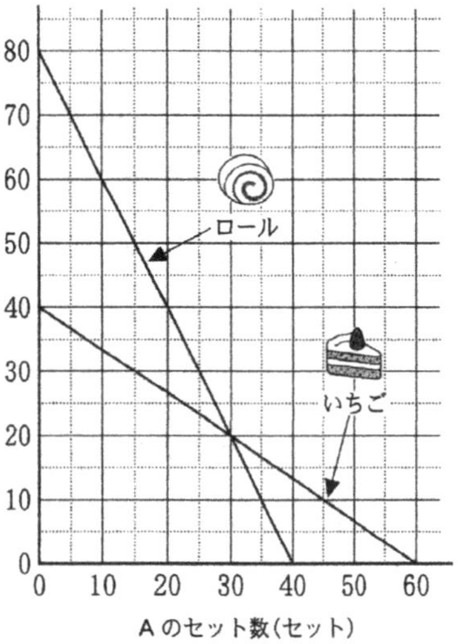

先生：2人ともよくできましたね。では，作業時間の合計をいろいろ変えて，**図6**にそのグラフをかいてみましょう。「Aを15セット以上」として，気がついたことを教えてください。

令和二年度

適性検査　二—二

（45分）

（注意事項）

一　放送で指示があるまでは、開かないこと。
　　その他、すべて放送の指示にしたがいなさい。

二　解答らんは、この用紙の裏側に印刷されています。とりはずして使用し、答えは、すべて解答用紙に書きなさい。解答用紙は、半分に折って使用してもかまいません。

三　検査問題は、一ページから七ページまで印刷されています。
　　検査が始まって、文字などの印刷がはっきりしないところや、ページが足りないところがあれば、静かに手を挙げなさい。

四　問題用紙のあいている場所は、下書きなどに使用してもかまいません。

五　「やめ」の合図があったら、筆記用具を置き、机の中央に解答用紙を裏返して置きなさい。

令和二年度　適性検査　二―二　解答用紙

答えは、すべてこの解答用紙に書き、解答用紙だけ提出しなさい。

| 受 検 番 号 | |

| 氏　名 | |

この※らんには何も書かないこと。

※

※100点満点

一

(1) ①
15
20
8点

(2) ②
25
35
8点

二

①
30
20
8点

②
30
20
8点

三

(1) ①
8点

(2) ② 8 13
8点

③ 8 13
8点

④ 8 13
8点

三 (3)

【話す内容】

15行

20行

36点

【メモらん】

れい：私(わたし)は，作業時間の合計を16分48秒や40分のようにいろいろ変えても，20分のときと，セット数の組み合わせの特徴が同じであることに気がつきました。この特徴に気をつけて直線をかくと，直線上に，作るこ とのできるセット数の組み合わせを表す点が，1個もないものがありました。例えば，作業時間の合計が50分のときの直線です。このようなことにも気をつけながら考えると，作業時間の合計は，最大で［コ］分になることがわかりました。また，そのときのセット数の組み合わせは，1組しかありませんでした。

かず：ぼくは，作業時間の合計と，その合計時間になるセット数の組み合わせについて，直線上の点の個数から考えてみました。セット数の組み合わせが最も多くなるのは，作業時間の合計が［サ］分のときで，［シ］組あることがわかりました。

先生：よく気がつきましたね。では，このように条件を変えるとどうなるでしょう。Aについて，包装を簡単(かんたん)にして，作業時間を今より短くしました。「Aを15セット以上」として考えると，作業時間の合計が最大になるのは，【15，30】の組み合わせのときの1組しかありませんでした。

れい：そうなのですね。【15，30】は，条件を変える前に求めた作業時間が最大になるセット数の組み合わせとは，違(ちが)っています。最大になる組み合わせが変わることがあるのですね。

先生：AとBのそれぞれの作業時間によって，変わることもあれば，変わらないこともあります。今回は，Aの作業時間を，ある一定の時間より短くしたため，最大になる組み合わせが変わりました。どのくらいにしたかわかりますか。

かず：Aの10セットあたりの作業時間を，［ス］分［セ］秒より短くしたのではないでしょうか。

先生：そのとおりです。

(4)　次の①，②の問いに答えなさい。

①　下線部bについて，グラフを解答らんの図にかきなさい。

②　［コ］～［セ］にあてはまる数を書きなさい。

2 ひろさんは，登山をしたときの経験について先生と話をしています。会話文をふまえながら，あとの(1)~(4)の問いに答えなさい。ただし，計算で使う円周率は3.14とします。

ひろ：家の近くのキャンプ場でお米を炊いたときと同じように，山でお米を炊いたら，ご飯がかたかったです。なぜですか。

先生：十分な熱がお米に伝わらなかったからだと思いますよ。

ひろ：でも，お米を炊くときに入れた水はぶくぶく沸いていました。

先生：水の沸とうする温度(沸点)は，常に100℃とは限りません。**図1**のように，水の沸点は，空気の重さによってはたらく圧力(大気圧)と，水が蒸発するときにはたらく圧力(蒸気圧)の関係で決まります。圧力とは，一定の面積あたりの面を垂直に押す力のことです。蒸気圧の大きさと大気圧の大きさが等しくなったとき，水面からだけでなく水の内部からも水蒸気になる現象が沸とうです。このときの蒸気圧から沸点が決まります。

図1

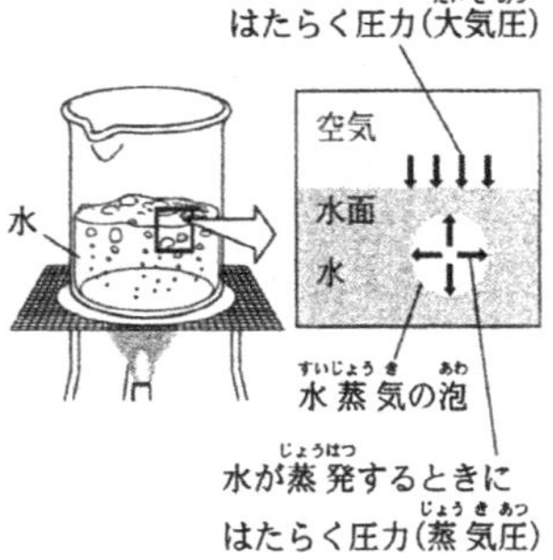

ひろ：空気に重さがあるのですか。

先生：実験で確かめてみましょう。**図2**のように，空気入れで，空のスプレー缶に空気を押しこみ，重さをはかります。次に，**図3**のように，水を満たしたメスシリンダーに，スプレー缶の中の空気を出した後，もう一度スプレー缶の重さをはかります。**図3**と**表1**が実験の結果です。空気1Lの重さはわかりますか。

ひろ：**図3**のメスシリンダーの目もりをよむと，スプレー缶から出した空気の体積は［ア］mLなので，空気1Lでは，［イ］gの重さがあるのですね。

図2

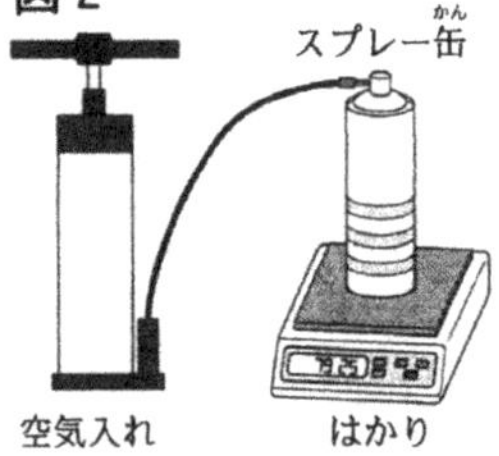

図3

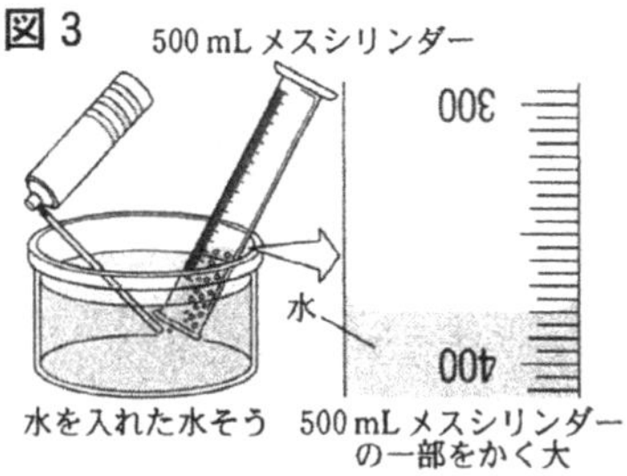

表1

空のスプレー缶の重さ	79.25g
空気を押しこんだスプレー缶の重さ	84.16g
空気を出した後のスプレー缶の重さ	83.72g

先生：そうです。空気の重さによって，大気圧の大きさは決まります。**図4**を見てください。底面の面積が等しい円柱の形をした空気の層（そう）と接する，海面と山頂（さんちょう）は，すべて平行な面と考えます。山頂など高いところでは海面に比べて空気の層がうすいため，空気の重さが軽く，大気圧は，海面に比べて山頂の方が低くなります。大気圧の単位は気圧とし，a <u>1 m^2 の面に，10トンの空気がのっているときの大気圧を1気圧</u>とします。標高※0 m の大気圧が1気圧で，100 m 上るごとに0.01気圧低くなるとすると，標高3776 m の富士山山頂での大気圧の大きさはわかりますか。

図4

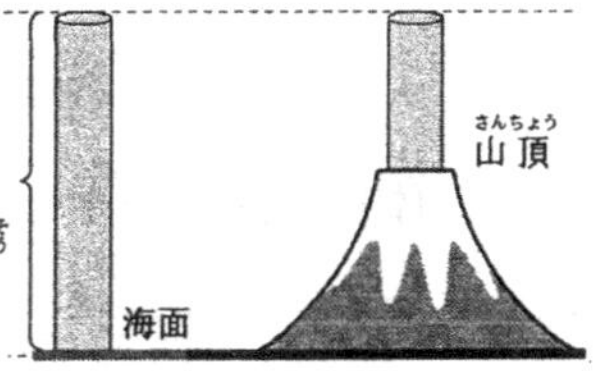

※標高：海面から測った土地の高さ。

ひろ：大気圧は［ウ］気圧です。

先生：正解です。大気圧と水の沸点の関係は，**図5**のとおりです。これらのことから，標高の高い山の上で，ご飯がかたかった理由を考えられますか。

図5

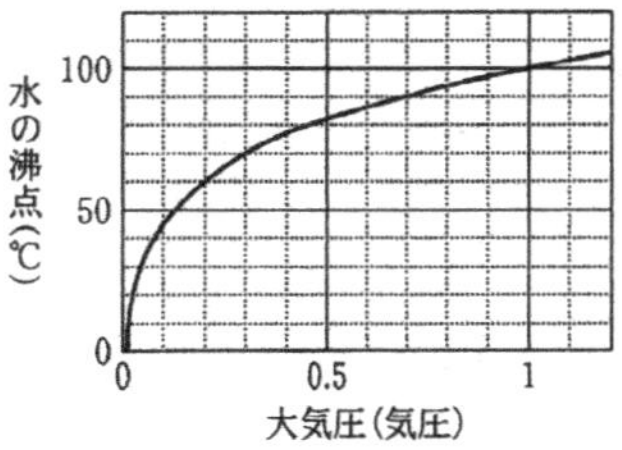

ひろ：［エ］ので，ご飯がかたかったのですね。

先生：そのとおりです。

(1) 次の①～④の問いに答えなさい。

① ［ア］，［イ］にあてはまる数を書きなさい。ただし，［イ］にあてはまる数は，四捨五入（ししゃごにゅう）して，小数第2位まで書きなさい。

② 下線部aについて，1気圧の場所に海面と平行に置いた，縦（たて）15 cm，横10 cm のハガキ1枚（まい）の上にある空気の重さは何 kg になるか，書きなさい。

③ ［ウ］にあてはまる数を四捨五入して，小数第2位まで書きなさい。

④ ［エ］にあてはまる説明を，「標高」という言葉を使い，**図5**からわかることにもふれながら書きなさい。

登山をしたときの菓子袋（かしぶくろ）のようすについて，話をしています。

ひろ：菓子袋がふくらんでいたのですが，これも大気圧と関係しているのですか。

先生：はい。普段（ふだん），袋の中の気体は，大気圧と同じ圧力で押し返しています。大気圧と袋の中の気体の体積は，温度が一定の場合，反比例の関係があります。

先生：**表2**は，温度が一定のときの，大気圧と，ある袋の中の気体の体積の関係を示しています。

表2

大気圧(気圧)	0.6	0.8	1
気体の体積(cm^3)	2000	**オ**	1200

ひろ：反比例の関係があることから，

表2の大気圧が0.8気圧のときは，袋の中の気体の体積は **オ** cm^3ですね。

先生：よくできました。さて，登山中の標高1000mの地点でふくらませた風船が，山小屋では，体積が1200 cm^3増え，14400 cm^3となっていました。山小屋の標高は何mですか。ただし，標高0mの大気圧は1気圧で，100m上るごとに0.01気圧低くなるとします。また，温度は一定として考えましょう。

ひろ： **カ** mです。大気圧が低くなったから，菓子袋がふくらんだのですね。

先生：そのとおりです。

(2) **オ** ， **カ** にあてはまる数を書きなさい。

水の沸点を高くする方法について，話をしています。

ひろ：水の沸点を高くする方法はありますか。

先生：圧力なべを使う方法があります。**図6**のような構造の圧力なべは，水蒸気がなべのふたについた円形の穴(あな)だけを通って外部に出ます。この穴をおもりでふさぐことで，大気圧だけでなく，おもりの圧力が加わり，沸とうするための蒸気圧が高まります。なべ内部の水が加熱され沸とうすると，なべ内部にある空気と水蒸気がおもりを押し上げ，穴から外に出ます。すると，なべ内部は水と水蒸気で満たされます。加熱を止め，なべ内部の蒸気圧が下がると，再びおもりが穴をふさぎます。このように，圧力なべは沸点を高くすることができ，さらに熱を逃(に)がしにくい構造をしています。

図6

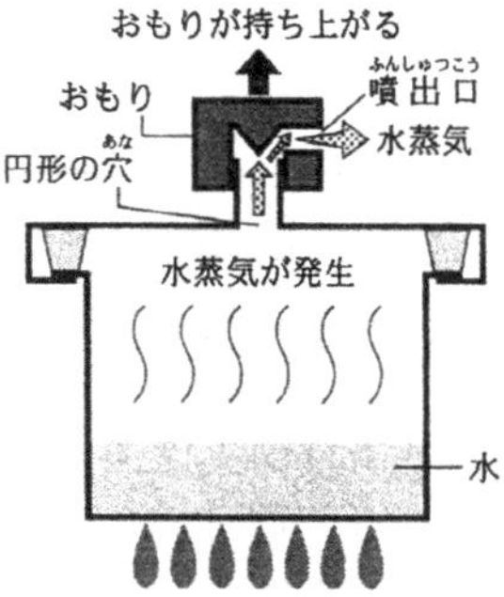

ひろ：ところで，圧力なべを利用した料理には，どのようなものがありますか。

先生：例えば，プリンです。プリンは，卵(たまご)が80℃近くになると完全に固まる性質を利用して作りますが，圧力なべを使っても卵が固まる温度はほぼ変わりません。

先日，圧力なべを使わず，**資料**の[調理方法]**一**～**六**の手順でプリンを作ったところ，**図8**のような「す」と呼ばれる穴ができてしまいました。「す」は，**四**のときの火が強かったので，材料に含まれている水分が沸とうし，水蒸気がぬけ出てできたものです。「す」をできにくくするためには，**五**の余熱※でプリンを固めますが，その前の**四**で火が弱すぎたり，加熱時間が短かったりすると，プリンの中心まで熱が通りません。圧力なべを使うと，**三**の時間が [キ] なり，**五**の火を消した直後の余熱の温度を [ク] し，保つことができます。したがって，**四**を省略することができるので，[ケ] になる前にプリンは固まります。ですから，圧力なべを使うと「す」ができにくくなります。

ひろ：そうなのですね。今度，圧力なべを使ってプリンを作ってみます。

資料

[材料(3個分)]　牛乳：250 mL　卵：2個　砂糖：大さじ3杯
[調理方法]
一　材料をよく混ぜ，ガラスなどの熱の伝わりの遅い器に移し，アルミホイルをかぶせる。
二　**図7**のように，なべに器を入れた後，水を入れる。
三　ふたをして，なべ内部の水が沸とうするまで熱する。
四　沸とうしたら，火を弱め，さらに約10分熱する。
五　火を消し，ふたをしたまま約10分待ち，余熱※で，プリンの中心まで熱を通す。
六　固まっていなかったら，三，四，五を繰り返す。

※余熱：冷めないで残っている熱。

図7

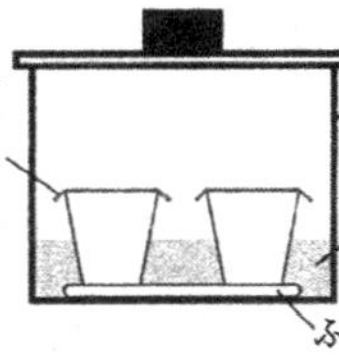

図8

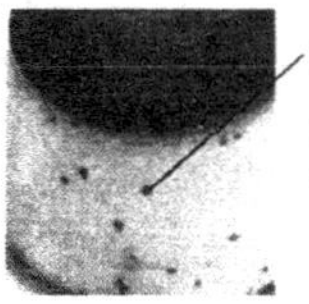

(3)　[キ] ～ [ケ] にあてはまる言葉や文を書きなさい。ただし，圧力なべの大きさは**図7**のなべと同じで，調理中の火力も**図7**のなべで作ったときと同じとします。

圧力なべについて，引き続き話をしています。

ひろ：ところで，圧力なべを使うと，水の沸点はどれくらい高くなりますか。

先生：おもりによって沸点を設定できます。**図6**のような構造の圧力なべで考えてみましょう。圧力なべのふたの穴は直径4.0 mmの円として考えます。

表3

	おもりA	おもりB
重さ	75 g	120 g

この圧力なべに，**表3**のおもり**A**をのせて使った場合，穴にのっているおもりは，面積1 cm^2 あたりにすると [コ] kgになります。

先生：なべ内部の蒸気圧が，このおもりによる圧力と大気圧の和以上になったとき，空気と水蒸気がおもりを押し上げます。おもりによる圧力は，おもりと同じ重さの空気による圧力と同じです。先ほどと同じように，1 m^2 の面に，10 トンの空気がのっているときの圧力は 1 気圧です。大気圧が 1 気圧の場所で，空気と水蒸気がおもり**A**を押し上げたとき，蒸気圧は何気圧になっていますか。ただし，なべ内部にあった空気は，全て水蒸気によってなべの外に出されたものとします。

ひろ：［サ］気圧になります。

図 9

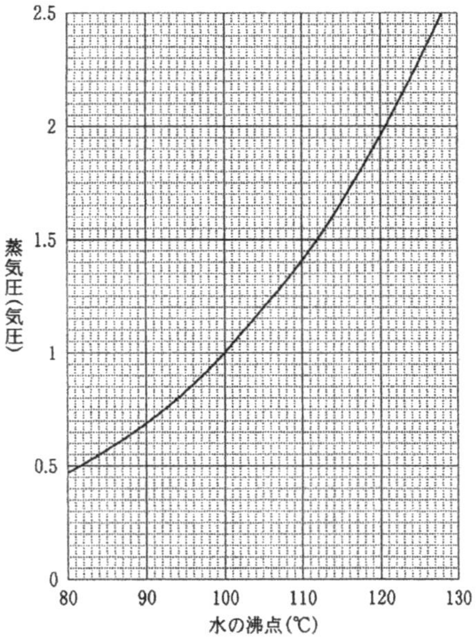

先生：正解です。このように，穴の上にのっているおもりの重さから，蒸気圧の大きさが求められます。**図 9** は，水の沸点と蒸気圧の関係を表したグラフです。大気圧が 1 気圧の場所で，ふたの穴の直径が 4.0 mm の，この圧力なべに，**表 3** のおもり**B**をのせて使った場合，水の沸点は，何℃になるかわかりますか。

ひろ：沸点は［シ］℃です。

先生：そのとおりです。では，標高 2900 m の山小屋で，ふたの穴の直径が 4.0 mm の，この圧力なべに，**表 3** 以外のおもりをのせて使った場合，水を 100 ℃で沸とうさせるには，何 g のおもりをのせればよいですか。ただし，標高 0 m の大気圧は 1 気圧で，100 m 上るごとに 0.01 気圧低くなるとします。

ひろ：圧力なべの水蒸気の出ていくふたの穴をふさぐように［ス］g のおもりをのせることで，b <u>水を 100 ℃で沸とうさせる</u>ことができます。

先生：よくできました。これで，山の上でも，同じようにお米が炊けますね。

(4) 次の①，②の問いに答えなさい。

① ［コ］～［ス］にあてはまる数を書きなさい。ただし，［コ］，［サ］，［ス］は四捨五入して小数第 1 位まで，［シ］は整数で書きなさい。

② 下線部 b について，ふたの穴の面積が 0.0625 cm^2 の圧力なべにかえたとき，水を 100 ℃で沸とうさせるためのおもりの重さを x g，標高を y m として，x と y の関係を解答らんにしたがって，式で書きなさい。ただし，式に使う「決まった数」は一つとする。

2	(1)	①	ア	mL		3点×2
			イ	g		
		②		kg		3点
		③	ウ	気圧		3点
		④	エ			4点
	(2)	オ		cm^3		3点×2
		カ		m		
	(3)	キ			ク	完答5点
		ケ				
	(4)	①	コ	kg		3点×2
			サ	気圧		
			シ	℃		4点×2
			ス	g		
		②	$y=$			4点

受検番号		氏　名	

※100点満点

※

この※らんには何も書かないこと。

令和二年度

適性検査　二―二

問題用紙

一 放送で聞いた内容から、次の⑴、⑵の問いに答えなさい。

⑴ ブラックホールの姿をとらえたことが大きな話題となった理由について、次のようにまとめました。①にあてはまる言葉を、句読点を含めて**十五字以上、二十字以内**で書きなさい。

> 各国から二百人以上の科学者たちが協力したことからもわかるように、ブラックホールは、光でさえもつかまえてしまうという特徴を持っているので、（　①　）という難しい挑戦に成功したと言えるから。

⑵ 百年以上前に発表されたアインシュタイン博士の理論が、科学者たちにとって大きな意味をもつのはなぜですか。②にあてはまる言葉を、句読点を含めて**二十五字以上、三十五字以内**で書きなさい。

> 人類は長い時代をかけて宇宙の研究を続けているが、アインシュタイン博士の理論は、生活を便利にする技術に役立っているだけでなく、（　②　）から。

★教英出版編集部注
問題音声は教英出版ウェブサイトで。
リスニングＩＤ番号は解答集の表紙を参照。

二　次の文章は、遠藤寛子さんが書いた『算法少女』という作品の一部です。主人公の千葉あきは、算法（江戸時代の日本で発達した独自の数学）の魅力にとりつかれた十三歳の少女です。この場面は、算法の研究家である本多利明が、あきに向かって、世の中の人びとが算法を軽んじていることへの不満を述べているところです。これを読んで、あとの**問い**に答えなさい。

利明は、そばにあきのいるのを忘れてしまったかのようである。

「いったい、算法の世界ほど、きびしく正しいものはありますまい。どのように高貴な身分の人の研究でも、正しくない答えは正しくない。じつにさわやかな学問です。だんじて遊びなどではない。それを、この国では、一方では算法を金銭をかぞえる道につながるとしていやしむかとおもえば、また、たんなる遊び、※1実利のないものとして、軽んずる風がある。これにたいして、西洋はどうか。わたしはオランダの本を通して、すこしずつ西洋の事情がわかってきましたが、かれらは算法を重んじます。それは、その底に、正しいものを冷静にみとめるかんがえかたがあるからともいえます。そのけっかはどうか。その航海・天文などの術は、われわれの想像もできないほど進んでいるのです。この国の、算法にたいするかんがえかたを、かえなければいけない――いや、それは、世のなかのすべてのかんがえかたにも通じますが、まず手はじめが算法です」

「そうです。ほんとに……」

あきは、おもわず声をあげた。

父や母の、算法にたいするかんがえかたに、どうしてもなっとくがいかなかったが、いま、本多利明の話をきいているうちに、これが、じぶんの求めていたかんがえだとおもいあたった。

「ほう、あなたも同意してくれるか」

と、利明は満足そうにわらって、

「というわけで、この国がのびていくためには、なによりも、人びとが算法をしっかりとまなぶことが必要です。ところが、世間では、読み書きを第一にかんがえ、寺子屋でも、おしえるのは※2手習いと素読（意味がわからなくても声を出して読みあげる）が主でしょう。算法はそろばんが※3関の山です。いちばんものをよくおぼえるころに、算法をもっと深いところまでおしえなければならない。」

※1　実利　……　実際に役立つこと。
※2　手習い　……　字を習うこと。習字。
※3　関の山　……　それ以上はできないという、ぎりぎりのところ。せいいっぱい。

（遠藤寛子『算法少女』ちくま学芸文庫より）

（問い） 利明は、西洋で算法が重んじられている理由として、「その底に、正しいものを冷静にみとめるかんがえかたがあるから」だと言っています。このことについて、次の①、②の問いに答えなさい。

① 利明が考える、算法の世界における「正しいもの」とはどのようなものですか。「身分」という言葉を使って、句読点を含めて**二十字以上、三十字以内**で書きなさい。

② 利明が、日本でも人々が算法をしっかりと学ぶことで「正しいものを冷静にみとめるかんがえかた」に変えていくことが必要だとしているのは、どのようなことに期待しているからだと考えられますか。「……させて、……こと。」の形で、句読点を含めて**二十字以上、三十字以内**で書きなさい。

三　次の文章は、ハーバード大学のデビッド・ハウエル教授に筆者の佐藤智恵（さとうちえ）さんがインタビューをしている記事です。ハーバード大学はアメリカにある大学ですが、日本史や日本文学などの授業もあり、ハウエル教授はその中で日本史を担当（たんとう）している教授です。
これを読んで、あとの(1)～(3)の問いに答えなさい。

――なぜハーバードで日本史の※1通史を教えることが大切だと思いますか。

「アジアの中の日本、世界の中の日本」では、縄文（じょうもん）時代から現代までの通史を教えていますが、日本史を全体像でとらえる授業というのはとても大切だと思います。特にアメリカ人の学生は欧米（おうべい）以外の国について知らないことが多いので、※2俯瞰（ふかん）して歴史を理解することが重要です。私（わたし）たち教員にとっても、通史を教えるというのは、自分の研究分野の位置付けを確認（かくにん）するのに良い機会となっています。

――学生にはこの授業から何を学んでほしいですか。

日本史を、アジアや世界とのつながりの中で理解してほしいと思います。この授業をきっかけに日本や日本史に興味をもってくれて、さらに専門的（せんもんてき）な分野の授業を※3履修（りしゅう）してくれたらうれしいですね。日本に関する授業を初めて受講するという学生には、世界史の※4文脈の中で日本史をとらえることを学んでほしいと思います。

――「世界史の中で日本史をとらえる」とは具体的にはどういうことでしょうか。

たとえば江戸時代の日本は、※5前近代的な社会だったといわれていますが、他国と比べてみれば、非常に安定していて、平和で、繁栄（はんえい）した社会でした。日本には豊かな文化があり、国内では多くの書物が出版され、国民の※6識字率は非常に高かったのです。もちろん貧富（ひんぷ）の格差はありましたし、現代と比べれば当時の生活水準はかなり低かったですが、日本は、同時代のアメリカ、イギリス、フランス、中国といった大国よりも豊かで平和な社会を実現していました。こういった視点（してん）で日本史を見ることを学んでほしいのです。

――それがハーバード大学を卒業した後、※7教養として役に立つということですね。

★教英出版編集部注
問題音声は教英出版ウェブサイトで。
リスニングＩＤ番号は解答集の表紙を参照。

適性検査２－２　放送用ＣＤ台本

これから、適性検査２－２を始めます。外側の用紙が解答用紙です。内側に問題用紙があります。内側の問題用紙は、指示があるまで開いてはいけません。
それでは、外側の解答用紙を開き、受検番号と氏名を書きなさい。

（２０秒後） 書き終わったら元どおり問題用紙を挟んで閉じなさい。

（５秒後）
最初は、放送を聞いて問題に答える検査です。放送はすべて１回だけです。それでは、解答用紙を裏返して「メモらん」と書いてある面を上にしなさい。

（３秒後）「メモらん」にメモを取ってもかまいません。

（５秒後）
これから、ノーベル賞を受賞した物理学者のアルベルト・アインシュタイン博士に関連する内容を放送します。博士は、今から１００年ほど前に活躍し、光や時間と空間に関する新しい考え方を発表して世界に大きな影響を与えた人です。１９２２年には講演のために来日し、日本の小学生にメッセージを遺しています。「私たちは何のために学ぶのか」ということを考えるためにも、アインシュタイン博士が子どもたちにどんなことを伝えようとしているか、よく注意して聞いてください。では、朗読を始めます。

（３秒後）

２０１９年４月、２００人以上の科学者たちが参加した国際研究チームが、ブラックホールの姿を人類史上初めて画像でとらえることに成功しました。今回は、地球上の８か所にある天体望遠鏡で一斉に観測するという新しい方法が使われました。ブラックホールは、巨大な星が、強い重力により自分自身の重さを支えきれなくなってつぶれるなどしてできたと考えられています。その強い重力で周りの全ての物質を引きつけ、光でさえも捕まえてしまうので、太陽の光を反射して光る月のようには、目で見ることはできませんでした。このような不思議な天体が存在することは、今から１００年以上も

【放送原

技術などにも応用されています。もちろん、博士の理論は私たちの生活を便利にする技術だけに役立っているのではありません。科学者たちにとって、宇宙の成り立ちの謎を解き明かそうとするための、重要なよりどころとなっているのです。今回の観測成功によって、宇宙の研究の積み重ねに新たな１ページが加わったといえるでしょう。

アインシュタイン博士は日本を訪れたとき、日本の小学生にメッセージを贈っています。みなさんの中には、「この教科は苦手だから勉強したくないな。」とか、「こんなことを勉強して世の中で何の役に立つのだろうか。」と思ったことのある人もいるかもしれませんね。では、私たちは何のために学ぶのでしょうか。次に紹介する博士の言葉は、その疑問について考えるときのヒントになるかもしれません。

（ナショナルジオグラフィック日本版サイト 2019 年 4 月 12 日付「解説：ブラックホールの撮影成功、何がわかった？」より作成）

「皆さんが学校で学び知るいろいろの驚くべき事がらは、ながい時代をかけて地球上のあらゆる国々で熱心な努力と非常な骨折とで出来あがった仕事であることを考えて下さい。このすべては、皆さんへの遺産として手渡しされたものであって、皆さんはそれを受けとり、尊重し、更にそれ以上に育てあげた上で、やがて忠実に皆さんの子供たちに伝えてゆくべきものです。我々人間の個々の生命は限りがあっても、かようにして我々が協力して創造しながら遺してゆく仕事によって、いつまでも不滅であることができるのです。」

（山本有三編『世界名作選（一）』１１９頁所収 アルベルト・アインシュタイン／石原純訳『教師と生徒』より）

以上で放送を終わります。それでは、問題用紙を開き、すべての問題に答えなさい。

日本史を学んだから、一流企業に就職できるとか、そういう直接的な効果があるとは思いません。ハーバード大学の教員が教えているのは、良きアメリカ人になるためだけではなく、良き地球市民になるための教養です。だからこそ、アメリカ以外の国の文化や歴史について学ぶことはとても大切なのです。

（佐藤智恵『ハーバード日本史教室』より）

※1　通史　……　古い時代から現代までを通じて書かれた歴史。
※2　俯瞰　……　高いところから見下ろすように全体を広く見わたすこと。
※3　履修　……　指定された教科などを定められた期間学ぶこと。
※4　文脈　……　文章のように意味の上でつながりをもった大きな流れのこと。
※5　前近代的　……　道理に合わず古い感じをあたえること。
※6　識字率　……　ある国または地いきで、文字の読み書きができる人のわり合。
※7　教養　……　学問や知識を身につけることによって得られる心の豊かさや物事への理解力。

(1)　ハウエル教授は、「世界史の中で日本史をとらえる」ことにはどんな意味があると言っていますか。次のようにまとめたとき、①にあてはまる言葉を書きなさい。ただし、「……ではなく……で見た」という形で書くこと。

> たとえば、江戸時代の日本を、（　　①　　）場合、豊かさや平和といった良い点を見つけることができ、そのようなものの見方を学んだことが教養として役に立つという意味。

(2) 問題一の聞き取りや、問題二、三の文章から読み取れることをもとに、「私たちは何のために学ぶのか」ということを次のようにまとめたとします。このとき、②～④について、それぞれあとの〔使う言葉〕の中から最も適当なものを一つ使って、**八字以上、十三字以内**で書きなさい。ただし、〔使う言葉〕は一回しか使えません。

あ **一の聞き取りから**
【学ぶことの目的】
個人の興味、関心を追い求めるだけでなく、協力して（　②　）ことによって、次世代につなぐ、より良い社会をつくるため。

い **二の読み取りから【目的に向かうために大切な力】**
目先の知識だけでなく、（　③　）を身につけた上で、はば広く他の分野に応用する力。

う **三の読み取りから【目的に向かうために大切な力】**
（　④　）やり方を使って、広く見わたすように物事の全体を理解する力。

〔使う言葉〕　土台　／　知恵（ちえ）　／　方向　／　安定

(3) あなたは、「かなめ中学校新入生のつどい」という集会に、新入生として同級生と一緒（いっしょ）に参加しています。上級生の代表との意見交換（こうかん）を行う場面で、あなたも自分の考えを話そうとしています。あとの**ア～ウ**の〔**条件**〕にしたがって、話す内容を書きなさい。

〔上級生（さくら子さん）の発言〕

わたしは「ハーバード日本史教室」という本を読んで、教養を身につけることが大切だと思いました。辞書によると、教養とは「学問や知識を身につけることによって得られる心の豊かさや物事への理解力」のことです。

わたしは、科学者になることが夢です。けれども、科学技術の進歩には良い面も心配な面も両方あるという難しい問題があると思います。だからわたしは好きなことだけ勉強するのではなく、教養を身につけて、より良い社会づくりに参加したいと思います。ぜひ新入生のみなさんも、中学校での学びを自分の成長につなげてください。

〔参加者（わたるさん）の発言〕

科学技術が進歩することは、良いことばかりとは言えないのですね。より良い社会をつくるために、わたしたち新入生も学び合いましょう。

〔あなた〕

二人の発言を聞くと、教養を身につけるためには、学び合うことが大切なのではないかな…。

【話す内容】 教養を身につけるために、学び合うことについて

〈条件〉

ア 「かなめ中学校新入生のつどい」の参加者に向けて実際に話すつもりで言葉づかいを考えて書くこと。

イ 以下の指示にしたがい、三つの段落（だんらく）に分けて書くこと。

一段落目…さくら子さんの発言にあった、「科学技術の進歩には良い面も心配な面も両方あるという難しい問題」についてのあなたの考えを、自分の経験（見たり聞いたりしたことでもかまいません。）から例を挙げて書きなさい。

二段落目…「科学技術の進歩には良い面も心配な面も両方あるという難しい問題」を解決しようとするときに、なぜ教養が必要になるのか、(2)でまとめたことの(い)または(う)にふれながら理由を書きなさい。

三段落目…教養を身につけるために、学び合うことの必要性を、(2)でまとめたことの(あ)を使って書きなさい。

ウ 解答らんを**横書き**で使い、**十五行以上**、**二十行以内**で書くこと。ただし、一行に書く字数は特に指定しない。各段落の先頭は一文字分あけること。また、文字やかなづかいを正しくていねいに書き、漢字を適切に使うこと。

平成 31 年度

適性検査　1 — 1

（45分）

（注意事項）

1　「始め」の合図があるまでは，開かないこと。

2　解答らんは，この用紙の裏側に印刷されています。とりはずして使用し，答えは，すべて解答用紙に書きなさい。解答用紙は，半分に折って使用してもかまいません。

3　検査問題は，1ページから11ページまで印刷されています。

　検査が始まって，文字や図などの印刷がはっきりしないところや，ページが足りないところがあれば，静かに手を挙げなさい。

4　問題用紙のあいている場所は，下書きや計算などに使用してもかまいません。

5　「やめ」の合図があったら，筆記用具を置き，机の中央に解答用紙を裏返して置きなさい。

千葉県立千葉中学校
　　　　東葛飾中学校

平成31年度　適性検査　1―1　解答用紙

答えは，すべてこの解答用紙に書き，解答用紙だけ提出しなさい。

1	(1)	あ	（15字）	4 ×
		い	（15字）	
	(2)	う	%	4 ×
		え	mg	
		お	倍	
	(3)	ア		4 ×
		イ		
		ウ		
		エ		
	(4)	か	（40字）	6
	(5)	き	①　　　と　　　の２つを生かして， ②（15字）に取り付けて発電し， ③（20字）にする。	8

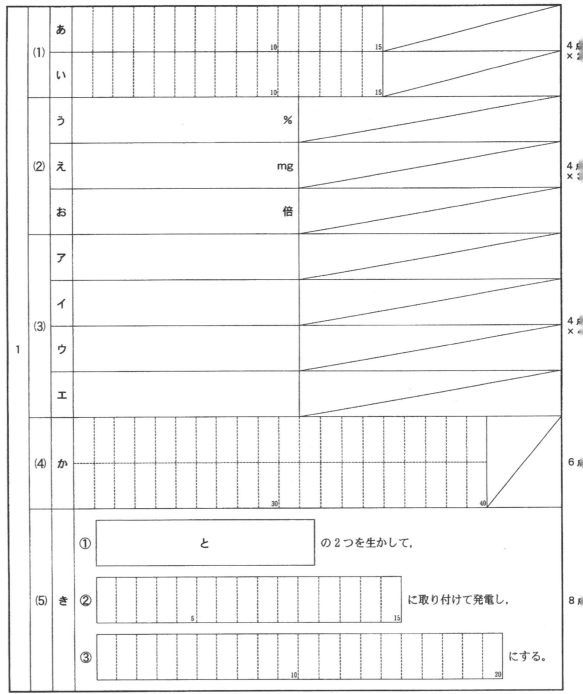

平成 31 年度

適性検査　1 — 1

問　題　用　紙

1 あいさんとげんさんの学級では，総合的な学習の時間に「千葉県の資源」について学習しています。会話文をふまえながら，あとの(1)～(5)の問いに答えなさい。

先生：最近，千葉県の地層が注目されています。実は，千葉県のある地層からは貴重な資源が採れるのです。その地層中に閉じこめられた「かん水」という昔の海水には，天然ガスが溶けているのです。

あい：天然ガスというのは，家で調理やお風呂の湯沸かしなどに使うガスですか？

先生：そうです。くわしく説明すると，家庭用のガスには，ガス管を通って運ばれる都市ガスと，ガスボンベに入れて配達されるプロパンガスの２種類があります。千葉県産の天然ガスのうち，都市ガスに用いられているものは，生産地域からおもにパイプラインによって運ばれています。

げん：天然ガスを運ぶパイプラインは，どこまで延びているのでしょうか？

先生：千葉県産の天然ガスを運ぶパイプラインは，**資料１**のように延びていて，すべて合わせると約600 kmにもなるのだそうです。おもなパイプラインは，1950年代後半から建設が始まり，1990年ごろまでには現在のように広がっていきました。

あい：このパイプラインは，茂原市や東金市などの天然ガスの生産地域からずいぶん遠くまで延びていますね。なぜこんなに遠くまで延びているのでしょうか？

資料１　天然ガスの生産地域と千葉県産の天然ガスを運ぶパイプラインの位置

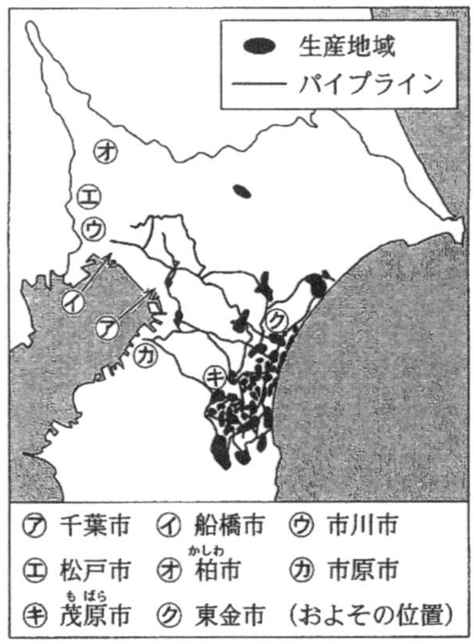

（金子信行『千葉県の天然ガス・ヨウ素資源』，千葉県「千葉県天然ガス開発・利用図」より作成）

先生：それは良いところに注目しましたね。では，みんなでいっしょに考えてみましょう。**資料２**（次ページ）を見てください。これは，千葉県内にあるいくつかの市における人口の移り変わりを示しています。次の**資料３**（次ページ）は，千葉県産の天然ガスの年間生産量と使い道の移り変わりを示しています。これらから，どのようなことがわかりますか？

資料２　千葉県内のいくつかの市における人口の移り変わり　（万人）

市＼年	1970	1975	1980	1985	1990	1995	2000	2005	2010	2015
㋐千葉市	48.2	65.9	74.6	78.9	82.9	85.7	88.7	92.4	96.2	97.2
㋑船橋市	32.5	42.3	47.9	50.7	53.3	54.1	55.0	57.0	60.9	62.3
㋒市川市	26.1	31.9	36.4	39.8	43.7	44.1	44.9	46.7	47.4	48.2
㋓松戸市	25.4	34.5	40.1	42.7	45.6	46.2	46.5	47.3	48.4	48.3
㋔柏　市	16.9	22.5	27.3	31.1	34.7	36.3	37.4	38.1	40.4	41.4
㋕市原市	15.6	19.4	21.6	23.8	25.8	27.7	27.8	28.0	28.0	27.5
㋖茂原市	5.8	6.5	7.2	7.7	8.3	9.2	9.4	9.3	9.3	9.0
㋗東金市	3.2	3.3	3.6	3.9	4.5	5.5	6.0	6.2	6.2	6.1

（千葉県『千葉県統計年鑑(ねんかん)』および『千葉県衛生統計年報』より作成）

資料３　千葉県産の天然ガスの年間生産量と使い道の移り変わり

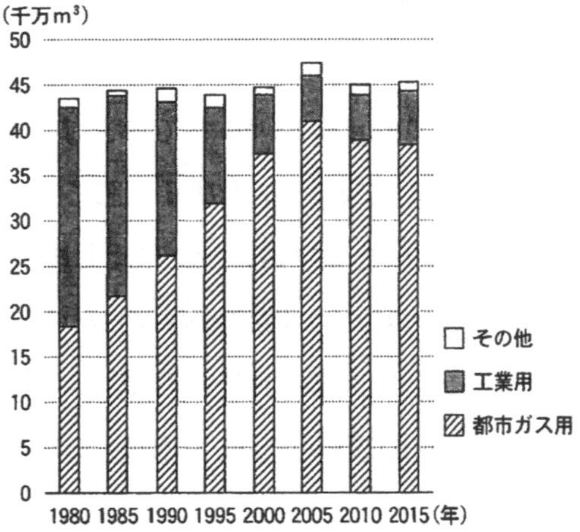

（淡野寧彦(たんのやすひこ)ほか『千葉県九十九里地域における天然ガス利用による工業の立地と事業転換(てんかん)』，千葉県「千葉県天然ガス開発・利用図」より作成）

あい：人口の移り変わりと**資料１**を合わせて考えると，生産地域から［あ］に向かってパイプラインが延びていることがわかりました。そして，天然ガスの使い道は，［い］へと変わってきたこともわかりました。

先生：そうです。よく読み取れましたね。**資料１**に示された位置にパイプラインを建設したことは，天然ガスの使い道が変化した理由の１つといえるでしょう。

げん：先生，千葉県にはどれくらいの量の天然ガスがあるのですか？

先生：千葉県周辺の地下には約 3685 億 m³ の天然ガスがあると推定(すいてい)されていて，現在の年間生産量の約 800 年分にもなるそうです。また，天然ガスは，燃やしたときに出る二酸化炭素の量が石油と比べて少ないので，地球環境(かんきょう)に優(やさ)しいエネルギー資源といわれています。日本にとって貴重な国産エネルギー資源である天然ガスを，今後も有効に生かしていきたいですね。

(1)　［あ］，［い］に入る言葉を，**資料１～資料３**をふまえて書きなさい。ただし，数字を用いる場合は１ますに１字ずつとし，句読点を含(ふく)めてどちらも**10字以上15字以内**で書くこと。

（1週間後の総合的な学習の時間）

あい：私(わたし)たちは，千葉県産の天然ガスについて調べているうちに，天然ガスが溶けている「かん水」には，ヨウ素という重要な資源も含まれていることを知りました。

げん：ヨウ素って，でんぷんを調べるときに使ったヨウ素液のヨウ素ですか？

あい：そうです。2013年には世界で生産されるヨウ素の約28％が日本産で，チリに次いで世界第2位でした。さらに，日本産のヨウ素の約75％が千葉県産だそうです。

げん：ということは，世界のヨウ素の約 **う** ％が千葉県産なのですね。すごい。

あい：そうです。ヨウ素は人の体に必要な成分で，不足すると成長に悪い影響(えいきょう)が出ることがあります。千葉県は，ヨウ素不足に苦しむモンゴルやカンボジア，スリランカなどにヨウ素を贈(おく)ったこともあります。ヨウ素で国際貢献(こうけん)をしているのです。

げん：私たち日本人はヨウ素不足にはならないのですか？

先生：日本人は普段(ふだん)の食事で，海藻(かいそう)や魚などからヨウ素を取り入れています。**資料4**は食品100gに含まれるヨウ素の量です。成人が1日に取るべきヨウ素の量は0.015mgといわれていますが，こんぶなら **え** mgでこの量に達します。一方，にわとりの卵(たまご)だとこんぶの **お** 倍の量を食べないと，成人が1日に取るべきヨウ素の量にはなりませんね。

あい：ヨウ素は，殺菌剤(さっきんざい)や除草(じょそう)剤，パソコンの液晶(えきしょう)などいろいろな製品の原料としても使われているそうです。2010年に最も多くのヨウ素が使われた製品は，X線造影(ぞうえい)剤という医療(いりょう)用の薬品です。これを注射(ちゅうしゃ)してX線で撮影(さつえい)すると，血管などの細かなようすがはっきり写るので，病気の診断(しんだん)に役立つそうです。

資料4　食品100gに含まれるヨウ素の量

食品名	ヨウ素〔μg※〕
こんぶ（刻(きざ)みこんぶ）	230000
わかめ（乾燥(かんそう)）	1900
あさり（生）	55
まいわし（生）	24
にわとりの卵(たまご)（ゆで）	15

※μg（マイクログラム）：重さの単位。

$1\,\mu g = \frac{1}{1000}\,mg$，$1\,mg = \frac{1}{1000}\,g$

（文部科学省「日本食品標準成分表2015年版」より作成）

げん：これらのヨウ素を使った製品は，全部日本で作っているのですか？

あい：いいえ。日本は，原料としてのヨウ素を輸出するとともに，海外で加工されたヨウ素を使った製品を輸入しています。**資料5**，**資料6**（どちらも次ページ）を見てください。**資料5**は海外へのヨウ素の輸出量・輸出額，**資料6**は海外からのヨウ素を使った製品の輸入量・輸入額を表しています。**資料6**のヨウ素を使った製品は，先ほど話に出てきた「X線造影剤」と，ヨウ素を含む化学工業製品である「ヨウ化物とヨウ化酸化物」に分けてまとめてあります。

資料5　海外へのヨウ素の輸出量・輸出額(2015年)

輸出相手	輸出量〔t〕	輸出額〔万円〕	1tあたりの輸出額〔万円〕
ノルウェー	846.0	283855	336
インド	568.4	176609	311
アメリカ	536.5	166507	310
ドイツ	464.0	161662	348
中　国	446.5	144227	323
韓（かん）国（こく）	135.5	43246	319
その他	1204.4	395629	328
合　計	4201.3	1371735	

資料6　海外からのヨウ素を使った製品の輸入量・輸入額(2015年)

輸入相手	X線造影剤		
	輸入量〔t〕	輸入額〔万円〕	1tあたりの輸入額〔万円〕
ドイツ	1040.7	1752194	1684
スペイン	193.9	60475	312
カナダ	93.6	128585	1374
イタリア	13.4	125951	9399
フランス	11.2	53399	4768
ノルウェー	2.3	133752	58153
その他	6.2	86661	13978
合　計	1361.3	2341017	

輸入相手	ヨウ化物とヨウ化酸化物		
	輸入量〔t〕	輸入額〔万円〕	1tあたりの輸入額〔万円〕
韓　国	562.5	67962	121
ドイツ	21.0	29229	1392
台（たい）湾（わん）	7.2	183	25
アメリカ	3.2	7728	2415
インド	0.6	221	368
中　国	0.6	269	448
その他	0.1	209	2090
合　計	595.2	105801	

(資料5，資料6　財務省貿易統計ホームページより作成)

⑵ [う]～[お]にあてはまる数を書きなさい。ただし，四捨五入（ししゃごにゅう）して，[え]は小数第1位までのがい数，[お]は上から2けたのがい数にして書くこと。

⑶ **資料5**，**資料6**を見て気が付いたことを，**ア**～**エ**のようにまとめました。その内容として適切なものには○を，適切でないものには×をそれぞれ書きなさい。

ア　日本のヨウ素に関する貿易は，「X線造影剤」と「ヨウ化物とヨウ化酸化物」を合わせた輸入量よりヨウ素の輸出量のほうが少ない。

イ　日本のヨウ素に関する貿易は，「X線造影剤」と「ヨウ化物とヨウ化酸化物」を合わせた輸入額よりヨウ素の輸出額のほうが少ない。

ウ　**資料6**にあるドイツから輸入されるヨウ素を使った製品の1tあたりの輸入額は，ドイツへ輸出されるヨウ素1tあたりの輸出額の約8.8倍である。

エ　**資料5**の表にある6か国のうちで，日本からのヨウ素の輸入額が，**資料6**にある日本へのヨウ素を使った製品の輸出額を上回るのは2か国だけである。

先生：日本は今，ヨウ素を使った新製品の実用化※1を目指しています。その1つが，「色素増感型太陽電池」と呼ばれる，ヨウ素を使った光電池です。**資料7**は，ヨウ素を使った光電池と現在主流の光電池の発電量を比べた実験結果です。面積の等しい2種類の光電池を，日当たりが異なる南向きの壁と北向きの壁にそれぞれ取り付け，日照時間※2あたりの発電量を同じ日に調べたのだそうです。壁はどちらも水平な地面に対して垂直です。

※1　実用化：実際に役に立つようにすること。　※2　日照時間：太陽の光が地上を照らしている時間。

資料7　光電池の発電量（ある冬の晴れた日に日本国内で実験）

	南向きの壁に設置	北向きの壁に設置
ヨウ素を使った光電池の発電量〔Wh※〕	2.09	0.39
現在主流の光電池の発電量〔Wh〕	2.40	0.24

※Wh（ワット時）：発電量の大きさを表す単位。
（国立研究開発法人新エネルギー・産業技術総合開発機構「太陽エネルギー技術研究開発/有機系太陽電池実用化先導技術開発」事業原簿より作成）

げん：**資料7**から，ヨウ素を使った光電池には，現在主流の光電池より劣っている点もあるけど，<u>か優れている点</u>もあることがわかります。

先生：その通りです。さて，ここからは，別の特ちょうに目を向けてみましょう。ヨウ素を使った光電池には，**資料8**のような特ちょうがあります。

あい：**資料8**の特ちょうを生かせば，<u>きヨウ素を使った光電池を，現在主流の光電池が取り付けられない場所に取り付けて，発電すること</u>ができそうですね。

資料8　ヨウ素を使った光電池の特ちょう

	特ちょう
A	薄くて軽い
B	やわらかくて曲げられる（下の図）
C	透明なものを作ることができる

（東京理科大学太陽光発電研究部門『よくわかる最新太陽電池の基本と仕組み』より作成）

図

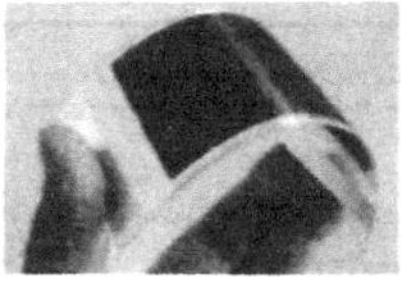

ヨウ素を使った光電池を曲げているようす

(4)　下線部**か**について，ヨウ素を使った光電池が現在主流の光電池と比べて優れている点を，**資料7**をふまえて書きなさい。ただし，光電池を設置した場所の日当たりについてふれること。また，句読点を含めて**30字以上40字以内**で書くこと。

(5)　下線部**き**について，将来ヨウ素を使った光電池が実用化されたとき，それをどのような場所に取り付けて発電し，発電した電気をどのように使うか，あなたの考えを書きなさい。ただし，解答らんにしたがい，解答らんの①には，**資料8**のA～Cのうちから特ちょうを**2つ**選んで，そのアルファベットを書き（どの2つを選んでも得点に影響はありません。），②には，それら両方の特ちょうを生かした具体的な取り付け場所を**5字以上15字以内**で，③には，発電した電気の使い道を句読点を含めて**10字以上20字以内**で書きなさい。

平成 31 年度

適性検査　1 — 2

(45分)

(注意事項)

1 「始め」の合図があるまでは，開かないこと。

2 解答らんは，この用紙の裏側に印刷されています。とりはずして使用し，答えは，すべて解答用紙に書きなさい。解答用紙は，半分に折って使用してもかまいません。

3 検査問題は，1ページから 11 ページまで印刷されています。

検査が始まって，文字や図などの印刷がはっきりしないところや，ページが足りないところがあれば，静かに手を挙げなさい。

4 問題用紙のあいている場所は，下書きや計算などに使用してもかまいません。

5 「やめ」の合図があったら，筆記用具を置き，机の中央に解答用紙を裏返して置きなさい。

平成 31 年度　適性検査　1 — 2　解 答 用 紙

答えは，すべてこの解答用紙に書き，解答用紙だけ提出しなさい。

									配点
1	(1)	あ		い		う			完答 3点
		え		お					
	(2)	か		回					3点
	(3)	①	き	秒					3点
		②	経路	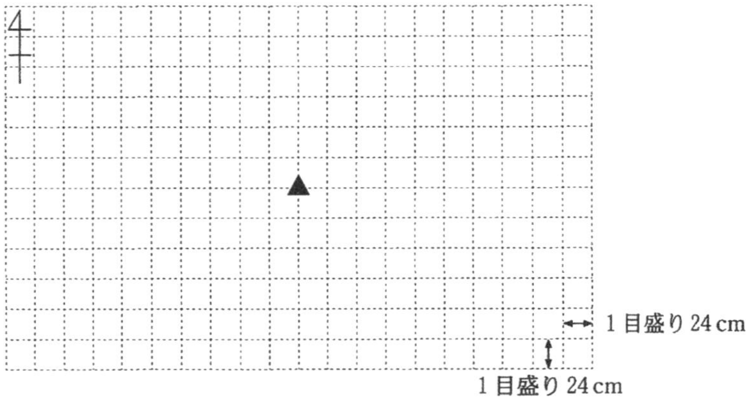					4点
			方角						2点
		③	く	cm	け	cm	こ	回	完答 3点
			さ	秒					3点
	(4)	①	し	cm	す	cm			4点 ×2
		②	式						3点
			せ	cm^2					2点
		③	そ	cm^2					4点
	(5)	①		cm^2	②	秒			4点 ×2
		③		秒					4点

2 そらさんは，「税金と公共施設」について，家族で話をしています。会話文をふまえながら，あとの(1)~(7)の問いに答えなさい。

そら：今日，学校で「税金のはたらき」について学習したよ。私たちにとって身近な道路や橋，公民館などの公共施設の整備には，税金が使われているんだね。でも，お金がいきわたらなくて，老朽化※1しているのにかけかえや修繕※2などができず，通行止めなどの通行規制をしている橋が増えているって聞いたよ。心配だなあ。

父　：X市にあるおばあさんの家の近くのA橋も，最近になって通行止めになったよ。

母　：**資料1**の地図を見てみましょうよ。X市のおばあさんの家(⌂)からお店(☆)まで行くには，A橋を通るAコース(━━)が使えないとすると，B橋を通るBコース(┅┅)を使わなければならないわね。

そら：お店までの道のりは約 **あ** 倍になるね。

父　：こういう橋は，まだ増えるよ。**資料2**を見てごらん。今，多くの橋が建設後50年を過ぎ，修繕などが必要になっているよ。今後の見通しをもつために，い<u>建設後50年を迎える橋の数を読み取ってみよう</u>。

※1　老朽化：古くなって，役に立たなくなること。
※2　修繕：こわれたり悪くなったりしたところを直すこと。

資料1　X市の地図(一部)

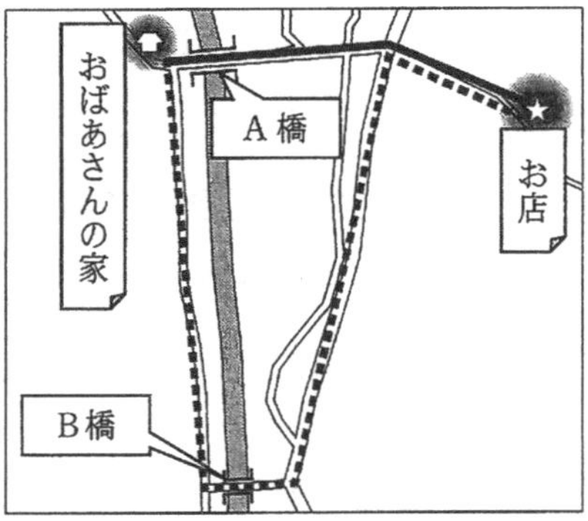

資料2　橋の年度別建設件数

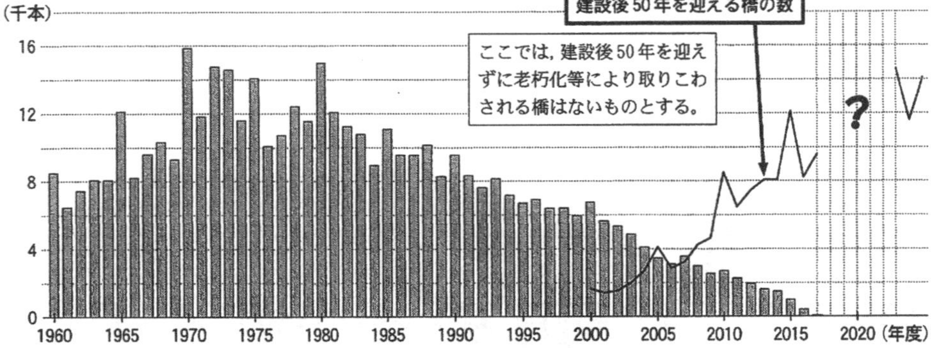

(国土交通省道路局「道路構造物のメンテナンスの現状」より作成)

(1) **あ** にあてはまる数を，四捨五入して整数で書きなさい。

(2) 下線部いについて，「建設後50年を迎える橋の数」を表す折れ線を，解答らんのグラフにグラフ中の折れ線に続けてかきなさい。

そら：多くの橋で老朽化が進んでいるね。早く対策をとらなければいけないよね。そういえば，税金にはいろいろな種類があるけれど，私たち住民も納めるのだから，都道府県や市町村の人口についても考えないといけないのではないのかな？

父　：そのとおり。現在，市町村は日本全国に約1700もあるので，ここでは都道府県について考えてみよう。**資料3**，**資料4**（次ページ）を見てごらん。**資料3**は，都道府県ごとに，１年間にその都道府県に転入してきた人とその都道府県から転出した人の数の差をグラフに表したものだよ。このように，人が住所を移すことを「人口移動」というのだよ。ここでは，2015年から2017年までの３年間の移り変わりを示しているのだけど，宮城県と沖縄県は値が小さくて見えにくい部分があるので，抜き出して拡大して示してあるよ。これを見るとわかるように，沖縄県は転入者のほうが多い年と転出者のほうが多い年の両方があるのだよ。**資料4**は，都道府県の人口と面積を表にまとめたものだよ。

資料3　都道府県ごとの転入者数と転出者数の差の移り変わり

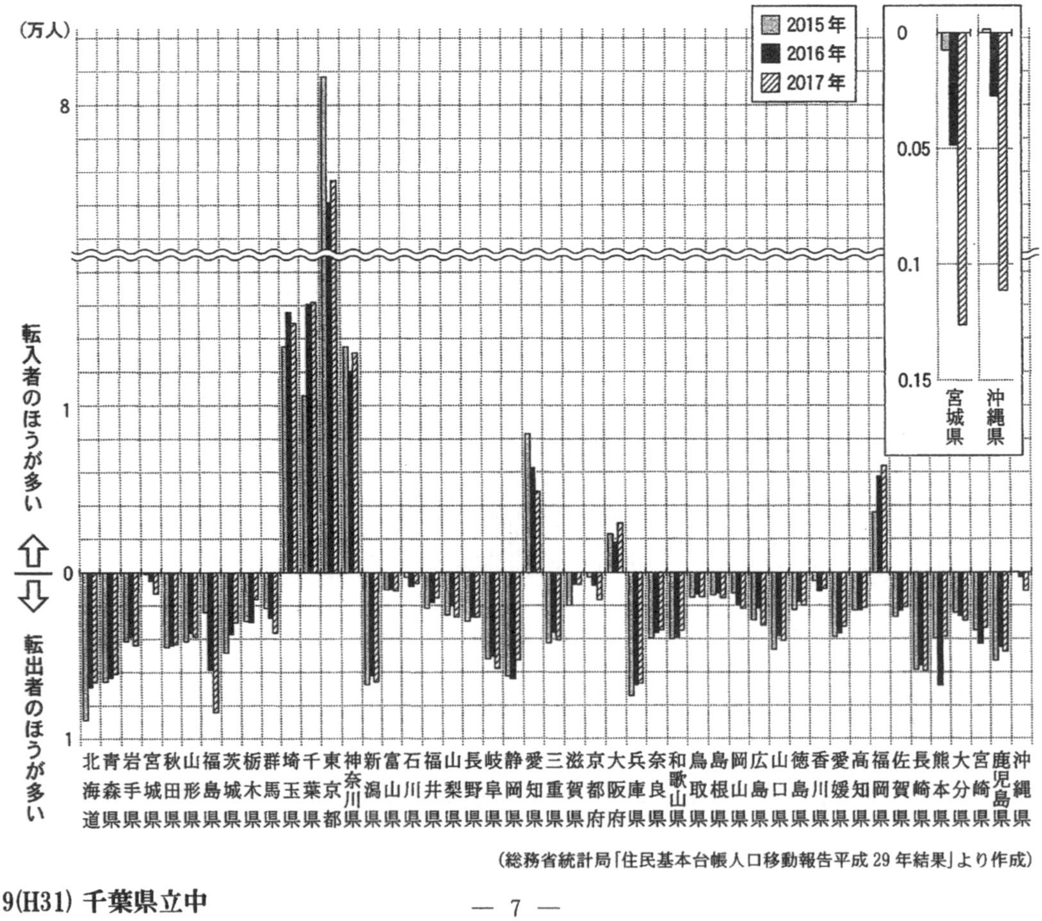

（総務省統計局「住民基本台帳人口移動報告平成29年結果」より作成）

資料４　都道府県の人口と面積

都道府県	人口（千人）	面積（100 km²）	都道府県	人口（千人）	面積（100 km²）	都道府県	人口（千人）	面積（100 km²）
北海道	5382	834	石川県	1154	42	岡山県	1922	71
青森県	1308	96	福井県	787	42	広島県	2844	85
岩手県	1280	153	山梨県	835	45	山口県	1405	61
宮城県	2334	73	長野県	2099	136	徳島県	756	41
秋田県	1023	116	岐阜県	2032	106	香川県	976	19
山形県	1124	93	静岡県	3700	78	愛媛県	1385	57
福島県	1914	138	愛知県	7483	52	高知県	728	71
茨城県	2917	61	三重県	1816	58	福岡県	5102	50
栃木県	1974	64	滋賀県	1413	40	佐賀県	833	24
群馬県	1973	64	京都府	2610	46	長崎県	1377	41
埼玉県	7267	38	大阪府	8839	19	熊本県	1786	74
千葉県	6223	52	兵庫県	5535	84	大分県	1166	63
東京都	13515	22	奈良県	1364	37	宮崎県	1104	77
神奈川県	9126	24	和歌山県	964	47	鹿児島県	1648	92
新潟県	2304	126	鳥取県	573	35	沖縄県	1434	23
富山県	1066	42	島根県	694	67			

（総務省統計局「平成 27 年国勢調査結果」，国土地理院「全国都道府県市区町村別面積調　平成 27 年面積」より作成）

そら：**資料３**から，2015 年から 2017 年までの３年間，それぞれの年におきた日本国内での人口移動の結果がわかるね。３年連続で転出者が上回った都道府県の数が［う］なのに対し，３年連続で転入者が上回ったのは［え］だね。このことと，**資料４**の「人口」と「面積」の両方を読み取って考えたこととを合わせると，３年連続で転入者のほうが多い都道府県は［お］ということがわかるね。

父　：よく気が付いたね。実際には，仕事や進学などのさまざまな理由で人口移動はおきるのだよ。

母　：転出者のほうが多い都道府県や市町村などでは，住民が納める分の税金による収入は減ってしまうことにつながりかねないね。そうなると，収入を増やす工夫も必要だけれど，支出を減らす工夫が大切になってきそうね。

⑶　［う］，［え］にあてはまる数をそれぞれ書きなさい。また，［お］に入る言葉を **15 字以内**で書きなさい。

父　：そうだね。でも，そう簡単にはいかないよ。**資料5**と**資料6**を見てごらん。これらは，市町村の収入と支出に関する資料だよ。収入には，国や都道府県からの補助金なども含まれるけれど，ここに示したものは市町村の住民が市町村に納める市町村税について調べたものだよ。支出の内訳の移り変わりは，2006年度の各項目の支出を1としたときの割合で表したよ。どのようなことが読み取れるかな？

資料5　市町村の収入と支出の移り変わり

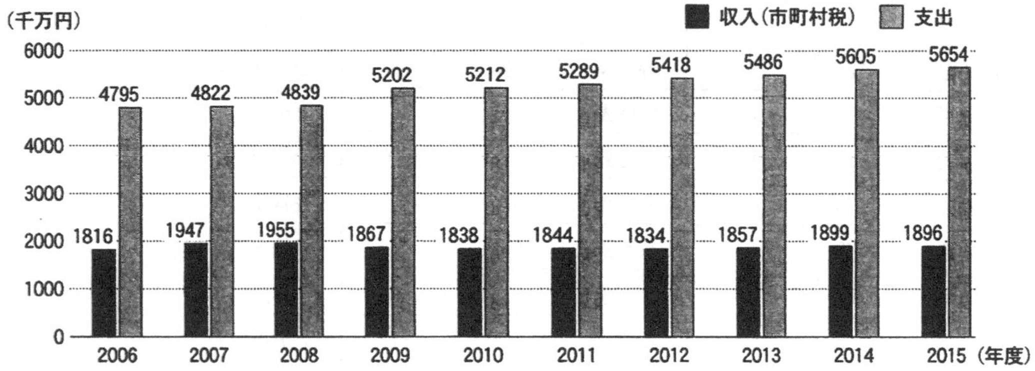

資料6　市町村支出の内訳(一部)の移り変わり

項目＼年度		2006	2007	2008	2009	2010	2011	2012	2013	2014	2015
[1] 人件費	勤労に対してしはらわれる費用	1	1	0.98	0.96	0.93	0.93	0.90	0.87	0.88	0.88
[2] 維持補修費	公共施設を維持するための費用	1	1.02	1.03	1.08	1.09	1.14	1.16	1.17	1.22	1.18
[3] 扶助費	住民の生活を助けるための費用	1	1.06	1.10	1.18	1.47	1.56	1.59	1.61	1.71	1.77
[4] 普通建設事業費	公共施設の建設のための費用	1	0.96	0.94	1.06	1.03	0.91	0.95	1.12	1.21	1.17
[5] 公債費	借り入れた借金を返すための費用	1	1	1	0.98	0.97	0.96	0.94	0.93	0.92	0.89

(資料5，資料6　総務省「平成27年度地方財政統計年報」より作成)

そら：これらを見てみると，収入にはあまり大きな変化は見られないけど，支出は10年間 [か] いるね。支出の内訳の移り変わりでは，公共施設の整備に使われる [き] への支出よりも [く] への支出のほうが増える割合が大きいね。

父　：そうだね。税金は，公共施設だけでなく，いろいろなことに使われているのだね。

(4)　[か] に入る言葉を**5字以内**で書きなさい。

(5)　[き]，[く] にあてはまる費用は何か。**資料6**の [1] ～ [5] のうちから選び，その番号を書きなさい。ただし，あてはまる番号が複数ある場合には，**すべて書くこと**。

母　：公共施設の整備にどのように予算を組んでいくかということは，日本全体で課題になっているそうよ。そこで，国の基本計画にもとづいて，都道府県や市町村などは「公共施設等総合管理計画」というものを定めているのよ。私たちの住むＹ市にも，公共施設等総合管理計画があるわ。その中では，Ｙ市では**資料７**に挙げられている「複合化」という方法に力を入れているみたい。

父　：なるほど，これは良い取り組みだね。この方法を上手に活用していけば，長い目で見ると都道府県や市町村などの支出を減らす工夫の１つになりそうだね。

資料７　Ｙ市が行う「複合化」

【複合化】

今ある異(こと)なる種類の施設を合わせ，１つの施設として整備すること。

方法１　**今ある施設を生かす**

方法２　**一方の施設があった場所または新たな場所に新しい施設を建てる**

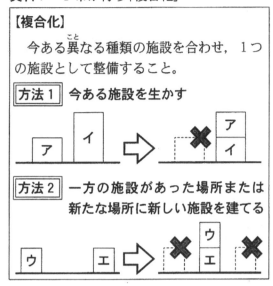

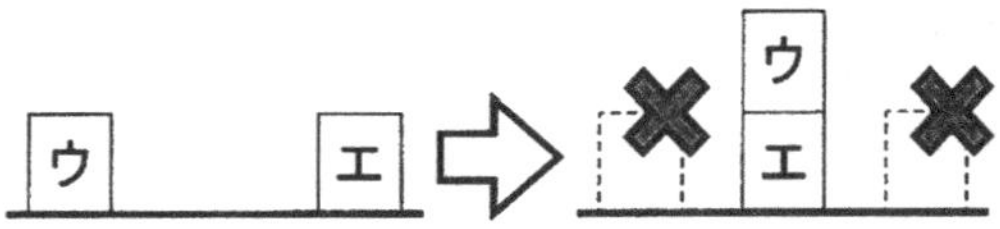

母　：**資料８**～**資料10**(次ページ)を見て。これらは，市の広報紙にのっていたものよ。

そら：**資料８**と**資料９**をもとにして，実際に複合化について考えてみたいな。

父　：現実の複合化を考えるのは，とても難しいことなのだよ。例えば，施設を利用する人や施設の利用状況(じょうきょう)など，市全体のいろいろなことを考えていかなければいけないのだよ。だから，まずは，たくさんある公共施設の中から複合化させる施設の「候補(こうほ)」を考えてみてはどうかな。最終的に複合化を決定するには，市で何度も議論(ぎろん)を重ねていくのだよ。

そら：わかった。それでは，ｹ複合化させる施設の候補を考えてみるね。

(少し時間をおいて)

母　：複合化させる施設の候補を考えてみて，あなたはどのようなことを感じたの？

そら：いろいろな人の立場や市の状況などを考えなければならないことがよくわかり，本当に難しいことだと感じたよ。でも，ｺ異(こと)なる種類の施設が１つになることで，これまでにはなかったような「新たな効果」を生み出すこともできるのではないかとも感じたよ。

母　：良いところに気が付いたわね。

資料8　Y市の公共施設の複合化についての方針（ほうしん）

○　複合化を行う際には，「公共施設へのおもな要望」を取り入れる。

○　修繕を行う時期にあたっている施設について，複合化を検討（けんとう）する。

　＜修繕を行う時期＞　建築後30年以上

○　「施設数の基準」をこえているものから優先（ゆうせん）して複合化を検討する。

施設名	施設の役割	施設内の部屋	施設数の基準
図書館	本を借りることができ，学ぶための施設	図書閲覧室（えつらんしつ）※，書庫	半径2kmの円のはん囲に図書館は1施設
美術館	美術に関する市民の知識や教養を高めるための施設	展示室（てんじしつ），保管庫	半径16kmの円のはん囲に美術館は1施設
博物館	学問，文化に関する市民の知識や教養を高めるための施設	展示室，保管庫，実験室，プラネタリウム	半径5kmの円のはん囲に博物館は1施設
公民館	仲間づくりや学習，趣味（しゅみ）の活動などを行うための施設	研修室，和室，調理室，多目的ホール，音楽室	半径2kmの円のはん囲に公民館は1施設

※閲覧室：本や新聞などを調べ，読むための部屋。

資料9　Y市の公共施設の配置図（一部）

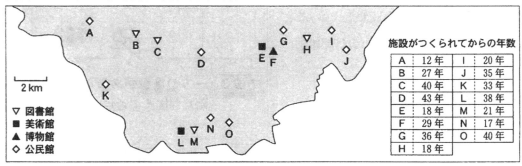

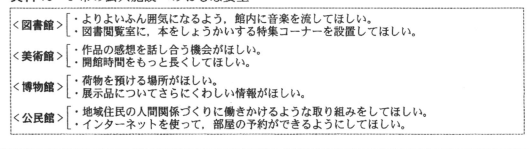

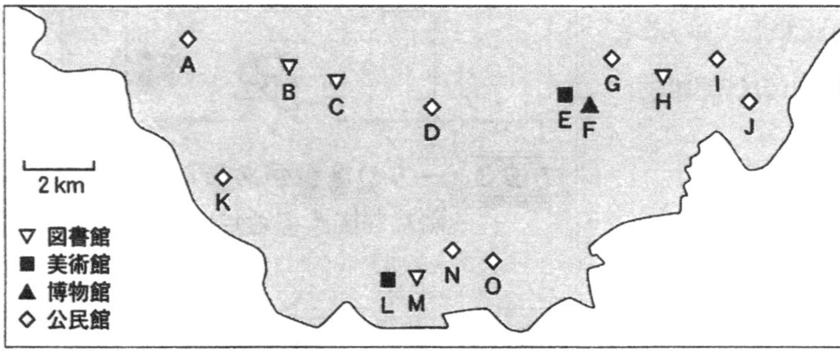

施設がつくられてからの年数

A	12年	I	20年
B	27年	J	35年
C	40年	K	33年
D	43年	L	38年
E	18年	M	21年
F	29年	N	17年
G	36年	O	40年
H	18年		

資料10　Y市の公共施設へのおもな要望

＜図書館＞
- よりよいふん囲気になるよう，館内に音楽を流してほしい。
- 図書閲覧室に，本をしょうかいする特集コーナーを設置してほしい。

＜美術館＞
- 作品の感想を話し合う機会がほしい。
- 開館時間をもっと長くしてほしい。

＜博物館＞
- 荷物を預ける場所がほしい。
- 展示品についてさらにくわしい情報がほしい。

＜公民館＞
- 地域住民の人間関係づくりに働きかけるような取り組みをしてほしい。
- インターネットを使って，部屋の予約ができるようにしてほしい。

⑹　下線部**け**について，複合化させる施設の候補を選ぶための手順を，**資料7～資料9**をふまえ，二段階に分けて書きなさい。ただし，解答らんにしたがい，「施設の選び方」を書き，それにより「選ばれる施設」のアルファベットを**すべて**書くこと。

⑺　下線部**こ**について，複合化後の施設に新たにどのような効果をもたせるか，あなたの考えを書きなさい。ただし，解答らんにしたがい，「複合化させる施設」のうちから**2つ**を選んで○で囲み（いずれを選んでも得点に影響（えいきょう）はありません。），「新たな効果」は，その2つの「公共施設へのおもな要望」を最低1つずつはふまえること。また，句読点を含め，**30字以上40字以内**で書くこと。

2	(1)	あ	倍	4点
	(2)	い	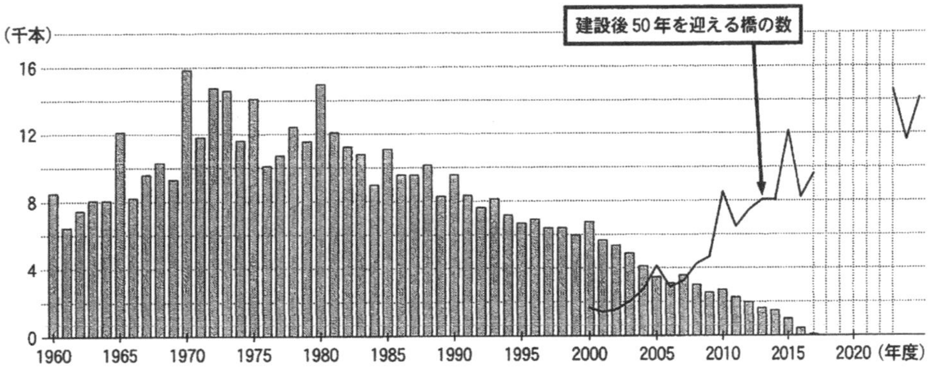	6点
	(3)	う	え	4点×3
		お	15	
	(4)	か	5	4点
	(5)	き	く	4点×2
	(6)	け	段階 / 施設の選び方 / 選ばれる施設 1 ➡ 2 ➡	4点×2
	(7)	こ	複合化させる施設：図書館・美術館・博物館・公民館 新たな効果　30　40	8点

受検番号		氏　名		※

※100点満点

この※らんには何も書かないこと。

平成31年度

適性検査　1―2

問　題　用　紙

1 ひろとさんとみゆかさんは，ロボットそうじ機について先生と話をしています。あとの(1)~(5)の問いに答えなさい。

ひろと：デパートでロボットそうじ機が動いているのを見かけましたが，とても複雑な動きをしていました。

先　生：効率よくそうじができるように，コンピュータのプログラムを利用して動かしているのですよ。

みゆか：コンピュータのプログラムとは何ですか？

先　生：プログラムとは，コンピュータに実行させる命令を記述したものです。

ひろと：プログラムについて，もう少しくわしく教えてください。

先　生：プログラムはたくさんの命令を順序よく並べて，複雑なことができるように記述したものです。ですから，命令の手順を整理することが大事なのです。例えば，見た目が同じ８個の球の中に１つだけ他の球より重い球が入っているとき，**図１**の実験用てこを使って，確実に重い球を見つけ出す手順を考えてみましょう。実験用てこを最低何回使えばよいかわかりますか。

図１　実験用てこ

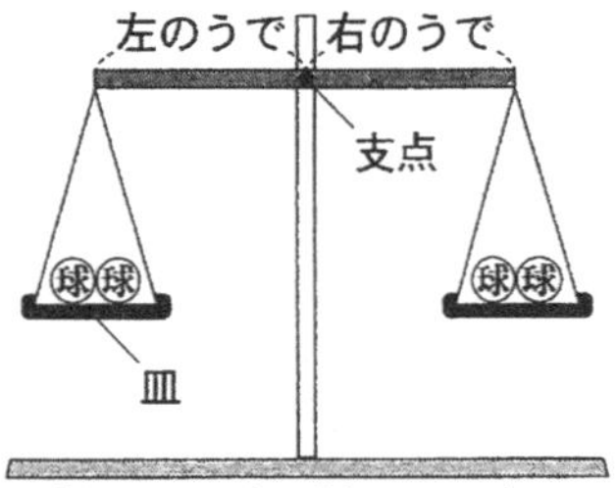

「左のうで」と「右のうで」の長さは等しい

ひろと：球ののせ方がたくさんありますね。

先　生：そうですね。では，球ののせ方を整理してみましょう。重い球を見つけ出す手順を図で表すと**図２**のようになります。８個の球は，それぞれA，B，C，D，E，F，G，Hで示します。手順は「開始」から始まり，矢印の方向に進み，「終了」までたどりつくと終わりです。

図２

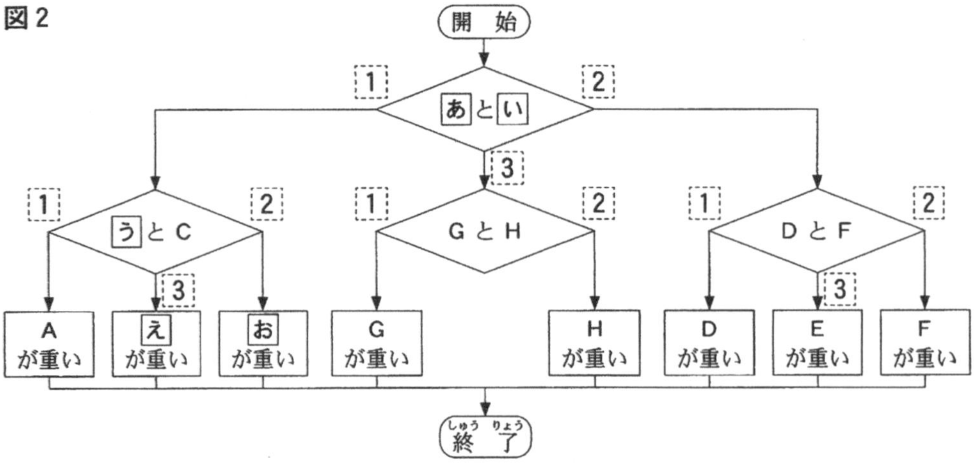

先　生：図２の◇の記号では，実験用てこを使って球の重さを比べます。◇の記号の中のアルファベットは実験用てこの皿にのせる球を表し，例えば「ＤとＦ」は左のうでの皿に球Ｄ，右のうでの皿に球Ｆをのせることを意味しています。その次は実験用てこの状態によって手順の進む方向が決まります。左のうでが下がると1へ，右のうでが下がると2へ，水平につり合うと3へ進みます。

みゆか：わかりました。実験用てこを最低 **か** 回使えば重い球を見つけることができます。

先　生：よくできました。

(1) 図２の **あ** ～ **お** にあてはまる球を示すアルファベットを書きなさい。ただし，あてはまるアルファベットは１つとはかぎりません。

(2) **か** にあてはまる数を書きなさい。

先　生：今度は，コンピュータに書き込んだプログラムどおりに動くロボットで考えてみましょう。プログラムに書き込める命令は，資料１の命令①～④の４種類です。はじめに，ロボットは１目盛り24 cmの方眼の線が交わった位置で止まっており，方眼の線上を動くものとします。後退のときは向きを変えず，後ろに移動します。

資料１

ロボットが向いている方向を基準として

命令①　１目盛り前進	命令②　１目盛り後退
命令③　右へ 90° 回転	命令④　左へ 90° 回転

先　生：また，ロボットの移動する速さは前進が秒速 6 cm，後退が秒速 4 cm で，90°回転するには，左右とも３秒かかります。例えば，北を向いて止まっているロボットに命令を入力してスイッチを押すと，図３のように動きました。そのとき入力した命令は図４のとおりです。ロボットが動き始めてから止まるまで，何秒かかりますか。

図３

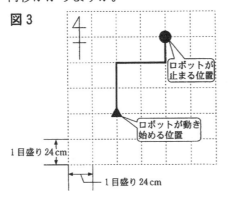

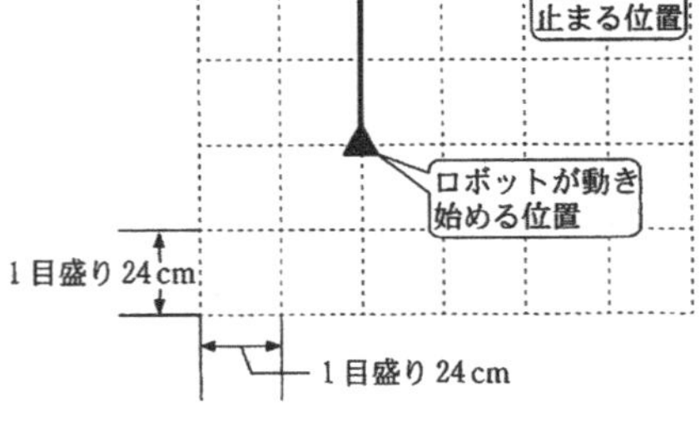

図４

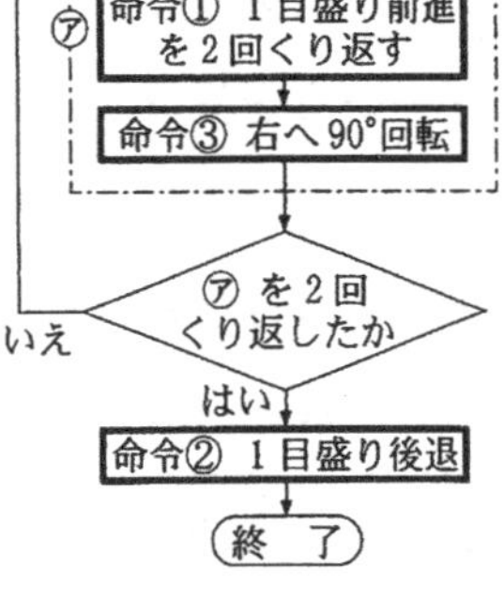

ひろと：わかりました。［き］秒かかります。

先　生：そのとおりです。では，同じように**図5**の命令を入力した場合，どのように動きますか。

みゆか：ロボットは，［く］cm 前進，［け］cm 後退，90° 回転は，左右合わせて［こ］回です。

先　生：正解です。では，ロボットが動き始めてから止まるまで，何秒かかりますか。

ひろと：［さ］秒かかります。

先　生：よくできましたね。

図5

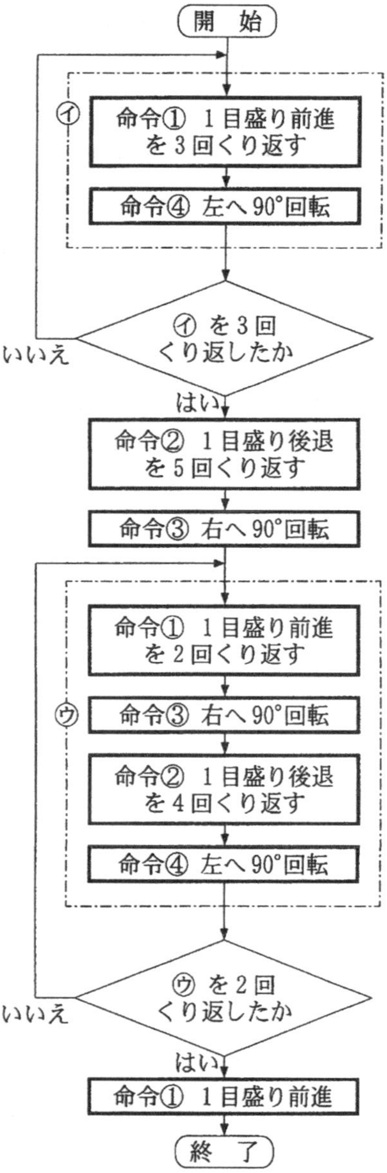

⑶　次の①～③の問いに答えなさい。

①　［き］にあてはまる数を書きなさい。

②　**図5**の命令を実行したとき，ロボットが動き始めてから止まるまで移動した経路を**図3**の表し方にならって，解答らんの図にかきなさい。また，ロボットが最後に向いている方角も書きなさい。ただし，命令がすべて終了し，ロボットが止まった位置に●をかくこと。なお，はじめにロボットは▲の位置で北を向いて停止しています。

③　［く］～［さ］にあてはまる数を書きなさい。

次に，３人でロボットそうじ機の形について話をしています。

ひろと：ぼくが見たそうじ機は円形だけでなく，**図６**のように三角形の辺を丸くした形(**図形ａ**)をしているものもありました。なぜこのような形をしているのですか。

図６

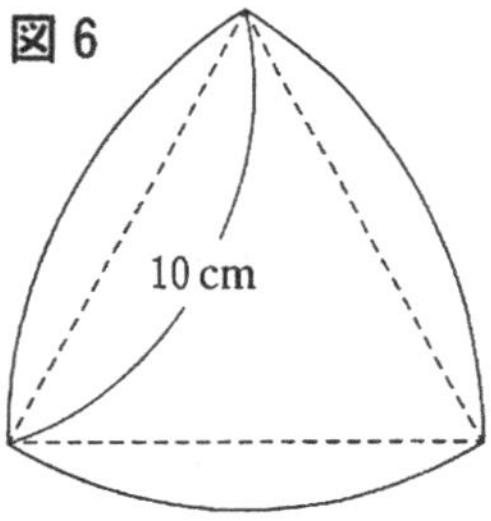

図形ａ

先　生：そうじをするのに効率的な形だからですよ。

みゆか：それはなぜですか。

先　生：**図形ａ**の形を調べると分かります。まず**図形ａ**をかいてみましょう。はじめに，１辺 10 cm の正三角形をかきます。次にコンパスを使って，１つの頂点(ちょうてん)を中心にして残りの２つの頂点を通る円弧(えんこ)(円周の一部分)をかきます。同じようにして他の２つの頂点からもそれぞれ円弧をかくと，**図形ａ**ができます。

ひろと：**図形ａ**のかき方がわかりました。

先　生：次に，**図形ａ**のまわりの長さを考えましょう。**図７**の**図形ｂ**は**図形ａ**の一部です。**図形ｂ**を利用して，**図形ａ**のまわりの長さを求めてください。

図７

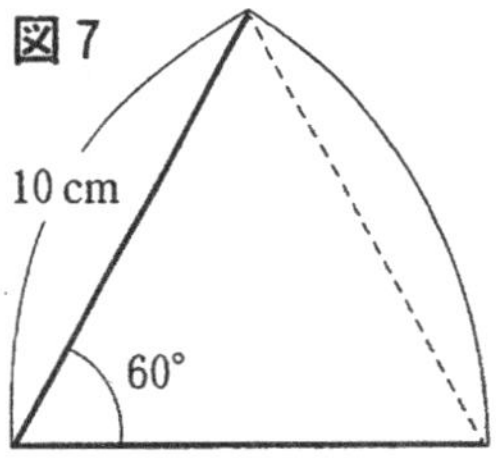

図形ｂ

ひろと：もう少しヒントをください。

先　生：**図形ｂ**の円弧部分は，半径 10 cm の円の円周の一部といえます。今，**図形ｂ**の実線(——)で示された２つの辺の間の角の大きさは 60° なので，円の中心の６分の１の大きさであるとわかります。だから，円弧部分の長さも半径 10 cm の円の円周の６分の１の長さになります。

みゆか：わかりました。**図形ａ**のまわりの長さは [し] cm です。

先　生：よくできました。次に，**図形ａ**が直線に触(ふ)れながらすべらずに転がるときを考えましょう。**図８**のように，**図形ａ**は平行な２つの直線に触れながら一定の幅(はば)で転がることがわかります。

図８

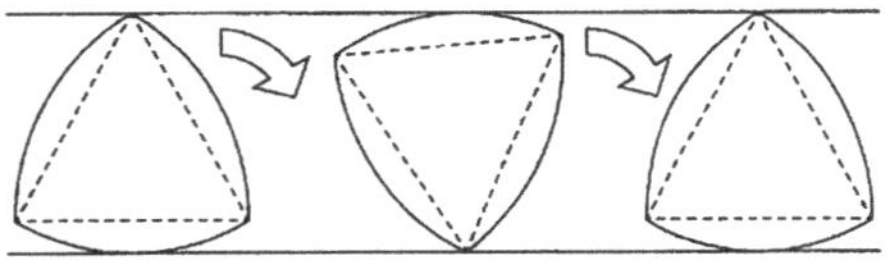

図形ａ

みゆか：円でなくても一定の幅で転がる図形があるのですね。

ひろと：**図形ａ**はおもしろい性質をもつことがわかりました。

先　生：では，円に１点で触れながら転がる場合はどうなるか考えましょう。**図９**のように**図形ａ**と円が，**図形ａ**の周上の**点ｃ**で触れています。**図形ａ**が円周上をすべらずに転がると，ちょうど１回転して再び**点ｃ**で円に触れたときに，元の位置に戻（もど）りました。**図９**の円の半径は何 cm ですか。

図９　　**図形ａ**

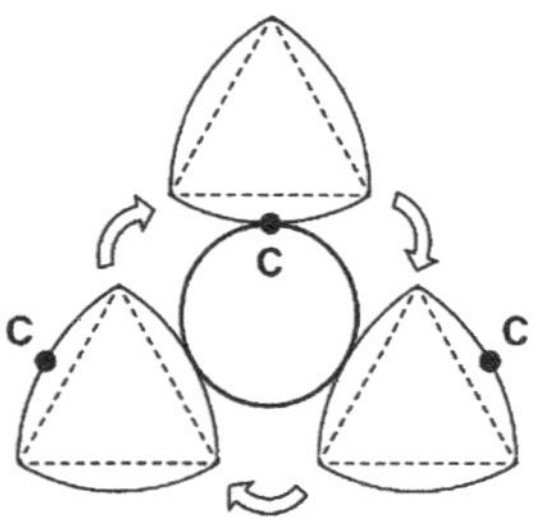

みゆか：１周して元に戻ったことを考えると，**図９**の円の半径は，［　す　］cm です。

先　生：正解です。次に，このとき**図形ａ**が通過した部分の面積を考えてみましょう。

ひろと：**図形ａ**が直線上を転がったときと同じように考えると，［　せ　］cm^2 です。

先　生：そうですね。最後に，**図形ａ**が回転する場合を考えてみましょう。**図 10** の白色の部分は，**図形ａ**がある正方形に内側で触れながら，回転したときの通過範囲（はんい），**図 11** の白色の部分は，円が**図 10** と同じ正方形に内側で触れながら，回転したときの通過範囲をそれぞれ表しています。ぬりつぶした部分は，それぞれの図形が通過していない範囲です。**図 10** のぬりつぶした部分の面積の合計は，1.2 cm^2 として，**図 10** と**図 11** のぬりつぶした部分の面積を比べてみましょう。

図10

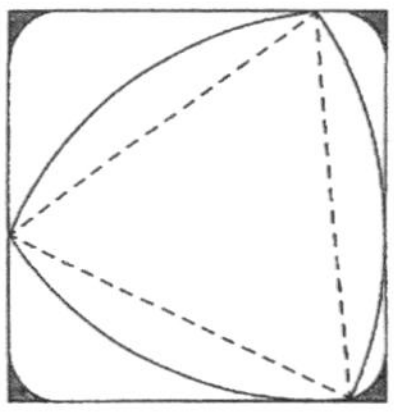

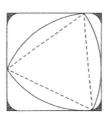

図11

みゆか：ぬりつぶした部分の面積は**図 10** より**図 11** のほうが［　そ　］cm^2 大きいです。**図形ａ**のほうが円よりも広い面積をそうじすることができる形であることがわかりました。

先　生：よくできましたね。それでは，**資料２**，**図 12**～**図 15**（次ページ）を見てください。**資料２**の条件を満たす**図 12** のロボットそうじ機で，**図 13** の部屋をそうじする場合を考えましょう。なお，そうじ機の移動経路は**図 14**，**図 15** のようにそれぞれ設定します。

⑷　次の①～③の問いに答えなさい。ただし，円周率は 3.14 とします。

①　［　し　］，［　す　］にあてはまる数を書きなさい。

②　［　せ　］を求めるための計算式と，［　せ　］にあてはまる数を書きなさい。

③　［　そ　］にあてはまる数を書きなさい。

平成 31 年度

適性検査　2 — 1

（45分）

（注意事項）

1　「始め」の合図があるまでは，開かないこと。

2　解答らんは，この用紙の裏側に印刷されています。とりはずして使用し，答えは，すべて解答用紙に書きなさい。解答用紙は，半分に折って使用してもかまいません。

3　検査問題は，１ページから 11 ページまで印刷されています。

検査が始まって，文字や図などの印刷がはっきりしないところや，ページが足りないところがあれば，静かに手を挙げなさい。

4　問題用紙のあいている場所は，下書きや計算などに使用してもかまいません。

5　「やめ」の合図があったら，筆記用具を置き，机の中央に解答用紙を裏返して置きなさい。

平成 31 年度　適性検査　2ー1　解答用紙

答えは，すべてこの解答用紙に書き，解答用紙だけ提出しなさい。

1	(1)	①	ア		イ　　回転	4点×3
			ウ	倍		
		②		回転	③　　秒後	4点×2
	(2)	①	エ	オ		完答4点
		②	L	O		完答4点
		③		mm		4点
		④	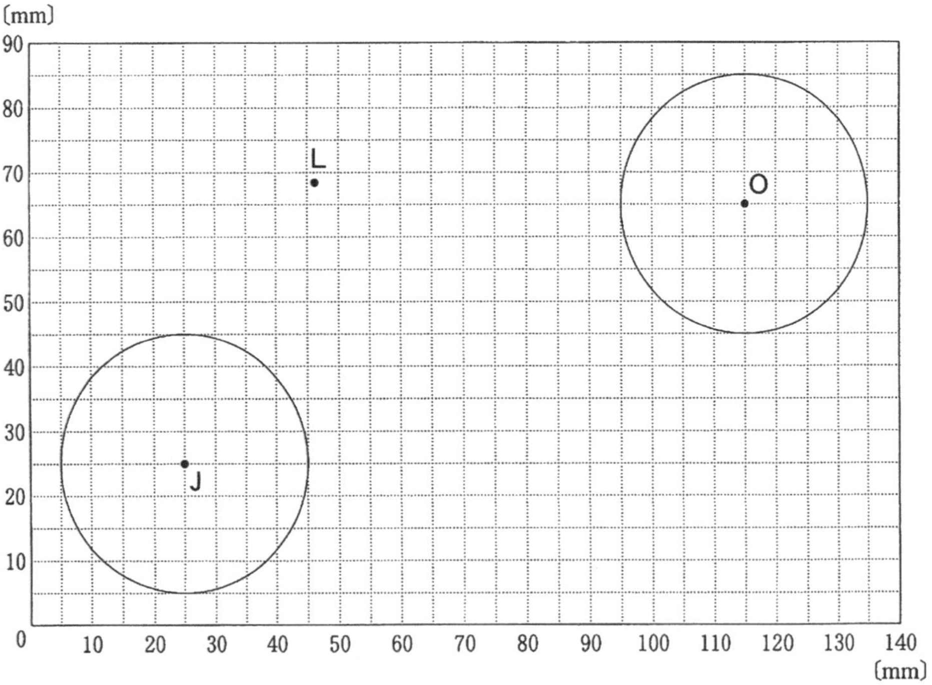			8点
	(3)	カ	キ	ク		4点×5
		ケ	コ			

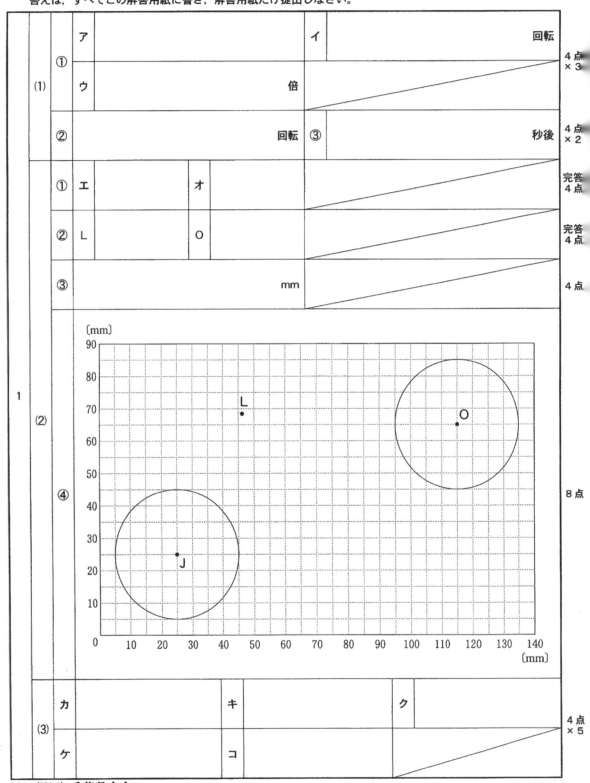

資料 2

○そうじ機は一定の幅 30 cm で移動し，通過した部分をそうじする。
○そうじ機は常に一定の速さで移動し，そうじしながら 1 秒間に 5 cm 進む。部屋の隅(すみ)は回転してそうじするが，回転にかかる時間は考えない。
○部屋の左下の★の位置からそうじを始め，最後にこの位置に戻る。スタート時の★の場所は最後に回転してそうじする。
○図 13 のぬりつぶした 8 か所の面積の合計は 22 cm^2 であり，その部分はそうじすることができない。
○家具がある部分は下に入ることができず，そうじすることができない。
○そうじ機の移動経路は使用前に設定することができる。
○そうじ機には部屋をそうじするために必要な電気が，十分にたくわえられている。

図12

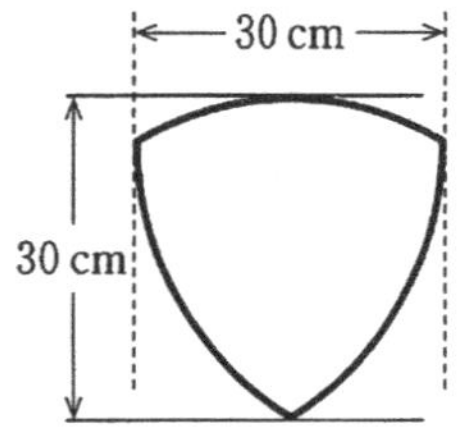

図13　部屋を真上から見た図（単位は cm）

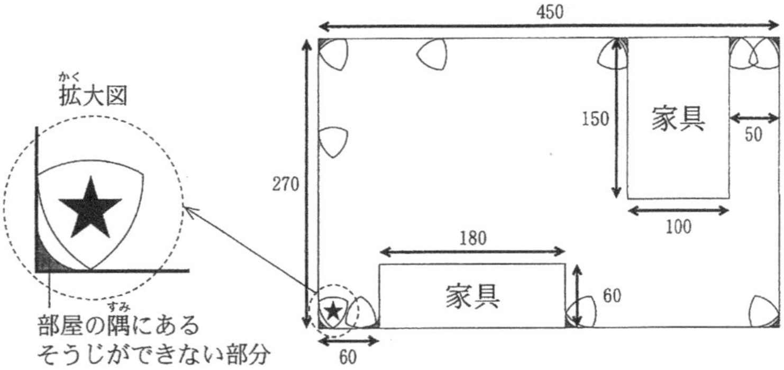

図14

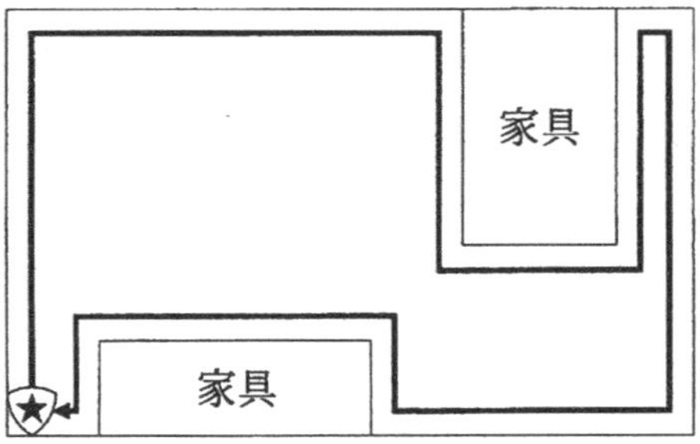

図15　図中の方眼は 1 目盛り 15 cm

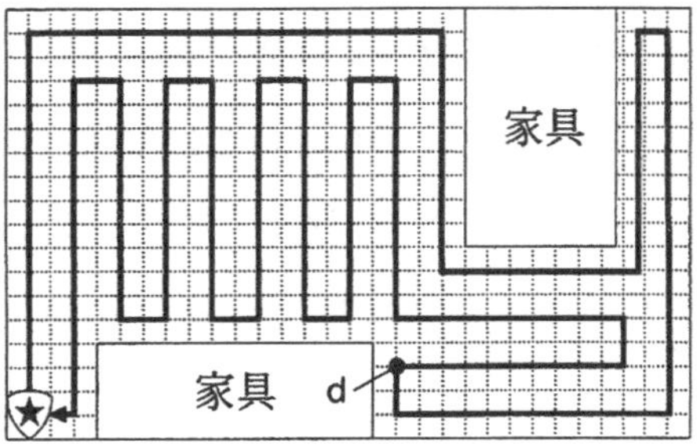

(5)　次の①～③の問いに答えなさい。

①　ロボットそうじ機がそうじすることができる**図 13** の床(ゆか)の最大面積は何 cm^2 か書きなさい。

②　**図 14** に示した経路に従(したが)って，部屋の中の壁(かべ)や家具に触れながらロボットそうじ機が 1 周するとき，必要な時間は最低何秒か書きなさい。

③　**図 15** に示した経路に従って，ロボットそうじ機が移動するとき，必要な時間は最低何秒か書きなさい。ただし，**点 d** までは**図 14** と同じように部屋の中の壁や家具に触れながら移動します。

2 とおるさんとみはるさんは，時計について先生と話をしています。あとの(1)～(4)の問いに答えなさい。

とおる：校庭に出て，ぼくが作った日時計（**図1**）を使って何回か時刻(じこく)をはかってみたけれど，校庭にある時計（**図2**）が示す時刻と，いつも同じくらいずれていたような気がします。どちらかの時計が正しくないのですか。

先　生：校庭にある時計（**図2**）の時刻はあっていますね。とおるさんの日時計も正しく作られていますし，使い方も正しいです。

図1

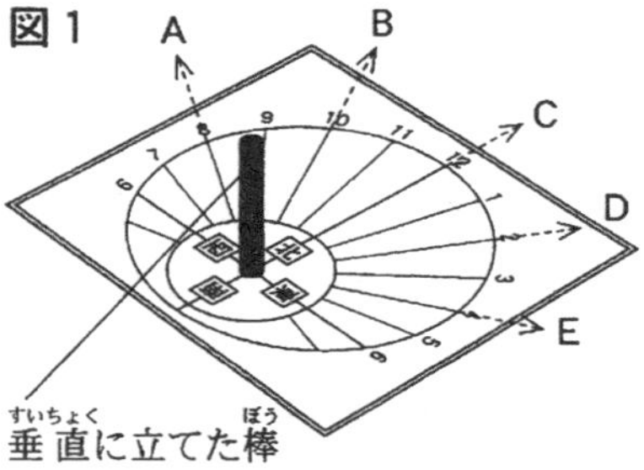

図2

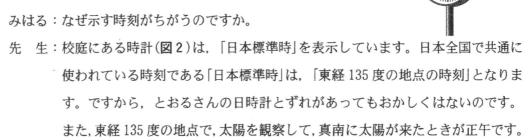

みはる：なぜ示す時刻がちがうのですか。

先　生：校庭にある時計（**図2**）は，「日本標準時」を表示しています。日本全国で共通に使われている時刻である「日本標準時」は，「東経135度の地点の時刻」となります。ですから，とおるさんの日時計とずれがあってもおかしくはないのです。また，東経135度の地点で，太陽を観察して，真南に太陽が来たときが正午です。

みはる：どういうことですか。もう少し教えてください。

先　生：学校は千葉県鎌ケ谷(かまがや)市にあるので，東経135度の地点で太陽が真南にあるときには，鎌ケ谷市では太陽は真南にはないのです。なお，とおるさんの日時計が示した時刻を「地方時」と言います。

とおる：校庭にある時計が正午の時，鎌ケ谷市での地方時は何時何分になるのですか。

先　生：いっしょに考えてみましょう。鎌ケ谷市は東経135度よりも東にあるので，校庭にある時計が正午のとき，この日時計では，［ア］の時刻を示しますね。

とおる：どれくらいずれるのですか。

先　生：ヒントをあげます。鎌ケ谷市は東経140度とします。

みはる：太陽はだいたい1日で地球の周りを1周しているように見えるから，5度のずれだと，［イ］分ずれるのですね。

先　生：そのとおりです。

(1) 次の①～③の問いに答えなさい。

① **ア** にあてはまる言葉として最も適当なものを，次の**あ**～**う**のうちから1つ選び，その記号を書きなさい。

あ 午 前　　**い** 正 午　　**う** 午 後

② **ア** のとき，日時計の棒(ぼう)の影(かげ)の先端(せんたん)は，**図1**のどの位置をさしますか。次の**え**～**き**のうちから最も適当なものを1つ選び，その記号を書きなさい。

え A～Bの間　　**お** B～Cの間　　**か** C～Dの間　　**き** D～Eの間

③ みはるさんは，**イ** を求めるために次に示す計算式を使いました。次の □ の（ く ），（ け ）にあてはまる数をそれぞれ書きなさい。また，**イ** にあてはまる数を書きなさい。

（ く ）〔分〕÷（ け ）〔度〕 ×5〔度〕

先　生：**図3**は，**図1**の日時計を真上から見て，3月，6月，12月それぞれの月のある1日の朝から1時間ごとに，棒の影の先端の位置を記録し，それを線で結んだものが，F，G，Hの線です。**図3**中の●が，棒を垂直(すいちょく)に立てた位置になります。

図3

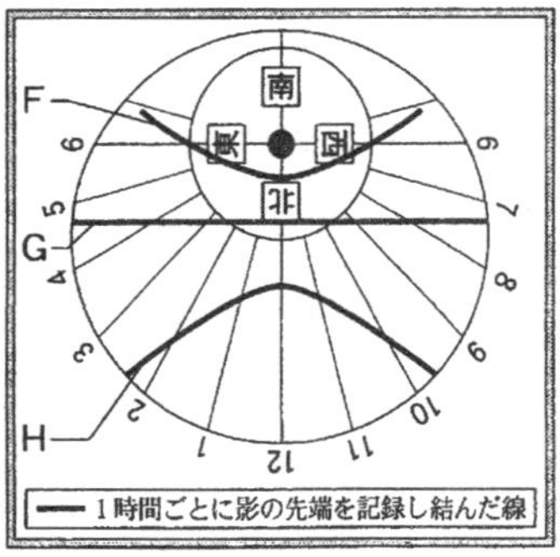

みはる：Fが **ウ** 月，Gが **エ** 月，Hが **オ** 月ですね。

先　生：そうです。どうしてすぐにわかったのかな。

みはる：Fの線は棒の影が短いことを示し，Hの線は棒の影が長いことを示しています。生活の中で判断すると，夏の晴れた日は部屋の奥(おく)まで日光が直接 **カ** ことから，また，冬の晴れた日は部屋の奥まで日光が直接 **キ** ことから考えました。

先　生：なるほど。よく見ていましたね。

とおる：Gの記録だけ，ほぼ直線なのですね。

先　生：そうです。さらに，この日は昼と夜の長さがほぼ同じ日なのですよ。

---

(2) **ウ** ～ **オ** にあてはまる数を書きなさい。また，会話文に合うように，**カ**，**キ** にあてはまる言葉をそれぞれ**5字以内**で書きなさい。

次に，とおるさんとみはるさんは，水時計のしくみについて先生と話をしています。

とおる：日時計は大昔からある時計ですよね。ほかにどのような時計がありますか。

先　生：夜も時間をはかることができる，水を利用した水時計があります。**図４**は，水時計のしくみを示したものです。水が管（くだ）を通って，少しずつ順番に下段（げだん）の水そうに流れこみ，水そうＥの円柱の形をした「うき」をおし上げます。うきに付いている時刻の目盛り（めもり）がかかれている棒を見て時刻を確認したそうです。

図４　水時計のしくみ

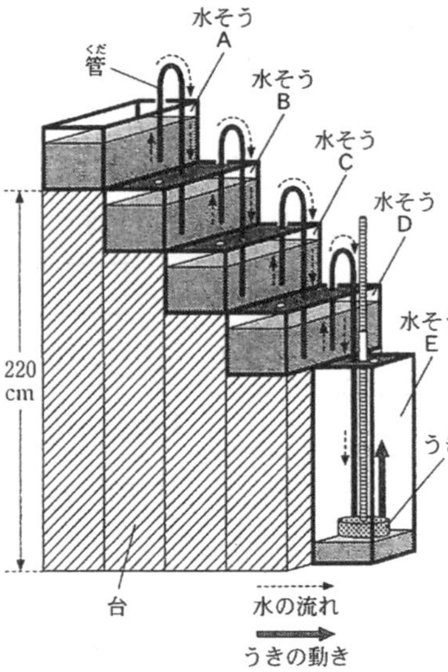

とおる：水をたくさん使いそうですね。

先　生：そうです。では，水時計で時間をはかるには，どれくらいの水が必要だったのか，考えてみましょう。**図４**の水そうＡに入れた水は，管で吸（す）い上げられ下段の水そうＢへ移ります。その後，水そうＢから水そうＣへ，水そうＣから水そうＤへ，最終的に水そうＤから水そうＥへと，水がそれぞれ管を通って移っていきます。

みはる：なぜ，直接水そうＥに水を入れないのですか。

先　生：昔の技術では，常に一定量の水を水面が波立たないように入れるのが難（むずか）しかったのです。そこで，水そうを階段状に置くことで，下段にある水そうへ水が移るにしたがって，水の出入りが一定になるようにしたのです。

みはる：水時計がこのような形をしている理由がわかりました。

先　生：では，水そうＥについて，もう少しくわしく説明しますね。水そうＥは内のりの底面が一辺 30 cm の正方形である直方体です。**図５**は，水そうＥを大きく示したもので，常に１時間で 10000 cm^3 の水が入ります。うきが動き始めるのは，水位（底面から水面までの高さ）が 5 cm のときです。

図５　水そうＥのしくみ

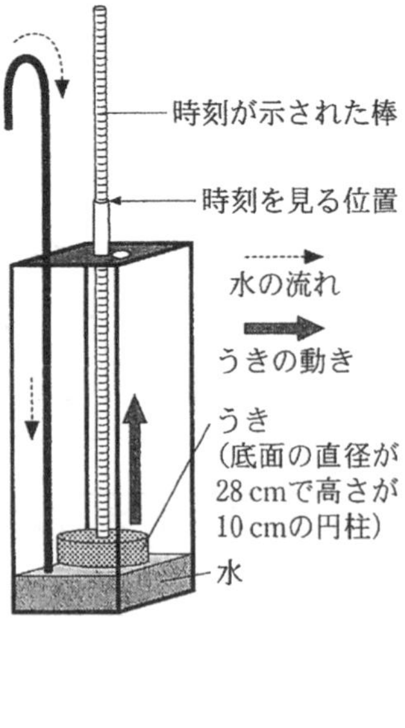

先　生：まず，うきが動き始めるまでに必要な水の量を考えましょう。**図6**は，水そうEに水を入れていくときの，うきが動くようすです。うきの高さは10 cmですが，[2]の図のように，水そうEの水位が5 cmになるとき，うきは動き始めます。では，どれくらいの水が必要ですか。

図6　うきが動くようす

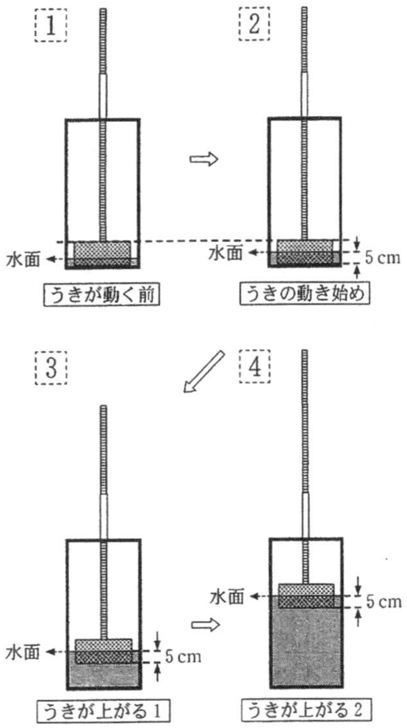

みはる：うきの底面は直径が28 cmの円なので，a<u>うきの底面の面積は615 cm^2</u>ですから，水位が5 cmになるまでにうきの周りにたまる水の量は，[ク] cm^3です。

先　生：そうです。それでは，水そうDから水そうEへ水が入り始めてから，うきが動き始めるまでに何分何秒かかりますか。

みはる：わかりました。[ケ]です。

先　生：そのとおりです。では，そのまま水が入り続けると，うきは動き始めてから1時間で何cm上がりますか。うきは一定の速さで上がり続けます。

とおる：[コ] cmです。

先　生：そうですね。さらに時間をはかるには，たくさんの水を使いますね。

(3)　次の①～④の問いに答えなさい。

①　下線部aのうきの底面の面積を求めるための計算式を書きなさい。ただし，円周率は3.14とします。なお，うきの底面の面積は，計算した値(あたい)を四捨五入(ししゃごにゅう)して整数で表したものです。

②　[ク]にあてはまる数を書きなさい。また，[ケ]にあてはまる時間(何分何秒)を書きなさい。

③　[コ]にあてはまる数を書きなさい。ただし，答えは四捨五入して整数で書きなさい。

④　水そうEに水を入れ始めてから，12時間をはかるには，最低何 m^3の水が必要になるか書きなさい。ただし，答えは四捨五入して小数第2位まで書きなさい。

先　生：水そうDから水そうEへ水を一定に流すことで，うきが一定の速さで動き，正確に時間をはかることができます。**図7**を見てください。これは，うきが動き始めてからの時間と，水そうEの底からそれぞれの水そうの水面までの高さとの関係を表したグラフです。上から水そうA，水そうB，水そうCの記録です。水そうA～Dは同じ大きさの直方体で，内のりの底面が縦（たて）65 cm，横30 cmの長方形です。水そうA～Dには，うきが動き始めるときに，それぞれ30 cmの水位まで水が入っています。また，水そうAは220 cmの台にのせてあり，水そうB～Dはそれぞれ30 cmずつ低くなった台にのせてあります。

図7

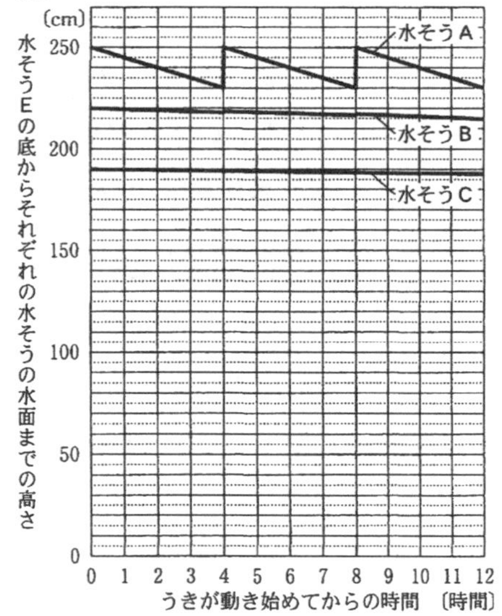

みはる：水そうDと水そうEのグラフが見当たりません。どうなりますか。

先　生：**表**を見てください。これは，うきが動き始めてからの時間と，水そうEの水位の関係を表すものです。うきが動き始めるときの水位5 cmだけを**表**に書きました。

表　うきが動き始めてからの時間と水そうEの水位の関係

うきが動き始めてからの時間〔時間〕	0	1	2	3	～	11	12
水そうEの水位〔cm〕	5				～		

b この**表**を完成させると，**表**から水そうEのグラフをかくことができます。なお，水位は整数で考えます。また，水そうDのグラフは，水そうA～Cのグラフをよく見て，それぞれの水そうの水の出入りと，水時計のしくみを考えればかけますよ。

⑷　次の①，②の問いに答えなさい。ただし，水そうの底の厚さは考えません。

①　**図7**のグラフから，この水時計にどのように水を加えていたかがわかります。解答らんの空らんにあてはまる数を書くことで，そのようすを説明しなさい。ただし，水時計のしくみをふまえて書くこと。

②　下線部bについて，水そうDと水そうEの，うきが動き始めてからの時間と，水そうEの底からそれぞれの水そうの水面までの高さの関係を表したグラフはどうなるか，解答らんの図に，水そうA～Cのグラフにならってそれぞれかきなさい。

2	(1)	①	ア		②		2点×2
		③	く	分	け	度	完答4点
			イ	分			2点
	(2)	ウ	月	エ	月	オ 月	完答4点
		カ	□□□□□(5)	キ	□□□□□(5)		完答4点
	(3)	①					2点
		②	ク	cm^3	ケ	分　秒	4点×2
		③	コ	cm	④	m^3	3点×2
	(4)	①	水そうAのグラフを見ると，水そうAの水位が1時間に □ cmずつ減っていることがわかる。 水がなくならないように，□ 時間おきに □ cm^3 ずつ水を加えている。				8点
		②	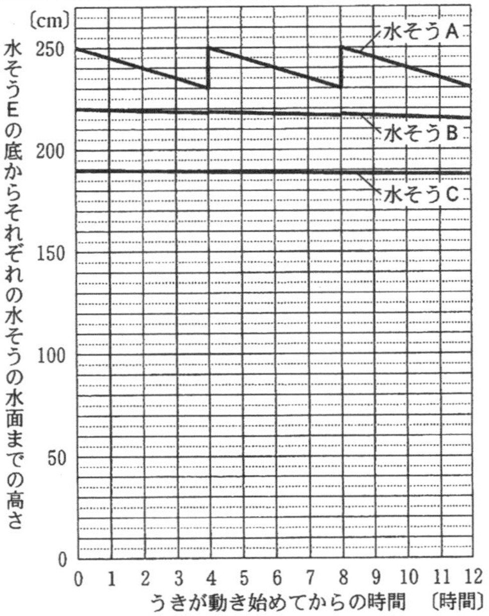				8点

受検番号		氏　名	

※100点満点

※

この※らんには何も書かないこと。

平成 31 年度

適性検査　2—1

問　題　用　紙

1　ことさんとゆうさんは先生と歯車について話をしています。なお，歯車Aを**A**と示し，他の歯車も同じように表します。あとの(1)～(3)の問いに答えなさい。

こと：学校の授業で使った手回し発電機（**図1**）の中を見ると，歯車が入っていました。

先生：手回し発電機はハンドルを回すことで，歯車を回転させてモーターを動かし，発電するしくみになっています。歯車は，身近なものにたくさん使われています。では，歯車について考えてみましょう。歯車は2つ以上かみ合わせると，回転運動を伝えることができます。**図2**で，動かす歯車をX，動かされる歯車をYとして，2つの歯車がかみ合っている場合，次のようなきまりが成り立ちます。

図1

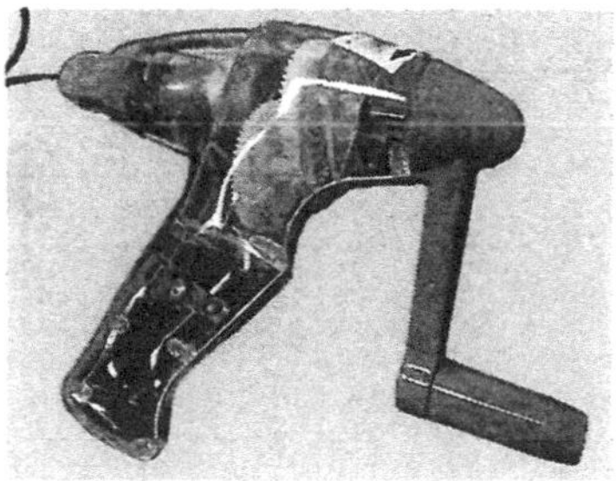

図2

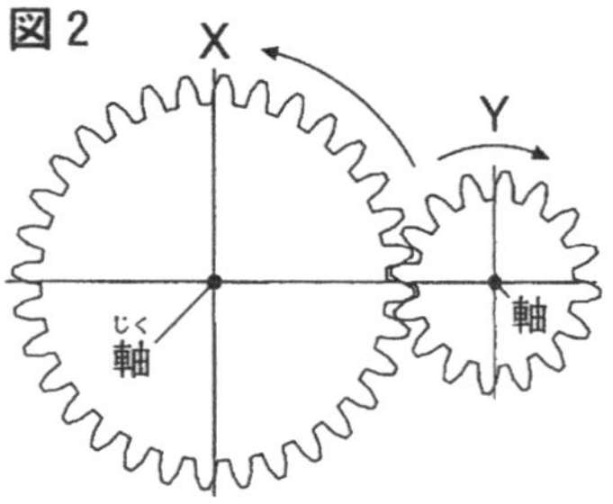

Xの歯数：Yの歯数＝Yの回転数：Xの回転数

この関係は，

$$\frac{\text{Xの歯数}}{\text{Yの歯数}} = \frac{\text{Yの回転数}}{\text{Xの回転数}}$$

という形でも表すことができ，この数値のことをXからYへの「伝達の値」と呼ぶことにします。伝達の値は，Xが1回転したときに，Yが何回転するのかということを表しています。

ゆう：かみ合う2つの歯車には，必ずこのきまりが成り立つのですね。

先生：そうです。では，実際に考えてみることにします。かみ合う2つの歯車，**A**（歯数30）と**B**（歯数12）があります。動かす歯車を**A**としたとき，**A**から**B**への伝達の値はいくつになるかわかりますか。

こと：伝達の値は，［　ア　］です。

先生：そうです。では，**A**を10回転させると，**B**は何回転しますか。

ゆう：**B**は［　イ　］回転します。

K 教英出版

先生：そうなります。次に，AをPに取り替え，Bとかみ合わせました。Pの歯数は，Aの歯数の3.5倍です。Pを10回転させると，Bの回転数は，Aを10回転させたときと比べて何倍になりますか。

こと：［ウ］倍になります。

先生：よくできました。では，図3を見てください。

ゆう：歯車が2段になっているものがあります。

先生：そうです。図3の歯車は4つあり，それぞれの歯数は，表1のとおりです。D(小)とD(大)は，同じ軸に固定されているので，同時に回ります。
1つの軸に2つの歯車をつけることで，歯車を収める入れ物を，より小さなものにすることができます。歯車は互いにかみ合っており，動かす歯車をCとすると，CはD(小)へ，D(大)はEへと回転運動を伝えることができます。このとき，CからEへの伝達の値は，

図3

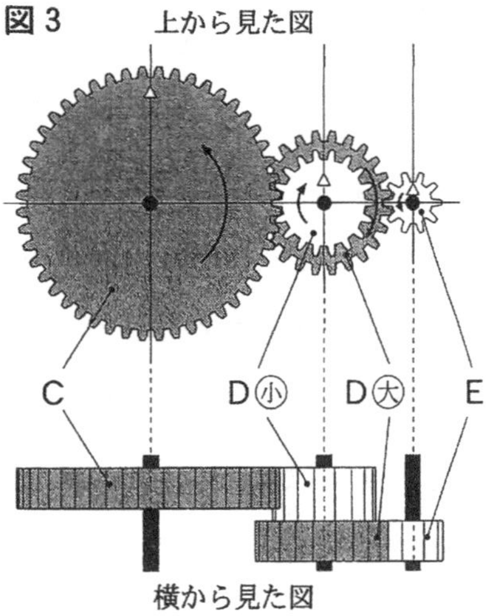

表1

歯車	C	D 小	D 大	E
歯数	48	18	24	10

$$\frac{\text{C の歯数}}{\text{D(小)の歯数}} \times \frac{\text{D(大)の歯数}}{\text{E の歯数}} = \frac{\text{D(小)の回転数}}{\text{C の回転数}} \times \frac{\text{E の回転数}}{\text{D(大)の回転数}}$$

と表すことができます。

こと：2つの伝達の値の積で考えるのですね。

先生：そうです。伝達の値についてわかりましたね。

(1) 歯車をかみ合わせて回転させるとき，次の①～③の問いに答えなさい。

① ［ア］～［ウ］にあてはまる数をそれぞれ書きなさい。

② Cが1回転するとき，Eは何回転するか，書きなさい。

③ Cを3分間で10回転の速さで動かすとき，図3の3つの△が再び同じ位置にそろうのは何秒後か，書きなさい。

かみ合う歯車の大きさについて考えました。

先生：**表2**を見てください。FからIまでの4つの歯車を準備しました。この中で，かみ合う歯車はどれとどれかわかりますか。

表2

歯車	F	G	H	I
半径	10	15	12	16
歯数	20	20	30	40

ゆう：えっ，どれでもかみ合うわけではないのですか。

先生：そうなんです。**図4**は，**図2**にXとYがかみ合う点と，それぞれの歯車の軸から，かみ合う点までを半径とする円をかいた図です。その円のことを「ピッチ円」といいます。それぞれのピッチ円は，互いに1点で触(ふ)れ合っています。

図4

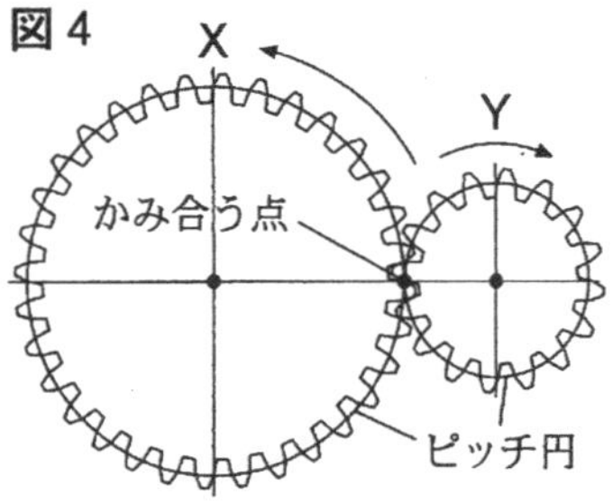

歯車がかみ合うのは，「1つ1つの歯の大きさを表す値」が同じになるときです。この値を「モジュール」といい，[ピッチ円の半径〔mm〕×2÷歯数]という式で表せます。**表2**の半径は，ピッチ円の半径〔mm〕を示していて，歯車の軸とピッチ円の中心の位置は同じです。このとき，FからIの中でかみ合う歯車はどれとどれかわかりますか。

こと：[エ]と[オ]です。

先生：そうです。かみ合う歯車の関係はわかりましたね。では，縦(たて)90 mm，横140 mmの箱に歯車を収めることを考えてみましょう。**図5**（次ページ）は，その箱を上から見た図です。歯車をかみ合わせるときには，2つの歯車の中心間（1つの中心からもう1つの中心までの間）の距離(きょり)を考えて，位置を決めます。**表3**（次ページ）の歯車を，J，K，L，M㊅の順にかみ合うように，また，M㊄，N，Oの順にかみ合うように箱の中にすべて収めます。Mの歯車は2段になっていて，M㊅，M㊄は同じ軸に固定されているため，同時に回ります。箱の中の・は，それぞれJ，L，Oの軸の位置で，JとOにはピッチ円をかいておきました。なお，**表3**の半径はピッチ円の半径〔mm〕を示しており，モジュールはすべて1.25，それぞれの歯車は，厚みが等しく，かみ合うように高さの調整が行われています。

図 5

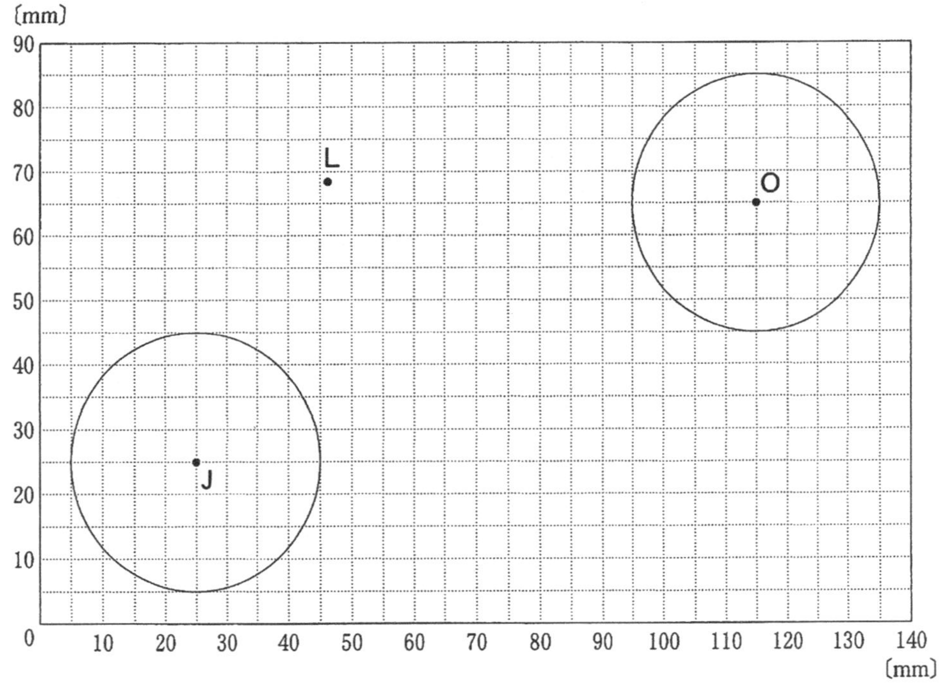

先生：さらに，MとOの中心間の距離は50 mm です。

ゆう：**表 3** を完成させることで，軸の位置をみつけられました。

先生：そうです。よくできました。

表 3

歯車	J	K	L	M		N	O
				大	小		
半径	20		15				20
歯数	32	16	24	40	24	32	32

(2) 歯車をかみ合わせて回転させるとき，次の①～④の問いに答えなさい。

① [エ]，[オ] にあてはまる記号を書きなさい。

② Jを左まわりに回転させたとき，LとOの回転方向はどうなるか，解答らんに左まわりなら「左」，右まわりなら「右」と書きなさい。

③ JとKの中心間の距離は何 mm か，書きなさい。

④ K，M，Nの軸の位置をJ，L，Oにならって，解答らんの図に • でかき，それぞれに，K，M，Nの記号も書きなさい。なお，作図に用いた線などは，そのまま残しておくこと。

歯車を使った時計のしくみについて考えることにしました。

図6

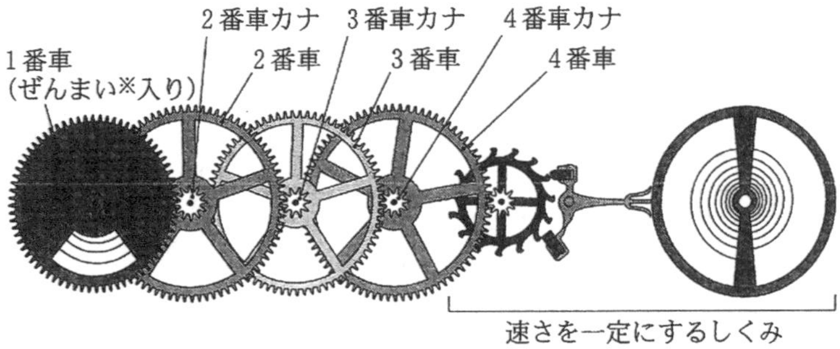

※ぜんまい…うずまき形に巻いた金属で，ほどけることで歯車を回転させる部品。

先生：時計は小さな入れ物の中でたくさんの歯車が回っています。**図6**は，ある時計の中の一部を取り出して表したものです。分と秒を示すために，1番車から4番車までの歯車を使います。歯車は，小さな入れ物の中に収めるために，1段目に大きな歯車(○番車)，2段目にカナと呼ばれる小さな歯車(○番車カナ)が同じ軸についていて，同時に回ります。時計を動かす歯車は，1番車です。歯車は互いにかみ合っており，1番車は2番車カナへ，2番車は3番車カナへ，3番車は4番車カナへ，4番車はその先へと回転運動を伝えます。4番車より先の部分では，速さを一定にするしくみがついています。

こと：分針(長針)や秒針はどの歯車についているのですか。

先生：2番車の中心の軸には分針が，4番車の中心の軸には秒針がついています。1時間を基準に考えると，2番車は1回転，4番車は60回転します。それにあわせてカナと大きな歯車の歯数を調整し，**表4**のようにまとめました。**表4**の中の矢印は，かみ合わせている歯車を示してあります。**表4**の **カ** ，**キ** ，**ク** にあてはまる回転数や歯数はわかりますか。

ゆう：**表4**を完成させました。

先生：よくできました。**図6**に，さらに歯車と部品を追加して，**図7**(次ページ)のような時計をつくります。

表4

	1番車	2番車(分針)	3番車	4番車(秒針)
カナの歯数		12	10	10
大きな歯車の歯数	72	80	**キ**	80
回転数	**カ**	1	**ク**	60

先生：**図7**では，**図6**の２番車カナから，追加した５番車へ，５番車カナから６番車へ，回転運動を伝えています。**図8**は，２番車カナと追加した歯車のピッチ円を底面とした円柱で表し，拡大（かくだい）した図です。６番車の軸は筒（つつ）のようになっており，その軸に時針（短針）が，ついています。時針の筒の中には分針の軸が通っています。だから，２番車カナと５番車の中心間の距離と５番車カナと６番車の中心間の距離は等しいということになります。さらに，その４つの歯車のモジュールがすべて等しいときを考えると，**表5**の２番車カナと５番車の歯数の和と，５番車カナと６番車の歯数の和は等しくなります。

こと：そんな関係になっているのですね。

先生：では，４つの歯車のモジュールがすべて等しく，６番車の歯数が56のとき，**ケ**，**コ**にあてはまる歯数はわかりますか。６番車の回転数を考えながら，**表5**を完成させましょう。

図7

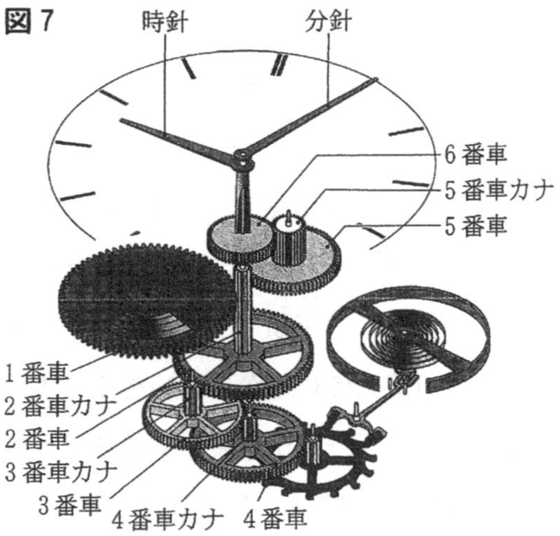

図8

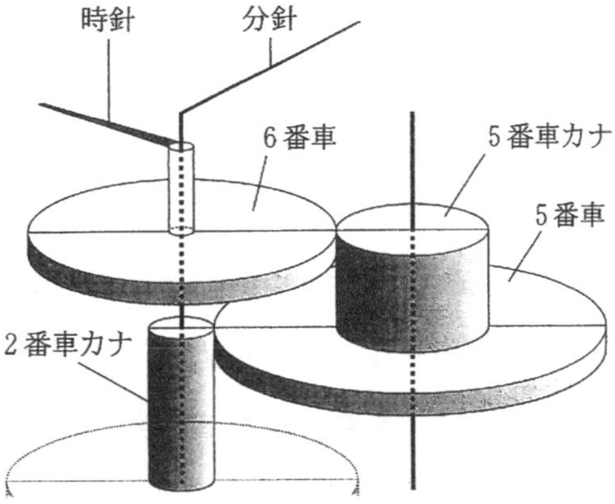

表5

	2番車 (分針)	5番車	6番車 (時針)
カナの歯数	12	**ケ**	
大きな歯車の歯数	80	**コ**	56
回転数	1		

(3) 時計の針（はり）の動きを考えて，**カ**～**コ**にあてはまる数をそれぞれ書きなさい。ただし，**カ**は分数で書きなさい。

2 えりさんとたかさんは，動物と環境の関係について先生と話をしています。会話文をふまえながら，あとの(1)～(6)の問いに答えなさい。

えり：**図1**，**図2**を見てください。動物園で見たカンガルーとコアラです。ともに生まれた子をお母さんの腹部にある袋で育てる有袋類で，野生のカンガルーやコアラはオーストラリア大陸にしかいないそうです。

図1

図2

たか：カンガルーの子が袋から顔を出していますね。

えり：驚いたのは同じ有袋類なのにカンガルーの袋は上向き，コアラの袋は下向きという違いがあることです。

先生：草原で生活しているカンガルーの上向きの袋には，走るときに袋の中の子が落ちにくいという良さがあります。一方，森林で生活しているコアラの下向きの袋には，お母さんのフンを子が離乳食※として食べやすいという良さがあります。ともに，生活する環境に応じて袋の向きに違いができたと考えられています。でも，有袋類は私たちと同じほ乳類のなかまです。

たか：袋があるのに私たちと同じほ乳類なのですか。

先生：ほ乳類とは，子を乳で育てる動物のなかまのことです。**図3**は，ほ乳類を，卵を産む単孔類，袋を持つ有袋類，発達したたいばんを持つ真獣類の3つの系統に分けて表したものです。なお，図示されている生物はその一部です。

※離乳食：乳以外のものを食べるようになる時期に，まだ乳を飲んでいる子が食べるもの。

図3

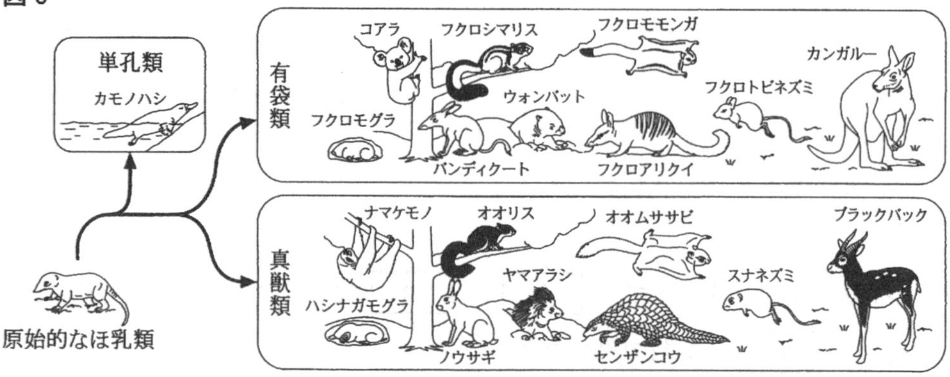

たか：みんな同じ祖先から分かれたのですか。

先生：そうです。**図4**のように大陸はつながったり離れたりしながら今の形になったと考えられています。原始的なほ乳類は，大陸が一つにつながっていた2億年以上前に現れました。その後，順に現在の3つの系統に分かれ，それらの系統はどれも陸上を移動して住むところを広げ，さまざまな環境に適応※しながら長い年月をかけて多くの種類に分かれました。その中で，真獣類と同時期に同じ大陸にいた有袋類は生存競争に負けてほとんどが絶滅しました。しかし，他の大陸から離れていたオーストラリア大陸では，絶滅することなく，生き残りました。

※適応：動植物のからだの形やはたらきが，まわりのようすに合わせて変わっていくこと。

図4

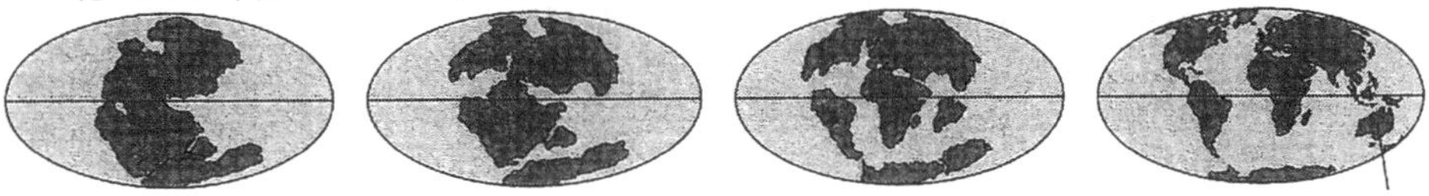

（『エッセンシャル・キャンベル生物学　原書6版』（丸善出版）より作成）

えり：カンガルーは草原，コアラは森林という環境に適応した有袋類なのですね。

先生：そうです。このように，同じ系統の生物がさまざまな環境に適応した結果，多くの種類に分かれることを「適応放散」といいます。

たか：コアラとナマケモノの住むところは似ていますが，これも「適応放散」ですか。

先生：コアラとナマケモノのように，異なる系統の生物が同じような環境に適応した結果，体のしくみや食べるものなどの特ちょうが似ることを「収れん」といいます。

たか：動物は環境によって長い年月をかけて姿や形を変えるのですね。

えり：動物と環境の関係について，もっと学びたくなりました。

(1)　原始的なほ乳類が現れてからオーストラリア大陸で有袋類が「適応放散」するまでのできごとについて，次の**あ**～**う**を古いものから新しいものが左から右になるように，その記号を書きなさい。

あ　有袋類が住むところを広げる。

い　真獣類が住むところを広げる。

う　他の大陸からオーストラリア大陸が離れる。

⑵　図５のＡ～Ｆのうちから，「適応放散」の関係になっているものを**すべて**選び，記号で書きなさい。ただし，関係の書き表し方として，記号と記号の間を「**と**」でつなぐものとします。また，「収れん」の関係についても同じように書きなさい。なお，同じ記号をくり返し使ってもかまいません。

図５

Ａ

アルマジロ

真獣類
体長：50 cm　体重：５kg
住むところ：草原や森林
食べるもの：昆虫

Ｂ

キノボリカンガルー

有袋類
体長：60 cm　体重：９kg
住むところ：森林
食べるもの：木の実や果実

Ｃ

ノウサギ

真獣類
体長：50 cm　体重：２kg
住むところ：草原や森林
食べるもの：草や木の枝

Ｄ

ハリモグラ

単孔類
体長：40 cm　体重：５kg
住むところ：草原や森林
食べるもの：昆虫

Ｅ

フクロモグラ

有袋類
体長：15 cm　体重：50 g
住むところ：地中
食べるもの：昆虫や小動物

Ｆ

フクロテナガザル

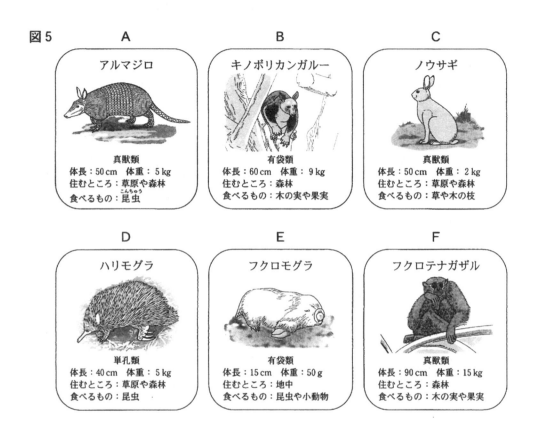

真獣類
体長：90 cm　体重：15 kg
住むところ：森林
食べるもの：木の実や果実

⑶　たかさんは，「森林で生活しているコアラの袋が下向きになったのは，お母さんのフンを子が食べることが理由なのだろうか」と疑問に思いました。このことを確かめるために，コアラ以外のどのような特ちょうを持つ動物の何を調べればよいか，書きなさい。

動物と環境の関係について，話は続きます。

えり：地球の温暖化が動物に与える影響について興味があります。

先生：それでは「植物のようす」をもとに考えてみましょう。

たか：なぜ「植物のようす」なのですか。

先生：植物が動物に住むところや食べるものを与えるからです。「植物のようす」が変われば，見られる動物も変わります。

えり：気温の変化の影響は，まず植物に現れるのですね。

先生：そうです。では，日本の「植物のようす」について考えてみましょう。日本では植物が育つのに十分な光の量や降水量があるので，強く影響を受けるのは気温です。**表1**は，日本で自然に育った場合の「植物のようす」です。**図6**は，日本列島の一部を，海面からの高さを縦の軸に，緯度(北緯)を横の軸にして，**表1**の「植物のようす」を表しています。

表1

植物のようす	高山草原	針葉樹林	落葉広葉樹林	常緑広葉樹林
写　真				
説　明	低い木と草による草原	針状の葉を持つ木による森林	秋に紅葉し冬に落ちる葉を持つ木による森林	1年を通して茂る葉を持つ木による森林
暖かさの指数	15.0 未満	15.0 以上 45.0 未満	45.0 以上 85.0 未満	85.0 以上

図6

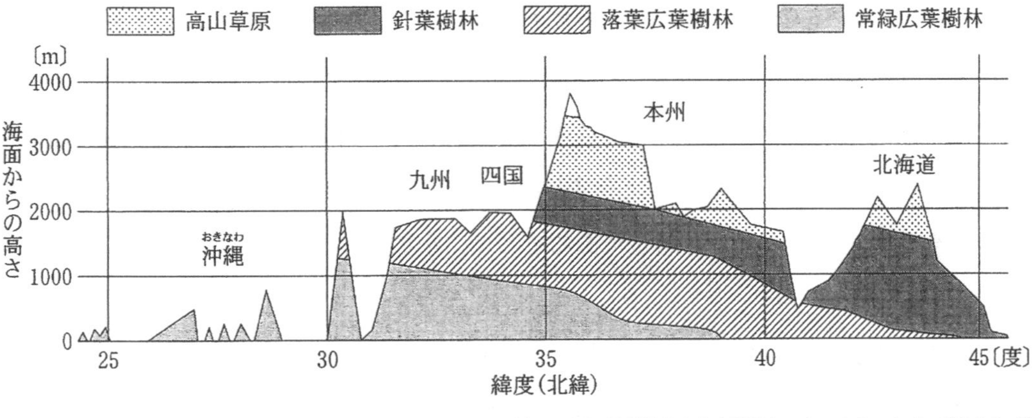

(**表1**，**図6**は環境省生物多様性センターのホームページより作成)

えり：**表1**にある「暖かさの指数」とは何ですか。

先生：植物が育つのに必要な最低温度が 5.0 ℃ ということをもとにした，日本の「植物のようす」を調査するときに使う数値です。1月から12月までの平均気温が 5.0 ℃ 以上の月について，その月の平均気温から 5.0 ℃ を引いた数値をすべて足したものが「暖かさの指数」です。

たか：「暖かさの指数」を用いるとどのようなことがわかるのでしょうか。

先生：気温が変化したときに，「植物のようす」がどのようになるのかがわかります。

表2は，札幌と東京の1月から12月の平均気温です。これをもとに考えてみましょう。

表2

		1月	2月	3月	4月	5月	6月	7月	8月	9月	10月	11月	12月
平均気温〔℃〕	札幌	− 3.6	− 3.1	0.6	7.1	12.4	16.7	20.5	22.3	18.1	11.8	4.9	− 0.9
	東京	5.2	5.7	8.7	13.9	18.2	21.4	25.0	26.4	22.8	17.5	12.1	7.6

（「理科年表　平成30年第91冊」より作成）

(4) **図6**について，次の①，②の問いに答えなさい。

① 北緯40度で海面からの高さが1000 mのところの「植物のようす」を書きなさい。

② 沖縄に海面からの高さが2000 mの山があったとしたとき，この山頂で高山草原は見られるか。解答らんにしたがい，「**見られる**」または「**見られない**」のいずれかを○で囲みなさい。また，その理由を，海面からの高さが2000 mで「植物のようす」が変わる緯度を示しながら，書きなさい。

(5) **表1**をふまえ，次の①，②の問いに答えなさい。

① **表2**の東京の「暖かさの指数」と「植物のようす」を書きなさい。

② **表2**の札幌の「暖かさの指数」を書きなさい。また，**表2**の札幌の平均気温が最低何℃上昇したら，札幌の「植物のようす」が**表2**の東京の「植物のようす」と同じになるか。平均気温の上昇はどの月も同じであるとして，小数第1位まで書きなさい。

(6) **図7**の鳥が最近見られなくなった地域があり，それは温暖化の影響であるとみられています。この鳥が見られなくなった理由を，気温の変化にともなう「植物のようす」をふまえて，書きなさい。

図7

キクイタダキ

鳥類
体長：10 cm　体重：5 g
住むところ：針葉樹林
食べるもの：昆虫やクモ

2	(1)			→ →		完答4点
	(2)	適応放散				4点×2
		収れん				
	(3)					4点
	(4)	①				4点
		②		見られる ・ 見られない		
				理由		4点
	(5)	①	東京	暖かさの指数		2点×2
				植物のようす		
		②	札幌	暖かさの指数	気温の上昇 ℃	4点×2
	(6)					4点

受検番号		氏 名	

※

※100点満点

この※らんには何も書かないこと。

平成三十一年度

適性検査　二ー二

（45分）

（注意事項）

一　放送で指示があるまでは、開かないこと。
　その他、すべて放送の指示にしたがいなさい。

二　解答らんは、この用紙の裏側に印刷されています。とりはずして使用し、答えは、すべて解答用紙に書きなさい。解答用紙は、半分に折って使用してもかまいません。

三　検査問題は、一ページから三ページまで印刷されています。
　検査が始まって、文字などの印刷がはっきりしないところや、ページが足りないところがあれば、静かに手を挙げなさい。

四　問題用紙のあいている場所は、下書きなどに使用してもかまいません。

五　「やめ」の合図があったら、筆記用具を置き、机の中央に解答用紙を裏返して置きなさい。

平成三十一年度　適性検査　二―二　解答用紙

答えは、すべてこの解答用紙に書き、解答用紙だけ提出しなさい。

受検番号

氏名

※

この※らんには何も書かないこと。

※100点満点

一

(1)

①

②

③

15点

(2)

④

⑤

10点

二

(1)

①

②

③

15点

(2)

50

60

15点

平成三十一年度

適性検査　二―二

問題用紙

一 放送で聞いた内容から、次の⑴、⑵の問いに答えなさい。

⑴ 三つの体験談に登場する、ルースさんが感動した日本人は、それぞれ相手の状況をどのようにとらえていると考えられますか。①～③にあてはまる言葉を書きなさい。

体験談一 前の車の運転手は、（　①　）だろう。
体験談二 体の不自由な方やお年寄りは、（　②　）だろう。
体験談三 旅館を訪れた人は、（　③　）だろう。

⑵ 三つの体験談から、ルースさんが感じている「日本人の良さ」を次のようにまとめたとき、④、⑤にあてはまる言葉を書きなさい。

日本人は、（　④　）力をはたらかせて、相手を（　⑤　）ことができる。

★教英出版編集部注
問題音声は教英出版ウェブサイトで。リスニングID番号は解答集の表紙を参照。

二 次の文章は、日本人で初めて国際宇宙ステーションのコマンダー（船長）を務めた、若田光一さんが書いたものです。これを読んで、あとの⑴、⑵の問いに答えなさい。

コミュニケーションとは、異なる個性と個性が交流し、よりよい関係を築き、チームとしてうまく機能していくために必要な※1プロセスとも言える。自分の卵の殻を破って、自分自身を相手にさらけ出す。同時に、相手には※2先入観を排除して心を開き、いわば腹を割って相手を理解しようと努める姿勢が不可欠だ。

「何を言っているんだろう？」「何でわかってくれないのだろう？」と、こちらが相手を責めるとき、※3得てして相手も同じように感じているものだ。いったん自分の意見を横に置いて、相手の立場に立って、相手の考えや意図を理解するよう努めてみることから「相互理解」はスタートする。相手が発信しているものをきちんと汲み取る。いわば、相手が投げたボールを一度キャッチしたうえで、投げ返す。この繰り返しだ。

それはもちろん、手放しで相手に賛同するということではない。考え方の相違があれば、自分の意見をきちんと伝えればいい。逆に、そこですぐに溝が埋まらなくても、意見の相違を発展的にとらえることが大切だ。相違を知ることは、自分が新たな視点を得られるいいチャンスと考えれば前向きにもなれる。そのような姿勢を通して、相手との違いを認識しながら、お互いの個性の違いを※4尊ぶ気持ちも生まれるのではないだろうか。

コミュニケーションは、まず「相手と自分は違う」という認識が出発点である。また、組織においては、チームに存在するそれぞれの「違い」によって、作業の効率性の向上や、ときには大きな問題に直面した際に、※5突破口につながるさまざまなアイデアが生み出される可能性もある。「違い」は、チーム全体としての能力をより高めるための財産と考えるべきであろう。

（若田光一『一瞬で判断する力　私が宇宙飛行士として磨いた7つのスキル』より）

※1　プロセス……物事を進める手順。
※2　先入観……実際に見たり聞いたりする前に、あらかじめ形づくられた考え。
※3　得てして……とかく。たいていは。
※4　尊ぶ……うやまい、大切にする。
※5　突破口……むずかしい問題を解決するための手がかり。

(1)　チームとしての機能を発揮させるために、どのようにコミュニケーションをとればよいと、若田さんは考えていますか。①～③にあてはまる言葉を書きなさい。ただし、文章中の言葉を用いること。

まず、（　①　）し、次に、（　②　）て、さらに、（　③　）ことである。

(2)　「違い」がもたらすチームへの影響について、若田さんはどのように考えていますか。**五十字以上、六十字以内**で書きなさい。

三　次の文章を読んで、あとの**問い**に答えなさい。

著作権に関係する弊社の都合により
本文は省略いたします。

教英出版編集部

（第五十七回国際理解・国際協力のための全国中学生作文コンテストより）

※1　帰国子女　…　長年海外で生活して帰国した子ども。
※2　グローバル化　…　政治や文化などが国や地いきのわくをこえて、地球きぼに広がること。

（問い）　転校する前の「彼女」のクラスに関して、あなたの考えを、次の**ア**～**ウ**の指示にしたがって、**三百二十字以上、三百六十字以内**で書きなさい。

ア　ます目の中には、題名、氏名は書かずに、本文から書き始めること。

イ　以下の指示にしたがって、三段落構成で書くこと。

一段落目…転校する前の「彼女」のクラスでは、「彼女」が来る前から、「ちがい」を「変わったこと」として受けとめていたと考えられるが、その原因を書きなさい。ただし、問題三の文章中の言葉を用いること。

二段落目…一段落目で書いた原因を取り除くためには、クラスの一人一人がどうすればよいと思いますか。問題一と問題二で考えたことの両者にふれながら書きなさい。

三段落目…二段落目で考えたことをあなたが実現するために、社会においてどのように努力しますか。具体的に書きなさい。

ウ　原稿用紙を適切に使うこと。また、文字やかなづかいを正しくていねいに書き、漢字を適切に使うこと。

（３秒後）
体験談２
　寒天メーカーの社員のみなさんが実践しているルールだそうです。
　この社員のほとんどが車で出勤するそうなのですが、スーパーなどに車で買い物に行く際、彼らは入り口の近くには駐車をしないよう心がけているそうです。
　なぜならば、入り口近くの駐車スペースは、体の不自由な人やお年寄りの人のために空けておくべきだと考えているからだというのです。普段から地域社会に貢献したいという意識の表れなのでしょう。
　わたしはこの話をうかがい、感動を超えて、どうしてそこまで人のために尽くせるのですか？とにわかに信じがたい気持ちになりました。
（ルース・ジャーマン・白石『日本人が世界に誇れる３３のこと』５４～５５頁より）
（３秒後）
体験談３
　旅館を訪れたとき、象徴的な日本のもてなしを経験しました。
　まず、フロントとギフトショップが両脇にある間口の広いロビーの手前で靴を脱ぎ、スリッパに履き替える間、まったく無音でスタッフなどの気配もありません。ゆっくりと、自分の心地でその旅館と出会う瞬間を大切にしているのです。
　床の石や柱の深い薔薇色の木。
　永遠に続くような太平洋の水平線が、ロビー奥の窓の向こうに揺れています。
　一段下がったお茶スペースで腰を下ろし、うっとりしていると、いつの間にか手元に味柔らかな昆布茶が置いてありました。
　いつ、どこから、誰がもってきたかすら気がつきませんでした。
　これこそが“日本的なもてなし”……相手の心を読んだうえでのサービスの極致だと思います。
（ルース・ジャーマン・白石『日本人が世界に誇れる３３のこと』１２３～１２４頁より）

以上で放送を終わります。それでは、問題用紙を開き、全ての問題に答えなさい。

★教英出版編集部注
問題音声は教英出版ウェブサイトで。
リスニングＩＤ番号は解答集の表紙を参照。

適性検査２－２　放送用ＣＤ台本

　これから、適性検査２－２を始めます。外側の用紙が解答用紙です。内側に問題用紙があります。内側の問題用紙は、指示があるまで開いてはいけません。
　それでは、外側の解答用紙を開き、受検番号と氏名を書きなさい。

（２０秒後）書き終わったら元どおり問題用紙を挟んで閉じなさい。

（５秒後）最初は、放送を聞いて問題に答える検査です。それでは、解答用紙を裏返して「メモらん」と書いてある面を上にしなさい。**（３秒後）**「メモらん」にメモを取ってもかまいません。

（５秒後）
　これから、ルース・ジャーマン・白石さんが書いた「日本人が世界に誇れる３３のこと」という作品の一部を朗読します。ハワイから来日し、２０年以上日本で生活するルースさんは、日本人にとっては「当たり前」のことが、実は「日本人が決して捨ててはならないもの」、むしろ「海外に広げるべきもの」と感じています。それでは、これから、ルースさんの体験談を３つ朗読します。ルースさんが感じている「日本人の良さ」とは何かを考えながら聞きなさい。なお、朗読は１回だけです。では、朗読を始めます。

（３秒後）

体験談１
　ニューヨーク、デリー、ホノルルなどの、どこの都市へ行っても、クラクションの音が絶えず、大きく聞こえてきます。
　ところが東京は、街の中をゆっくり散歩していても、クラクション音があまり聞こえません。
　先日、「ビッ」という身近なクラクション音を聞きました。
　青信号なのに２０秒ほど待っても動かない前の車に対して、「信号が変わっているよ」と声掛けするような、後ろの車からのちょっとした音でした。

三

360 320 300 200 100

45点

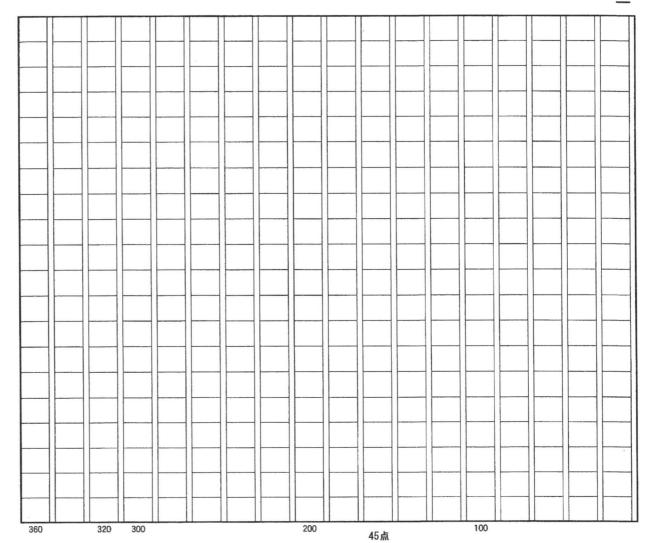

【メモらん】